JINGJI
GUANLI
JIAOCAI

高等院校经济管理教材新系

国际贸易系列

Practice of International Trade

国际贸易实务

王慧敏◎编著

突出案例教学、启发式教学，

力求实现让学生能够借助教材进行积极、主动、自主的学习。

不断为学生创造学习与实践的机会，使学生在解决问题的过程中掌握课程教学内容，

形成专业思维分析能力和专业技术素质。

中国发展出版社

图书在版编目（CIP）数据

国际贸易实务/王慧敏编著. —北京：中国发展出版社，2010.1

ISBN 978-7-80234-519-5

Ⅰ. 国… Ⅱ. 王… Ⅲ. 国际贸易—贸易实务 Ⅳ. F740.4

中国版本图书馆 CIP 数据核字（2010）第 010646 号

书　　名： 国际贸易实务

著作责任者： 王慧敏

出 版 发 行： 中国发展出版社

（北京市西城区百万庄大街 16 号 8 层　100037）

标 准 书 号： ISBN 978-7-80234-519-5

经　销　者： 各地新华书店

印　刷　者： 北京凯达印务有限公司

开　　本： 787×1092mm　1/16

印　　张： 23.75

字　　数： 452 千字

版　　次： 2010 年 1 月第 1 版

印　　次： 2010 年 1 月第 1 次印刷

印　　数： 1—6000 册

定　　价： 35.00 元

咨 询 电 话：（010）68990642　68990692

购 书 热 线：（010）68990682　68990686

网　　址： http://www.develpress.com.cn

电 子 邮 件： fazhanreader@163.com

fazhan02@drc.gov.cn

前言
INTRODUCTION

在当今经济全球化的大形势下，国际贸易活动已成为世界各国政治、经济、文化交往的重要领域和平台，而随着我国市场经济体制的进一步发展完善，我国对外经济贸易活动将会继续迅速发展，对外贸易专业人才的需求也会迅速扩大。因此，了解国际贸易规则，掌握国际贸易知识和技能是非常必要的，国际贸易应用性人才的培养在我国也是迫在眉睫的任务。但与应用性人才培养相适应的专业教材尚不多见，为此，我们新编了这本突出实用性的教材。

《国际贸易实务》是一门主要研究国际商品交换具体过程的学科，也是一门具有涉外活动特点、实践性很强的综合性应用科学，涉及内容复杂，面广、量大。传统的以教师讲授为中心的教学模式很难使学生全面掌握课程内容，达到培养学生专业技能的教学目标。因而，在教学过程中，强调学生的主体性地位，让学生成为课堂上的主角，激发学生学习的积极性与主动性，让学生形成专业学习意识是极为重要的。为此，我们在编写教材过程中突出案例教学、启发式教学，力求实现让学生能够借助教材进行积极、主动、自主的学习。教材内容上不断为学生创造学习与实践的机会，培养学生自己发现问题、解决问题的能力，使学生在解决问题的过程中掌握课程教学内容，形成专业思维分析能力，形成良好的专业技术素质。

同时，本教材注重对新知识的介绍。国际贸易环境和具体实践方式都处在不断变化之中，我们在教材中尽可能将这些新知识、新方式、新手段加以介绍，提高学生的适应能力。

在本书的编写过程中，我们除了参阅在参考文献中列出的书目外，还参阅了大量的相关报刊文章、网上资料等，在此无法将其一一全部列出，谨向所有作者们致以真诚的谢意。

由于编者水平有限，书中的疏漏、不足之处难以避免，敬请读者批评、指正。

作　者

2010年1月

目录
INTRODUCTION

第 5 章　国际货物运输保险

第 6 章　进出口商品价格核算

第 7 章　国际货款的收付

第 8 章　商品检验、索赔、不可抗力与仲裁

第1章 绪论

1.1 国际货物贸易概述

1.1.1 国际货物贸易的概念

根据国际贸易的标的不同，可以把国际贸易分为三个部分，即国际货物贸易、国际技术贸易和国际服务贸易。国际货物贸易就是以货物为标的的国际买卖交易。

不同国家的法律及有关的国际条约对国际货物贸易的国际性有不同的规定，即以不同的标准来确定一个贸易是否属于国际货物贸易。

一般的，确定国际性的标准主要有三个：一是营业地分处不同国家的当事人之间的货物买卖；二是作为交易标的货物跨越国境的货物买卖；三是不同国家的当事人之间的货物买卖。

1.1.2 国际货物贸易的特点

国际货物贸易具有不同于国内货物贸易的许多特点，其交易环境、交易条件、贸易做法及所涉及的问题，都远比国内货物贸易复杂。其特点主要表现在下列方面。

1. 国际货物贸易既是一项经济活动，也是涉外活动的一个方面

由于国际货物贸易具有这一特点，所以在对外交往中，不仅要考虑经济利益，而且还应注意配合外交活动，认真贯彻我国的对外方针政策。在履约当中，要重合同、守信用，注意保持良好的对外形象。

2. 国际货物贸易属跨国交易，情况错综复杂

国际货物贸易的交易双方处在不同的国家和地区，各国的政治制度、法律体系不同，文化背景互有差异，价值观念也往往有别，在洽商交易和履约过程中，涉及不同的政策措施、法律规定、贸易惯例和习惯做法，情况千差万别，错综复杂。

3. 国际货物贸易易受国际局势变化的影响，具有不稳定性

国际货物贸易易受国际政治、经济形势和各国政策及其他客观条件变化的影响，尤其在当前国际局势动荡不定、国际金融市场变化莫测与市场价格瞬息万变的情况下，国际货物贸易的不稳定性更加明显。

4. 国际贸易面临的风险远比国内贸易大

在国际货物贸易中，交易双方的成交量通常都比国内贸易大，而且交易的商品往往需要通过长途运输。在远距离的运输过程中，可能遇到各种自然灾害、意外事件和其他外来风险，加之国际市场情况复杂，千变万化，从而加大了国际货物贸易的风险程度。

5. 国际货物贸易线长、面广，中间环节多

在国际货物贸易中，交易双方相距遥远，在交易过程中，包括许多中间环节，涉及面很广，除了双方当事人外，还涉及各种中间商、代理商以及为国际贸易服务的商检、仓储、运输、保险、金融、车站、港口、海关等部门，任何一个部门或一个环节出了问题，就会影响整笔交易的正常进行。

6. 国际市场竞争异常激烈

在国际货物贸易中，存在着争夺市场的激烈竞争，有时甚至达到白热化的程度。竞争的形式虽表现为商品竞争、技术竞争和市场竞争，但归根到底是人才的竞争。因此，我们必须提高竞争意识，提高外经贸人员的整体素质，才能增强竞争能力，在国际市场竞争中立于不败之地。

上述特点表明，从事国际货物贸易的要求高、难度大，加上国际市场广阔，从业机构和人员情况复杂，故易产生争议和欺诈活动，频繁发生纠纷案件，稍有不慎，就可能受骗上当，甚至蒙受严重的经济损失。这就要求从事国际贸易的人员，不仅要掌握国际贸易的基本原理、基本知识和基本技能与方法，而且还应具备开拓创新的能力、驾驭市场的能力和善于应战与随机应变的能力。

1.2 国际货物买卖合同

国际货物买卖合同是营业地处于不同国家的买卖双方当事人之间为买卖货物、支付货款而签订的协议。根据不同的划分标准和划分方法，国际货物买卖合同可以划分为若干类型，如从当事人所在国的角度，将其分为进口合同和出口合同。进口合同就是为购进外国商品而签订的合同，出口合同就是为把商品销往国外而订立的合同。此外，国际货物买卖合同还可依其他标准加以划分，如依交货地点的不同将其划分为内陆交货合同、启运地交货合同和目的地交货合同；依合同当事人运用的国际贸易术语的不同，将其分为FCA合同、FOB合同、CIF合同，等等。

国际货物买卖正是以这种合同为中心进行的。而依法成立的合同，对双方当事人都具有法律约束力，当事人都应履行合同约定的义务。倘若发生不属于因不可抗力或其他免责范围内不符合同规定的行为，就构成违约，违约方就应赔偿对方因此而造成的损失。如果违约方不赔偿或不按对方的实际损失进行赔偿，对方就有权视不同情况采取合理措施，以取得法律保护。所以，对外达成和履行买卖合同不仅是一种商业行为，而且是一种与国外客户形成的法律行为。因此，对于国际货物买卖合同，必须从法律角度予以严肃对待。

1.2.1 国际货物买卖合同的特点

国际货物买卖合同具有以下特征。

1. 国际货物买卖合同的标的是货物

这里关键要明确“货物”的含义。根据《牛津法律大辞典》对货物的解释，货物包括有体动产和无体动产。有体动产是指可以从实体上实施占有的物，如车辆等；无体动产是指只能以法律诉讼请示权利形式存在的物，如债权、股份、版权等。那么，国际货物买卖合同中货物的含义是什么呢？对此，《联合国国际货物买卖合同公约》（以下简称《公约》）采用排除法界定了货物的范围。根据《公约》的有关规定，下列三种买卖合同的标的都不能成为国际货物买卖合同的标的：一是股票、投资证券、流通票据和货币；二是船舶和飞机；三是电力。

值得注意的是，这里有一个例外，即在国际贸易中，仅供私人、家庭使用的货物买卖合同不属于《公约》所称的国际货物买卖合同范畴。尽管这类合同的标的是货物，但它不是一般意义上的国际货物买卖合同。这主要是因为供私人或家庭使用的货物买卖，除了涉及合同法的有关规定外，还涉及有关保护消费者的法律。

2. 国际货物买卖合同具有国际性

所谓货物买卖合同的国际性，从一国角度来说就是通常所说的“涉外因素”。但《公约》所说的“国际性”与我们所理解的“涉外因素”有所不同。“涉外因素”一般指三个方面：第一，合同的当事人有一方具有外国国籍；第二，买卖的货物位于国外；第三，合同的签订、履行以及争议的处理方面涉及国外。而《公约》所称的“国际性”只对主体而言，而且是以合同当事人的营业地在不同的国家为标志。也就是说，只要买卖双方当事人的营业地处在不同国家，那么他们订立的货物买卖合同便具有国际性。

确定一个货物买卖合同是否具有国际性，关键是要确定当事人的营业地。所谓营业地，是指固定的、永久性的、独立进行营业的场所。代表机构所在地的处所（如外国公司在我国的常驻代表机构）就不是《公约》意义上的“营业地”。这样，我国当事人和外国公司驻我国的常驻代表签订的货物买卖合同，仍然具有《公约》意义上的“国际性”。

《公约》还规定，如果当事人没有营业地，则以其惯常居住地方为准。在国际贸易中，当事人没有营业地是可能的。在这种情况下，只要当事人的惯常居住地在不同国家，那么，他们所订立的货物买卖合同就具有“国际性”。

3. 国际货物买卖合同具有复杂性

这是由国际货物买卖关系的复杂性决定的。由于国际货物买卖是跨越一国国界的贸易活动，因此，这种货物买卖关系与国内货物买卖关系相比要复杂得多，如买方和卖方处在不同的国家，货物要从一国运往另一国，在国际运输中可能产生各种风险，货款的支付涉及外币，采用与国内结算不同的结算方式，等等。国际货物买卖合同的复杂性还体现在法律适用的多样性。国内货物买卖合同一般只需适用本国法即可，而一个国际货物买卖合同从签订到履行，要涉及本国法、外国法、国际法等一系列的法律规范。

4. 国际货物买卖合同是对外贸易中的基本合同

在对外经济活动中，国际货物买卖合同是一种重要的、基本的涉外经济合同。它是以逐笔成交、货币结算、单边进口或出口的方式与不同国家和地区的商人达成的货物买卖合同。此外，国际货物买卖的当事人在进行一笔交易时，通常还需要与运输机构、保险公司、银行等签订合同，而在一般情况下，这些又是履行买卖合同所必需的、辅助性的合同。

1.2.2 国际货物买卖合同所适用的法律

达成和履行国际货物买卖合同，必须符合法律规范，才能受法律保护并受法律约束。但国际货物买卖合同的当事人居于不同国家，而不同国家的有关法律规定又往往不相同，所以一旦发生纠纷或争议，究竟按照哪一国家的法律作为判断是非或处理的依据就成为问题。这就是通常所称的法律冲突。为了解决这个问题，各国法律大多对适用哪国法律作了具体规定。可是各国的规定又不尽相同，有适用缔约地法律的，有适用履约地法律的，更多国家的法律规定适用与合同有最密切联系的国家的法律或允许当事人选择合同适用的法律。此外，还可以适用国际贸易惯例或国际公约。

1. 国内法

各国有关货物买卖的国内法仍是国际货物买卖法的重要渊源之一。我国于1985年制定并公布了《中华人民共和国涉外经济合同法》（以下简称《涉外经济合同法》）。该法适用于除了国际运输合同以外的一切涉外经济合同中，也适用于国际货物买卖合同。尽管《涉外经济合同法》对国际货物买卖合同没有专门的规定，但该法有关涉外经济合同的订立，合同的履行，违反合同的责任，涉外经济合同的转让、变更、解除和终止，争议的解决及法律的适用等各项规定，对国际货物买卖合同是完全适用的。因此，在我国的现行法律中，《涉外经济合同法》是直接适用于国际货物买卖的最重要的国内立法。

根据《涉外经济合同法》第五条规定，国际货物买卖合同当事人“可以选择处理合同争议所适用的法律”。如果“当事人没有选择的，适用与合同有最密切联系的国家的法律”，何谓“与合同有最密切联系的国家”则须视交易的具体情况由法院或仲裁机构确定。

例如，一家设在上海的中国外贸公司与一家设在东京的日本企业在广交会上签订了一项买卖合同，贸易条件是上海港船上交货。合同虽未规定处理争议所适用的法律，但由于该合同的缔约地（广州）和履行交货的地点（上海）均在中国，按一般的国际私法规则，可以认为与该合同有最密切联系的国家是中国，应当适用中国的法律。也就是说，在一定情况下，国际货物买卖合同应当符合合同选择的或根据国际私法规则适用的某一国家的国内法。由此可见，在处理国际货物买卖合同的争议时，一个国家的法院或仲裁机构除适用本国的国内法（实体法）外，有时也可适用外国的国内法。

2. 国际贸易惯例

作为国家贸易法律主要渊源之一的国际惯例，也是国际货物买卖合同应当遵循的规范。所谓国际惯例，是指在国际交往中逐渐形成并已被广泛使用的一些有较为明确和固定内容的贸易习惯和一般做法，其中包括成文的或不成文的原则、准则和规则。国际惯例只有在当事人承认或在实践中采用时才对当事人有法律约束力，否则，不发生法律效力。国际惯例的具体内容可由当事人在采用时加以补充或更改。如果合同中明确采用某种惯例，但又在合同中规定与所采用的惯例相抵触的条款，只要这些条款与本国法律不矛盾，就可以受到有关国家的法律的承认和保护，即以合同条款为准。在现行的国际惯例中，有些已被某些国家纳入国内法，有些已为国际条约所采用，成为国际条约的内容，这就是惯例“条约化”。根据《涉外经济合同法》第五条规定，在处理国际货物买卖合同的问题时我国法律未作规定的，可以适用国际惯例。

关于国际货物买卖的国际惯例，主要有以下几种。

（1）国际商会制定的《国际贸易术语解释通则》（INCOTERMS）。该通则在国际上已获得了广泛的承认和采用，我国在外贸业务中也大量使用。

（2）国际法协会1932年制定的《华沙—牛津规则》。该规则是针对CIF合同制定的，它对CIF合同中买卖双方所应承担的责任、风险与费用做了详细的规定，在国际上有相当大的影响。

（3）国际商会制定的《跟单信用证统一惯例》和《托收统一规则》。这是两项有关国际贸易支付方面的重要惯例，它们确定了在采用信用证和托收方式时银行与有关当事人之间的责任与义务，在国际上有很大的影响。我国在外贸业务中也普遍使用。

3. 国际公约

特别需要指出的是，国际货物买卖合同的订立和履行还应符合当事人所在国缔结或参加的有关双边或多边的国际条约。这些条约包括公约、宪章、协议、议定书等。目前与我国对外贸易有关的国际条约主要是我国与某些国家缔结的双边贸易协议或贸易支付协议、一年一度的贸易议定书以及与某些国家签订的“交货共同条件”等。我国已经参加和批准的于1980年通过并从1988年1月1日起正式生效的《联合国国际货物买卖合同公约》，是与我国进行对外货物买卖业务关系最大的一项国际条约。《公约》是联合国国际贸易法委员会在1964年海牙外交会议上通过的《关于国际货物买卖统一法公约》和《关于国际货物买卖合同成立统一法公约》的基础上制定的。《公约》的主要内容有：公约的适用，国际货物买卖合同订立的原则，合同当事人的权利、义务，违约责任，损害赔偿，风险转移，免责事项等。

我国政府在交存核准书时，对《公约》的规定提出了两项保留。

（1）不受《公约》第1条（1）款（b）的约束，即我国不同意扩大《公约》的适用范围。对中国企业来说，公约仅适用于公约缔约国的当事人之间订立的合同。

（2）是对《公约》的第11条、第29条及有关的规定提出保留，即我国企业对外订立、修改、协议终止合同时应采用书面形式，包括信件、电报、电传。《涉外经济合同法》第6条规定：中华人民共和国缔结或者参加的与合同有关的国际条约同中华人民共和国法律有不同规定的，适用该国际条约的规定，但中华人民共和国声明保留的条款除外。由此可见，在法律适用上，国家缔结或参加的有关国际条约除保留条款外，优先于国内法。

《公约》是联合国国际贸易法委员会制定的与国际贸易有关的规约之一。为减少和消除各国间法律的冲突，联合国和其所属机构国际贸易法委员会已起草或制定的重要公约还有1958年在纽约通过的《承认与执行外国仲裁裁决公约》，通称《纽约公约》（我国于1987年正式参加），以及关于国际汇票与本票公约草案等。此外，国际上还就国际海运、陆运、空运、工业产权等方面订有国际公约。

这些公约和国际惯例，法院和仲裁机构在处理非参加国和作为国内法国家的当事人间的涉外经济合同纠纷时，即使有关合同未明确承认和使用，也未明确排除有关公约规定或惯例的情况下，也往往作为参考或予以引用。

第2章 2

商品品名、品质、数量与包装

>> 学习目标

通过本章学习，要求学生掌握买卖合同中订立品质条款的重要性和基本方法，掌握数量条款的订立方法，学习包装条款包含的基本内容，从总体上把握关于商品的一般描述。

》案例导入

某粮油食品进出口公司出口一笔商品。1996 年 3 月 1 日国外开出信用证，粮油食品进出口公司在 3 月 4 日收到信用证，信用证中条款规定："… Amount: USD 1,232,000.00…800M/Tons (quantity 5% more or less allowed) of ×××, Price: @USD 1,540.00 per M/Ton net, CIF A Port. Shipments to A port immediately. Partial shipments are not allowed."（……总金额 1232000.00 美元。……某商品 800 公吨，数量允许增减 5%。价格：每公吨净重 1540.00 美元，CIF A 港。立即装运至 A 港。不许分批装运。）

粮油食品进出口公司接到信用证后，根据信用证条款立即安排装运出口，并与船方代理公司联系。据船方代理公司称，至 A 目的港最早的有效船期就是 4 月 6 日有一条船，再没有其他更早的船期。粮油食品进出口公司于 4 月 7 日将货装运出口，并取得 4 月 7 日签发的已装船的提单，并备妥信用证项下所需的其他单据，向议付行交单办理议付。议付行审单发现单证不符，不同意议付，因信用证规定总金额 1232000 美元，而发票和汇票金额却为 1268960 美元，议付金额比信用证规定总金额超额 36960 美元。

粮油食品进出口公司认为其不符点不成立，即向议付行申述：信用证规定 800 公吨货物的数量，又规定装运数量可允许增减5%。按800公吨的增减5%计算，最高可以装840公吨，最低可以装760公吨，实际只装824公吨，仅增装了3%，不超出信用证规定的5%范围。信用证规定每吨单价1540美元，按824公吨计算，其总金额1268960美元是信用证允许的。所以，说其不符点是不成立。

议付行认为信用证虽然规定货量允许增减装5%，但信用证总金额并未允许增减。所以即使数量符合信用证规定，而议付的总金额却超出信用证总金额限度也是绝对不允许的。根据《UCP500》第37条b款规定："除非信用证另有规定，银行可拒受其金额超过信用证所允许金额的商业发票。"议付行认为货既已装运又无法更改，所以建议采取部分信用证部分托收方式（Part L/C and part collection）。部分信用证部分托收方式的做法，即汇票分两套缮制，信用证总金额项下1232000美元缮制一套，在证下正常办理议付；其超额部分36960美元另缮制汇票办理光票托收。

最后于4月9日以部分信用证部分托收方式办理寄单。

分析

粮油食品进出口公司在审证时未发现信用证只在数量上允许增减装5%，而在信用证金额并未有所增加的规定。由于没有严格审查和注意这个问题，误认为信用证既然允许数量可以增减装5%，所以就增装了3%，结果造成信用证金额不够。所以一般以重量为计量单位的货物，如果允许有增减装的幅度要求，条款应作类似的规定："Amount of credit and quantity of merchandise 5% more or less acceptable"（信用证的金额及货物的数量均可允许5%增减）。该条款就明确指出金额及货量均可增减5%。有的信用证虽然在条款中也只规定"The quantity of shipment 5% more or less acceptable"（数量允许增减装5%），但在信用证的总金额中已经增加了5%。如以本案例的信用证为例，信用证金额不是1232000美元，而是直接在金额中规定为1293600美元，这样也可以。本案例的信用证只在数量上允许增减5%，而金额既没有增减的条款，也未在信用证总金额的数额中含有5%，这样的信用证在实际装运数量上只能掌握减装5%，不能增装。如果要增装，只有向买方提出修改信用证，增加金额的增减条款。

粮油食品进出口公司在议付金额超过信用证规定时，采取部分信用证部分托收方式结算，这也是一般外贸企业遇到少量超额时所采取的一种补救办法。因为对方有权拒付托收的部分，如果对方资信不佳，可以连信用证项下货款一起提出单证不符而拒付。超出信用证金额的部分办理托收，必须在发票金额栏中加以注明，如总货值×××，减超额办理托收部分×××，余额×××。即使发票不注明，则发票总金额与信用证项下的汇票金额不符，也是被拒付的理由。采取部分信用证部分托收方式，如果能事先修改信用证，在信用证中规定允许部分信用证部分托收，托收按即期付款交单方式，规定全套货运单据附在托收汇票项下，开证行只能在申请人付清货款后才能放单，这样就安全一些。

2.1 商品的品名

商品的名称（Name of Commodity）或称品名是指能使某种商品区别于其他商品的一种称呼或概念。商品的名称在一定程度上体现了商品的自然属性、用途及主要的性能特征。

2.1.1 约定品名的意义

在国际货物买卖中，从签订合同到交付货物，往往需要较长的时间。另外，交易双方在磋商交易和签订买卖合同时，通常很少见到具体商品，一般只是凭借对将要买卖的商品作必要的描述来确定交易的标的。可见，在国际贸易中，买卖双方签订合同时，必须列明商品名称。品名条款是买卖合同中不可缺少的一项主要交易条件。

按照有关的法律和惯例，对成交商品的描述，是构成商品说明（Description）的一个主要组成部分，是买卖双方交接货物的一项基本依据，它关系到买卖双方的权利和义务。

若卖方交付的货物不符合约定的品名或说明，买方有权提出损害赔偿要求，甚至拒收货物或撤销合同。因此，列明成交商品的具体名称，具有重要的法律和实践意义。

2.1.2 命名商品的方法

1. 以其主要用途命名

这种方法在于突出其用途，便于消费者按其需要购买，如织布机、旅游鞋、杀虫剂、自行车等。

2. 以其所使用的主要原料命名

这种方法能通过突出所使用的主要原材料反映出商品的质量，如棉布、羊毛衫、玻璃杯等。

3. 以其主要成分命名

以商品所含的主要成分命名，可使消费者了解商品的有效内涵，有利于提高商品的身价，一般适用于以大众所熟知的名贵原材料制造的商品，如西洋参蜂皇浆、人参珍珠霜等。

4. 以其外观造型命名

以商品的外观造型命名，有利于消费者从字义上了解该商品的特征，如绿豆、喇叭裤、宝塔纱、纸管等。

5. 以其褒义词命名

这种命名方法能突出商品的使用效能和特征，有利于促进消费者的购买欲望，如青春宝、太阳神口服液等。

6. 以人物名字命名

即以著名的历史人物或传说中的人物命名，其目的在于引起消费者的注意和兴趣，如孔府家酒等。

7. 以制作工艺命名

这种命名方法的目的在于提高商品的威望，增强消费者对该商品的信任，如二锅头烧酒、精制油等。

2.1.3 品名条款的内容

国际货物买卖中交易双方的交易标的都是具体的商品。买卖合同中的标的物条款一般比较简单。在我国以及国际上的通常做法是，一般在“品名”或“商品名称”的标题下，列明缔约双方同意买卖的商品的名称，故又称之为“品名条款”。但有时品名条款也可以包括在质量条款中，出现品名条款和质量条款合并的情况。

2.1.4 规定品名条款的注意事项

（1）内容明确、具体，并能反映标的物的特点。应选用商品的科学名称，避免笼统的概括和形容，避免产生误解，造成贸易纠纷。

（2）尽可能使用国际上通行的名称。世界各地甚至一个国家的不同地区可能对同一种商品的名称有不同的叫法。为避免误解，尤其一些不是以样品或实物交易的商品名称，应使用国际上通用的叫法。如果有不同叫法，双方应提前有所约定。

（3）选择有利于减低关税或方便进口的名称。商品品名的不同会带来缴纳关税税额的不同和运费不同，有时会出现所受到的配额约束不同的现象。因此，在确定品名时，应注意有关国家的海关税则和进出口限制的有关规定。为节省开支、减少关税负担和避免非关税壁垒的限制，应选择恰当的、对我方有利的名称。

（4）在交易中做不到或不必要的描述性的词句，都不应列入品名条款。

2.2 商品的品质

商品的品质（Quality of Goods）是指商品的内在质量和外观形式的总和。商品的外观形态是人们通过感觉器官可以直接获得的外形特征。商品的内在质量是指商品的物理性能、化学成分、生物特征、技术指标和要求等，一般需借助各种仪器、设备分析测试才能获得。商品品质的基本要求包括：功能保证性，即商品保证满足质量要求或完成规定功能和主要用途所必须具备的性能；质量指标可信性，即各级各类标准所规定的质量特性必须达到的技术要求；性能稳定性，商品在使用过程中性能的不变动性；安全性，即商品在储存、流通和使用过程中保证人体和周围环境不受伤害的性能；环保性，商品对周围环境的保护性能；经济性，商品的生产者、经营者、消费者都能用尽可能少的费用获得较高的商品质量；市场性，商品的市场质量适应市场消费需求的程度；质量信息服务性，生产经营者有责任和义务通过其商品或商品包装上的规定标志以及包装内必备的有关文件，向消费者提供有用的质量信息。

品质的优劣不仅关系到商品的使用效能，影响到商品售价的高低、销售数量和市场份额的增减，买卖双方经济利益的实现程度，而且还关系到商品信誉、企业信誉、国家形象和消费者的利益。因此，合同中的品质条件是构成商品说明的重要组成部分，是买卖双方交接货物的基本依据之一。

2.2.1 表示商品品质规定的方法

1. 以实物样品表示商品品质

即指买卖双方在洽商时，由卖方或买方提出少量足以代表商品质量的实物作为样品，要求对方确认。样品一经确认，便成为买卖双方交接货物的质量依据，包括凭成交商品的实际品质和凭样品两种方法。前者称看货买卖，后者称凭样品买卖（Sale by Sample）。这是由于这些商品本身的特点难以用文字说明，或者出于市场习惯而采用的一种方法。

（1）看货买卖。当买卖双方采用看现货成交时，则买方或其代理人通常在卖方存放货物的场所验看货物，一旦达成交易，卖方就应按对方验看过的商品交货。只要卖方交付的是验看过的货物，买方就不得对品质提出异议。这种做法多用于寄售、拍卖和展卖业务中。

（2）凭样品成交。样品通常是指从一批商品中抽出来的，或由生产、使用部门设计、加工出来的，足以反映和代表整批商品品质的少量实物。

当提供样品的一方为买方时，称为买方样（Buyer's Sample）；当提供样品的一方为卖方时，称为卖方样（Seller's Sample）。一般说来，国际货物买卖中的样品，大多由卖方提供。当然，凭买方样品达成交易的也不少。这里值得注意的是，不管是买方样还是卖方样，样品的选择均要有代表性。

凭卖方样品买卖时，卖方所提供的能充分代表日后整批交货品质的少量实物，可称为原样（Original Sample），也称代表性样品（Representative Sample）或标准样品（Type Sample）。向买方送交样品时，卖方应留存一份或数份同样的样品，称为复样（Duplicate Sample），也称留样（Keep Sample），以备将来组织生产、交货或处理质量纠纷时作核对之用。

凭买方样品买卖时（在我国也称为“来样成交”），由于买方熟悉目标市场的需求状况，他所提供的样品往往更能直接地反映出当地消费者的需求。在我国出口交易中有时也采用，买方出样但在确认按买方提交样品成交之前，卖方必须充分考虑按来样制作特定产品所需要的原材料供应、加工技术、设备和生产安排的可行性，以确保日后得以正确履行合同。

在实际业务中，如果卖方对买方来样供货没有十分的把握，则可根据买方来样仿制，或从现有货物中选择品质相近的样品提供给买方。这种样品称为对等样品（Counter Sample）或回样（Return Sample）。如买方同意采用回样交易，就等于把凭买方样品买卖演变为凭卖方样品买卖。

为了避免买卖双方在履约过程中产生质量争议，必要时还可使用封样（Sealed Sample），即由第三方或公证机关在一批货物中抽取同样质量的样品若干份，每份样品采用铅丸、钢卡、封条等各种方式加封识别，由第三方或公证机关留存一份备案，其余供当事人使用。

2. 以说明表示商品的品质

即以文字、图表、照片等方式说明商品品质，包括以下几种。

（1）凭规格买卖（Sale by Specification）。商品的规格（Specification）是指用来反映商品品质的若干主要指标，如成分、含量、纯度、长短、大小、粗细等。各种商品由于品质的特点不同，规格的内容也各不相同。加工贸易业务双方通过文字说明商品的规格，就能说明商品品质的基本情况。例如，电视机的主要规格是电压、功率等，管状商品的规格是直径、内径、外径的尺码。

条款示例1 金星牌彩色电视机：型号SC374，制式PAL/BG，电压220V，双圆头插座带遥控

条款示例2 中国芝麻：水分（最高）8%，杂质（最高）2%，含油量（湿态，乙醚浸出物）52%

条款示例3

印花布	（支数）	（每英寸）	（英寸）
	30×36	72×69	35/36
	纱支	纱线密度	幅度

用规格来确定商品品质的方法，称为凭规格买卖。一般说来，凭规格买卖比较方便、准确，在国际贸易中应用较广。

（2）凭等级买卖（Sale by Grade）。即同类商品按照规格中若干主要指标的差异，用文字、数字或符号来表示商品品质上的差异，把一种商品分为若干等级。例如，用大、中、小，甲、乙、丙，一、二、三等文字、数字或符号所做的分类。

条款示例 AA级鲜鸡蛋，蛋壳浅棕色，清洁，大小均匀

AA级	每枚鸡蛋净重60~65克
A级	每枚鸡蛋净重55~60克
B级	每枚鸡蛋净重50~55克
C级	每枚鸡蛋净重45~50克
D级	每枚鸡蛋净重40~45克
E级	每枚鸡蛋净重30~40克

（3）凭标准买卖（Sale by Standard）。标准（Standard）是指商品规格的标准化。商品的标准一般经标准化组织、政府机关或商业团体等统一制定和公布。世界各国都有自

己的标准。另外，还有国际标准和国外先进标准。国际标准是指国际标准化组织（ISO）标准、国际电工委员会（IEC）制定的标准及其他国际组织规定的某些标准。例如，ISO9000质量管理和质量保证系列标准及ISO14000环境管理系列标准等。

我国是国际标准化组织理事国，1992年10月，我国技术监督局将ISO系列标准等效转化为GB/T19000系列国家标准，于1993年1月1日起实施。实施ISO的这两个一体化管理体系，有助于改善和提高我国企业和产品在国内外消费者中的形象，降低经营及管理成本，使我国产品适应国际市场对于产品在质量上的新需求，提高我国产品的国际竞争能力。

一般来说，在加工贸易业务中，只要在政治上无不良影响，我方加工贸易产品又能达到外商所规定的国外品质标准和检验方法，就可以接受国外客户的加工贸易合同，按照国外规定的品质标准检验。应当注意的是，由于各国的检验标准常随生产技术的发展而进行修改和变动，同一国家颁布的某类商品的标准有不同的版本。版本不同，品质标准往往也不相同。因此，我们在援引国外标准时，必须标明所用标准的版本，以免发生纠纷。

条款示例 利福平　　符合1993版英国药典（BP）

有时厂商也自行制定产品标准，经买卖双方洽商采用。例如，买卖一些质量容易变化的农副产品以及品质构成条件复杂的某些工业制成品。

以标准物表示交易商品质量的方法有两种。

第一，良好平均品质（Fair Average Quality，F. A. Q）。指一定时期内某地出口货物的平均品质水平，一般指中等货，也称大路货。在标明大路货的同时，通常还约定具体规格，作为品质依据。由于这种标准比较笼统，除了注明F. A. Q字样外，还要标明商品的具体规格指标。

条款示例1 中国大米　　2000年　　F. A. Q

水分（最高）15%　　杂质（最高）1%　　碎粒（最高）35%

条款示例2 中国桐油　　良好平均品质　　F. A. Q　　游离脂肪酸不超过4%

第二，上好可销品质（Good Merchantable Quality，G. M. Q）。指卖方交货品质只需保证为上好的，适合于销售的品质即可。显然这种标准太过于笼统，一般只适用于木材或冷冻鱼类等物品。我国在对外贸易中很少用。

（4）凭品牌或商标买卖（Sale by Brand or Trade Mark）。在国际贸易中，有些商品的牌名（Brand）或商标（Trade Mark）所代表的商品品质较好、较为稳定且在市场上已形成一定声誉时，贸易双方可据以成交。凭品牌或商标买卖适用于日用消费品、耐用消费品、品质稳定的其他工业制成品以及经过加工的农副产品。

条款示例 MAXAM Brand 美加净牌牙膏

（5）凭产地名称或凭地理标志买卖（Sale by Name of Origin，或 Sale by Geographical Indication）。有些商品凭产地、地名确定品质，特别是农副土特产品，受产地自然条件和传统生产技术的影响较大，一些历史较长、条件较好地区的产品，由于品质优良且有一定的特点，产地名称就成为代表该项产品品质的重要标志。例如，法国香水、中国东北大豆、四川榨菜等商品就是使用产地来表示商品品质的。

（6）凭说明书和图样买卖（Sale by Description and Illustration）。在进出口贸易中，有些机电、仪器，特别是成套设备类商品，由于功能与结构复杂，型号繁多，安装、使用和维修要求严格，所以确定此类商品品质不能用几项指标说明，除规定牌名、规格外，还需要有详细的说明书、技术图表、设计安装图纸或照片等，以完整地说明其具有的质量特征。例如，在合同中规定"品质和技术数据必须与卖方所提供的产品说明书相符合"。

以上表示商品品质的方法，可以单独运用，也可以根据商品的特点、市场或交易的习惯，将几种方法结合运用。例如，有的交易既使用商标、牌名或地名，又列有商品的规格等。

因此，有以下三点说明。

- 在实践中，一般只采用样品或者文字说明来表示。如果有些商品需要既用文字说明又用样品表示质量，则一旦成交，卖方必须承担交货质量既符合文字说明又符合样品的责任。
- 在实际业务中，可以使用一种文字说明的方法，也可以同时使用两种或两种以上文字说明表示质量的方法，但要注意文字上不能有冲突。
- 有些特殊商品（如珠宝、工艺品等）的交易可按照"看货成交"方式进行。

总之，卖方应根据商品的特点、市场习惯和实际需要，适当地选用适合有关表示商品质量的方法，以利销售，并维护自身利益。

2.2.2 买卖合同中的品质条款

1. 品质条款的基本内容

合同中表示商品品质的方法不同，品质条款的内容也不相同。在凭样品买卖时，合同中除了要列明商品的名称外，还应明确样品的编号及确认日期。在凭文字说明买卖时，合同中应明确规定商品的名称、规格、等级、标准、品牌、商标或产地名称等内容。

2. 品质机动幅度条款

所谓品质机动幅度，是指对某些初级产品而言，由于卖方所交货物品质难以完全与合同规定的品质相符，为便于卖方交货，往往在规定的品质指标外，加订一定的允许幅度，卖方所交货物品质只要在允许的幅度内，买方就无权拒收，但可根据合同规定调整价格。

具体方法如下。

（1）规定范围。指对某项商品的主要质量指标允许有一定机动的范围。

条款示例 棉坯布 宽度41/42

（2）规定极限。指对某些商品的质量规格规定上下极限，如最大、最多、最高，最小、最少、最低等。

条款示例 白籼米 长形，碎粒（最高）25%

（3）规定上下差异。即在规定某一具体质量指标的同时，规定必要的上下变化幅度。有时为了包装的需要，也可订立一些灵活办法。

条款示例 灰鸭毛 含绒量18% 允许上下差异1%

3. 品质公差

品质公差（Quality Tolerance）是指工业制成品由于科技水平或生产水平所限而产生的公认的误差，如手表走时每天误差若干秒。在国际贸易中，卖方所交付的商品品质只要在合同规定的品质幅度内，买方不得拒收货物。品质公差可以由买卖双方共同议定，也可以采用国际同行业所公认的误差。品质公差可以按比例计算增减价格，也可以在公差以内不计算增减价格。例如，我国出口芝麻时，常在合同中规定："中国芝麻，水分（最高）8%，杂质（最高）2%，含油量（湿态，乙醚浸出物）52%为基础；如果实际装运货物的含油量高或低1%，价格相应增减1%，不足整数部分，按比例计算。"

4. 订立品质条款应该注意的其他问题

（1）在交易磋商中，双方要做到友好协商，要尊重对方的贸易权利，贯彻"平等互利"、"重合同、守信用"的原则。

（2）要合理使用表示商品品质的方法。对于我国出口的商品，在条件允许的情况下，应该尽量采用以商标、产地名称来表示商品品质的方法，以提高商品和企业的国际声誉。但是，当对方不能接受时，也应考虑其他方法。对于我国进口的商品，品质条款应该订得尽量详细些，以免因理解的差异而发生争议。

（3）尽量采用一种方法表示商品品质，这样，可以简化检验和交货等手续，也可以减少分歧。如果双方商定用两种或两种以上的方法表示商品品质时，应该在条款中说明所使用方法的主次，以免因方法选择次序的差别或双方强调的内容不一致而发生争议。

（4）进口合同中的品质条款应该尽量详细。如果进口的是机械设备，还应注意说明零配件的品质要求及供货办法等。

（5）采用凭样品买卖时应注意以下五点。

第一，凡凭样品买卖，卖方交货品质必须与样品完全一致。在凭样成交条件下，买方应有合理的机会对卖方交付的货物与样品进行比较，卖方所交货物不应存在合理检查时不易发现的、将导致不好销售的瑕疵。买方对与样品不符的货物，可以拒收或提出赔偿要求。因此，卖方应在对交货品质有把握时采用此法，而且应严格按样品标准交货。

第二，以样品表示品质的方法，只能酌情采用。凭样品买卖，容易在履约过程中产生品质方面的争议，所以不能滥用此种表示方法。凡能用科学的指标表示商品质量时，就不宜采用此法。如在造型上有特殊要求或具有色、香、味等方面特征的商品以及其他难以用科学的指标表示质量的商品，则采用凭样品买卖。在当前国际贸易中，单纯凭样品成交的情况不多，在不少场合，只是以样品来表示商品的某个或某几个方面的质量指标。例如，在纺织品和服装交易中，为了表示商品的色泽质量，则采用“色样”（Colour Sample）；为了表示商品的造型，则采用“款式样”（Pattern Sample）；而对商品其他方面的质量，则采用其他方法来表示。

第三，采用凭样成交而对品质无绝对把握时，应在合同条款中作出灵活的规定。当卖方对品质无绝对把握，或对于一些不完全适合于凭样成交的货物，可在买卖合同中特别订明“品质与样品大致相同”（Quality shall be about equity other sample）或“品质与样品近似”（Quality is nearly same as the sample）。为了预防因交货品质与样品略有差异而导致买方拒收货物，也可在买卖合同中订明：“若交货品质稍次于样品，买方仍须收领货物，但价格应由双方协商相应减低。”当然，此项条款只限于品质稍有不符的场合，若交货品质与样品差距较大时，买方仍有权拒收货物。

第四，条款中的用词要明确、恰当，以便明确双方的权利和义务。

第五，品质条款应符合有关国家或相关国际组织的标准，以提高产品的竞争力。

2.3 商品的数量

商品不仅表现为一定的质，同时也表现为一定的量。数量的多少既关系到一笔交易规模的大小，又会影响到消费者的使用和市场的变化。商品的数量是指以一定的度量衡单位表示的商品的重量、数量、长度、面积、体积、容积等。国际上常用的度量衡制度有公制、英制、美制和国际单位制。

商品的数量是国际货物买卖合同中不可缺少的主要条件之一。按照某些西方国家的法律规定，卖方交货数量必须与合同规定相符，否则，买方有权提出索赔，甚至拒收货物。《联合国国际货物买卖合同公约》规定，按约定的数量交付货物是卖方的一项基本义务。

2.3.1 计量单位

不同的商品需要采用不同的计量单位。目前，在国际贸易中，一般采用下述六种方法来说明商品的计量单位。

1. 重量单位

按重量（Weight）计算是当今国际贸易中广为使用的一种方法，例如，许多农副产品、矿产品和工业制成品，都按重量计量。按重量计量的单位有公吨、长吨、短吨、公斤、克、盎司等。

2. 容积单位

各类谷物和液体货物，往往按容积（Capacity）计量，如公升（立方分米）、加仑、蒲式耳等。

3. 数量单位

大多数工业制成品，尤其是日用消费品、轻工业品、机械产品以及一部分土特产品，均习惯于按数量（Number）进行买卖，所使用的计量单位有只、件、双、套、打、卷、令、萝，以及个、台、组、张、袋、箱、桶、包等。

4. 长度单位

在金属绳索、丝绸、布匹等类商品的交易中，常使用长度（Length）单位，如码、英尺、厘米、米等。

5. 面积单位

在玻璃板、地毯等商品的交易中，一般习惯于用面积（Area）作为计量单位，如平方米、平方码、平方英尺、平方英寸等。

6. 体积单位

按体积（Volume）成交的商品有木材、天然气和化学气体等，单位如立方码、立方米、立方英尺等。

2.3.2 计量重量的方法

在国际贸易中，按重量计量的商品很多，计算重量的方法主要有以下六种。

1. 毛重

毛重（Gross Weight）是指商品本身的重量加包装物的重量，这种计重办法一般适用于低值商品。

毛重 = 净重 + 皮重（包装的重量）

2. 净重

净重（Net Weight）是指商品本身的重量，即除去包装物后的商品实际重量（净重 = 毛重 - 皮重）。《联合国国际货物买卖合同公约》规定："如果价格是按货物的重量规定的，如有疑问，应按净重确定。"不过，有些价值较低的农产品或其他商品，有时也采用"以毛作净"（Gross for Net）的办法计重，即以毛重当做净重计价。例如，蚕豆100公吨，单层麻袋包装，以毛作净。

在国际贸易中去除皮重的方法有四种：一是按实际皮重（Real Tare），即将整批商品的包装逐一过秤，算出每一件包装的重量和总重量；二是按平均皮重（Average Tare），即从全部商品中抽取几件，秤其包装的重量，除以抽取的件数，得出平均数，再以平均每件的皮重乘以总件数，算出全部包装重量；三是按习惯皮重（Customary Tare），即某些商品的包装比较规格化，已经形成一定的标准，可按公认的标准单件包装重量乘以商品的总件数，得出全部包装重量；四是按约定皮重（Computed Tare），即买卖双方以事先约定的单件包装重量乘以商品的总件数，求得该批商品的总皮重。

3. 公量

公量（Conditioned Weight）是指在计算货物重量时，用科学仪器抽去商品中所含的水分，再加上标准含水量所求得的重量。有些商品，如棉花、羊毛、生丝等有比较强的吸湿性，所含的水分受客观环境的影响较大，其重量也就很不稳定。为了准确计算这类商品的重量，国际上通常采用按公量计算，即商品的干净重加上国际公定回潮率与干净重的乘积所得出的重量，即：

公量 = 商品的干净重 + 国际公定回潮率 × 商品的干净重
= 商品的干净重 + 公定含水量
= 净重 - 商品实际水分 + 标准水分
= [商品实际重量 ×（1 + 公定回潮率）] ÷（1 + 实际回潮率）

其中：

实际回潮率 =（实际含水量 ÷ 商品干净重）× 100%

公定回潮率 =（公定含水量 ÷ 商品干净重）× 100%

4. 理论重量

理论重量（Theoretical Weight）即对于一些按固定规格生产和买卖的商品，只要其重量一致，每件重量大体是相同的，所以一般可以从件数推算出总量。但是，这种计重方法是建立在每件货物重量相同的基础上的，重量如有变化，其实际重量也会发生差别，因此，只能作为计重时的参考。其适用的商品如马口铁、钢板等。

5. 法定重量

按照一些国家海关法的规定，在征收从量税时，商品的重量是以法定重量（Legal Weight）计算的。法定重量是指纯商品的重量加上直接接触商品的包装物料，如内包装等的重量。

法定重量 = 纯商品的重量 + 内包装的重量

6. 净净重

纯商品的重量扣除内包装的重量及其他包含杂物（如水分）的重量所表示出来的纯商品的重量，则称为实物净净重（Net Net Weight）。净净重的计量方法主要在海关征税时使用。

净净重 = 纯商品的重量 - 包含杂物的重量

在国际贸易实务中，如果货物是按重量计量和计价的，而买卖双方没有明确采用何种方法计算重量和价格时，应按净重计量和计价。

2.3.3 国际贸易中常用的度量衡制度

在选择计量单位时，还要注意所采用的度量衡制度。同一计量单位在不同的度量衡制度中表示的实际数量是不一样的。如吨，有公吨、长吨、短吨之分。1 公吨 = 1000 千克；1 长吨 = 1016 千克；1 短吨 = 907.2 千克。

国际贸易中通常使用的度量衡制度有四种：公制，又称米制（Metric System）；美制（U. S. System）；英制（British System）；国际单位制（International System of Units）。

国际单位制由国际标准计量组织大会于 1960 年通过，已被越来越多的国家所采用。我国的法定计量单位同样采用国际单位制。除个别领域外，基本都采用法定计量单位。所以在出口合同中，除非照顾对方国家贸易习惯，否则一般也应采用法定计量单位。

2.3.4 数量条款

1. 数量条款的基本内容

数量条款主要包括成交商品的数量及计量单位。按重量计算的货物包括重量的计算方法，如毛重、净重、公重等。鉴于某些商品，如农副产品和工矿产品，因本身特性和自然条件的影响，或者受包装和运输工具的限制，实际交货数量往往不易符合原定交货数量。为了避免争议，买卖双方还常在合同数量条款中订明交货数量的机动幅度。

英国法律规定，卖方交付货物的数量如果少于约定数量，买方可以拒收货物；卖方实际交货数量多于约定数量，买方可以只接受约定数量而拒收超过部分，也可以全部拒收。《联合国国际货物买卖合同公约》规定，卖方必须按合同数量条款的规定如数交付货物；如果卖方交货数量多于约定数量，买方可以收取，也可以拒绝收取多交部分货物的全部或一部分；如果卖方实际交货数量少于约定数量，卖方应该在规定的交货期届满前补交，但不得使买方遭受不合理的不便或承担不合理的开支，同时买方保留要求损害赔偿的任何权利。因此，买卖双方一旦在合同中订立了数量条款，该条款就成为买卖双方交接货物的依据。

《跟单信用证统一惯例》规定："除非信用证规定货物的指定数量不得有增减外，在所支付的款项不超过信用证金额的条件下，货物准许有5%的增减幅度。但是，当信用证上规定的数量是以包装单位或个数计数时，此项增减幅度则不适用。"满足此项条款的条件：第一，信用证未规定货物数量不得增减，如果信用证规定货物数量不得增减，本条款应服从信用证的规定，5%的增减幅度便不再适用；第二，信用证未规定的数量按包装单位或个数计数时，5%的增减幅度不再适用；第三，支取金额不超过信用证金额，当单价一定时，允许超装5%，支取金额也可相应提高。然而，这一溢装不是买卖双方议定后申请人有准备的。就一笔交易业务来说，申请人交付的开证保证金和开证行的授信以及开证行向偿付行的偿付授权金额都是固定的，所以，此条款对允许超装的对应金额的处理原则可以超过5%，但支取金额不得超过信用证金额，超出的部分可通过其他方式结算。

2. 数量的机动幅度条款

买卖合同中的数量机动幅度条款又叫做溢短装条款（More or Less Clause），是指在规定具体数量的同时，在合同中规定允许多装或少装一定的百分比。卖方交货数量只要在允许增减的范围内，即为符合合同的有关交货数量的规定。

规定机动幅度的方法有三种：一是采用大约、近似、左右等伸缩性词语。按《跟单信用证统一惯例》，此类用词可解释为交货数量有不超过10%的增减幅度；二是具体规定一个百分比的机动幅度。例如，5000公吨，卖方可溢装或短装5%，按此规定，卖方实际交货数量应该在4750~5250公吨之间，买方不得提出异议；三是机动幅度的选择权，最好在合同中明确规定。

在数量条款中，除了规定机动幅度和机动幅度的选择权外，还应该涉及溢短装部分的计价问题。通常，可按合同价格计算，也可在合同中约定多装或少装部分，不按合同价计价，而采用装船时或货到时的市价计算。例如，8000公吨，为了适应舱容需要，卖方可溢装或短装5%，溢装或短装部分按合同价格计算。

溢装或短装下的货款总额 = 合同单价 × 实际交货数量（在数量机动范围内）

机动幅度的选择权也有三种：一是由卖方决定（at Seller's Option），在合同规定有机动幅度的条件下，大多数是由卖方行使多交或少交的选择权；二是由买方决定（at Buyer's Option），在采用 FOB 术语成交，买方派船装运或租船订舱时，则数量的机动幅度一般由买方来决定；三是由承运人决定（at Ship's Option），无论是采用 FOB、CFR 术语成交，还是采用 CIF 术语成交，在涉及租船运输时一般由承运人，或者由承运人和买方，或者由承运人和卖方来决定。

3. 规定数量条款时应注意的问题

（1）合理掌握交易数量。卖方应考虑国外市场供求状况、国外货源供应情况、国外市场价格动态、国外客户的资信状况和经营能力等，防止不能及时、安全收汇的现象发生，给企业造成重大的经济损失。另外，可以保持稳定、均衡的供应数量，以提高商品竞争力和合理的市场价格，巩固和发展出口市场。买方应考虑国内的实际需要情况、国内客户本身支付能力、国内市场行情的变化等。

（2）数量条款用词要明确、严密、具体。在制订商品数量条款时用词一定要明确、严密、具体，特别是在使用计量单位术语时，更要慎之又慎。例如，某国某进口贸易公司通过边贸方式向邻近地区出口某种建筑用岩石，其所报的价格为 US $15 per truck，即每卡车该岩石为 15 美元。由于未注明所指卡车的载重量，对方所派卡车载重量从 5 吨逐步增加到 20 吨，使该进出口公司损失严重。后来经过调解协商，报价改为 US $3 per M/T，即每公吨 3 美元，方避免了更大的损失。

（3）合理订立认定交货数量的时间和地点。在国际贸易中，由于长途运输及其他各种原因，有些货物的数量可能会发生一些变化，这种变化应该与确定数量的时间、地点有关系，因此，在合同中确定何时何地就显得十分重要。

在国际货物买卖中，确定交货数量的时间和地点一般有以下几种方法。

• 出厂数量条件（Plant Quantity Terms），指交付数量以出厂时核准的数量为准。利用这种方法确定交货数量，对于途中发生的短缺、损耗等问题，卖方不负任何责任。因此，这种条件对卖方有利。

• 装运数量条件（Shipping Quantity Terms），指交货数量以装运时在装运港（地）的装货数量为准。卖方只负责装运数量与合同数量相符，如果途中发生短缺等情况，卖方概不负责。例如，FOB 条件交易的数量条款，就是以装运港的装运数量为准。这种条件也对卖方比较有利。

• 卸货数量条件（Landed Weight Terms），指交货数量以目的港卸货上岸检验的数量为准。在此条件下，卖方对于运输途中所发生的数量短缺等问题要负责任。

• 装卸平均数量条件（Terms of Mean of Shipping and Landed Quantity），指以装运数量和卸货数量的平均数作为交货数量的条件。

• 买方营业处所数量条件（Buyer's Premises Quantity Terms），指交货数量以货物运抵买方所在地指定地点（营业厅、仓库）后的数量为准。随着集装箱和国际多式联运方式的发展，这种数量条件将日益增多。显然，该条件对买方比较有利。

在交易中，可以在选定的价格条件、运输方式以及其他具体情况的基础上，买卖双方经过协商确定采用何种交付数量条件。

2.4 商品的包装

所谓商品的包装（Packing of Goods），是指为了有效保护商品品质的完好和数量的完整，采用一定的方法将商品置于合适容器中的一种措施。国际贸易货物除少数不必包装，可直接装入运输工具中的散装货（Bulk Cargo）和在形态上自成件数、无需包装或略加捆扎即可成件的裸装货（Nude Cargo）以外，绝大多数商品都需要有适当的包装。

一般来说，包装有三个重要作用。一是保护作用。保护产品是包装最主要的作用，可避免产品在搬运过程中受损、受冲击、脱落，避免其他物质混杂其中，还可以防水、防潮、防晒、防虫害、防变质。二是便利性作用。包装可以方便适应运输、装卸等过程机械化、自动化的需要，方便物品装卸搬运、运输和储存，提高搬运效率，减少搬运环节。三是标志作用。包装的特点、文字、符号等，可用来识别物品种类、性质和注意事项。恰当的包装能引起人们的注意，在物流过程中可以保证物品安全，同时避免不正确的操作和使用物品造成人员伤亡、财产损失和环境污染。

包装是货物说明的重要组成部分，包装条件是买卖合同中的一项主要条件。《联合国国际货物买卖合同公约》中明确规定：卖方交付的货物必须按照合同所规定的方式装箱或包装。如果卖方不按照合同规定的方式装箱或包装，即构成违约。

2.4.1 商品包装的种类

从包装在流通过程中所起作用的不同，可分为运输包装和销售包装。

1. 运输包装

运输包装（Transport Packing）又称外包装（Outer Packing），其主要作用在于保护商品和防止出现货损货差。运输包装的方式和造型多种多样，用料和质地各不相同。在国际贸易中，买卖双方究竟采用何种运输包装，应在合同中具体订明。

（1）运输包装的种类。运输包装根据包装材料和包装方法的不同，可分为箱（Case）、包（Bundle，Bale）、桶（Drum，Cask）、袋（Bag）、篓、罐等。

• 箱装。包括各种木箱、纸箱、铁箱，是最常见的一种包装形式。密实的箱形能防外界潮气及杂物的污染。各种木箱因有足够的强度，能防止货物因碰撞、挤压、摔跌而遭受损坏。

• 桶装。常见的有金属筒、塑料筒、鼓形木桶、胶合板桶、纸桶。其中，金属桶和塑料桶用于盛装液体或糊状及危险品货物；鼓型木桶是传统的包装形式，用于盛装盐渍肠衣等带有液体的货物；胶合板桶及纸桶用于盛装粉状、结晶粒或粗粒状货物。

• 袋装。常见的有麻袋、布袋、塑料袋、人造革袋、多层纸袋及化学纤维袋。麻袋是轻便而坚固的优良包装，具有吸湿、透气性能，在使用中不怕挤压、摔跌，且能多次使用，是一般谷物常用的包装。布袋、塑料袋、人造草袋及化学纤维袋，用于盛装化肥、矿砂及各种化工原料。多层纸袋是由两层乃至多层牛皮纸制成，具有防潮能力，宜装粉状、结晶状和颗粒状货物。

• 捆包装。许多货物如钢铁、铁皮、羊毛、棉花、布匹、纸张等，适用于捆包装。这种形式的包装简单、方便，既节省包装费用，又减轻包装重量、节省运费。

• 卷筒装。如电缆、钢丝绳、传动带、元纸等，适用于卷筒装。它是在产品包装的基础上略为加强的一种形式。

• 筐篓装。这种包装是利用藤、竹、柳枝等较廉价的材料制作而成，适宜于盛装不怕受潮的零星杂货及需要良好通风的农副产品等。

• 坛、罐、瓶装。如各种陶瓷玻璃容器和耐高压金属瓶等，适宜盛装酒类，其他饮料、榨菜等密封货物。

运输包装除了上述各种单件包装外，还有集合包装。所谓集合包装，是指在单件包装的基础上，把若干单件组合成一件大包装，以适应港口机械化作业的要求。集合包装能更好地保护商品，提高装卸效率，节省运输费用。常见的集合包装方式有托盘、集装袋和集装箱。

（2）运输包装的标志。包装标志是指在商品的包装上书写、压印、刷制各种有关的标志，以便识别货物，有利于装卸、运输、仓储、检验和交接工作的顺利进行。包装标志按其用途可分为运输标志、指示性标志和警告性标志三种。

• 运输标志（Shipping Mark）。又称唛头，是由一个简单的几何图形和一些字母、数字及简单的文字组成。

运输标志的主要内容包括：目的地的名称或代号；收、发货人的代号；件号、批号。此外，有的运输标志还包括原产地、合同号、许可证号和体积与重量等内容。运输标志的内容繁简不一，由买卖双方根据商品特点和具体要求商定。

鉴于运输标志的内容差异较大，有的过于繁杂，不适应货运量增加、运输方式变革和电子计算机在运输与单据流转方面应用的需要。因此，联合国欧洲经济委员会简化国际贸易程序工作组，在国际标准化组织和国际货物装卸协调协会的支持下，制定了一项比较简便的运输标志，向各国推荐使用。该标准化运输标志包括：收货人或买方名称的英文缩写字母或简称；参考号，如运单号、订单号或发票号；目的地；件号。

至于根据某种需要而需在运输包装上书写的其他内容，如许可证号等，则不作为运输标志必要的组成部分。

条款示例 ABC 收货人代号

S/C2002 参考号

LONDON 目的地

1/25 件数代号

• 识别标志（Identification Mark）。识别标志又称通知标志。通常包括：商品货号，商品名称，装容数量，毛、净重，包件尺码，产地或生产国别等。

• 指示标志（Indicative Mark）。指示标志是根据商品的特性，对一些容易破碎、残损、变质的商品，在搬运装卸操作和存放保管条件方面所提出的要求和注意事项，用图形或文字表示的标志。图 2.1 列举的是一些常用的指示性标志。

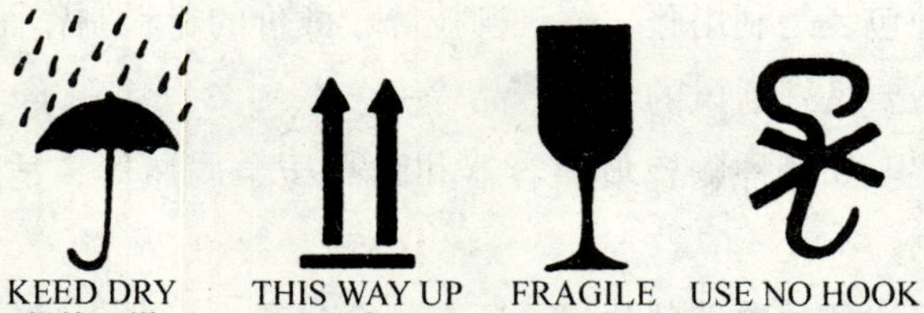

图 2.1 常用的指标性标志

• 警示标志（Warning Mark）。警示标志又称危险品标志（Dangerous Cargo Mark），是指凡在运输包装内装有爆炸品、易燃物品、有毒物品、腐蚀物品、氧化剂和放射性物资等危险货物时，都必须在运输包装上标明各种危险品的标志，以示警告，使装卸、运输和保管人员按货物特性采取相应的防护措施，以保护物资和人身的安全。

在我国出口危险货物的运输包装上，要标明我国和国际上所规定的两套危险品标志。图 2. 2 列举了《国际海上危险货物运输规则》所规定的一些危险品标志。

图 2. 2　一些危险品标志

2. 销售包装

销售包装（Sale Packing）又称内包装（Inner Packing），是商品制造出来以后以适当的材料或容器所进行的初次包装，是直接接触商品并随商品进人零售网点和消费者直接见面的包装。这类包装除具有保护商品的功能外，更应具有促销的功能。因此，对销售包装的造型结构、装潢画面和文字说明等，都有较高的要求。

（1）销售包装的种类。销售包装可采用不同的包装材料和不同的造型结构与式样，这就导致销售包装的多样性，究竟采用何种销售包装，要根据商品特性和形状而定。常见的销售包装有八种。

• 挂式包装。可在商店货架上悬挂展示的包装，其独特的结构如吊钩、吊带、挂孔、网兜等，可充分利用货架的空间陈列商品。

• 堆叠式包装。这种包装通常指包装品顶部和底部都设有吻合装置，使商品在上下堆叠过程中相互咬合。其特点是堆叠稳定性强，节省货位，常用于听装的食品罐头或瓶装、盒装商品。

• 便携式包装。这是指包装造型和长宽高比例的设计均适合消费者携带使用的包装，如有提手的纸盒、塑料拎包等。

• 一次用量包装。又称单位包装、专用包装或方便包装，是以使用一次为目的的较简单的包装。如一次用量的药品、饮料、调味品等。

• 易开包装。包装容器上有严密的封口结构，使用者不需另备工具即可容易地开启。易开包装又分为易拉罐、易开瓶和易拉盒等。

• 喷雾包装。在气密性容器内，当打开阀门或压按钮时，内装物由于推进产生的压力能喷射出来的包装。例如香水、空气清新剂、清洁剂等包装。

• 配套包装。将消费者在使用上有关联的商品搭配成套，装在同一容器内的销售包装。如工具配套袋、成套茶具的包装盒等。

•礼品包装。专作为送礼用的销售包装。礼品包装的造型应美观、大方，有较高的艺术性，有的还使用彩带、花结、吊牌等。它的装潢除了给消费者留下深刻印象外，还必须具有保护商品的良好性能。使用礼品包装的范围极广，如糖果、化妆品、工艺品、滋补品和玩具等。

（2）销售包装的装潢和文字说明。销售包装的装潢通常包括图案与色彩。装潢应美观、大方，富于艺术吸引力，并突出商品的特性。同时，还应适应进口国或销售地区的民族习惯和爱好，以利于扩大出口。文字说明通常包括商品名称、商标品牌、数量规格、成分构成与使用说明等内容。这些文字说明应与销售包装的装潢画面紧密结合、和谐统一，以达到树立产品及企业形象、提高宣传和促销的目的。使用的文字说明、悬挂的商品标签、吊牌等，还应注意不违反有关国家的标签管理条例的规定。例如，有的国家明文规定所有进口商品的文字说明必须使用本国文字。

（3）物品条形码的标志。

•条形码概述。在销售包装上，除了附有装潢画面和文字说明外，有的还印有条形码的标志。目前，世界许多国家都在商品包装上使用条形码。条形码（Product Code）是一种产品代码，是由一组带有数字的黑白及粗细间隔不等的平行条纹所组成，这是利用光电扫描阅读设备为计算机输入数据的特殊的代码语言。只要将条形码对准光电扫描器，计算机就能自动识别条形码的信息，确定品名、品种、数量、生产日期、制造厂商、产地等相关信息，大大提高商品管理效率。

•商品包装的两种条形码。条形码自问世以来，为适应多种需要，产生了众多的编码系统。但目前得到国际公认的用于商品包装的主要有两种，即UPC和EAN。这两种编码系统属于同一类型，每个字符均由数条黑白相间的条纹组成，中间有两条窄条纹向下伸出少许，将条形码分成左右两部分。

UPC（Uniform Product Code）条形码是由美国和加拿大共同组织的“统一编码委员会”（Universal Code Council，UCC）选定以IBM公司提出的Delta－Distance为基础而通过的。UPC码作为美、加产品统一的标识符号。

EAN条形码是欧共体的欧洲物品编码协会（European Article Numbering Association，EAN）吸取了UPC的经验而确立的物品标志符号。该协会于1977年改名为国际物品编码协会（International Article Numbering Association）。迄今为止，使用EAN条形码的该协会成员国已有数十个，除欧洲外，亚洲许多国家也使用此码。我国于1991年7月参加该协会。

由于国际上存在这两种编码系统，因此，我国产品销往美国、加拿大应使用UPC码，而出口到其他国家和地区则需使用EAN码。

UPC 和 EAN 两种条形码虽同属一个类型，但由于 EAN 码是在 UPC 码基础上形成的，而且有所发展和创新，所以，在技术上 EAN 系统的光电阅读器可以阅读 UPC 系统的条码，而 UPC 系统的光电阅读器不能阅读 EAN 码。

两种条形码的构成是：

UPC 码由 11 位数字的通用产品代码和 1 位校验码组成。产品代码的第 1 位数字为编码系统字符，中间 5 位数字表示制造商号，后 5 位数字为产品代码。

EAN 码由代表 12 位数字的产品代码和 1 位校验码组成。产品代码的前 3 位为国别码，中间 4 位数字为制造商号，后 5 位数字为产品代码。

EAN 码的国别码由 EAN 总部分配管理。1988 年 12 月，我国建立了中国物品编码中心，负责推广条形码技术，并对其进行统一管理。1994 年 4 月，我国正式加入国际物品编码协会。该协会分配给我国的国别代码为 690、691、692。此外，我国书籍代码为“978”，杂志代码为“977”。凡标有上述国别号条形码的，即表示是中国生产的商品。

》资料卡

我国条形码应用的申请与管理

1988 年 12 月 28 日成立的中国物品编码中心（以下简称“中心”），是我国条形码技术的归口管理单位，该中心已代表我国正式加入国际物品编码协会，从 1991 年 7 月 1 日起正式履行该会会员的权利和义务。“中心”的宗旨是研究、开发我国的物品标志系统，使其规范化、标准化，并实现与国际物品标志系统兼容，促进外贸出口。其任务是负责对口联系 EAN 和国际上其他物品编码机构，推广、应用和发展 EAN 物品标志系统，统一组织、协调、管理我国条形码工作。“中心”还在广州、湖北、江苏、上海设立“分中心”，并规定在未设“分中心”的地区，由“中心”指定和委托省级与计划单列市的标准化机构，负责本地区的条形码工作。

凡需要申请使用商品条形码的企业，要一律通过设在各地的“分中心”（未设“分中心”的，要通过“中心”指定和委托的标准化机构）向中国物品编码中心提出申请，由“中心”统一分配企业代码。

生产和经营出口商品的企业使用条形码时，可到上述条形码机构申请，由“中心”统一向国际条形码组织申请注册手续。如果企业有部分产品出口到美国、加拿大，另有部分产品出口到其他国家（地区），则应该同时申请 UPC 和 EAN 条形码，并按照规定支付有关费用。

国家技术监督局规定，我国商品经向“中心”申请获准的条形码可在世界范围内通用；获得条形码使用权的企业不得将其权力转让或与其他企业共享，任何企业或个人都不得擅自使用别国（地区）的条形码或伪造、盗用他人的条形码，已使用别国或其他地区条形码的企业，要到当地的“分中心”或指定的标准化机构登记，并协商如何转为使用我国商品条形码。

3. 中性包装和定牌生产

采用中性包装（Neutral Packing）和定牌生产，是国际贸易中的习惯做法。

中性包装是指既不标明生产国别、地名和厂商名称，也不标明商标或品牌的包装。也就是说，在出口商品包装的内外，都没有原产地和厂商的标记。

中性包装包括无牌中性包装和定牌中性包装两种。前者是指包装上既无生产国别和厂商名称，又无商标或品牌；后者是指包装上仅有买方指定的商标或品牌，但无生产国别和厂商名称。

采用中性包装，是为了打破某些进口国家与地区的关税与非关税壁垒，适应交易的特殊需要（如转口销售等）。它是出口国家厂商加强对外竞销和扩大出口的一种手段。为了把生意做活，我们对国际贸易中的这种习惯做法也可酌情采用，但在使用时要注意避免发生知识产权纠纷。

定牌是指卖方按买方要求在其出售的商品或包装上标明买方指定的商标或牌号，这种做法也叫定牌生产。卖方同意采用定牌，是为了利用买方（包括生产厂商、大百货公司、超级市场和专业商店）的经营能力和他们的企业商誉或名牌声誉，以提高商品售价和扩大销售数量。

无牌是指买方要求在我出口商品或包装上免除任何商标或牌名的做法。这主要用于一些尚待进一步加工的半制成品。这里需要注意的是，除非另有约定，否则在采用定牌和无牌时，在我出口商品或包装上均须标明“中国制造”字样。

2.4.2 合同中的包装条款

包装是货物说明的重要组成部分。包装条件是买卖合同中的一项主要条件。按照某些国家的法律规定，如卖方交付的货物未按约定的条件包装，或者货物的包装与行业习惯不符，买方有权拒收货物。如果货物虽按约定的方式包装，但与其他货物混杂在一起，买方可以拒收违反约定包装的那部分货物，甚至可以拒收整批货物。

1. 国际货物买卖合同中包装条款的基本内容

包装条款一般包括包装材料、包装方式、包装规格、包装标志和包装费用的负担等内容。

条款示例1 In wooden cases of 50 kilos net each，木箱装，每箱50千克净重。

条款示例2 In iron drums or cardboard drums of 60 kilos net，铁桶或纸板桶装，每桶净重60千克。

2. 包装材料和包装方式的规定

买卖合同中对包装材料和包装方式通常有两种规定。一种是作具体规定，并根据需要加注包装的尺寸、每件重量或数量、加固条件等，如“纸箱装：每箱装30打（packing：in cartons containing 30 doz. Each）”。另一种是使用含义笼统的术语，如“适合海运包装（seaworthy packing）”等。对于后者，除非买卖双方就包装材料和包装方式事先已经达成共识或另外订有协议，否则不宜采用，以免产生争议。

≫资料卡

不同国家对包装材料和港口的不同规定

1. 禁用的包装材料

美国规定，为防止植物病虫害的传播，禁止使用稻草做包装材料，如被海关发现，必须当场销毁，并支付由此产生的一切费用。

新西兰农业检疫所规定，进口商品包装严禁使用以下材料：干草、稻草、麦草、谷壳或糠、生苔物、土壤、泥灰、用过的旧麻袋及其他材料。

菲律宾卫生部和海关规定，凡进口的货物禁止用麻袋和麻袋制品及稻草、草席等材料包装。

澳大利亚防疫局规定，凡用木箱包装（包括托盘木料）的货物进口时，均需提供熏蒸证明。

2. 港口规定

沙特阿拉伯港务局规定，所有运往该国港埠的建材类海运包装，凡装集装箱的，必须先组装托盘，以适应堆高机装卸，且每件重量不得超过两吨。另外，凡运往该港的袋装货物，每袋重量不得超过50公斤，否则不提供仓储便利，除非这些袋装货物附有托盘或具有可供机械提货和卸货的悬吊装置。

伊朗港口颁布的进口货物包装规定，药品、化工品、食品、茶叶等商品，分别要求以托盘形式，或体积不少于1立方米或重量1吨的集装箱包装。

3. 包装费用的规定

包装费用一般包含在商品货价之内，不另计价；但如果买方要求特殊包装，则超出的包装费用由何方负担，应在买卖合同中作出具体规定。如由买方负担，则还应该规定这部分费用的支付时间和方法。

例如："布包，每包10匹，每匹40码；须用坚固的新木箱，适合长途海运，防湿、防潮、防震、防锈、耐粗暴搬运。由于包装不良、采用不坚固或者没有妥善的防护措施而造成的任何损失，卖方应负担由此而产生的一切费用和损失。"

4. 订立包装条款时应注意的问题

在国际贸易中，包装是交货的重要条件之一，如果发生交货包装与合同规定有重大不符合等情况，买方可以索赔损失甚至拒收货物。因此，我们在订包装条款时，应注意以下几个问题。

（1）对国外客户提出的包装要求，要实事求是地分析我方能否办到，不可轻易接受。尤其是某些包装材料的选择，更要慎之又慎。

（2）采用笼统订立包装条款的方法时，要注意尽量不采用"适合海运包装"（Seaworthy Packing）、"习惯包装"（Customary Packing）或"卖方惯用包装"（Seller's Usual Packing）之类的术语。因为这类术语含义不够明确，可能会由于各国对其意义的理解不同而引起争议。如果一定要使用这些术语，应该对这类术语加上比较明确的解释，或者注明"由于卖方包装的过错造成设备和材料的任何损坏，将由卖方修理或更换"（Any equipment and materials which are damaged due to the seller's packing fault shall be repaired or replaced by the seller）。要对卖方的行为加以限制，以免引起不必要的责任纠纷。

（3）如果出口商品已经有了标准包装，在拟定包装条款时，应具体订明，并力争让对方接受这种包装。如果对方拒绝利用我方标准包装，合同中应加以规定"因特殊包装而发生的额外费用由买方支付"等条件。

>> 本章小结

商品的品质、数量和包装都是国际货物买卖合同中不可缺少的重要条件，因此，商品的品质条款、数量条款和包装条款都是国际贸易买卖合同中的主要条款，是买卖双方交接货物的基本依据，关系到买卖双方的权利和义务。如果卖方交付的货物不符合约定的品质、数量和包装，买方有权提出赔偿要求，直至拒收货物或撤销合同。因此，在交易磋商中对商品的品质、数量和包装进行认真磋商，然后在合同中订明相应的条款，这不仅具有重要的法律意义，而且具有重要的实践意义。《联合国国际货物买卖合同公约》对这些问题都有比较详细的规定，应该理解其中的有关规定，在国际贸易实践中认真参照执行。

>> 本章关键词

商品的名称（Name of Commodity）

商品的品质（Quality of Goods）

凭样品买卖（Sale by Sample）

品质机动幅度（Quality Latitude）

品质公差（Quality Tolerance）

净重（Net Weight）

以毛作净（Gross for Net）

运输包装（Transport Packing）

唛头（Shipping Mark）

欧洲物品编码协会（EAN）

中性包装（Neutral Packing）

>> 复习与思考

【选择题】

1. 卖方根据买方来样复制样品，寄送买方并经其确认的样品，被称为（　）。

   A. 复样　　B. 回样　　C. 原样

   D. 确认样　　E. 对等样品

2. 在国际贸易中，造型上有特殊要求或具有色香味方面特征的商品适合于（　）。

   A. 凭样品买卖　　B. 凭规格买卖

   C. 凭等级买卖　　D. 凭产地名称买卖

3. 若合同规定品质公差条款，则在公差范围内，买方（　）。

   A. 不得拒收货物　　B. 可以拒收货物

   C. 可以要求调整价格　　D. 可以拒收货物也可以要求调整价格

4. 在国际贸易中，对以重量计量的商品计价，使用最多的计量方法是（　）。

A. 毛重　　　　　　B. 净重

C. 公量　　　　　　D. 以毛作净

5. 目前国际贸易中 Metric Ton 表示（　）。

A. 按长吨计算　　　B. 按短吨计算

C. 按公吨计算　　　D. 按吨计算

6. 在国际贸易中，对于大宗低值的农产品，通常采用的计量办法是（　）。

A. 毛重　　　　　　B. 净重

C. 公量　　　　　　D. 以毛作净

【判断题】

1. 包装由卖方决定，买方不得要求使用特殊包装。（　）

2. 采用凭样品成交时，为了争取国外客户，应选择质量最好的样品给对方，以达成交易。（　）

3. 根据《联合国国际货物买卖合同公约》规定，如果卖方所交货物多于合同规定的数量，买方可拒收全部货物。（　）

4. 某外商来电要我方提供大豆，按含油量18%、含水量14%、不完善粒7%、杂质1%的规格订立合同。对此，在一般条件下，我方可以接受。（　）

5. 对棉花、生丝等商品一般采用公量计算其重量。（　）

【简答题】

1. 区别“凭卖方样品买卖”和“凭买方样品买卖”。

2. 简述“品质公差”和“品质机动幅度”的区别，并说明各适用于哪些产品。

3. 简述“以毛作净”的含义，并说明哪些产品适用于此类交易。

4. 什么是运输标志？请设计一个标准的运输标志。

【翻译下列合同条款】

1. In international standard tea boxes, 24 boxes on pallet, 10 pallets in FCL container.

2. In wooden cases containing 30 pcs of 40 yds each.

3. In cartons, then on pallets.

4. In press-packed bales of 400 lbs net each.

5. in iron drums of 50 kgs net each.

6. To be packed in new gunny bags containing about 100 kgs and each bag shall weigh 1. 15

kgs with allowance of 0. 1 kgs.

7. Packing and marking shall be at the seller's option. In case special instructions are necessary, they shall be submitted to the seller in time so as to enable the seller to comply with them.

8. Packing must be suitable for ocean shipment and sufficiently strong to withstand rough handling. Bales must be press-packed and hooped; with adequate inside waterproof protection and the outer wrapping must comprise good quality canvas. Cases or other outside containers must be externally of the smallest cubic dimension consistent with adequate protection of the goods. Packages must bear full marks and shipping numbers stenciled in good quality stencil ink in large plain characters on two sides and one end of each package. All bales must be marked "use no hooks".

9. The material is to be securely packed in brand-new steel drums of 0. 8mm thickness. The packing drums must be a standard size of 45/46 imperial gallons which shall provide a strong and sound seaworthy, railworthy and roadworthy packing capable of standing tropical climate conditions and securely marked for safe transit by sea, rail and road.

【案例分析题】

1. 我某出口公司向外商出口一批苹果。合同及对方开来的信用证上均写的是三级品，但卖方交货时才发现三级苹果库存告罄，于是该出口公司改以二级品交货，并在发票上加注："二级苹果仍按三级计价不另收费"。请问：卖方这种做法是否妥当？为什么？

2. 我国某出口公司向日本出口驴肉一批，合同规定：每箱净重 16.6 公斤，共 1500 箱，合计 24.9 吨。但货抵日本后，经日本海关查验，每箱净重并非 16.6 公斤，而是 20 公斤，计 1500 箱，合 30 吨。海关认为单货不符，进口商以多报少。请问：这将会出现何种后果？

3. 我某公司向科威特出口冻羊肉 20 吨，每吨 FOB 价 400 美元，合同规定数量可增减 10%。国外按时开来信用证，信用证中规定金额为 8000 美元，数量约 20 吨。结果我方按 22 吨发货装运，但持单到银行办理议付时遭拒绝。请问：我方遭拒原因何在？

4. 某公司向国外出口一批仪器，合同规定由买方提供唛头，但截至买方提供的时间，仍未见其通知设计情况，而该公司货已备好。请问：该公司应如何处理此事？

第3章 3 国际贸易术语

学习目标

贸易术语是本章的重点内容。要求学生通过本章学习，掌握国际商会《2000通则》解释的13种贸易术语，特别是一些主要贸易术语的含义、特点及其运用。

案例导入

我国某内陆出口公司于2000年2月向日本出口30吨甘草膏，每吨40箱，每吨售价1800美元，FOB新港，共54000美元，即期信用证，装运期为2月25日之前，货物必须装集装箱。该出口公司在天津设有办事处，于是在2月上旬便将货物运到天津，由天津办事处负责订箱装船。不料货物在天津存仓后的第二天，仓库午夜着火，抢救不及，1200箱甘草膏全部被焚。办事处立即通知内地公司总部，并要求尽快补发30吨，否则无法按期装船。结果该出口公司因货源不济，只好要求日商将信用证的有效期和装运期各延长15天。请分析该出口公司的失误在哪儿？

分析

商品的价格是由成本、费用和预期利润三部分构成。在国际货物买卖中，若每一次都对有关费用（如费用由谁支付、风险由谁承担）等问题进行磋商，势必延长双方洽商交易的时间和合同的订立。因此，随着国际贸易和交通运输的发展，为了明确双方的责任和义务，贸易术语应运而生。

3.1 国际贸易术语的含义和作用

3.1.1 国际贸易术语的含义

贸易术语也称价格术语（Price Terms），是指用一个简短的概念或英文缩写字母表明商品的价格构成、买卖双方应承担的责任，以及支付的费用及风险的转移界限等问题的专门术语。

国际贸易具有线长、面广、环节多、风险大的特点。货物从生产者手里转国外消费者手中，中间要经长途运输、过多道关卡，牵扯银行、商检、海关、保险等方面的工作，货物遭遇自然灾害或意外事故的可能性也相对要大一些。因此，交易双方在洽商交易、订立合同时，必然要考虑下面几个重要问题：卖方在什么地方以什么方式办理交货？货物发生损坏或灭失的风险何时由卖方转移给买方承担？由谁负责办理货物的运输、保险及通关过境的手续？由谁承担办理上述事项时所需的各种费用？买卖双方需要交接哪些有关的单据？

在具体交易中，以上问题都是必须明确的。贸易术语正是为了解决这些问题，在实践中产生和发展起来的。

在上述问题中，交货地点是核心问题，它的确定往往对其余问题具有决定作用。交货地点不同，卖方承担的风险、责任和费用也不相同。至于如何规定，要由买卖双方协商。在确定上述问题时，双方都要从自身的利益出发，结合具体情况认真考虑。如果双方约定在出口国内的商品产地交货，卖方只需按约定时间和地点将货物备妥，买方则应自行安排运输工具将货物从交货地点运往最终目的地，并承担其间的一切风险、责任和费用。按这样的条件成交，货价自然很低。反过来，假如采用在进口国内的约定地点交货，卖方要承担在指定目的地将货物实际交给买方之前的一切风险，并且要负责办理货物从产地到目的地的运输、保险及通关过境的手续，提交规定的单据，同时还要承担与之相关的各项费用。与前一种情况相比，后一种交易中卖方承担的风险大、责任广、费用多，其货价自然也要高得多。所以，贸易术语直接关系到商品的价格构成，由此可以引申出贸易术语的二重性：既是交货条件，又是商品成交价格的构成因素。这也是许多人将贸易术语称为价格术语的原因。

贸易术语是国际贸易发展到一定历史阶段的产物，它的出现又推动了国际贸易的发展。因为，它的出现和广泛应用，对于简化交易手续、缩短洽商时间和节省费用开支，都发挥了重要的作用。

3.1.2 国际贸易术语的作用

1. 简化交易洽商过程和加速订立合同

每种贸易术语都有其特定的含义，一些国际组织也对各种贸易术语作了统一的解释和规定。这些解释与规定在国际上被广为接受，并成为惯常的做法或行为模式。因此，买卖双方按商定的贸易术语成交时，即可明确彼此在交接货物方面所应承担的责任、费用和风险，这就简化了贸易手续，缩短了洽商交易的时间，从而有利于买卖双方迅速地达成交易和订立合同。

2. 便于买卖双方核算价格和成本

由于贸易术语表示价格构成因素，所以买卖双方确定成交价格时，必须要考虑采用的贸易术语包含哪些附属费用，如运费、保险费、装卸费、关税、增值税和其他费用，这有利于买卖双方进行比价和加强成本核算。

3. 有利于买卖双方解决履约当中的争议

买卖双方商订合同时，如对合同条款考虑欠周，使某些事项规定不明确或不完备，致使履约当中产生的争议不能依据合同的规定解决。在此情况下，可以援引有关贸易术语的一般解释来处理，因为贸易术语的一般解释已成为国际惯例，并被国际贸易界从业人员和法律界人士所理解和接受，从而成为国际贸易中公认的一种类似行为规范的准则。

3.2 与贸易术语有关的国际贸易惯例

在国际贸易中使用贸易术语始于19世纪，随着国际贸易的发展，逐渐形成了一系列的贸易术语解释。但是，由于不同的国家和地区对贸易术语的解释不同，从而出现了矛盾和分歧。为解决这些矛盾和分歧，国际法协会（International Trade Law）、国际商会（International Chamber of Commerce，ICC）等国际组织以及美国一些著名商业团体经过长期的努力，分别制定了解释国际贸易术语的规则，并在国际上广泛使用，从而形成了国际贸易惯例。目前，国际上影响较大的关于贸易术语的惯例有三个：第一个是国际法协会制定的《1932年华沙—牛津规则》；第二个是美国一些著名商业团体制定的《1941年美国对外贸易定义修订本》；第三个是国际商会制定的《2000年国际贸易术语解释通则》。

》资料卡

国际商会

国际商会（ICC）是为全球商业服务的组织，也是世界上重要的民间经贸组织，成立于1919年，总部在巴黎。其宗旨是：在经济和法律领域里，以有效的行动促进国际贸易和投资的发展。其工作方式为：制定国际经贸领域的规则、惯例，并向全世界商界推广；与各国政府以及国际组织对话，以求创造一个有利于自由企业、自由贸易、自由竞争的国际环境；促进会员之间的经贸合作，并向全世界商界提供实际的服务等。

国际商会目前在83个国家设有国家委员会，拥有来自140个国家和地区的8000多家会员公司和会员协会。这些会员多是各国和地区从事国际经贸活动的中坚企业和组织。

资料来源：国际商会网站（www.iccwbo.org）。

3.2.1 《1932年华沙—牛津规则》

《华沙—牛津规则》是国际法协会专门为解释CIF合同而制定的。19世纪中叶，CIF贸易术语开始在国际贸易中得到广泛采用，然而对使用这一术语时买卖双方各自承担的具体义务，并没有统一的规定和解释。对此，国际法协会于1928年在波兰首都华沙开会，制定了关于CIF买卖合同的统一规则，称之为《1928年华沙规则》，共包括22条。其后，在1930年的纽约会议、1931年的巴黎会议和1932年的牛津会议上，将此规则修订为21条，并更名为《1932年华沙—牛津规则》（*Warsaw-Oxford Rules* 1932），沿用至今。这一规则对于CIF合同的性质、买卖双方所承担的风险、责任和费用的划分以及所有权转移的方式等问题都作了比较详细的解释。《1932年华沙—牛津规则》在总则中说明，这一规则供交易双方自愿采用，凡明示采用《1932年华沙—牛津规则》者，合同当事人的权利和义务均应援引本规则的规定办理。经双方当事人明示协议，可以对本规则的任何一条进行变更、修改或增添。如本规则与合同发生矛盾，应以合同为准。凡合同中没有规定的事项，应按本规则的规定办理。

3.2.2 《1941年美国对外贸易定义修订本》

该惯例是由美国九个著名的商业团体共同拟定的，它最早于1919年在纽约制定，原称为《美国出口报价及其缩写条例》。后来于1941年在美国第27届全国对外贸易会议上对该条例作了修订，命名为《1941年美国对外贸易定义修订本》（*Revised American Foreign Trade Definition* 1941）。该修订本对以下六种贸易术语进行了解释。

- 原产地交货——Ex（Point of Origin）。
- 运输工具旁边交货——FAS（Free Along Side）。
- 运输工具上交货——FOB（Free On Board），分为六种，其中有一种为装运港船上交货——FOB vessel（named port of shipment）。
- 成本加运费——C&F（Cost And Freight）。
- 成本加保险费、运费——CIF（Cost，Insurance And Freight）。
- 码头交货——Ex Dock。

这六种贸易术语，除Ex（Point of Origin）、Ex Dock和FOB vessel分别与《2000年国际贸易术语解释通则》中的Ex Works、DEQ和FOB规定相似外，其他几种与《2000年国际贸易术语解释通则》的解释有很大的差别。

《1941年美国对外贸易定义修订本》不只在美国使用，在加拿大和一些拉丁美洲国家也有较大影响。由于它在FOB术语的解释上与其他国际贸易惯例有所不同，因此，我国外贸企业在与美洲国家进行贸易时，应特别注意。

3.2.3 《2000年国际贸易术语解释通则》

该惯例是国际商会为了统一对各种贸易术语的解释，于1936年在巴黎制定的，名为《INCOTERMS 1936》（INCOTERMS来源于“International”“commercial”“terms”三个词）。后为适应国际贸易实践不断发展的需要，国际商会先后于1953年、1967年、1976年、1980年对该通则作了四次修订和补充。为了保证EDI单据的提供和高级运输技术的实施，1989年7月国际商会对《INCOTERMS 1980》进行了全面修订，形成《1990年国际贸易术语解释通则》。在该通则实施十年后，为了适应经济全球化发展的趋势，国际商会在广泛征求INCOTERMS使用者意见的基础上，于1999年对《1990年国际贸易术语解释通则》进行了部分修改，并于2000年1月1日正式实施，形成了《2000年国际贸易术语解释通则》(International Rules For The Interpretation Of Trade Terms，INCOTERMS 2000)。

《2000年国际贸易术语解释通则》(以下简称《2000通则》) 共包括两大类 (出口地交货术语8个和进口地交货术语5个)、4组 (按卖方承担责任、费用和风险由小到大依次分为E组、F组、C组和D组)、13种贸易术语。详见表3.1所示。

表3.1　《INCOTERMS 2000》对国际贸易术语的分类表

组别	术语性质	国际代码	含义		交货地点	运输方式
			英文	中文		
E组	启运术语	EXW	Ex Works	工厂交货	商品产地、所在地	任何
F组	(主运费未付) 装运术语	FCA	Free Carrier	货交承运人	出口国内地、港口	任何
		FAS	Free Alongside Ship	装运港船边交货	装运港口	水运
		FOB	Free on Board	装运港船上交货	装运港口	水运
C组	(主运费已付) 装运术语	CFR	Cost and Freight	成本加运费	装运港口	水运
		CIF	Cost Insurance and Freight	成本加保险费、运费	装运港口	水运
		CPT	Carriage Paid To	运费付至	出口国内地、港口	任何
		CIP	Carriage and Insurance Paid To	运费、保险费付至	出口国内地、港口	任何
D组	到达术语	DAF	Delivered At Frontier	边境交货	两国边境指定地点	任何
		DES	Delivered Ex Ship	目的港船上交货	目的港口	水运
		DEQ	Delivered Ex Quay	目的港码头交货	目的港口	水运
		DDU	Delivered Duty Unpaid	未完税交货	进口国内	任何
		DDP	Delivered Duty Paid	完税后交货	进口国内	任何

E组：卖方在其处所将货物置于买方控制之下，即完成交货任务，卖方承担的费用、风险最小。

F组：由买方签订运输合同并指定承运人，卖方将货物交给买方指定的承运人或装上运输工具，即完成交货义务。

C组：卖方负责签订运输合同，支付正常的运费，承担交货前的损失或灭失的风险，在装运港将货物装上船 (CFR、CIF) 或将货物交至承运人 (CPT、CIP)，即完成交货任务。

D组：卖方自负费用和风险将货物运至指定目的地，并将货物置于买方控制之下，即完成交货义务。

为了便于查阅和使用，《INCOTERMS 2000》中所有术语下当事人各自的责任、费用和风险等义务均用10个项目列出，如表3.2所示，卖方在每一项目中的义务对应了买方在同一项目中相应的义务。

表3.2 买卖双方涉及的10项义务

A 卖方义务	B 买方义务
1. 提供符合合同规定的货物	1. 支付货款
2. 许可证、批准文件及海关手续	2. 许可证、批准文件及海关手续
3. 运输合同与保险合同	3. 运输合同与保险合同
4. 交货	4. 受领货物
5. 风险转移	5. 风险转移
6. 费用划分	6. 费用划分
7. 通知买方	7. 通知卖方
8. 交货凭证、运输单证或有同等作用的电子信息	8. 交货凭证、运输单证或有同等作用的电子信息
9. 检验、包装及标志	9. 货物检验
10. 其他义务	10. 其他义务

3.3 六种常用的贸易术语

在《2000通则》所解释的13种贸易术语中，以装运港交货的三种术语FOB、CFR和CIF最为常用；同时，随着集装箱、多式联运业务等运输方式的不断普及，欧盟等区域经济一体化的发展，向承运人交货的三种术语FCA、CPT和CIP也越来越为国际贸易从业人员所常用。下面着重介绍《2000通则》对六种常用贸易术语的解释及使用中应注意的问题。

3.3.1 装运港交货的三种贸易术语

1. FOB

FOB即FREE ON BOARD（…named port of shipment）—— 装运港船上交货（……指定装运港）。

（1）对 FOB 术语的解释。

《2000 通则》对“装运港船上交货”术语的规定是，当货物在指定的装运港越过船舷，卖方即完成交货。这意味着买方必须从该点起承担货物灭失或损坏的一切风险。FOB 术语要求卖方办理货物出口清关手续。该术语仅适用于海运或内河运输。如当事各方无意越过船舷交货，则应使用 FCA 术语。

（2）买卖双方的义务划分。

按照《2000 通则》，使用该贸易术语时卖方的主要义务如下。

第一，按照港口的惯常方式，在规定的装运期内将货物交至买方指定的船上并给予买方充分的通知。

第二，负担货物在装运港越过船舷时为止的一切费用和风险。

第三，负责办理货物出口手续，取得出口许可证或其他核准书。

第四，负责提供货已交至船上的装运单据和商业发票及其他有关凭证。如经买卖双方约定，上述单据和发票可被具有同等效力的电子信息（EDI Message）所替代。

买方的主要义务如下。

第一，负责租船或订舱，支付运费，并将船名、装运港和受载日期通知卖方。

第二，负担货物在装运港越过船舷后的一切费用和风险。

第三，负责办理货物运输保险，支付保险费，取得进口许可证或其他核准书，并办理货物进口以及必要时经由另一国过境运输的一切海关手续。

第四，按合同规定支付价款，接受单据和收取货物。

（3）使用 FOB 术语需注意的问题。

- “船舷为界”的含义。以装运港船舷作为划分买卖双方所承担风险的界限，是 FOB、CIF、CFR 同其他贸易术语的重要区别之一。“船舷为界”表明货物在装上船之前的风险，包括在装船时货物跌落码头或海中所造成的损失，均由卖方承担。货物上船之后，包括在运输过程中所发生的损坏或灭失，则由买方承担。

严格地讲，以船舷为界只是说明风险划分的界限，而如果把它作为划分买卖双方承担的责任和费用的界线就不十分确切了。因为装船作业是一个连续过程，它包括货物从岸上起吊、越过船舷、装入船舱。如果卖方承担了装船的责任，他必须完成上述作业，而不可能在船舷办理交接。

关于费用负担问题，按照《INCOTERMS 1990》中有关 FOB 术语的 A6 条中规定，卖方“支付有关货物的一切费用，直至货物在指定装运港已越过船舷时为止”，这实际上是指，一般情况下，卖方要承担装船和主要费用，而不包括货物上船后的整理费用，即理舱费和平舱费。但是，如双方有相反的规定除外。因此，在实际业务中，有关装船费用负担问题并非都按这一统一模式规定，而是出于不同考虑，可有不同规定方法，这在下面会具体论述。所以，关于责任和费用的规定并非强制性的，交易双方可根据实际需要协商确定。

• 船货衔接。按 FOB 条件成交，由买方负责租船订舱，并将船名和船期及时通知卖方，而卖方应负责将合同规定的货物在规定的装运港和装运期限内装上买方指定的船只。根据有关法律和惯例，如果买方未能按时派船，这包括未经对方同意提前将船派到或延迟派到装运港，卖方都有权拒绝交货，而由此产生的空舱费、滞期费以及使卖方增加的存储费等各种损失均由买方负担。反之，如果买方指派的船只按时到达装运港，而卖方却未能备妥货物，由此产生的一切费用及损失由卖方承担。

有时双方按 FOB 价格成交，但买方又委托卖方办理租船订舱，卖方也可酌情接受。但这属于代办性质，其风险和费用仍由买方承担。也就是说，运费和手续费由买方支付，如果卖方租不到船，他不承担后果，买方无权撤销合同或索赔。

总之，按 FOB 术语成交，对于装运期和装运港要慎重规定，订约之后，有关备货和派船事宜，也要加强联系，密切配合，保证船货衔接。

• 《1941 年美国对外贸易定义修订本》对 FOB 的解释。《1941 年美国对外贸易定义修订本》中将 FOB 分为六种，只有第五种 FOB Vessel（船上交货）与《通则》中的 FOB 相近。其主要的区别在于：《1941 年美国对外贸易定义修订本》把 FOB 笼统地解释为在某种运输工具上交货，其适用范围很广，而且该术语的出口报关的责任在买方而不在卖方。所以，我国在与美国、加拿大等国家洽谈进口贸易使用 FOB 方式成交时，除在 FOB 后注明 Vessel 外，还应明确由对方（卖方）“承担风险及费用，取得出口许可证及其他官方批准文件，并办理货物出口所必需的一切海关手续”。

• FOB 的变形。按 FOB 成交时，应明确装货费由谁负担。在 FOB 条件下，由买方派船接运货物，如属件杂货，通常采用班轮运输，而班轮运输的特点之一是由船方负担装卸费，故买方不另外支付装货费，买卖双方就没有必要约定装货费由谁负担。但是，如果成交的是大宗货物，为了节省运费，通常洽租不定期船运输。在洽租不定期船运输时，装货费不一定包括在租金中，如果租金中没有包括装货费，则船方不负担装货费。在此情况下，装货费由买方或卖方负担，就应当在买卖合同中订明，即在 FOB 后加列有关装货费由谁负担的附加条件，以明确责任，这就导致 FOB 的变形。

在实际业务中，常见的变形有下列几种。

第一种，FOB 班轮条件（FOB Liner Terms）。按 FOB 的班轮条件成交，是指装货费按班轮办法处理，并不是指 FOB 成交的货物一定要用班轮装运。买卖双方商订合同时，如果卖方不愿负担装货费，可以在 FOB 后要求加“班轮条件”（Liner Terms）字样，以明确卖方不负担装货费。至于装货费究竟由买方还是由船方负担，则取决于买方租船时采用何种租船条件。

第二种，FOB 吊钩下交货（FOB Under Tackle）。按此条件成交，卖方仅将货物交到买方指定船舶的吊钩所及之处，以后的装货费用，卖方不予负担。至于以后的装货费用究竟由买方或由船方负担，则取决于租船合同的规定。按此术语成交时，如果载货船舶因港口吃水浅而不能靠岸时，则卖方应将货物驳运到载货船舶的吊钩所及之处，凡属驳运货物的费用，仍由卖方负担。这一术语在实际业务中使用的不多。

第三种，FOB 理舱费在内（FOB Stowed）。为了使船上装载的货物放置妥善和分布合理，货物装船后，需要进行垫隔和整理，此项作业叫做理舱。理舱费用由谁负担，各国港口有不同的规定和解释。为了明确责任和避免引起争议，买卖双方商订合同时，应对理舱费由谁负担作出明确规定；如果买方不愿负担装运费和理舱费，则可按 FOB Stowed 条件成交。按此条件成交，卖方不仅负担装货费，而且还要将装到船上的货物堆好、码好，并进行垫隔和整理，即还须负担理舱费；如果在 FOB 后未加“理舱”（Stowed）字样，而租船合同又规定船方不负担装货费时，则理舱费由买方负担。

第四种，FOB 平舱费在内（FOB Trimmed）。货物装船后，为了保持船舶承受压力均衡和航行安全，对成堆装入船舱的散装货物，如煤炭，粮谷等，需要进行调动和平整，这项作业叫做平舱。按此条件成交，装货费和平舱费，概由卖方负担。按一般惯例，如在 FOB 后未加“平舱”（Trimmed）字样，则卖方不负担平舱费用，平舱费用究竟由买方抑或船方负担，则取决于租船合同的规定，当租船合同规定船方不负担装货费时，则平舱费由买方支付。

第五种，FOB 包括理舱和平舱（FOB Stowed and Trimmed）。当装到船上的货物既有理舱又有平舱时，就应该明确这两项费用由谁负担；凡在 FOB 后加列“理舱”和“平舱”（Stowed and Trimmed）字样，则卖方不仅要负担装货费，且要负担理舱和平舱的费用。按一般惯例，凡 FOB 后未加“理舱”和“平舱”字样者，则卖方不负担理舱和平舱的费用。

（4）FOB 的实际应用。

• 适用范围。仅适用于海运或内河运输。如当事各方无意越过船舷交货，则应使用 FCA 术语。

• 考虑运费和保险费因素。为了节省运费和保险费的外汇支出，促进我国对外运输事业和保险事业的发展，可采用 FOB 术语进口；当预期运费看涨时，可采用 FOB 术语出口。

• 考虑货物的特点。有些货物价值较低，但是运费上货价的比重较大，可采用 FOB

术语出口。

• 考虑国外港口装卸条件和港口习惯。对于装卸条件较差、装卸费用较高和习惯上须由买方承担装船费、卖方承担卸货费的港口，可采用 FOB Stowed 或 FOB Trimmed 或 FOBST 术语进口。

• 按实际需要，灵活掌握。有些国家为了支持本国保险事业的发展，规定在进口时，须由本国办理保险，我方为表示与其合作意向，出口亦可采用 FOB 术语。

总之，除上述所提到的情况外，也可以视不同的交易情况，适当选择。

2. CFR

CFR 即 COST AND FREIGHT（…named port of destination）—— 成本加运费（……指定目的港）。

（1）对 CFR 术语的解释。

在《2000 通则》中，“成本加运费”是指在装运港货物越过船舷卖方即完成交货，卖方必须支付将货物运至指定目的港所需的运费和费用。但交货后货物灭失或损坏的风险，以及由于各种事件造成的任何额外费用，即由卖方转移到买方。CFR 术语要求卖方办理出口清关手续。该术语仅适用于海运或内河运输。如果当事各方无意越过船舷交货，则应使用 CPT 术语。

（2）买卖双方的义务划分。

按《2000 通则》对 CFR 的解释，买卖双方各自承担的基本义务有如下几点。

卖方义务有如下四点。

第一，自负风险和费用，取得出口许可证或其他官方批准的证件，在需要办理海关手续时，办理货物出口所需的一切海关手续。

第二，签订从指定装运港承运货物运往指定目的港的运输合同；在买卖合同规定的时间和港口，将货物装上船并支付至目的港的运费；装船后及时通知买方。

第三，承担货物在装运港越过船舷为止的一切风险。

第四，向买方提供通常的运输单据；如果买卖双方约定采用电子通信，则所有单据均可被同等效力的电子数据交换（EDI）信息所代替。

买方义务也有四点。

第一，自负风险和费用，取得进口许可证或其他官方批准的证件，在需要办理海关手续时，办理货物进口以及必要时经由另一国过境的一切海关手续，并支付有关费用及过境费。

第二，承担货物在装运港越过船舷以后的一切风险。

第三，接受卖方提供的有关单据，受领货物，并按合同规定支付货款。

第四，支付除通常运费以外的有关货物在运输途中所产生的各项费用，包括驳运费和码头费在内的卸货费。

(3) 使用 CFR 术语应注意的问题。

• 卖方应及时发出装船通知。按 CFR 条件成交时，由卖方安排运输，由买方办理货运保险。如卖方不及时发出装船通知，则买方就无法及时办理货运保险，甚至有可能出现漏保货运险的情况。因此，卖方装船后务必及时向买方发出装船通知，内容包括船名、航班、起航日期、货物装船日期等，否则，卖方应承担货物在运输途中的风险和损失。

• CFR 也是装运港交货的贸易术语之一。按照 CFR 术语成交，交货地点和风险划分的界限与 FOB 一样仍然在装运港，即货物装运越过船舷时风险由卖方转移至买方，因此，CFR 仍是装运港交货的贸易术语。事实上，卖方只是保证按时装运，并不保证货物按时到达，也不承担将货物运抵目的港的义务。

尽管卖方要负责运输，即支付货物到达目的港的运费，但卖方支付的运费只是正常情况下的运输费用，而不包括途中出现意外而产生的其他费用。

• 按 CFR 进口应慎重行事。在进口业务中，按 CFR 条件成交时，鉴于由外商安排装运，由我方负责保险，故应选择资信好的国外客户成交，并对船舶提出适当要求，以防外商与船方勾结，出具假提单，租用不适航的船舶，或伪造品质证书与产地证明。若出现这类情况，会使我方蒙受不应有的损失。

(4) CFR 与 FOB 的区别。

CFR 在货物装船、风险转移、办理进出口手续和接单付款方面，买卖双方的义务和 FOB 是相同的。CFR 与 FOB 不同之处在于：其一，由卖方负责租船订舱并支付运费。按照《通则》的解释，卖方只需按通常条件租船订舱，经习惯航线运送货物。其二，关于运输单据，CFR 术语规定应由卖方自行承担费用，且除非另有约定，卖方应提交可以转让的海运提单或者安排好使买方能以通知承运人的方式出售在途货物；而 FOB 则无此要求，可以提交海运提单，也可以提交不可转让的海运单。

(5) CFR 的变形。

按 CFR 术语成交，如货物是使用班轮运输，运费由 CFR 合同的卖方支付，在目的港的卸货费用实际上由卖方负担。大宗商品通常采用租船运输，船方通常按不负担装卸费条件出租船舶，故卸货费究竟由何方负担，买卖双方应在合同中订明。为了明确责任，可在 CFR 术语后加列表明卸货费由谁负担的具体条件。

• CFR 班轮条件（CFR Liner Terms）。这是指卸货费按班轮办法处理，即买方不负担卸货费。

• CFR 卸到岸上（CFR Landed）。这是指由卖方负担卸货费，其中包括驳运费和码头费在内。

• CFR 吊钩下交货（CFR EX Tackle）。这是指卖方负责将货物从船舱吊起卸到船舶吊钩所及之处（码头上或驳船上）的费用。在船舶不能靠岸的情况下，租用驳船的费用和货物从驳船卸到岸上的费用，概由买方负担。

• CFR 舱底交货（CFR Ex Ship's Hold）。这是指货物运到目的港后，由买方自行启舱，并负担货物从舱底卸到码头的费用。

应当指出，CFR 术语的附加条件只是为了明确卸货费由何方负担，其交货地点和风险划分的界线，并无任何改变。《2000 年通则》对术语后加列的附加条件不提供公认的解释，建议买卖双方通过合同条款加以规定。

3. CIF

CIF 即 COST，INSURANCE AND FREIGHT（…named port of destination）——成本、保险费加运费（……指定目的港）。

（1）对 CIF 术语的解释。

在《2000 通则》中，"成本、保险费加运费"是指在装运港当货物越过船舷时卖方即完成交货。卖方必须支付将货物运至指定目的港所需的运费和保险费用，但买卖双方风险划分的界线仍在装运港船舷，交货后货物灭失或损坏的风险及由于各种事件造成的任何额外费用，即由卖方转移到买方。但是，在 CIF 条件下，卖方还必须办理买方货物在运输途中灭失或损坏风险的海运保险。

因此，由卖方订立保险合同并支付保险费。买方应注意，CIF 术语只要求卖方投保最低限度的保险险别。如果买方需要更高的保险险别，则需要与卖方明确地达成协议，或者自行作出额外的保险安排。

CIF 术语要求卖方办理货物出口清关手续。

该术语仅适用于海运和内河运输。若当事双方无意越过船舷交货，则应使用 CIP 术语。

（2）买卖双方的义务划分。

按 CIF 术语成交，是指卖方必须在合同规定的日期或期间在装运港将货物交至运往指定目的港的船上，负担货物越过船舷为止的一切费用和货物灭失或损坏的风险，负责租船订舱，支付从装运港到目的港的正常运费，并负责办理货运保险，支付保险费。由此可以看出，CIF 术语除具有与 CFR 术语相同的义务外，卖方还应负责办理货运保险和支付保险费。

（3）使用 CIF 术语应注意的问题。

• CIF 合同属于"装运合同"。在 CIF 术语下，卖方在装运港将货物装上船，即完成了交货义务。因此，采用 CIF 术语订立的合同属于“装运合同”。但是，由于在 CIF 术语后所注明的是目的港（如“CIF 伦敦”），在我国曾将 CIF 术语译作“到岸价”，所以 CIF 合同的法律性质常被误解为“到货合同”。为此必须明确指出：CIF 以及其他 C 组术语（CFR、CFR、CIP）与 F 组术语（FCA、FAS、FOB）一样，卖方在装运地完成交货义务，采用这些术语订立的买卖合同均属“装运合同”性质。按此类术语成交的合同，卖方在装运地（港）将货物交付装运后，对货物可能发生的任何风险不再承担责任。

• 卖方办理保险的问题。在 CIF 合同中，卖方是为了买方的利益办理货运保险的，因为此项保险主要是为了保障货物装船后在运输途中的风险。《2000 通则》针对卖方的保险责任规定：如无相反的明示协议，卖方只需按《协会货物保险条款》或其他类似的保险条款中最低责任的保险险别投保。如果买方有要求，并由买方负担费用，卖方应在可能情况下投保战争、罢工、暴动和民变险。最低保险金额应为合同规定的价款加 10%，并以合同货币投保。

在实际业务中，为了明确责任，我外贸企业在与国外客户洽谈交易采用 CIF 术语时，一般都应在合同中具体列明保险金额、保险险别和适用的保险条款。

• 象征性交货问题。从交货方式来看，CIF 是一种典型的象征性交货（Symbolic Delivery）。象征性交货是针对实际交货（Physical Delivery）而言。前者指卖方只要按期在约定地点完成装运，并向买方提交合同规定的包括物权凭证在内的有关单证，就算完成了交货义务，而无需保证到货。后者则是指卖方要在规定的时间和地点，将符合合同规定的货物提交给买方或其指定人，而不能以交单代替交货。

在象征性交货方式下，卖方是凭单交货，买方是凭单付款，只要卖方按时向买方提交了符合合同规定的全套单据，即使货物在运输途中损坏或灭失，买方也必须履行付款义务。反之，如果卖方提交的单据不符合要求，即使货物完好无损地运达目的地，买方仍有权拒付货款。由此可见，CIF 交易实际上是一种单据的买卖。所以，装运单据在 CIF 交易中具有特别重要的意义。

但是，必须指出的是，按 CIF 术语成交，卖方履行其交单义务，只是得到买方付款的前提条件，除此之外，还必须履行交货义务。如果卖方提交的货物不符合要求，买方即使已经付款，仍然可以根据合同的规定向卖方提出索赔。

• 风险和费用的划分界限问题。《2000 通则》以“越过船舷”作为划分买卖双方所承担的风险和费用责任的界限。这里的风险是指货物灭失或损坏的风险，费用是指正常运费以外的费用。但从实际作业来看，装船是一个连续的过程。从岸上起吊到装船入舱，不可能在船舷这条界限划分双方的责任。由于《2000 通则》不是强制性的，所以在买卖合同中，双方可以另行约定。在实际业务中，卖方应向买方提交“已装船提单”，这表明双方约定由卖方承担货物装入船舱为止的一切风险和费用责任。提单上标明的装船日期，为买方开始承担风险的日期。

• 租船运输时，卸船费用的负担问题。根据《2000 通则》，除非运输合同另有规定，由卖方承担有关的装船费用，由买方承担包括驳船费和码头费在内的卸货费用。如果使用班轮运输，班轮运费内已包括了装卸费用。但在大宗货物使用承租船运输时，船方是否承担装卸责任，即运费中是否包括装卸费用，需由租船合同另行规定。这样，就会因运输合同不同而带来装卸费用负担的不确定性，故买卖双方在商定买卖合同时，应明确装卸费用由谁负担。通常以贸易术语的变形，即在贸易术语后加列字句来加以说明。

其一，CIF 班轮条件（CIF liner terms）：指卸货费用按班轮条件处理，由支付运费的一方（即卖方）负担。

其二，CIF 舱底交货（CIF ex ship' s hold）：指买方负担将货物从舱底起吊并卸到码头的费用。

其三，CIF 吊钩下交货（CIF ex tackle）：指卖方负担将货物从舱底吊至船边并卸离吊钩为止的费用。

其四，CIF 卸到岸上（CIF landed）：指卖方负担将货物卸到目的港岸上的费用。

3.3.2 货交承运人的三种贸易术语

《2000 通则》把"货交承运人"的解释归纳为两种不同情况：如果指定地是卖方的场所，则卖方应把货物装上运输工具；如果指定他并非卖方的场所，则卖方只需将货物置于承运人或其代理人的支配之下，即为完成交付。

> **》资料卡**
>
> **承运人的概念**
>
> 按照《2000 通则》的解释，承运人是指在运输合同中，通过铁路、公路、空运、内河运输或上述运输的联合运输方式承担履行运输或承担办理运输业务的任何人。

向承运人交货的贸易术语有以下三种。

1. FCA

FCA 即 FREE CARRIER（…named place）——货交承运人（……指定地点）。

指定地点是指卖方必须在合同规定的交货期内在指定地或地点将经出口清关的货物交给买方指定的承运人监管，并负担货物被交由承运人监管为止的一切费用和货物灭失或损坏的风险。买方必须自负费用订立从指定地或地点发运货物的运输合同，并将有关承运人的名称、要求交货的时间和地点，充分地通知卖方；负担货交承运人后的一切费用和风险；负责按合同规定收取货物和支付价款。

在采用此术语时，需注意以下几点。

（1）交货点和风险转移点是买方指定的承运人对货物接受监管的指定地或地点。这些指定地或地点可能是铁路终点站、启运机场、货运站、集装箱码头或堆场、多用途货运终点站或类似的收货点。如果承运人将装货的集装箱送至卖方所在处所收取货物，则交货点和风险转移点将在卖方所在处所——工厂或仓库的门口。

（2）FCA 术语下买方必须自负费用订立运输合同，但若卖方能协助取得更好的效果时，可由卖方协助订立运输合同，但有关费用和风险由买方负担。

（3）在采用 FCA 术语时，货物大多都做了集合化或成组化，如装入集装箱或装上托盘。因此，卖方应考虑将货物集合化所需的费用，也计算在价格之内。

（4）FCA 与 FOB 的异同点。FCA 与 FOB 两种术语均属 F 组术语，按这两种术语成交的合同均属装运合同。买卖双方责任划分的基本原则是相同的。

FCA 与 FOB 主要在于适用的运输方式、交货和风险转移的地点上不同。FCA 术语适用于各种运输方式，交货地点视不同的运输方式而定，其风险划分是卖方将货物交至承运人时转移。FOB 术语仅用于海运和内河运输，交货地点为装运港，风险划分以装运港船舷为界。此外，在装卸费的负担和运输单据的使用上，两者也有所不同。

2. CPT

CPT 即 CARRIAGE PAID TO（…named place of destination）——运费付至（……指定目的地）。

这是指卖方支付货物运至指定目的地的运费。在货物被交由承运人保管时，货物灭失或损坏的风险，以及由于货物交给承运人后所发生的事件引起的额外费用，即从卖方转移至买方。CPT 术语适用于各种运输方式，包括多式联运。

（1）买卖双方基本义务的划分。

卖方义务有以下四点。

第一，自负风险和费用，取得出口许可证或其他官方批准证件，在需要办理海关手续时，办理货物出口所需的一切海关手续。

第二，订立将货物运往指定目的地的运输合同，并支付有关运费。在合同规定的时间、地点，将合同规定的货物交给承运人，并及时通知买方。

第三，承担将货物交给承运人之前的一切风险。

第四，自付费用向买方提供交货的通常单据，如买卖双方约定采用电子通讯，则所有单据可被同等效力的电子数据交换（EDI）信息所代替。

买方义务也有以下四点。

第一，自负风险和费用，取得进口许可证或其他官方证件，在需要办理海关手续时，办理货物进口所需的海关手续。支付有关关税及从他国过境的费用。

第二，承担自货物在约定交货地点交给承运人之后的风险。

第三，接受卖方提供的有关单据，受领货物，并按合同规定支付货款。

第四，支付除通常运费之外的有关货物在运输途中所产生的各项费用和卸货费。

（2）使用CPT术语应注意的事项。

• 风险划分的界限问题。按照CPT术语成交，虽然卖方要负责订立从启运地到指定目的地的运输契约，并支付运费，但是卖方承担的风险并没有延伸至目的地。按照《2000通则》的解释，货物自交货地点至目的地的运输途中的风险由买方承担，卖方只承担货物交给承运人控制之前的风险。在多式联运情况下，卖方承担的风险自货物交给第一承运人控制时即转移给买方。

• 责任和费用的划分问题。采用CPT术语时，由卖方指定承运人，自费订立运输合同，将货物运往指定的目的地，并支付正常运费。正常运费之外的其他有关费用，一般由买方负担。

卖方将货物交给承运人之后，应向买方发出货物已交付的通知，以便于买方在目的地办理货运保险和受领货物。如果双方未能确定买方受领货物的具体地点，卖方可以在目的地选择最适合其要求的地点。

（3）CPT与CFR的异同点。

CPT与CFR同属C组术语，按这两种术语成交，卖方承担的风险都在交货地点随着交货义务的完成而转移，卖方要负责安排自交货地至目的地的运输事项，并承担其费用。另外，按这两种术语订立的合同，都属于装运合同，卖方无须保证按时交货。

CPT与CFR的主要区别在于适用的运输方式不同，交货地点和风险划分界限也不相同。CPT术语适用于各种运输方式，交货地点因运输方式的不同由双方约定，风险划分以货交承运人为界；CFR术语适用于水上运输方式，交货地点在装运港，风险划分以船舷为界。除此之外，卖方承担的费用以及需提交的单据等方面也有区别。

3. CIP

CIP即CARRIAGE AND INSURANCE PAID TO（…named place of destination）——运费、保险费付至（……指定目的地）。

这是指卖方除了须承担在CPT术语下同样的义务外，还须对货物在运输途中灭失或损坏的买方风险取得货物保险，订立保险合同，并支付保险费。

（1）买卖双方基本义务的划分。

按 CIP 术语成交，卖方除负有与 CPT 术语相同的义务外，还须办理货物在运输途中的保险，即卖方除应订立运输合同和支付通常的运费，还应负责订立保险合同并支付保险费。卖方将货物交给指定的承运人，即完成交货。

（2）使用 CIP 术语应注意的事项。

• 风险和保险问题。按 CIP 术语成交的合同，卖方要负责办理货运保险，并支付保险费，但货物从交货地点运往目的地的途中的风险由买方承担。所以，卖方的投保仍属于代办性质。根据《2000 通则》的解释，一般情况下，卖方要按双方协商确定的险别投保。如果双方未在合同中规定应投保的险别，则由卖方按惯例投保最低的险别，保险金额一般是在合同价格的基础上加成 10%，即 CIF 合同价款的 110%，并以合同货币投保。

• 应合理确定价格。与 FCA 相比，CIP 条件下卖方要承担较多的责任和费用：要负责办理从交货地至目的地的运输，承担有关运费；办理货运保险，并支付保险费。这些都反映在货价之中。所以，卖方对外报价时，要认真核算成本和价格。在核算时，应考虑运输距离、保险险别、各种运输方式和各类保险的收费情况，并要预计运价和保险费的变动趋势等方面的问题。

• CIP 与 CIF 的区别。CIP 与 CIF 的相似之处在于它们的价格构成中都包括了通常的运费和约定的保险费，而且按这两种术语成交的合同均属于装运合同。但 CIP 和 CIF 术语在交货地点、风险划分界限以及卖方承担的责任和费用方面又有明显的区别，主要表现在：CIF 适用于水上运输，交货地点在装运港，风险划分以装运港船舷为界，卖方负责租船订舱、支付从装运港到目的港的运费，并且办理水上运输保险，支付保险费；而 CIP 术语则适用于各种运输方式，交货地点要根据运输方式的不同由双方约定，风险是在承运人控制货物时转移，卖方办理的保险，也不仅是水上运输险，还包括各种运输险。

4. 货交承运人的三种贸易术语和装运港交货三种贸易术语的比较

（1）FCA、CPT、CIP 与传统的 FOB、CFR、CIF 的共同点。

• 是象征性交货，相应的买卖合同为装运合同。

• 由出口方负责可能发生的出口报关，进口方负责可能发生的进口报关。

• 买卖双方所承担的运输、保险责任互相对应。即 FCA 和 FOB 一样，由买方办理运输；CPT 和 CFR 一样，由卖方办理运输；CIP 和 CIF 一样，由卖方承担办理运输和保险的责任并支付费用。由此而产生的操作注意事项，也是相类似的。

（2）两类贸易术语的主要不同点。

• 适合的运输方式不同。FCA、CPT、CIP 适合于各种运输方式，而 FOB、CFR、CIF 只适合于海运和内河运输。

● 风险转移点不同。在 FCA、CPT、CIP 方式中，买卖双方风险和费用的责任划分以“货交承运人”为界，而传统的贸易术语则以“船舷”为界。

● 装卸费用负担不同。FCA、CPT、CIP 均由承运人负责装卸，因而不存在需要使用贸易术语变形的问题，而传统的贸易术语则需要明确装卸费用由谁负担，需要使用贸易术语变形。

● 运输单据性质不同。海运提单具有物权凭证的性质，可以转让，而海运单、航空运单和铁路运单等不具有这一性质；CFR 和 CIF 术语强调所交运输单据应为可转让的海运提单，而 CPT 和 CIP 则无此要求（即使在海运方式中）。

简单地说，除了风险点不同之外，可以把 FCA、CPT、CIP 看成是 FOB、CFR、CIF 从海运方式向各种运输方式的延伸。

3.4 其他七种贸易术语

1. EXW

EXW 即 EX WORKS（…named place）——工厂交货（……指定地点）。

这是指卖方在其所在处所（工厂、工场、仓库等）将货物提供给买方时，即履行了交货义务。除非另有约定，卖方不负责将货物装上买方备妥的车辆，也不负责出口清关。买方负担自卖方所在处所提取货物至目的地所需的一切费用和风险。因此，这个术语是卖方负担最少义务（Minimum Obligation）的术语。

如果买方不能直接或间接地办理出口手续，则不应使用本术语，而应使用 FCA 术语。

采用 EXW 术语成交时，卖方的基本责任是在合同规定的时间、地点，将符合合同要求的货物置于买方的处置之下，就算完成了交货义务。卖方承担的风险也随着交货义务的完成而转移给买方，买方则要负责将货物装上运输工具，并将货物从交货地点运至最终目的地，承担其间的全部风险、责任和费用，包括货物出境和入境的手续及有关费用。

从交单的义务来看，采用 EXW 条件，卖方承担的责任也是最小的，他只需提供商业发票或电子单证，如合同有要求，才提供证明所交货物与合同规定相符的证件，卖方本身并无义务提供。但在买方的要求下，并由买方承担风险和费用的情况下，也可协助取得上述证件。

2. FAS

FAS 即 FREE ALONGSIDE SHIP（…named port of shipment）——船边交货（……指定装运港）。

这是指卖方要在约定的时间内，将合同规定的货物交到指定的装运港买方所指派的船边，在船边完成交货义务。买卖双方负担的风险和费用，均以船边为界。如果买方所指派的船只不能靠岸，卖方则要负责用驳船把货物运至船边，仍在船边交货。货物出口的通关手续由卖方负责办理，但装船的责任和费用由买方负担。

本术语只适用于海运或内河运输。

在实践中需要注意的是，按照《1941 年美国对外贸易定义修订本》的解释，FAS 代表 Free Along Side，即指交到各种运输工具旁边，因而其含义较广泛。只有在 FAS 后面加上 Vessel 字样时，才能表示“船边交货”。对此，要加以注意。

另外，还要注意船货衔接问题。因为 FAS 条件下，从装运港至目的港的运输合同要由买方负责订立，买方要及时将船名和要求装货的具体时间、地点通知卖方，以便卖方按时做好备货出运工作。卖方也应将货物交至船边的情况及时通知买方，以利于买方办理装船事项。如果买方所指派的船只未按时到港接货，或比规定的时间提前停止装货，或者买方未能及时发出派船通知，只要货物已被清楚地划出，或以其他方式确定为本合同项下的货物，由此产生的风险和损失均由买方承担。

3. DAF

DAF 即 DELIVERED AT FRONTIER（…named place）——边境交货（……指定地点）。

这是指卖方在毗邻国家关境前的边境指定地和地点提供了经出口清关的货物时，即履行了交货义务。“边境”一词可用于任何边境，包括出口国边境。因此，在这个术语中确切地指定有关边境的交货地和地点，是极为重要的。

本术语主要用于铁路或公路货物运输，也可适用于其他任何运输方式。

卖方承担的基本义务是将货物运到边境的指定交货地点，办理货物的出口手续，承担有关费用。在进入进口国边境之前，只要将货物置于买方控制之下即完成交货。买方要负责在边境指定地点接收货物，办理进口手续，支付进口税捐，并承担接收货物之后的一切风险和费用。也就是说，买卖双方承担的风险和费用均以两国边境指定的交货地点为界。

4. DES

DES 即 DELIVERED EX SHIP（…named port of destination）——目的港船上交货（……指定目的港）。

这是指卖方要负责将合同项下的货物按照通常路线和惯常方式运到指定的目的港，

并在合同规定的交货期内，在指定的目的港船上向买方提供未经进口清关的货物时，卖方即履行了交货义务。卖方必须负担货物运至指定目的港的一切费用和风险。

本术语只适用于海运或内河运输。

在海轮能直接靠岸的情况下，DES 是名符其实的“到岸价”。因为卖方要负责将货物安全运达目的港，在船上把货物交给买方，才算完成交货。卖方要承担运输途中的风险，他办理保险事宜完全是为了自己的利益。在 DES 条件下，卖方不仅要负担正常的运费、保险费，还要负担诸如转船、绕航等产生的额外费用以及根据需要加保各种特殊附加险而支付的保险费。

按 DES 成交，其合同则属于“到达合同”，卖方要承担义务，保证货物在规定的交货期内运达目的港。如果货物不能按时抵达，买方可以根据合同的规定，享有拒收货物或提出索赔的权利。

使用 DES 术语成交时应注意，买卖双方要共同做好货物的交接工作。对于卖方来讲，要及时将船舶预计到港时间通知买方，使买方做好接货的准备工作。此外，卖方要及时将提货单或通常的运输单据（提单或海运单等）提交给买方，使其得以受领货物。对于买方来讲，要自负风险和费用，取得进口许可证，当买方有权决定取货时间和具体地点时，要及时通知卖方。

另外，当卖方已按上述规定做好了交货准备工作时，买方要及时在船上受领货物。如果买方未能及时通知卖方或未能及时受领货物，那么，他要承担由此而产生的额外费用和风险。

5. DEQ

DEQ 即 DELIVERED EX QUAY（…named port of destination）——目的港码头交货（……指定目的港）。

这是指卖方要负责将合同规定的货物按照通常航线和习惯方式运至指定目的港，将货物卸到岸上，并且承担有关的卸货费用。卖方于交货期内，在指定目的港的码头，将货物置于买方的控制之下，即完成交货。在此之前，卖方要将船名和船舶预计到港时间及时通知买方。买方则要承担在目的港码头接收货物后的一切风险、责任和费用。

本术语只适用于海运或内河运输。

DEQ 和 DES 都是在目的港交货的术语，在如何安排好途中的运输、保险，以及做好货物的交接等问题上，两者的注意事项也是相同的。

6. DDU

DDU 即 DELIVERED DUTY UNPAID（…named place of destination）——未完税交货（……指定目的地）。

这是指卖方将货物运至进口国的指定地，可供买方收取时，即履行了交货义务。卖方必须负担货物运至该处的费用和风险（不包括关税、税捐和进口时所需支付的其他由当局收取的费用，以及办理海关手续费用和风险）。卖方在规定的期限内，在目的地指定地点将货物置于买方的处置之下，即完成交货。进口报关的手续及证件由买方负责办理，进口时征收的进口税和其他费用也由买方负担。买方必须负担由于未及时办理货物进口清关手续而引起的额外费用和风险。

本术语可适用于各种运输方式。

按 DDU 术语成交时，要求卖方将货物运到进口国内的指定目的地并实际交给买方，但是进口的结关手续和关税却不是由卖方负担，而由买方负担。这对于一些自由贸易区内以及订有关税同盟的国家间的贸易，是很适宜的。但是，如果进口国是属于结关困难而且耗时的国家，买方有时不能及时顺利地完成结关手续，这样要求卖方承担结关后交货的义务将会有一定的风险。所以，作为卖方，在出口业务中采用 DDU 交货条件之前，应了解进口国海关管理方面的情况，如果预计进口结关会遇到困难，则不应采用 DDU 术语。

7. DDP

DDP 即 DELIVERED DUTY PAID（…named place of destination）——完税后交货（……指定目的地）。

这是指卖方将货物运至进口国的指定地，可供买方收取时，即履行了交货义务。卖方必须负担货物运至该处的风险和费用，包括关税、税捐和其他费用，并办理货物进口的清关手续。与 EXW 相反，DDP 是卖方负担最多义务（maximum obligation）的术语。

如果卖方不能直接或间接地取得进口许可证，则不应使用本术语。

如果双方当事人愿意由买方办理货物进口的清关手续和支付关税，则应使用 DDU 术语。

本术语可适用于各种运输方式。

3.5 选用国际贸易术语应当考虑的因素

1. 与运输方式相适应

使用较多的三种术语 FOB、CFR、CIF 仅适用于海洋或内河运输方式，不宜在其他运输方式中使用。另外，FAS、DES 和 DEQ 三种术语也适用于海洋或内河运输，但其交货地点及风险分界点都是以船或码头为准。其他七种术语 EXW、FCA、CPT、CIP、DAF、DDU、DDP，则可适用于各种运输方式，包括多式联运。其中，FCA、CPT、CIP 类似于船运的 FOB、CFR、CIP。随着运输方式的变化，集装箱运输和多式联运得以广泛运用，所以应适当扩大使用 FCA、CPT、CIP 术语，尤其是在出口业务中以集装箱或多式联运方式运输。

2. 总体上讲，在出口业务中力争采用 CIF 或 CIP 术语成交，在进口业务中应尽量采用 FOB 或 FCA 术语成交

无论采取哪种贸易术语成交，都应有利于卖方统筹安排备货、装运、投保等事宜，保证作业流程上的相互衔接。同时，应有利于发展本国的航运业和保险业，增加服务贸易收入。当然，这也不是绝对的，应根据交易商品的具体情况首先考虑自身安排运输有无困难，而且经济上是否合算等因素。另外，应有利于发展双方的合作关系，如果有些国家规定进口贸易必须在本国投保，有些买方为谋求保险费的优惠或较低的运价，我方也同意按对方要求的术语成交。

3. 重视规避风险

慎重选择适当的贸易术语，对于防范收汇风险、诈骗货款及提高经济效益是十分必要的。如我方进口大宗货物需要以租船方式装运时，原则上采用 FOB 方式，由我方自行租船、投保，以避免卖方与船方勾结，利用租船提单，骗取货款。再比如，采用货到付款或托收等商业信用的收款方式时，尽量避免采用 FOB 或 CFR 术语。

贸易术语只是合同诸多贸易条件的一个方面，它的选用还必须与其他贸易条件相适应。

>> 本章小结

贸易术语是指用一个简短的概念或英文缩写字母表明商品的价格构成、买卖双方应承担的责任、支付的费用及风险的转移界限等问题的专门术语。贸易术语与商品的价格直接相关，是价格术语的重要组成部分，因此，贸易术语又被称为价格术语。随着国际贸易和交通运输的发展，贸易术语已经成为统一各国对外贸易实践的认识、规范贸易方法的重要工具。因此学习和研究贸易术语，尤其是《2000 年国际贸易术语解释通则》中的

13 个贸易术语显得尤为重要。

>> 本章关键词

贸易术语（Trade Term）

价格术语（Price Term）

装运港船上交货（FOB）

成本加运费（CFR）

成本加保险费加运费（CIF）

货交承运人（FCA）

运费付至（CPT）

运费、保险费付至（CIP）

>> 复习与思考

【选择题】

1. 按照《2000 通则》的解释，采用 FOB 条件成交，买卖双方风险划分的界限是（　）。

   A. 运输工具上　　B. 装运港船边

   C. 装运港船舷　　D. 装运港船上

2. 贸易术语中属主要运费未付的是（　）。

   A. EXW　　B. FAS

   C. CPT　　D. DEQ

3. 关于贸易术语的国际贸易惯例的目的是（　）。

   A. 提供可使用的贸易术语　　B. 规范贸易双方的行为

   C. 同意对贸易术语的解释　　D. 形成国际贸易法

4. FOB 条件成交，卖方欲不负担装船费用，可采用（　）。

   A. FOB Liner Terms　　B. FOB Stowed

   C. FOB Trimmed　　D. FOBST

5. 据《2000 通则》的解释，在 DAF 条件下，买卖双方风险划分界限为（　）。

   A. 出口国边境　　B. 进口国边境

   C. 两国边境指定地点　　D. 货交买方处置

6. 按 DDP 合同成交，商品价格中不包括（　）。

A. 进口通关以后的费用　　B. 进口国指定交货地点以前的费用

C. 进口国指定地点交货后的费用　　D. 进口国通关的费用

【判断题】

1. 按照《2000通则》的解释，在DAF条件下，买卖双方的风险是以两国边境指定交货地点为界。 ( )

2. DEQ条件下进口通关的手续和费用均由买方负责。 ( )

3. 如果卖方不承担进口增值税，可在DDP后面加注“VAT unpaid”。 ( )

4. 在DDU条件下，进口手续由买方办理，因此卖方在采用此术语时不用考虑这一问题。 ( )

5. 按EXW条件成交时，卖方无需提供货运单据。 ( )

6. 在工厂交货条件下，如果卖方代办出口手续，货物被禁止出口的风险由卖方承担。 ( )

7. 采用F组术语时，卖方能否如约完成交货义务，不只取决于卖方本身。 ( )

8. FCA条件下，买卖双方风险划分界限与费用划分界限一致。 ( )

9. 采用FCA术语时，风险一概于货交承运人时转移。 ( )

10. 在租船运输条件下才使用FOB变形。 ( )

11. CPT与CFR的区别仅在于二者运用的运输方式不同。 ( )

12. 按CIP条件成交，卖方需承担至目的地卸货以前的一切运输费用。 ( )

【简答题】

1. 试完整写出国际贸易中主要六种贸易术语的中、英文全称和英文简写，并简述买卖双方的主要义务。

2. 在何种情况下可采用FCA、CPT和CIP三种贸易术语？它们分别与FOB、CFR和CIF有何异同点？

3. 将CIF术语称为“到岸价”有何不妥？理由是什么？

4. 试述DES术语的内涵及其与CIF术语的区别。

5. 试简述FAS术语与FOB术语的联系与区别。

【案例分析题】

1. 我外贸E公司以FOB中国口岸价与香港W公司成交钢材一批，港商即转手以CFR釜山价售给韩国H公司。港商来证价格为FOB中国口岸，要求货运釜山，并提出表明

"Freight Prepaid"，试分析：港商为什么这样做？我们应如何处理？

2. 2003 年 1 月，我国某一进口商与东南亚某国以 CIF 条件签订合同进口香米，由于考虑到海上运输距离较近，且运输时间段海上一般风平浪静，于是卖方在没有办理海上货运保险的情况下将货物运至我国某一目的港口。适逢国内香米价格下跌，我国进口商便以出口方没有办理货运保险、卖方提交的单据不全为由，拒收货物和拒付货款。请问：我方的要求是否合理？此案应如何处理？

3. 我方进口商以 FOB 条件从巴西进口橡胶，但是由于我方租船困难，不能在合同规定的时间内到装运港接运货物，从而出现了较长时期的货等船现象，于是巴西方面要求撤销合同并向我方进口商提出赔偿损失的要求。请问：巴西出口商的做法是否合理？

4. 某口岸出口公司按 CIF London 向英商出售一批核桃仁，由于该商品的季节性较强，双方在合同中规定：买方须于 9 月底前将信用证开到，卖方保证运货船只不得迟于 12 月 2 日驶抵目的港。如果货轮迟于 12 月 2 日抵达目的港，买方有权取消合同。如货款已收，卖方须将货款退还买方。请问：这一合同的性质是否还属于 CIF 合同？

第4章 4 国际货物运输

>> 学习目标

通过本章的学习，要求学生了解国际货物运输方面的基本知识，具体掌握货物运输方式的选择和各种货运方式的操作程序，熟练运用和填制合同中有关装运条款的内容，以及了解各种货运单据的性质和作用。

案例导入

某粮油进出口公司于1994年4月以CIF条件与英国乔治贸易有限公司成交一笔出售棉籽油贸易，总数量为840公吨，允许分批装运。对方开来信用证中有关装运条款规定："840M/Tons of cottonseed oil. Loading port: Guangzhou. Partial shipments are allowed in tow lots, 460M/Tons to London not later than September 15, 1994. 380M/Tons to Liverpool not later than October 15, 1994."（840公吨棉籽油，装运港：广州，允许分两批装运，460公吨于1994年9月15日前至伦敦，380公吨于1994年10月15日前至利物浦。）

粮油进出口公司于8月3日在黄埔港装305公吨至伦敦，计划在月末再继续装155公吨至伦敦，9月末再装至利物浦的380公吨。第一批305公吨装完后即备单办理议付，但单据寄到国外，开证行于8月15日提出单证有如下不符。

1. 我信用证只允许分两批（in two lots）装运，即460公吨至伦敦，380公吨至利物浦。你于8月3日只装305公吨至伦敦，其余155公吨准备继续再装，这违背了我信用证规定。

2. 我信用证规定装运港为广州港（Loading port：Guangzhou），根据你提单上记载，其装运港为黄埔（Huangpu），不符合我信用证要求。

以上两项不符点，请速告你方处理的意见。

粮油进出口公司认为，开证行上述的单据异议是故意挑剔，于是在8月19日对开证行作出如下答复。

关于第×××号单据，你行所谓不符点，我们认为单证完全相符。

1. 关于分批装运问题，你信用证是这样规定的：“Partial shipments are allowed in two lots，460M/Tons to London not later than sept. 15，1994. 380M/Tons to Liverpool not later than October 15，1994.”上述“Partial shipments are allowed in two lots.”即在两批之中又允许分批装运．其意思就是在460公吨至伦敦和380公吨至利物浦的两批之中又允许再分批装运。“in two lots”是指在两批之中。故我在至伦敦460公吨之中分305公吨和155公吨两批装运，完全符合信用证要求。

2. 信用证规定装运港是广州，我们就是从广州的黄埔（Huangpu）港装运的，黄埔港是广州的一个具体港口。所以我们在黄埔港装运，并未超出你信用证规定的广州范围，故仍然符合信用证要求。

我们认为以上两项单证相符，请你行按时付款。

粮油进出口公司发出上述反驳意见后，于8月26日又接到开证行的答复。

你8月19日电悉，并征求申请人的意见，兹答复如下：

1. 对于分批装运问题，我们信用证条款原文是这样规定的：“Partial shipments are allowed in two lots，460M/Tons to London not later than September 15，1994. 380M/Tons to Liverpool not later than October 15，1994.”该条款的意思很明确：只允许分两批装运，即分460公吨至伦敦，380公吨至利物浦，每批之中不能再分批。你方认为每批之中又可以再分批，完全是错误的，是对原条款的错误理解。按你方解释，则变成多批装运，如果是多批装运，而信用证又何必规定分“两批”？

2. 装运港问题，据我们了解，从港口名称来说，广州与黄埔同样是两个港口名称。我们的信用证规定“Loading port：Guangzhou”，其意即装运港是“Guangzhou port”。我信用证所指的广州是港口名称——广州港，而你8月19日电中解释为广州市，显然是错误的。根据《UCP500》规定，单据表面上与信用证条款不符，就是单证不符，我信用证为“Guangzhou ”，你提单为“Huangpu”，两者表面上相差甚远，就是单证不符。

根据以上所述，其不符点是明显存在的，确实无法接受你方单据，请速告单据处理的意见。

粮油进出口公司接到开证行上述意见后，立即邀请几个单位的单证专业人员共同探讨、研究，结果认为开证行所提出的异议是正确的，粮油进出口公司以前向开证行所提的反驳意见是错误的。粮油进出口公司只好向买方乔治贸易有限公司商洽，由于没有按对方要求分批装运，最后答应赔偿对方由此而造成的损失。对于信用证尚未装运的余额，由对方负责进行适当修改信用证条款，这才告结案。

分析

本案例的信用证规定"Partial shipments are allowed in two lots"，就是允许分两批装运，意思很明确，其实就是"Partial shipments are allowed only in two lots"。开证行第一次提出异议时，粮油进出口公司没有给予重视，进行研究，反而认为对方无理挑剔。他们以自己主观的理解向国外提出反驳，其处理问题的态度不够慎重。

单据做到单与证相符，尤其表面上与证相符，是信用证项下制单最根本的要求。如本案例的装运条款，信用证规定装运港"Guangzhou"，而单据是"Huangpu"，不但两者在文字表面上不一致，而且实质上还是两个不同的港口，所以显然是单证不符。

造成本案例单证不符的原因，主要是审查信用证时对条款掌握不严，对信用证条款理解模糊。例如装运港问题，"广州"这个名称既是城市名，又是港口名。信用证明确规定"Loading port：Guangzhou"，当然是指广州港口装运，不可能指在广州城市内装运。由于在审证时没有注意这个问题，所以装船时才决定在黄埔港装。出口业务的程序从成文签订合同到备货、审证、改证、租船订舱、报关、报验、保险直至装运，任何一个程序出现问题，最后均在单证工作上暴露出来，造成单证不符，被对方拒付货款或拒收货物。本案例中由于审证人员没有理解"Loading port：Guangzhou"就是指广州港口装船，并非指广州市。如果审证时能发现问题，及时研究，就不至于造成如此损失。

据了解，粮油进出口公司的货物库存仓接近黄埔港，所以有关储运人员提出能否船靠黄埔港装船。问题提到审证人员处，要审证人员核对信用证是否允许，而审证人员认为信用证要求在广州装运，黄埔港属于广州市，在黄埔港装运并未超越信用证规定的范围，于是答复：信用证允许在黄埔港装船。所以，在装运这个环节没有做好工作。受审证环节影响，最后又落在单证工作上，造成单证不符。分批装运问题也同样由于货源和船舱不足，但审证人员认为可以再分批，所以又造成违背信用证规定，又是一个单证不符。

总结起来，外贸企业在签订合同后主要抓四项工作，即货、船、证、款。上述案例的问题就是"货"、"船"与"证"没有衔接好，最后造成"款"无法收回。

在国际货物贸易中，按时、按质、按量将货物装运出口，安全、迅速、准确、节省和方便地利用各种运输工具，选择适当的运输方式和路线，把货物从一个国家运到另一个国家，实现货物由卖方向买方的国际转移是买卖双方都期望的事情。

4.1 运输方式

在国际贸易中，货物从卖方国家位移到买方国家必须通过运输来实现。国际贸易运输有多种方式，其中包括海洋运输、铁路运输、航空运输、河流运输、邮政运输、公路运输、管道运输、大陆桥运输以及由各种运输方式组合的国际多式联运等。在实际业务中，应根据进出口货物的特点、货运量大小、距离远近、运费高低、风险程度、自然条件和装卸港口的具体情况等因素，选择合理的运输方式。

4.1.1 海洋运输

海洋运输（Ocean Transport），简称海运，是指利用商船在国内外港口之间通过一定的航区和航线运输货物的方式。与其他运输方式相比，海洋运输不受轨道、道路限制，具有通过能力强、运量大、投资小、运费低和适应性强的特点，因此其运量在国际贸易总量中占 2/3 以上，海洋运输已成为国际贸易中最重要的运输方式。然而，海洋运输也存在速度慢、易受自然条件影响和风险大的缺点。因此，对那些急需的、易受自然条件影响的、不能经受长途运输的货物，一般不易采取海运。

海运当事人主要有承运人、托运人和货运代理。

承运人是指承办运输货物事宜的人，如船公司、船方代理，他们有权签发提单。

托运人是指委托他人办理货物运输事宜的人，如出口单位。

货运代理是指货运代理人接受货主或者承运人委托，在授权范围内以委托人名义或以代理人身份，办理货物运输事宜的人。根据货主的委托而产生的代理人，俗称“货代”；根据承运人的委托而产生的代理人，俗称“船代”。他们熟悉运输业务，掌握各条运输路线的动态，通晓有关的规章制度，精通各种手续。因此，绝大多数出口企业都寻求货运代理帮助办理货物订舱装运事宜。

按国际货运代理协会联合会（FIATA）的资料介绍，国际货运代理的作用在于：运用专门知识，以最安全、最迅速、最经济的方式组织运输；在世界各贸易中心建立客户网和自己的分支机构，以控制全部运输过程；在运费、包装、单证、结关、领事要求及金融等方面向企业提供咨询；把小批量的货物集中为成组货物，使客户从中受益；货运代理不仅组织和协调运输，而且影响到新运输方式的创新和新运输路线的开发。

下面主要讲述海洋船舶的营运方式。

国际海洋货物运输，按船舶的营运方式来分，有班轮运输和租船运输两种。

1. 班轮运输

班轮运输（Liner Transport）也叫定期船运输，它是在一定航线上、在一定的停靠港口定期开航的船舶运输。

（1）班轮运输的特点。班轮运输具有“四固定”的基本特点，即航线固定、港口固定、船期固定和费率相对固定；运费中包括装卸费用，承运人管装管卸，承、托双方不计装卸时间以及滞期费或速遣费；各类货物都可接受，包括冷冻、易腐、液体及危险品之类的货物，且一般在码头交接货物，方便货主；承运人和托运人双方的权利、义务和责任豁免以班轮提单上所载的条款为依据。

（2）班轮运费的概念。班轮运费（Liner Freight）是承运人为承运货物而向托运人收取的费用。它是由基本运费和各种附加费组成。

基本运费是指货物从装运港运到目的港的基本费用，它构成班轮运费的主体。

附加费是指对一些需要特殊处理的货物或由于突发情况使运输费用大幅增加，班轮公司为弥补损失而额外加收的费用。附加费主要有：超重附加费（Heavy Lift Additional）、超长附加费（Long Length Additional）、直航附加费（Direct Additional）、绕航附加费（Deviation Surcharge）、转船附加费（Transhipment Surcharge）、港口附加费（Port Surcharge）、港口拥挤附加费（Port Congestion Surcharge）、选择港附加费（Optional Fees）、变更卸货港附加费（Alteration Surcharge）、燃油附加费（Bunker Adjustment Factor or Bunker Surcharge，BAF）、货币附加费（Currency Adjustment Factor，CAF）等。各种附加费的计算方法主要有两种，一种是以百分比表示，即在基本费率的基础上增加一个百分比；另一种是用绝对数表示，即每运费吨增加若干金额，可以与基本费率直接相加计算。

（3）班轮基本运费的计收标准。主要有以下六种。

• 重量法。即以重量吨（Weight Ton）为计量单位来计算运费。在运价表中，以字母“W”表示。所有“重量大”的货物，如重金属、建筑材料、矿产品等，均采用这种方法计算运费。一般按货物毛重来计算，以公吨为计算单位，吨以下取三位小数。

• 体积法。即以尺码吨（Measurement Ton）为计算单位来计算运费。在运价表中，以字母“M”表示。所有的轻泡货物，如纺织品、日用百货等，一般以立方米或40 立方英尺为计算单位，立方米以下取三位小数。

以上计算运费的重量吨和尺码吨统称为运费吨（Freight Ton）。

• 从价法。即按货物的价格计收运费，在运价表中以“A. V.”或“Ad. Val”表示。按货物在装运地 FOB 价的百分比收费，一般不超过5%。通常，只有黄金、白银、宝石等贵重货物才按此收费。因为贵重物品一般重量少、体积不大，但船方承担的风险很大，要设置特殊的仓位，以防盗、防火和防潮等，船公司要付出较大的代价，同时加重了保管的责任。因此，船方按从价法对贵重货物收较高的运费。

• 选择法。选择法中较常用的是“W/M”，即在重量法和体积法中选择。在“W/M”中，凡一尺码吨货物其重量超过一重量吨为重货，按重量法计算；反之，一尺码吨其重量不足一重量吨为轻货，按体积法计算。或者按货物重量、体积或价值中最高的一种计收，在运价表中以“W/M or A. V.”表示；或者按货物、重量或体积二者较高的一种计收，然后再加一定百分比的从价运费，在运价表中以“W/M plus A. V”表示。

》范例

某 FOB 价值为20000 美元的货物由甲地运往乙地，基本费率为每运费吨30 美元或从价费率1.5%。体积为6 立方米，毛重为5.8 公吨，以 W/M or Ad Val. 选择法计费，以1 立方米或1 公吨为一运费吨，求运费。

解 （1）按“W”计算的运费为：$30\times5.8=174$（美元）

（2）按“M”计算的运费为：$30\times6=180$（美元）

（3）按 Ad Val 计算的运费为：$20000\times1.5\%=300$（美元）

（4）三者比较，按“Ad. Val.”计算的运费最高，故实收运费为300 美元。

• 按件法。即按货物的件数计收运费。对包装固定，数量、重量、体积也固定的货物，可以按货物的件数计收运费。另外，对于那些用其他方法难以计收的商品，如汽车、活牲畜等，也采用按件数计收。

• 议价法。即由船方和货主临时议价。这主要是大宗低值货物，如粮食、煤炭、矿砂等。在运价表中以“Open rate”表示。

（4）班轮运费的计算方法。班轮运费的计算公式为：

班轮运费 = 基本运费 + 各项附加费

其计算步骤为：第一步，根据货物名称，从有关运价表中查出该货物的计费标准及运价等级；第二步，根据货物的装运港、目的港，找到相应的航线，找出该等级货物的基本费率；第三步，查出该航线和港口所要收取的附加费项目和数额（或百分比）及货币种类；第四步，根据以上的基本运价和附加费内容，算出实际运价（单位运价）；第五步，根据货物的托运数量算出应付的运费总额。

> **范例**
>
> 以 CIF 价格条件出口加拿大温哥华罐头一批，共计 1000 箱。每箱毛重为 40 千克，体积 0.045 立方米，求该批货物的运价。
>
> **解**
>
> 第一步，从货物分类表（Classification of Commodities）中查出罐头的运价等级是八级，计算标准是 W/M，在重量法和体积法中选择。该批货物的单位尺码（0.045 立方米）比单位重量（40/10000 = 0.04 吨）高，所以按尺码吨计算运费。
>
> 第二步，再查中国—加拿大等级费率表得八级货物基本费率为每吨 210 元。
>
> 第三步，查得燃油附加费 12%。
>
> 第四步，算得货物总运价 = 1000 箱 × 0.045 运费吨/箱 × 210 元/运费吨 ×（1 + 12%）= 10584（元）。

运费的支付方式主要有预付、到付及部分预付和部分到付相结合三种。

2. 租船运输

租船运输（Charter Transport）又称不定期船运输，是相对于班轮运输而言的另一种远洋船舶营运方式。它和班轮运输相比，没有预先制定的船期表，没有固定的航线，停靠港口也不固定，无固定的费率本。船舶的营运是根据船舶所有人与需要船舶运输的货主双方事先签订的租船合同来安排的。

租船运输的特点租船运输是根据租船合同组织运输的，租船合同条款由船东和租方双方共同商定；一般由船东与租方通过各自或共同的租船经纪人洽谈成交租船业务；船东对于船舶的航线、航行时间和货载种类等按照租船人的要求来确定，提供相应的船舶，经租船人同意进行调度安排；租金率或运费率根据租船市场行情来决定；船舶营运中有关费用的支出，取决于不同的租船方式，由船东和租方分担，并在合同条款中订明，例如“装卸费用条款 FIO”表示租船人负责装卸费，若写明“Liner term”，则表示船东负责装卸费；租船运输适宜大宗货物运输；各种租船合同均有相应的标准合同格式。

租船运输主要包括定程租船、定期租船、光船租船三种方式。

（1）定程租船（Voyage Charter）又称程租租船或航次租船，是按航程租赁船舶的一种方式。

• 定程租船的分类。按其租赁方式不同，可分为四种。

第一，单程租船，是指所租船舶只装运一个航次，航程结束时租船合同即告终止。

第二，来回程租船，是指所租船舶在完成一个航次任务后，回程时再接着装运货物的运输方式。

第三，连续航次租船，是指所租船舶在同一去向的航线上连续完成几个单航次运输。船舶必须是一程运货，一程空放，船东不能利用空船揽载其他货物。这种方式一般适合航程较近的运输。

第四，包运合同租船，又称为运量合同。包运租船是指船舶所有人以一定的运力，在确定的港口之间，按事先约定的时间、航次周期、每航次以较均等的运量，完成全部货运量的租船方式。

包运租船有别于其他租船方式的特点有以下五点。

第一，包运租船合同中不确定船舶的船名及国籍，仅规定船舶的船级、船龄和船舶的技术规范等，船舶所有人只须比照这些要求提供能够完成合同规定每航次货运量的运力即可。这对船舶所有人在调度和安排船舶方面是十分灵活、方便的。

第二，租期的长短取决于货物的总量及船舶航次周期所需的时间。

第三，船舶所承运的货物主要是运量特别大的干散货或液体散装货物。承租人往往是业务量大和实力强的综合性工矿企业、贸易机构、生产加工集团或大石油公司。

第四，船舶航次中所产生的时间延误的损失风险由船舶所有人承担，而对于船舶在港口装、卸货物期间所产生的延误，则通过合同中订有的“延滞条款”来处理。通常，由承租人承担船舶在港的时间损失。

第五，运费按船舶实际装运货物的数量及商定的费率计收，通常按航次结算。

从上述特点可见，包运租船在很大程度上具有“连续航次租船”的基本特点。

• 程租船装卸时间。在程租船运输情况下，装卸货时间长或短影响到船舶的使用周期和在港费用，直接涉及船方的利益，因而成为承租船合同中的重要条款。

装卸时间或称装卸期限，是指租船人承诺在一定期限内完成装卸作业，一般用若干日（或时）表示，也可用装卸率表示，即平均每天装卸若干吨。此外，还要规定哪些应该算作工作日，哪些应该除外。主要有以下三种规定。

第一，按日（Days）或连续工作日（Running or Consecutive Days）计算。这是指时间连续满 24 小时就算一日或连续日，即期限一开始，不论风雪日、星期日或节假日等实际不能进行装卸的日子，均全部计算在装卸期之内。这种计算方法，通常只适用于石油、矿砂等使用油管或传送带进行装卸作业并不受昼夜和风雨影响的商品。

第二，按工作日（Working Days）计算。工作日是指在港口可以进行工作的日子，因而不包括星期日和法定节假日。每个工作日的正常工作时间，如果租船合同未做规定，则可按港口习惯办理。

第三，按晴天工作日（Weather Working Days）计算。即除星期日、节假日不计入装卸时间外，由于天气不良不能进行装卸的工作日（或工作小时）不计入装卸时间。

• 程租船装卸费的计算。在程租租船合同中，应明确规定装卸费用由谁负担。一般有下列四种规定方法：

第一，班轮条件（Gross Terms or Liner Terms），即船方负担装卸费。

第二，F. I. O（Free in and Out），即船方不负担装卸费。

第三，F. O（Free Out），即船方只负担装货费，不负责卸货费。

第四，F. I（Free In），即船方只负担卸货费，不负责装货费。

• 程租船运费的计算。在程租船合同中，有的规定运费率（Rate of Freight）按货物每单位重量或体积若干金额计算；有的规定整船包价（Lump-sum Freight）。费率的高低取决于租船市场的供求关系，但也与运输距离、货物种类、装卸率、装卸费用划分和佣金高低有关。运费是预付或是到付，均需订明。

（2）定期租船（Time Charter）又称期租船，是指由船舶所有人按照租船合同的约定，将一艘特定的船舶在约定的期间交给承租人使用的租船。这种租船方式不以完成航次数为依据，而以约定使用的一段时间为限。在这个期限内，承租人可以利用船舶的运载能力来安排运输货物；也可以用班轮运输补充暂时的运力不足，还可以以航次租船方式承揽第三者的货物，以取得运费收入。当然，承租人还可以在租期内将船舶转租，以谋取租金差额的收益。关于租期的长短，完全由船舶所有人和承租人根据实际需要洽商而定。

• 定期租船的特点。主要有以下五点。

第一，船长由船舶所有人任命，船员也由船舶所有人配备，并负担他们的工资和给养，但船长应听从承租人的指挥，否则承租人有权要求船舶所有人予以撤换。

第二，船舶的营运调度由承租人负责，并负担船舶的燃料费、港口费、货物装卸费、运河通行费等与营运有关的费用，而船舶所有人则负担船舶的折旧费、维修保养费、船用物料费、润滑油费、船舶保险费等船舶维持费。

第三，租金按船舶的载重吨、租期长短及商定的租金率计算。

第四，租船合同中订有关于交船和还船，以及停租的规定。

第五，较长期的定期租船合同中常订有“自动递增条款（Escalation Clause）”，以保护船舶所有人在租期中因部分费用上涨而使船舶所有人的盈利减少或产生亏损。租金一经确定，通常在租期内不再变动，如果合同中订有“自动递增条款”，在规定的费用上涨时，按约定租金即可按相应的比例提高。

• 期租船租金的计算。期租船的租金（Rent）一般是根据船舶的每月每载重吨若干货币单位计付，也可以按整船每天若干金额计算。船舶租金与船舶所载货物无关。

一般是以船舶夏季载重吨为标准并按期支付。如一艘夏季载重吨为40000吨的船，每30天每吨的租金为6美元，则这条船每天租金为40000×6/30＝8000美元。

（3）光船租船（Bare Boat Charter）又称船壳租船，是指在租期内船舶所有人只提供一艘空船给承租人使用，而配备船员、供应给养、船舶的营运管理以及一切固定或变动的营运费用都由承租人负担。也就是说，船舶所有人在租期内除了收取租金外，不再承担任何责任和费用。这种租船不具有承揽运输性质，它只相当于一种财产租赁。因此，一些不愿经营船舶运输业务，或者缺乏经营管理船舶经验的船舶所有人也可将自己的船舶以光船租船的方式出租。虽然这样的出租利润不高，但船舶所有人可以取得固定的租金收入，对回收投资是有保证的。

光船租船的特点有以下五点。

第一，船舶所有人只提供一艘空船。

第二，全部船员由承租人配备并听从承租人的指挥。

第三，承租人负责船舶的经营及营运调度工作，并承担在租期内的时间损失，即承租人不能“停租”。

第四，除船舶的资本费用外，承租人承担船舶的全部固定及变动费用。

第五，租金按船舶的装载能力、租期及商定的租金率计算。

4.1.2 铁路运输

铁路运输（Rail Transport）是指利用铁路进行国际贸易货物运输的一种方式。铁路运输有许多优点，如一般不受气候条件的影响，可保障全年的正常运输，而且运量较大、速度较快，有高度的连续性，运转过程中可能遭受的风险也较小。办理铁路货运手续比海洋运输简单，而且发货人和收货人可以在就近的始发站（装运站）和目的站办理托运和提货手续。因此，它是仅次于海洋运输的一种主要运输方式。

在我国对外贸易运输中，有国际铁路货物联运和国内铁路货物运输两种。

1. 国际铁路货物联运

国际铁路货物联运是指使用一份统一的国际联运票据，由铁路当局负责经过两国或两国以上铁路的全程运输，并在由一国铁路向另一国铁路移交货物时不需收、发货人参加，由铁路当局负连带责任的一种运输方式。

参加国际铁路联运的国家分为两个集团，一个是有32个国家参加并签有《国际铁路货物运送公约》的“货约”集团；另一个是曾有12个国家参加并签有《国际铁路货物联运协定》的“货协”集团，“货协”现已解体，但联运业务并未终止。在我国大陆，凡可办理铁路货运的车站都可以接收国际铁路货物联运。

我国通往欧洲的国际铁路联运线有两条：一条是利用俄罗斯的西伯利亚大陆桥贯通中东、欧洲各国；另一条是由江苏连云港经新疆与哈萨克斯坦铁路连接，贯通俄罗斯、波兰、德国至荷兰的鹿特丹。后者称为新亚欧大陆桥，运程比海运缩短9000公里，比经由西伯利亚大陆桥缩短3000公里，进一步推动了我国与欧亚各国的经贸往来，也促进了我国沿线地区的经济发展。

2. 国内货物铁路运输

我国出口货物经铁路运至港口装船、进口货物卸船后经铁路运往各地，以及供应港澳地区货物经铁路运往香港、九龙、澳门，都属于国内铁路运输的范围。

对港澳地区的铁路运输，按国内运输办理，但它又不同于一般的国内运输。货物由内地装车至深圳中转和香港卸车交货，为两票联运，由外运公司签发"货物承运收据"。京九铁路和沪港直达通车后，内地至香港的运输更为快捷。由于香港特别行政区系自由港，货物在内地和香港间进出，需办理进出口报关手续。对澳门地区的货物运输，由于澳门目前尚未通铁路，所以货物是先从起运地用火车运抵广州南站，再转船运至澳门。

4.1.3 航空运输

航空运输（Air Transport）是一种现代化的运输方式，它与海洋运输、铁路运输相比，具有运输速度快、货运质量高、且不受地面条件的限制等优点。因此，它最适宜运送急需物资、鲜活商品、精密仪器和贵重物品。但其不足是运量小、运费高。

航空运输方式主要有班机运输、包机运输、集中托运和航空快递业务。

1. 班机运输

班机运输（Scheduled Airline）指具有固定开航时间、航线和停靠航站的飞机。通常为客货混合型飞机，其货舱容量较小，运价较贵；但由于航期固定，有利于客户安排鲜活商品或急需商品的运送。

2. 包机运输

包机运输（Chartered Carrier）是指航空公司按照约定的条件和费率，将整架飞机租给一个或若干个包机人（包机人指发货人或航空货运代理公司），从一个或几个航空站装运货物至指定目的地。包机运输适合于大宗货物运输，费率低于班机，但运送时间则比班机要长些。

3. 集中托运

集中托运（Consolidation）可以采用班机或包机运输方式，是指航空货运代理公司将若干批单独发运的货物集中成一批向航空公司办理托运，填写一份总运单送至同一目的地，然后由其委托当地的代理人负责分发给各个实际收货人。这种托运方式可降低运费，是航空货运代理的主要业务之一。

4. 航空快递业务

航空快递业务（Air Express Service）是由快递公司与航空公司合作，向货主提供的快递服务。其业务包括：由快速公司派专人从发货人处提取货物后以最快航班将货物出运，飞抵目的地后，由专人接机提货，办妥进关手续后直接送达收货人，称为“桌到桌运输”（Desk to Desk Service）。这是一种最为快捷的运输方式，特别适合各种急需物品和文件资料。

外贸企业办理航空运输，需要委托航空运输公司作为代理人，负责办理出口货物的提货、制单、报关和托运工作。委托人应填妥国际货物托运单，并将有关报关文件交付航空货运代理。空运代理向航空公司办理托运后，取得航空公司签发的航空运单，即为承运开始。航空公司需对货物在运输途中的完好负责。货到目的地后，收货人凭航空公司发出的到货通知书提货。

4.1.4 集装箱运输

集装箱是一种有一定强度和钢度、能长期反复使用、外形像箱子、可以集装成组货物而专供周转使用并便于机械操作和运输的大型货物容器。集装箱运输（ container transport）就是以集装箱作为运输单位进行货物运输的一种先进的现代化运输方式。它具有装卸效率高、减少货损货差、提高货运质量、降低货运成本、简化手续、可进行连续运输的特点。

1. 集装箱运输的特点

（1）在全程运输中，可以将集装箱从一种运输工具直接方便地换装到另一种运输工具，而无须接触或移动箱内所装货物。

（2）货物从发货人的工厂或仓库装箱后，可经由海、陆、空不同运输方式运至收货人的工厂或仓库，实现“门到门”运输而中途无须开箱倒载和检验。

（3）集装箱由专门设备的运输工具装运，装卸快、效率高，质量有保证。

（4）一般由一个承运人负责全程运输。

2. 集装箱的类型

国际标准化组织（简称 ISO）为了统一集装箱的规格，于 1970 年推荐了三个系列 13 种规格的集装箱，而后又于 1991 年增加了 4 种规格。在这些规格中，应用较多、较广的是 20 英尺和 40 英尺两种箱型，即 1A 型 8’×8’×40’，1AA 型 8.6’×8’×40’，1C 型 8’×8’×20’。20 英尺的集装箱是国际上计算集装箱的标准单位，英文称为 Twenty - foot equivalent unit，简称为“TEU”。一个 40 英尺的集装箱等于两个 TEU，其余类推。

为了适应运输各类货物的需要，集装箱除通用的干货集装箱外，还有罐式集装箱、冷冻集装箱、框架集装箱、平台集装箱、开盖集装箱、通风集装箱、牲畜集装箱、散货集装箱、挂式集装箱等。20 英尺的箱子最大毛重为 20 公吨，最大容积为 31 立方米，一般可装 17.5 公吨或 25 立方米的货物；40 英尺的箱子最大毛重为 30 公吨，最大容积为 67 立方米，一般可装 25 公吨或 55 立方米的货物。

在国际贸易中，集装箱类型的选用、货物的装箱方法对于减少运费开支起着很大的作用。货物外包装箱的尺码、重量，货物在集装箱内的配装、排放以及堆叠都有一定的讲究。

》范例

某种货物装箱方式是 8 台装一纸箱，纸箱的尺码是 54×44×40 厘米，毛重为每箱 53 千克，根据理论算法计算该类货物集装箱运输出口时的装箱数量。（根据 20 英尺、40 英尺的重量和体积分别计算装箱的最大数量）

解　如果按重量计算，每个 20 英尺的集装箱可装数量为：17.5÷0.053＝330.19 箱，取整为 330 箱，共计 2640 台；每个 40 英尺的集装箱可装数量为：25÷0.053＝471.70 箱，取整为 471 箱，共计 3768 台。

如果按体积计算，每个 20 英尺的集装箱可装数量为：25÷（54×44×40/1000000）＝263.05 箱，取整为 263 箱，共计 2104 台；每个 40 英尺集装箱可装数量为：55÷（54×44×40/1000000）＝578.70 箱，取整为 578 箱，共计 4624 台。

3. 集装箱的运输方式

集装箱的托运方式分为整箱（Full Container Load，FCL）托运和拼箱（Less Container Load，LCL）托运两种。凡装货量达到每个集装箱容积的 75% 或达到每个集装箱负荷量的 95% 即为整箱货，由货主或“货代”自行装箱后以箱为单位直接送到集装箱堆场（Container Yard，CY），向承运人进行托运；凡货量达不到整箱标准的，须按拼箱托运，即由货主或“货代”将货物送交集装箱货运站（Container Freight Station，CFS），货运站收货后，按货物的性质、目的地分类整理，而后将去同一目的地的货物拼装成整箱后发运。

根据贸易合同的规定，集装箱的交接方式和交接地点可分为以下四类。

（1）FCL/FCL，即整箱交/整箱收。在这种交接方式下，集装箱的具体交接地点有以下四种情况：

• Door/Door，即“门到门”。指在发货人的工厂或仓库整箱交货，承运人负责运至收货人的工厂或仓库整箱交收货人。

• CY/CY，即“场至场”。指发货人在起运地或装箱港的集装箱堆场交货，承运人负责运至目的地或卸箱港的集装箱堆场整箱交收货人。

• Door/CY，即“门至场”。指在发货人的工厂或仓库整箱交货，承运人负责运至目的地或卸箱港的集装箱堆场整箱交收货人。

• CY/Door，即“场至门”。指发货人在起运地或装箱港的堆场整箱交货，承运人负责运至收货人的工厂或仓库整箱交收货人。

(2) LCL/LCL，即“拼箱交/拆箱收”。在这种交接方式下，集装箱的具体交接地点只有一种情况，为 CFS to CFS，即“站到站”。这是指发货人将货物送往起运地或装箱港的集装箱货运站，货运站将货物拼装后交承运人，承运人负责运至目的地或卸箱港的集装箱货运站进行拆箱，当地货运站按件拨交各个有关收货人。

(3) FCL/LCL，即“整箱交/拆箱收”。在这种交接方式下，集装箱的具体交接地点有以下两种情况。

• Door/CFS，即“门到站”。指在发货人的工厂或仓库整箱交货，承运人负责运至目的地或卸货港的货运站。货运站拆箱并按件交各有关收货人。

• CY/CFS，即“场到站”。指发货人在起运地或装箱港的集装箱堆场整箱交货，承运人负责运至目的地或卸货港的集装箱货运站。货运站负责拆箱拨交各有关收货人。

(4) LCL/FCL，即“拼箱交/整箱收”。在这种交接方式下，集装箱的具体交接地点也有以下两种情况。

• CFS/Door，即“站到门”。指发货人在起运地或装箱港的集装箱货运站按件交货，货运站进行拼箱，然后由承运人负责运至目的地收货人工厂或仓库整箱交货。

• CFS/CY，即“站到场”。指发货人在起运地或集装箱港的集装箱货运站按件交货，货运站进行拼箱，然后承运人负责运至目的地或卸箱港的集装箱堆场，整箱交收货人。

4. 集装箱的计费方法

目前，我国货物运输集装箱运价大体上分为两类：一类是按杂货的费率加收附加费；另一类是以每一集装箱为计费单位，即包箱费率。

(1) 杂货费率加收附加费。这是在航线等级费率运价基础上加收附加费。加收的办法分为两种：一种是加收集装箱附加费，实行这种收费办法的航线有美、日、中国香港、西非，但也有的轮船公司，不加收集装箱附加费，而采取议价；另一种是加收支线船附加费，如需在中国香港、日本转两程船的集装箱货物。

另外，还有一些船公司为了保证营运收益，制订有保底费率，即起码运费。如每箱运费收入达不到保底费率，则按保底费率收取；如超过保底费率，则按实际收取。

(2) 包箱费率。这是以每一集装箱为计费单位，其规定方法有以下两种。

• FAK 包箱费率（Freight for All Kinds），即不分货物种类，也不计货量，只规定统一的每个集装箱收取的费率。如表 4.1。

表4.1　中国—新加坡航线集装箱费率　（美元，IN USD）

装运港	货物种类	CFS/CFS	CY/CY	
		Per F/T	20' FCL	40' FCL
上海	杂货	78.00	1100.00	2050.00
青岛	杂货	80.00	1450.00	2150.00
…	…	…	…	…

• FCS包箱费率（Freight for Class），即按不同货物等级制定的包箱费率。如表4.2。

表4.2　中国—澳大利亚航线集装箱费率表　（美元，IN USD）

基本港：Brisban，Melbourne，Sydny，Fremantle				
等级（CLASS）	计算标准	20'（CY/CY）	40'（CY/CY）	LCL（per F/T）
1～7	W/M	1700	3230.00	95
8～13	W/M	1800	3420.00	100
14～20	W/M	1900	3510.00	105

• FCB包箱费率（Freight for Class& Basis），即按不同货物等级或货物类别及计算标准制定的费率。如表4.3。

表4.3　中国—地中海航线集装箱费率　（美元，IN USD）

基本港：Algiers，Marseilles－FOS				
等级（CLASS）	LCL per W	LCL per M	FCL 20'（CY/CY）	FCL 40'（CY/CY）
1～7	131.00	100.00	2250.00	4200.00
8～13	133.00	102.00	2330.00	4412.00
14～20	136.00	110.00	2450.00	4640.00

范例

湖州正昌贸易公司上海分公司出口一批打字机到澳大利亚的悉尼，货物用纸箱装运，每箱的尺寸为44×44×30厘米，毛重是22千克，每箱装4台，装一个40英尺的集装箱。试计算每台的单位运价为多少美元？

解：查货物等级表，打字机为12级货，按“M”标准计费，一个40英尺集装箱可装打字机的数量为5÷（44×44×30/1000000）＝946.9697（箱），取整为946箱，946×4＝3784（台）。

又查中国—澳大利亚航线集装箱费率表，12级货的40英尺集装箱的包箱费率为3420美元，则打字机的单位运价为3420÷3784＝0.90（美元/台）。

此外，集装箱除上述基本费率外，尚有其他服务和管理方面的费用，如运箱费、吊装费、装箱费、拼箱费、滞期费、堆存费、交接费等。

4.1.5 国际多式联运和大陆桥运输

国际多式联运（International Multimodal Transport，International Combined Transport）是在集装箱运输的基础上产生和发展起来的一种综合性的连贯运输方式，它一般是以集装箱为媒介，把海、陆、空各种传统的单一运输方式有机地结合起来，组成一种国际间的连贯运输。

1. 国际多式联运的优点

（1）手续简便，责任统一。在国际多式联运方式下，货物运程不论多远，不论由几种运输方式共同完成货物运输，也不论货物在途中经过多少次转运，所有运输事项均由多式联运承运人负责办理。而货主只需办理一次托运、订立一份运输合同、支付一次运费、办理一次保险，并取得一份联运提单。与各运输方式相关的单证和手续减到最低限度，发货人只须与多式联运经营人进行交涉。由于责任统一，一旦在运输过程中发生货物灭失或损坏，由多式联运经营人对全程运输负责，而每一运输区段的分承运人仅对自己运输区段的货物损失承担责任。

（2）减少运输过程中的时间损失，使货物运输更快捷。多式联运作为一个单独的运输过程，能减少在运转地的时间损失和货物灭失、损坏、被盗的风险。多式联运经营人通过他的通信联络和协调，可连续进行运转地各种运输方式的交接，使货物更快速地运输，从而弥补了与市场距离远和资金积压的缺陷。

（3）节省了运杂费用，降低了运输成本。国际多式联运中集装箱的使用，使集装箱运输的优点都体现在多式联运中，多式联运经营人一次性收取全程运输费用，一次性保险费用。货物装箱后装上一程运输工具后即可用联运提单结汇，有利于加快货物资金周转，减少利息损失。同时也节省了人、财、物资源，从而降低了运输成本。这有利于减少货物的出口费用，提高商品在国际市场上的竞争能力。

（4）提高了运输组织水平，实现了门到门运输，使合理运输成为现实。多式联运可以提高运输的组织水平，改善不同运输方式间的衔接工作，实现各种运输方式的连续运输，可以把货物从发货人的工厂或仓库运到收货人的内地仓库或工厂，做到了门到门的运输。

在当前国际贸易竞争激烈的形势下，货物运输要求速度快、损失少、费用低，而国际多式联运适应了这些要求。可以说，国际多式联运是当前国际货物运输的发展方向。

2. 构成多式联运应具备的条件

（1）有一个多式联运合同，合同中明确规定多式联运经营人和托运人之间的权利、义务、责任和豁免。

（2）必须是国际两种或两种以上不同运输方式的连贯运输。

（3）使用一份包括全程的多式联运单据，并由多式联运经营人对全程运输负总的责任。

（4）必须是全程单一运费率，其中包括全程各段运费的总和、经营管理费用和合理利润。

3. 开展国际多式联运应注意的事项

（1）要考虑货价和货物性质是否适宜装集装箱。

（2）要注意装运港和目的港有无集装箱航线，有无装卸及搬运集装箱的机械设备，铁路、公路、沿途桥梁、隧道、涵洞的负荷能力如何。

（3）装箱点和起运点能否办理海关手续。

4. 大陆桥运输

大陆桥运输（Land-bridge Transport）是指以集装箱为媒介，使用横贯大陆的铁路或公路运输系统作为中间桥梁，把大陆两端的海洋运输连接起来的连贯运输方式。目前运用较广的是西伯利亚大陆桥及亚欧大陆桥。

美国大陆桥和加拿大大陆桥：横贯北美大陆，连接太平洋和大西洋，这是世界上第一个出现的大陆桥路线，现在业务已经萎缩。

西伯利亚大陆桥：东端从俄罗斯的纳霍德卡港、东方港连接日本、韩国及中国的香港和台湾；西端发展到英国、西欧、中欧、北欧、波罗地海、伊朗，横贯苏联、中东、近东地区、欧洲各地，又称第一条欧亚大陆桥。

第二条欧亚大陆桥：1992 年 9 月正式开通，东起连云港，经由陇海、兰新、北疆铁路与独联体土西铁路，在阿拉山口和德鲁巴站相接，经哈萨克斯坦、俄罗斯、白俄罗斯、波兰的华沙、德国的柏林、荷兰等七国，辐射 30 多个国家，西至荷兰的鹿特丹，全长 10800 公里。新欧亚大陆桥将海上运输的距离缩短更多，而且大部分途径我国的中西部地区。所以，无论是从方便运输、节约货运时间和费用、发展我国的对外贸易，还是从促进我国沿途省区的经济发展来看，均有积极作用。同时，也有利于我国西部大开发战略的实施。

4.1.6 其他运输方式

1. 国际公路货物运输

公路运输（Road Transport）一般是指由公路和汽车两部分组成的运输方式．也是车站、港口和机场集散进出口货物的重要手段。

公路货物运输与其他运输方式相，具有以下特点：机动灵活、简捷方便、应急性强，能深入到其他运输工具到达不了的地方；适应点多、面广、零星、季节性强的货物运输；运距短、单程货多；汽车投资少、收效快；港口集散可争分夺秒，突击抢运任务多，是空运班机、船舶、铁路衔接运输不可缺少的运输形式。随着公路现代化、车辆大型化，公路运输是实现集装箱在一定距离内“门到门”运输的最好的运输方式。

2. 管道运输

管道运输（Pipeline Transportation）是一种特殊的运输方式，是货物在管道内借高压气泵的压力推动向目的地输送的一种运输方式。

管道运输是一种理想的运输技术，把运输途径和运输工具集中在管道中，具有许多突出的优越性。

（1）它是一种连续运输技术，每天24小时都可连续不断地运输，效率很高。

（2）管道一般埋在地下，不受地理、气象等外界条件限制，可以穿山过河，跨漠越海，不怕炎热和冰冻。

（3）环境效益好，封闭式地下运输不排放废气、粉尘，不产生噪声，减少了环境污染。

（4）投资少，管理方便，运输成本低。据计算，建设一条年运输能力为1500万吨煤的铁路，需投资8.6亿美元，而建设一条年运输能力为4500万吨煤输送管道，只需1.6亿美元。经常的管理人员也只有铁路运输的1/7。管道运输的成本一般只有铁路运输的1/5，公路运输的1/20，航空运输的1/66。

3. 国际邮政运输

邮政运输（Parcel Post Tranport）是一种简便的运输方式，手续简便，费用不高，适于量轻体小的货物。

国际邮件可分为函件和包裹两大类。国际上邮政部门之间签订有协定和《万国邮政公约》，通过这些协定和公约，邮件的递送可以最快的方式互相传递，从而形成一个全球性的邮政运输网。

4. 内河运输

内河运输（Inland Waterway Transport）是水上运输的一个组成部分。它是连接内陆腹地和沿海地区的纽带，也是边疆地区与邻国边境河流的连接线，在进出口货物的运输和集散中起着重要的作用。内河运输具有投资少、运量大、成本低的优点。

我国有着广阔的内河运输网，长江、珠江等一些主要河流的内河港口已对外开放。我国同一些邻国还有待连通国际河流，这就为发展我国对外贸易内河运输提供了十分有利的条件。

4.2 装运条款

买卖双方洽商交易时，必须就各项装运条款进行洽谈，并在合同中订明，以利于合同的履行。装运条款的内容同买卖合同的性质和运输方式有着密切的关系，不同性质的运输方式，其装运条款也不相同。鉴于我国大部分进出口货物是通过海洋运输，而且对外签订的进出口合同大部分属于 FOB、CIF、CFR 合同，故以下仅就这类合同的装运条款（包括装运期、装卸率和滞期费、速遣费等），分别加以介绍和说明。

4.2.1 装运期

1. 装运期的含义及其重要性

装运期（Time of Shipment）是指卖方在起运地点装运货物的期限，它与交货期是不同的两个概念，不应混同使用。例如，在目的港船上交货条件（DES）下，装运期是指在装运港装船的期限，交货期则是在目的港船上交货的时间，两者在时间显然不同。

在装运地或装运港交货条件下，装运期是买卖合同中的主要条件，如果装运合同当事人一方违反此项条件，另一方则有权要求赔偿其损失，甚至可以撤销合同。因此，在进出口业务中，订好买卖合同中的装运期条款，使装运期规定合理和切实可行，以保证按时完成约定的装运任务，有着十分重要的意义。

2. 装运期的规定方法

（1）明确规定具体装运期限。在进出口合同中，一般都订明装运的年度及月份。例如，限于某年某月内装运，或某年某月以前装运。对大宗交易或在偏僻港口装货时，装运期可适当放长一些，如规定跨月份装运，或在某季度内装。这类规定方法期限具体，含义明确，既便于落实货源和安排运输，又可避免在装运期问题上引起争议。因此，它在国际贸易中被广泛使用。

（2）规定在收到信用证后若干天装运。这种规定方法适用于下列情况。

• 按外商要求的花色、品种或规格成交，或专为某一地区或某商号生产的商品，如果一旦外商毁约，这些商品便难以转售出去。为避免盲目生产或采购而造成商品积压和蒙受经济损失，则采用这种规定方法。

• 在一些外汇管制较严的国家和地区，一般实行进口许可证和进口配额。如洽商交易时，买方还不能肯定批准进口许可证或外汇配额的具体时间，因而无法确定具体装运期。为了促进成交和扩大出口，也可采用这种方法。

• 对某些拖延开证的客户，采用这种规定方法，有利于促使其按时开证。

上述规定方法的好处是，既能促使买方早开证或按时开证，以利卖方有计划地安排生产和组织货源，又能避免因买方拖延开证而引起的卖方加工、备货紧张或赶不上装期的被动局面。但上述方法也有弊病，因为装运期的确定，是以买方来证为前提条件的，如签订合同后市场价格出现对买方不利的情况，买方有可能拒不开证或拖延开证，装运期也就无法确定，从而使卖方处于无法安排装运的被动局面。

为了促使买方按时开证，在采用这类规定方法时，必须在合同中相应的加列约束性的条款，例如，“买方必须最迟于××日期将有关信用证开抵卖方，否则，卖方有权按买方违约提出索赔”等。

（3）笼统规定近期装运。采用这类规定方法时，不规定装运的具体期限，只有“立即装运”、“即刻装运”、“尽速装运”等词语来表示。由于这种规定方法太笼统，故国际商会修订的《跟单信用证统一惯例》规定，不应使用“迅速”、“立即”、“尽速”等类似的词语，如使用了这类词语，银行将不予理会。

3. 规定装运期需注意的几个问题

（1）订装运期应结合商品的性质选择季节。如雨季不宜装烟叶，夏季不宜装沥青等。还应结合交货港、目的港的特殊季节因素，如北欧港口不宜订在冰冻期，热带某些地区不宜订在雨季等。

（2）出口货的装运期，分远、近洋地区，应掌握在信用证收到后有一定的期限。远洋地区不少于30天，近洋地区不少于20天。

（3）签订出口合同时，应避免信用证结汇有效期与装运期订为同时到期，即“双到期”。一般应争取结汇有效期长于装运期15天，以便货物装船后有足够的时间办理结汇手续。

（4）不能接受一笔货物在短期内分若干批出运的条款。因为在规定期内，如无适当数量的船舶，就会影响这批货物的出运。

4.2.2 装运港和目的港

装运港是指开始装货的港口，目的港是指最终卸货的港口。在海运进出口合同中，一般都订明装运港和目的港。

1. 装运港和目的港的规定方法

装运港和目的港由交易双方商定，其规定方法有下列几种。

（1）在通常情况下，只规定一个装运港和一个目的港，并列明港口名称。

（2）在大宗商品交易条件下，可酌情规定两个或两个以上的装运港和目的港，并分别列明港口名称。

（3）在商订合同时，如明确规定一个或几个装运港和目的港有困难，可以采用按"选择港口"的规定办法。规定选择港有两种方式：一是从两个或两个以上列明的港口中任选一个，如CIF伦敦或汉堡或鹿特丹；二是从某一航区的港口中任选一个，如地中海主要港口。

上述规定方法，究竟采用哪一种，应视具体情况而定。

2. 规定装运港和目的港需注意的几个问题

（1）规定国外装运港和目的港口的注意事项。

• 必须考虑港口具体条件和装卸条件。

• 对港口的规定应明确、具体，不宜过于笼统。

• 不能接受内陆城市作为装运港或目的港的条件。

• 应注意国外港口有无重名的问题。

• 应尽量选订班轮航线通常靠挂的基本港口或条件较好的港口，以便组织直达运输，减少中转。

• 如买方提出几个主要港口为卸货港，则供选择的港口必须在同一航线内，不应跨航线选卸货港口，所选卸货港最多不要超过三个。运费应按所选卸货港中最高的费率及附加费计算。

• 对于内陆国家的贸易，应选择其最近的，我方能安排船舶的海港为目的港。

• 在不以联运方式承办运输的条件下，一般不接受内地城市为目的地的条款。

（2）规定国内装运港和目的港的注意事项。

• 应考虑货物的货源地并贯彻"就近装卸"的原则。

• 应考虑港口的设施、装卸条件等实际情况。

4.2.3 分批装运和转运

分批装运（Partial Shipments）和转运（Transhipment）都直接关系到买卖双方的利益，是否需要分批装运和转运，买卖双方应根据需要和可能在合同中做出明确、具体的规定。

1. 分批装运

分批装运又称分期装运（Shipment by Instalments），是指一个合同项下的货物先后分若干批或若干期装运。

国际上对分批装运的解释和运用不一，比如，按有些国家的法律规定，如果合同未规定允许分批装运，则不得分批装运。但国际商会修订的《跟单信用证统一惯例》却规定："除非信用证另有规定，允许分批装运。"为了避免在履行合同时引起争议，交易双方应在买卖合同中订明是否允许分批装运；若双方同意分批装运，应将批次和每批装运的具体时间与数量订明。

此外，《跟单信用证统一惯例》还规定："如信用证规定在指定时期内分批装运，其中任何一批未按批装运，信用证对该批和以后各批货物均告失效，除非信用证另一规定。"因此，如果在买卖合同和信用证中规定分批定期、定量装运时，则卖方必须重合同、守信用，严格按照买卖合同和信用证的有关规定办理。为了使分批装运条款能顺利执行，规定每次装运的时间要留有适当的间隔，防止过分集中，以免因安排装运有困难而影响全局。

需要说明的是，一笔成交的货物，在不同时间和地点分别装在同一航次、同一条船上，即使分别签发了若干不同内容的提单，也不能按分批装运论处，这是因为该笔成交的货物是同时到达目的港的。

2. 转运

转运是指从装运港或装运地至卸货港或目的地的货运过程中进行转装或重装，包括从一种运输工具或船只移至另一同类运输工具或船只，或由一种运输方式转为另一种运输方式的行为。货物中途转运，不仅延误时间和增加费用开支，而且还有可能出现货损差，所以买方对其进口的货物，一般不愿转运，故在商订合同时，提出订立"限制转运"的条款。不过如果目的地是没有直达船的港口，或虽有直达船而船期不定，或航班间隔时间太长的港口，为了便利装运，则应当在买卖合同中订明"允许转运"的条款。

另外，对某些数量较大的商品或需要运往条件差的港口时，应考虑到港口吃水限度和派船的可能条件，在合同中订明"允许转船及分批装运"的条款。凡是"允许转船"的货物，不能接受买方指定中转港、二程船公司和船名的条件，也不要接受在提单中注明中转港和二程船舶名的条件。根据《跟单信用证统一惯例》规定，除非信用证有相反的规定，可准许转运。

为了明确责任和便于安排装运，交易双方是否同意转运以及有关转运的办法和转运费的负担等问题，都应在买卖合同具体订明。

4.2.4 装运通知

装运通知是装运条款中不可缺少的一项重要内容。不论按哪种贸易术语成交，交易双方都要承担相互通知的义务。规定装运通知的目的在于明确买卖双方的责任，促使买卖双方互相配合，共同做好车、船、货的衔接，并便于办理货物的运输保险。因此，订立装运通知条款有利于合同的履行。

需要特别强调的是，买卖双方按 CFR、CPT 条件成交时，装运通知具有特殊的意义，所以卖方应在货物装船后，立即向买主发出装运通知。按其他贸易术语成交时，买卖双方都应约定相互给予有关交接货物的通知，以便互相配合，共同做好货物的交接工作。

4.2.5 装卸时间、装卸率和滞期、速遣费条款

买卖双方成交的大宗商品，一般采用程租船运输。负责租船的一方在签订买卖合同之后，还要负责签订租船合同。为了明确买卖双方的装卸责任，并使买卖合同与租船合同的内容互相衔接和吻合，在签订大宗商品的买卖合同时，应结合商品特点和港口装卸条件，对装卸时间、装卸率和滞期、速遣费的计算与支付办法作出具体规定。

1. 装卸时间

装卸时间（Lay Time）是指装货和卸货的期限，装卸时间的规定方法很多，在前面的相关内容中已有介绍，这里不再赘言。装卸时间的起算和止算，应当在合同中订明。关于装卸时间的起算，一般规定在收到船长递交的“装卸准备就绪通知书”后，经过一定的规定时间后开始起算。关于装卸货物的止算时间，通常是指货物实际装卸完毕的时间。

2. 装卸率

买卖大宗商品时，交易双方在约定装卸时间的同时，还应约定装卸率。所谓装卸率（Load/Discharge Rate），是指每日装卸货物的数量。装卸率的高低关系到运费水平，从而在一定程度上影响货价，所以装卸率规定得偏高或偏低都不合适。装卸率应根据货物品种和有关港口的装卸速度来确定。

3. 滞期、速遣费条款

买卖双方在大宗交易中，除约定装卸时间和装卸率外，还应规定相应的滞期、速遣费条款，以明确货物装卸方的责任。负责装卸货物的一方，如果未按照约定的装卸时间和装卸率完成装卸任务，则需要向船方交纳延误船期的罚款，此项罚款称之滞期费用（Demurrage）；反之，如果负责装卸货物的一方在约定装卸时间内提前完成装卸任务，有利于

加快船舶的周转，则可以从船方取得奖金，此项奖金称为速遣费（Dispatch Money）。按一般惯例，速遣费通常为滞期费的一半。在规定买卖合同的滞期、速遣费条款时，应注意内容与将要订立的租船合同的相应条款保持一致，避免出现一方面支付滞期费，另一方面又要支付速遣费的矛盾局面。

4.2.6 装运条款实例

（1）20××年10/11/12月份装运，允许分批和转运。

Shipment during Oct. /Nov. /Dec. 20…with partial shipments and transhipment allowed.

（2）20××年1/2月份分两批大约平均装运。

Shipment during Jan. /Feb. 20… in two about equal lots.

（3）20××年1/2月份每月各装一批。

Shipment during Jan. /Feb. 20… in two monthly lots (in two monthly shipment).

（4）20××年1/2月份每月平均装，允许转运。

Shipment during Jan. /Feb. 20… in two equal monthly lots, transhipment to be allowed.

（5）3/4月份分两次装运，禁止转运。

During Mar. /Apr. in two shipments, transhipment is prohibited.

（6）3/4月份分两次每月平均装运，由香港转运。

During Mar. /Apr. in two equal montly shipments, to be transhipped at Hong Kong.

（7）3/4/5月份每月平均装运。

During Mar. /Apr. /May. in three equal monthly shipments .

（8）3月份装500公吨。

During Mar. 500 metric tons.

（9）5月底或以前装船，由上海至惠灵顿，允许分批和转船。

Shipment on or before May 31 from Shanghai to Wellington, allowing partial shipment and transhipment .

（10）5月份装运，由伦敦至上海，卖方应在装运月份前45天将备妥货物可供装船的时间通知买方。允许分批和转船。

Shipment during May from London to Shanghai . The Sellers shall advise the Buyers 45 days before the month of shipment of the time the goods will be ready for Shipment, partial shipments and transhipment allowed .

4.3 主要运输单据

在国际贸易中，提交约定的单据是卖方的一项基本义务，买卖双方签订合同时，必须根据运输方式和实际需要，就卖方提供的各种单据的种类和份数作出明确规定。因此，有关单据的规定就成为合同条款中不可缺少的内容。由于运输方式各不相同，合同中对单据的要求也不一样，所以使用的运输单据多种多样，其中主要包括海运提单、铁路运单、航空运单、邮包收据和多式联运单据等。

4.3.1 海运提单

1. 海运提单的性质和作用

海运提单（Ocean Bill of Lading，B/L），是承运人或其代理人收到货物后签发给托运人的货物收据，以及承运人据以保证交付货物的凭证。

提单的性质和作用，主要表现在下列三个方面。

（1）是承运人或其代理人出具的货物收据，证实其已按提单的记载收到托运人的货物。

（2）是代表货物所有权的凭证，提单的合法持有人拥有支配货物的权利，因此提单可以用来向银行议付货款和向承运人提取货物，也可用来抵押或转让。

（3）是承运人和托运人双方订立的运输契约证明。提单条款规定了承、托双方的权利和义务、责任与豁免，是处理纠纷的法律依据。

2. 提单的分类

海运提单根据船舶营运方式的不同，可分为“班轮提单”（Liner B/L）和“租船提单”（Charter B/L）。班轮提单的正面有货物和运费事项的记载，背面有印就的运输条款。为了统一提单背面的运输条款内容，国际上曾先后签署了《海牙规则》、《维斯比规则》和《汉堡规则》三项国际公约。

提单可以从各种不同的角度分类，在国际贸易中使用的提单主要有下列几种。

（1）按签发提单时货物是否装船，可分为已装船提单和备运提单。已装船提单（on

Board B/L；Shipped B/L）是指货物装船后，由承运人签发给托运人的提单，它必须载明船名和装船日期。由于这种提单对收货人按时收货有保障，故买方订买卖合同时，一般都规定卖方必须提供已装船提单。备运提单（Received for Shipment B/L）是指承运人收到托运货物，尚未装船而向托运人签发的提单。由于这种提单没有载明装货日期，也没有注明船名，即使注明也只是拟装船名，将来货物能否装运和何时装运，都难以预料，故买方一般不愿接受备运提单。

（2）按提单有无不良批注，可分为清洁提单和不清洁提单。清洁提单（Clean B/L）是指托运货物的外表状况良好，承运人未加有关货损或包装不良之类批语的提单，买方为了收到完好的货物，以维护自身的利益，故都要求卖方提供清洁提单。不清洁提单（Unclean B/L；Foul B/L）是指承运人加注了托运货物外表状况不良或存在缺陷等批语提单，此种提单买方通常都不接受，银行也拒绝接收。

（3）按提单收货人抬头分类，可分为记名提单、不记名提单和指示提单。记名提单（Straight B/L）是指在提单收货人（Consignee）栏内具体指定收货人名称的提单；不记名提单（Bearer B/L）是指在提单收货人栏内不填写收货人名称而留空。由于记名提单只能由指定的收货人提货，它不能转让流通；而不记名提单，仅凭单交货，风险较大，故这两种提单在国际贸易中都很少使用。指示提单（Order B/L）是指在提单的收货人栏内填写凭指定（to Order）或凭某人指定（to The Order of …）字样的提单，此种提单可通过背书转让。背书的方式有两种：一是由背书人单纯签字盖章的称作“空白背书”；除背书人签字盖章外，还列明被背书人名称的，称作“记名背书”。指示提单经背书后，可转让给其他第三者，在国际贸易中被广为使用。

在我国贸易中，通常采用“凭指定”并经空白背书的提单，习惯上称为空白抬头、空白背书提单。

（4）按运输方式，可分为直达提单、转船提单和联运提单。承运人对自装运港直接到目的港的货物所签发给托运人的提单，称为直达提单（Direct B/L）。如在装运港装货的船舶不直接驶往目的港，而需中途转船后再驶往目的港，由第一承运人在装运港签发运往最后目的港的提单，称为转船提单（Transhipment B/L），提单上应注“在某港转船”的字样。联运提单（Through B/L）是指经过海运和其他运输方式的联合运输时，由第一程承运人（船公司）或其代理人在货物起运地签发的包括全程运输并能在目的港或最终目的地凭以提货的提单。由于联运提单包括全程运输，故第一程承运人或其代理人应将货物转交给下一程承运人，有关货物中途的转换运输工具和交接工作，均不需托运人办理。

（5）其他种类的提单。

• 集装箱提单（Container B/L），凡用集装箱装运货物而由承运人签发给托运人的提单，称为集装箱提单。

• 舱面提单（on Deck B/L），是指货物装在船舶甲板上运输所签发的提单，故又称甲板提单。在这种提单中应注明“在舱面”字样。

• 过期提单（Stale B/L）。关于过期提单，有两种说法：一种是提单晚于货物到达目的港，在海洋运输中难免会出现这种情况，因此，买卖合同中一般都规定“过期提单可以接受”的条款；另一种是向银行交单时间超过提单签发日期21天，这种滞期交到银行的提单，也称为过期提单，银行有权拒收。

• 倒签提单（Ante-dated B/L），是指托运人与承运人串通，比实际装船日期要早的日期签发的提单，其目的在于设法使提单的日期符合合同或信用证规定的装运日期。根据国际贸易惯例和有关国家的法律实践，倒签提单是一种违法的欺骗行为。

• 预借提单（Advanced B/L），是指托运人在装船之前或装船结束之前，为了及时结汇而向承运人预先借用的提单。这种提单和倒签提单一样，也属于违法的欺骗行为。

综上所述，提单的种类很多，买卖双方洽商交易时，究竟采用哪一种提单，应在合同中具体订明。

4.3.2 其他主要运输单据

1. 铁路运单

铁路运单（Railway Bill）是铁路与货主间缔结的运输契约。国际铁路货物运输使用的运单和国内运单的格式和内容有所不同。国际铁路货物联运运单随同货物从始发站至终点站全程附送，最后交给收货人。它既是铁路承运货物的凭证，也是铁路向收货人交付货物和核收运费的依据。

2. 航空运单

航空运单（Airway Bill）是航空公司或其代理人出具的承运货物的收据，它是发货人与承运人缔结的运输契约，但不能作为物权凭证进行转让和抵押。航空运单也是海关查验放行的一项基本单据。

3. 邮包收据

邮包收据（Parcel Post Receipt）是邮局收到寄件人的邮包后出具的收据，它是收件人凭以提取邮包的凭证。当邮包发生灭失或损坏时，它还可作为索赔和理赔的依据。

4. 多式联运单据

多式联运单据（Multi-modal Transport Document，MTD）是指证明多式联运合同以及证明多式联运经营人接管货物并负责按合同条款交付货物的单据，它由多式联运经营人签发。签发这种单据的多式联运经营人必须对全程运输负责，即不论货物在哪种运输方式下发生属于承运人责任范围内的灭失或损害，都要对托运货物的人负赔偿责任。多式联运单据使用的范围较联运提单要广，联运提单限于在由海运与其他运输方式所组成的联合运输时使用，而多式联运单据既可用于海运与其他运输方式的联运，也可用于不包括海运的其他运输方式的联运。

>> 本章小结

本章讨论了海运、陆运、空运等各种国际货物运输的方式，以及合同转运条款的制定与注意事项，介绍了各种运输单据的种类和作用。海运主要通过班轮运输和租船运输两种方式。班轮运输具有“四固定、一负责”的特点，装运货物的种类、数量极为灵活，班轮运费的计算需查阅运价表。租船运输包括程租船和期租船两种，大宗货物常常采用租船运输，租船时要特别注意了解船运行市及租船合同与贸易合约的衔接。合同装运条款是对何时交货和如何交货等问题的规定，主要包括装运时间、装运港和目的港、分批装运和转船、滞期和速遣费等条款。买卖双方应根据各自的实际情况，实事求是地做出安排。

>> 本章关键词

班轮运输（Liner Transport）

租船运输（Charter Transport）

海运提单（Ocean Bill of Lading）

国际多式联运（International Multi - modal Transport）

集装箱运输（Container Transport）

航空运输（Air Transport）

>> 复习与思考

【选择题】

1. 班轮运输的运费应该包括（　）。

   A. 装卸费，不计滞期费、速遣费

   B. 装卸费，但计滞期费、速遣费

C. 卸货费和应计滞期费，不计速遣费

D. 卸货费和应计速遣费，不计滞期费

2. 当贸易术语采用 CIF 时，海运提单对运费的表示应为（　）。

A. Freight Prepaid　　B. Freight Collect　　C. Freight Unpaid

3. 国际多式联合运输是以至少两种不同的运输方式将货物从一国境内接受货物的地点运至另一国境内指定交付货物的地点的运输，它由（　）。

A. 一个联运经营人负责货物的全程运输，运费按全程费率一次计收

B. 一个联运经营人负责货物的全程运输，运费按不同运输方式分别计收

C. 多种运输方式，分别经营，分别计费

4. 班轮运输的特点是（　）。

A. 定线、定港、定期和相对稳定的运费费率

B. 由船方负责对货物的装卸，运费中包括装卸费，不规定滞期、速遣费

C. 承运货物的品种、数量较为灵活

D. 双方权利、义务及责任豁免以船公司签发的提单的有关规定为依据

5. 装运期的规定办法通常有（　）。

A. 明确规定具体装运期限

B. 规定在收到信用证后若干天内装运

C. 规定在某一天装运完毕

D. 笼统规定近期装运

6. 提单按对货物表面状况有无不良批注，可分为（　）。

A. 清洁提单　　B. 不清洁提单

C. 记名提单　　D. 不记名提单

7. 在进出口业务中，能够作为物权凭证的运输单据有（　）。

A. 铁路联运单据　　D. 海运提单

C. 航空运单　　D. 邮包收据

8. 必须经背书才能进行转让的提单是（　）。

A. 记名提单　　B. 不记名提单

C. 指示提单　　D. 海运单

【判断题】

1. 如合同中规定装运期为“2006 年 7/8 月份装运”，那么我出口公司必须于 7 月、8 月两个月内，每月各装一批。（　）

2. 凡装在同一航次、同一条船上的货物，即使装运时间和装运地点不同，也不作分批装运。（ ）

3. 记名提单比不记名提单风险大，故很少使用。（ ）

4. 国际铁路货物联运的提单正本，可以作为发货人据以结算货款的凭证。（ ）

5. 按惯例，速遣费通常为滞期费的两倍。（ ）

6. 根据《跟单信用证统一惯例》的规定，如果信用证中没有明确规定是否允许转船，应理解为允许。（ ）

7. 记名提单和指示提单同样可以背书转让。（ ）

8. 在航空运输中，收货人提货凭航空公司的提货通知单。（ ）

【简答题】

如何理解海运提单是物权凭证？

班轮运费的计算标准有哪几种？请分别说明其含义？

买卖合同中的装卸时间有哪些规定方法？规定装卸时间应注意什么问题？

装运港和目的港在合同中的地位如何？规定装运港和目的港应注意什么问题？

多式联运单据和联运提单有何区别？

航空运单和邮包收据的性质和作用各如何？它们与海运提单的性质有何区别？

【技能训练题】

1. 某公司出口箱装货物一批，报价为每箱55美元CFR利物浦，英国商人要求改报FOB价。已知，该批货物体积每箱长45厘米、宽40厘米、高25厘米，每箱毛重35千克，商品计费标准为W/M，每运费吨基本运费率为120美元，并加收燃油附加费20%，货币贬值附加费10%。我方应报价多少？

2. 某公司出口一批货，共2640件，总重量为37.8公吨，总体积为124.486立方米，由船公司装了一个20英尺和两个40英尺的集装箱，从上海装船，在香港转船运至荷兰鹿特丹。运费计算标准：M，等级1－8极，从上海至鹿特丹港口的直达费率和香港转船费率分别为US＄1850/20’，US＄3515/40’和US＄2050/20’，US＄3915/40’。试分别计算该批货物的直达和转船的总运费。

【案例分析题】

1. H进出口公司向泰国巴伐利亚有限公司出口一批电器电料，国外开来信用证有关条款规定：“电器电料100箱，从中国港口至曼谷。禁止分批装运和转运。全套清洁已装船提单，注明‘运费已付’，发货人抬头背书 K.T. 银行，通知买方。”H 公司审证无误后，即装集装箱运输，随后备妥各种单据向银行交单，要求付款。但却遭到开证行拒付。其理由是我方提交的是“联合运输单据”，不符合信用证不许转运的要求。请问：不符点是否成立？

2. 我某出口企业同某国 A 商达成交易一笔，买卖合同规定的支付方式是即期付款交单。我方按期将货物装出并由 B 轮船公司承运，并出具转运提单，货物经日本改装后，再由其他轮船公司船舶运往目的港。货到目的港后，A 公司已宣告破产倒闭。当地 C 公司伪造假提单向第二程船公司在当地的代理人处提走货物。我方企业装运货物后，曾委托银行按跟单托收（付款后交单）方式收款，但因收货人已倒闭，货款无着，后又获悉货物已被冒领，遂与 B 轮船公司交涉，凭其签发的正式提单要求交出承运货物。B 公司却借口依照提单第 13 条规定的“承运人只对第一程负责，对第二程运输不负运输责任”为由，拒不赔偿。于是，诉诸法院。请问：B 公司是否需要赔偿我方企业？

3. 我某出口公司按 CFR 条件向日本出口红豆 250 吨，合同规定卸货港为日本口岸，发货物时，正好有一船驶往大阪，我公司打算租用该船，但在装运前，我方主动去电询问哪个口岸卸货时值货价下跌，日方故意让我方在日本东北部的一个小港卸货，我方坚持要在神户、大阪。双方争执不下，日方就此撤销合同。试问：我方做法是否合适？日本商人是否违约？

国际货物运输保险 5 第5章

>> 学习目标

本章主要讲述海运货物保险承保的范围，我国海运货物保险的险别与条款及进出口货物运输保险实务等内容。

案例导入

某年2月，中国某纺织进出口公司与大连某海运公司签订了运输1000件丝绸衬衫到马赛的协议。合同签订后，进出口公司又向保险公司就该批货物的运输投保了平安险单。2月20日，该批货物装船完毕后启航；2月25日，装载该批货物的轮船在海上突遇罕见大风暴，船体严重受损，于2月26日沉没；3月20日，纺织品进出口公司向保险公司就该批货物索赔，保险公司以该批货物系自然灾害造成损失为由拒绝赔偿。于是，进出口公司向法院起诉，要求保险公司偿付保险金。

问题：本案中保险公司是否应负赔偿责任？

分析

保险公司应负赔偿责任。根据中国人民保险公司海洋运输货物保险条款的规定，海运货物保险的险别分为基本险和附加险两大类：基本险是可以单独投保的险种，主要承保海上风险造成的货物损失，包括平安险、水渍险与一般险。平安险对因自然灾害造成的部分损失一般不予负责，除非运输途中发生搁浅、触礁、沉没及焚毁等意外事故。平安险虽然对自然灾害造成的部分损失不负赔偿责任。但对自然灾害造成的全部损失应负赔偿责任，本案中，进出口公司投保的是平安险，而所保的货物在船因风暴而沉没时已全部灭失，发生了实际全损，故保险公司应负赔偿责任，其提出的理由是不成立的。

在国际贸易中，从商品出口地到进口地，由于暴风雨、海啸、洪水等自然灾害，搁浅、触礁等意外事故以及串味、锈损等外来风险原因，使货物在装卸、换运和储存的过程中损坏或灭失，致使买卖双方受到不必要的损失。为了保证货物在运输途中的安全，减少买卖双方的损失，托运人（买方或卖方）通常投保货物运输险，使自身利益不受侵害。因此，货物运输保险是进出口实务中不可缺少的一部分。

国际货物运输保险属于财产保险的范畴，它是以运输过程中的各种货物作为保险标的，被保险人（买方或卖方）向保险人（保险公司）按一定金额投保一定的险别，并交纳保险费。保险人承保后，如果保险标的在运输过程中发生承保范围内的损失，应按照规定给予被保险人经济上的补偿。国际货物运输保险的种类很多，包括海上货物运输保险、陆上货物运输保险、航空货物运输保险和邮包运输保险。在全球国际贸易中，有80%货物的进出口是靠海运来完成的，故海洋运输货物保险作为国际货物运输保险的核心，对于国民经济的发展，尤其是外向型经济的发展起着至关重要的作用。

5.1 国际货物运输保险概述

5.1.1 国际货物运输保险的作用

货物运输保险的作用是使运输中的货物在运输过程中因遭受保险范围内的自然灾害或意外事故所造成的损失能够得到经济补偿，并加强货物运输的安全防损工作，以利于商品的生产和流通。具体作用体现在以下几个方面。

（1）转移风险。买保险就是把自己的风险转移出去，而接受风险的机构就是保险公司，它为众多有风险顾虑的人提供风险保障。

（2）均摊损失。保险公司借助众多投保人的财力给遭灾受损的投保人补偿经济损失。保险人以收取保费和支付赔款的形式，将少数人的巨额损失分摊给众多的被保险人，从而使个人难以承受的损失变成多数人可以承担的损失。

（3）实施补偿。实施补偿要以双方当事人签订的合同为依据，其补偿的范围主要有：投保人因灾害、事故所遭受的财产损失；投保人因灾害、事故依法对他人应付的经济赔偿；灾害、事故发生后，投保人因施救保险标的所发生的一切费用。

5.1.2 保险的基本原则

1. 可保利益原则

可保利益，也称为保险利益，是指投保人或被保险人必须对保险标的具有法律上承认的利益。就货物运输保险而言，保险利益主要是货物本身的价值，但也包括与此相关的费用，如运输费、保险费、关税和预期利润等。它体现了投保人或被保险人与保险标的之间的利害关系：如果保险标的安全，投保人或被保险人可以从中获利；如果保险标的受损，被保险人必然会蒙受经济损失。例如，在运输途中，遇到海啸，整船货物全部沉入海底，使出口人、进口人、承运人等都遭受巨大的经济损失。因此，在海洋货物运输保险中货物的出口人、进口人、承运人、佣金商等具有可保利益。

可保利益原则要求投保人对保险标的应当具有保险利益，否则保险合同无效。需要指出的是，国际贸易的特点决定了国际货运保险仅要求被保险人在保险标的发生损失时才具有保险利益，而不是一定要在投保时便具有保险利益。例如，在国际货物买卖中，买卖双方分处两国，如以 FCA、FOB、CFR、CPT 条件达成的交易，货物风险的转移以货物在装运港越过船舷或在出口国发货地或装运地交付承运人为界。显然，在风险转移之前，仅卖方有保险利益，而买方无保险利益。如果一定要被保险人在投保时就必须有保险利益，则按这些条件达成的合同，买方便无法在货物装船或交付承运人之前及时对该货物办理保险。因此，在国际货运保险业务中，保险人可视为买方具有预期的保险利益而允予承保。

2. 最大诚信原则

最大诚信是指保险合同的双方当事人都能够自愿地向对方告知影响当事人判断风险大小、确定保险费率和确定是否承保等重要事实，不隐瞒、欺诈对方，全面地履行合同规定的义务。

最大诚信原则主要包括告知、保证和弃权与禁止反言三方面内容。

（1）告知。在保险合同订立之前、订立之时及在合同有效期内，投保人对已知或应知的与标的有关的重要事实向保险人作口头或书面的申报；保险人则应将与投保人有利害相关的重要事实通告投保人。

（2）保证。1906 年，英国《海上保险法》第 33 条规定，所谓保证是指一项承诺性的保证而言，即被保险人保证履行或不履行某一特定事项，或者保证履行某项条件，或者保证某一特定事实情况的存在或不存在。

保证分为明示保证和默示保证两种。明示保证是指以书面或文字条款的形式载于保险合同中的保证。默示保证是指在保险合同中未用文字明确列出，但根据有关法律法规、国际惯例、行业习惯、公认的、被保险人应当遵守的，而且在订约时都已清楚的事项。例如，海上保险的默示保证有三项：保险的船舶必须有适航能力；要按预定的或习惯的航线航行；必须从事合法的运输业务。

（3）弃权与禁止反言。是指如果保险人自愿或有意识地放弃其在合同中可以主张的权利，那么，日后其不得再向保险人主张该种权利。例如在海上保险中，如果保险人明知被保险轮船运送的是一批走私钢材而没有提出解除合同，则视为保险人放弃了从事合法运输业务这一要求的权利，那么，对于运送走私钢材发生的保险事故所造成的损失，保险人必须赔偿。

3. 近因原则

近因是指导致损失发生的最直接、最有效、起决定性作用的原因，而不是指时间上或空间上最接近的原因。尽管导致标的损失的原因有多种多样，但只有近因的影响一直持续着，并造成最终损失。例如，雷击折断大树，大树压坏房屋，房屋倒塌致使家用电器损毁，则家用电器损毁的近因就是雷击。

所谓近因原则，是指保险人只对保险风险直接引起的损失负责赔偿，而对不是由于承保风险直接引起的损失不负责任。近因原则是对保险标的物所受损失是否进行赔偿的一项重要依据，因此，近因的判定至关重要，一般分成三种情况来分析。

（1）单一原因导致损失。单一原因属近因，如火灾造成房屋倒塌，则房屋受损的近因就是火灾。如果火灾属于除外责任，则保险人不负赔偿责任。

（2）一连串原因导致损失。第一个原因为近因，如一艘货轮将皮革和烟草从加尔各答运往汉堡，在途经地中海时遇到了暴风雨，使大量海水浸入货舱，皮革被海水浸泡致腐烂，同时产生大量气味使烟草串味，造成损失。那么造成烟草损失的近因就是海上的恶劣气候及暴风雨，根据保险合同规定，保险人应予赔偿。

（3）各种独立原因导致损失。各个原因为近因，如两艘船发生碰撞，其中一艘进港修理，为了便于修理，将船上的柠檬卸到驳船上，待修完船后再重新装船。货到目的港，发现货物有两种损失，一种是卸货和重新装货过程搬运所造成的损失，另一种是由于运输迟延导致水果腐烂。经法院认定，货损的近因是水果的易腐烂性和运输延迟的共同结果。

4. 损失补偿原则

损失补偿原则是指当保险标的发生保险责任范围内的损失时，保险人的赔偿应以被保险人遭受的实际损失为限，通过保险赔偿，使被保险人恢复到受灾前的经济原状，但不能以此而获得额外的利益。其中，保险人的赔偿是以实际损失、保险金额、保险利益为限，即三者之中取最小值为赔偿额。

损失补偿原则的派生原则有以下两个。

(1) 代位追偿权。代位追偿权原则是指当保险标的发生了保险责任范围内由第三责任者造成的损失时，保险人向被保险人履行损失赔偿的责任后，有权取得被保险人在该项损失中向第三责任方要求索赔的权利。保险人在取得该项权利后，即可站在被保险人的立场上向第三者追偿。例如，在远洋运输过程中由于承运人管理货物上的疏忽，货物被海水浸泡致损。保险人按照合同规定赔付了货损以后，可以继续向承运人进行追偿。

(2) 重复保险的分摊原则。重复保险是指投保人对同一保险标的、同一保险利益、同一保险事故分别向两个及以上的保险人订立保险合同，且保险金额的总和超过保险价值的保险。因此，当保险事故发生时，为了使被保险人既能得到充分补偿，又不会超出其实际损失而获得额外的利益，各保险人应采取适当的分摊方法分配赔偿责任。重复保险分摊原则应运而生，其包括比例责任分摊方式、限额责任分摊方式和顺序责任分摊方式。

5.2 海运货物保险承保的范围

5.2.1 海运货物保险保障的风险

海上保险是以船舶和货物作为保险标的，把船舶在营运过程中、货物在运输途中可能遭遇的危险作为其保障范围。海上保险保障的风险可分为两大类：海上风险和外来风险。

1. 海上风险

海上风险是指货船在海上航运过程中或随附海上运输过程中发生的灾难和事故。海上保险所承保的风险，按其发生性质可以分为自然灾害和意外事故两大类，但不包括海上的一切危险。

(1) 自然灾害。自然灾害是指客观存在的，不以人的意志为转移的自然力量所引起的灾害。其风险主要包括以下几方面。

• 恶劣气候（Heavy Weather）。由于海上飓风、大浪所引起的船舶颠簸、倾斜所造成的船舶的船体和机器设备的损坏，以及船上所载货物的损失。

• 雷电（Lightning）。保险标的在保险期限内，由雷电直接造成的或由雷电引起的火灾所造成的船舶和货物的损失。

• 海啸（Tsunami）。由海底地震或暴风所引起的海洋剧烈震荡而产生巨大波浪，导致海上航行的船舶及所载货物的损失。

• 浪击落海（Washing Overboard）。存放在舱面上的货物在运输过程中受海浪冲击落海而造成的损失。

• 洪水（Flood）。因江河泛滥、洪水暴发、湖水上岸及倒灌、暴雨积水导致保险货物遭受泡损、淹没、冲散等损失。

• 地震（Earthquake）。既承保海底地壳的剧烈运动造成船舶和货物的直接损失，又承保地上发生地震引起停泊在港口的船舶和货物的损失。

• 火山爆发（Volcanic Eruption）。由于火山爆发产生的地震及喷发出的火山岩灰造成的保险货物的损失。

• 海水、湖水或河水进入船舶、驳船、运输工具、集装箱、大型海运箱或储存处所等。由于海水、湖水和河水进入船舶等运输工具或储存处所造成的保险货物的损失。

（2）意外事故。意外事故是指外来的、突然的、非意料之中的事故。事故不仅局限于发生在海上，也包括发生在陆上，其具体含义如下。

• 火灾（Fire）。在航海中因意外起火失去控制造成船舶及其所载货物被火焚毁、烧焦、烟熏、烧裂等的经济损失，以及由于搬移货物、消防灌水等救火行为造成水渍所致的损失或其他损失。

• 爆炸（Explosion）。物体内部发生急剧的分解或燃烧，迸发出大量的气体和热力，致使物体本身及其他物体遭受破坏的现象。

• 倾覆（Over turn）。船舶由于遭受灾害事故而船身倾斜，处于非正常状态而不能继续航行。

• 搁浅（Grounded）。船舶在航行中，由于意外或异常的原因，船底与水下障碍物紧密接触，并且在一定时间内失去进退自由的状态。

• 触礁（Stranded）。船舶在航行中触及海中岩礁或其他障碍物如木桩、渔栅等造成船体破漏或不能移动。

• 沉没（Sunk）。船舶全部没入水面以下，完全失去了继续航行的能力。

• 碰撞（Collision）。载货船舶同水以外的外界物体，如码头、船舶、灯塔、流冰等发生猛力接触，造成船上货物的损失。

2. 外来风险

外来风险是指海上风险以外的其他外来原因所造成的风险，所谓外来原因必须是意外的、非预期的。因此，货物的自然损失和本质缺陷属于必然发生的损失，不应包括在外来风险所引起的损失之列。

根据我国海洋运输货物保险条款的规定，外来风险通常包括：偷窃（Theft，Pilferage）、短少和提货不着（Short-delivery and Non-delivery）、渗漏（Leakage）、短量（Shortage in Weight）、碰损（Clashing）、破碎（Breakage）、钩损（Hook Damage）、淡水雨淋（Fresh Water and/or Rain Damage）、生锈（Rusting）、玷污（Contamination）、受潮受热（Sweating and/or Heating）和串味（Taint of Odour）。

此外，海上保险还可以承保由军事政治、国家政策法令以及行政措施等特殊外来原因所引起的风险和损失。常规的特殊外来风险有战争（War）、罢工（Strike）、因船舶中途被扣而导致交不到货（Failure of Delivery），以及货物被当局拒绝进口或没收而导致拒收（Rejection）和进口关税损失等风险。

5.2.2 海运保险保障的损失

按照国际保险市场的一般解释，保险人承担凡是与海上运输有关联的海陆连接的运输过程中发生的损害、灭失及费用等海上损失。通常按照损失程度的不同，分为全部损失和部分损失。

1. 全部损失（Total Loss）

全部损失是指运输中整批货物或不可分割的一批货物全部损失，简称全损。按损失情况的不同，可分为实际全损和推定全损。

（1）实际全损（Actual Total Loss）。保险标的发生保险事故后灭失，或完全受损以致丧失原有的形体效用。构成实际全损的情况有以下几种。

• 保险标的完全灭失。如：船舶触礁沉入海底。

• 保险标的的属性的毁灭，丧失了原有的用途和价值。如，水泥经海水浸泡后变成块状。

• 被保险人失去了保险标的的所有权，并无法挽回。如，战时保险货物被敌方扣留并宣布为战利品。

• 船舶失踪达一定时期（4个月或6个月）仍无音讯。如果保险人按实际全损赔付被保险人后，失踪的船舶又找到了，被保险人应退还赔款。

（2）推定全损（Constructive Total Loss）。又称商业全损，保险标的虽然尚未达到全部灭失状态，但是完全灭失将是不可避免的，或者修复该标的或运送货物到原定目的地所耗费用将达到或超过其实际价值。如果发生了推定全损，被保险人要办理委付。

委付（Notice of Abandonment）。被保险人在获悉受损情况后，以书面或口头方式向保险人发出委付通知书，声明愿意将保险标的的一切权益，包括财产权及一切由此产生的权利与义务转让给保险人，而要求保险人按全损给予赔偿的一种行为。如果被保险人决定索赔推定全损，则应在合理的时间内及时发出委付通知。委付通知可以是书面的或是口头的，并且要有明确的委付或放弃的意图。委付通知应是无条件的，并直接呈交保险人。

2. 部分损失

部分损失是指保险标的损失没有达到全部损失程度的一种损失。即凡不构成全损的海损均是部分损失。部分损失按其性质可分为单独海损和共同海损。

（1）单独海损（Particular Average）。单独海损是指保险标的因所保风险引起的非共同海损的一种部分损失。单独海损具有以下特点。

- 必须是意外的、偶然的保险责任范围内的风险所引起的损失。
- 属于船方、货方或其他利益方单方面所遭受的损失。
- 保险标的单独海损是否可以得到赔偿，由所属的保险条款所决定。

（2）共同海损（General Average）。共同海损是指当船、货及其他利益方处于共同危险时，为了共同的利益而故意采取合理的措施所引起的特殊的牺牲和额外费用。

共同海损的成立必须具备以下几个条件。

- 同一航程中的财产遭遇共同危险。海上危险必须是同一航程中的财产所共同面临的。同一海上航程指船舶在装货港码头装货开始到卸货港卸货时为止的海上运输全过程，不限于船舶在海上航行这一个环节。必须遭遇共同危险，如果是空载船、或单纯为某一方利益、或为救助他船产生的救助费用，因缺少共同危险则不能构成共同海损。同一航程中财产遭遇的危险可以是已经存在的，还包括不可避免要出现的危险，此类危险是指船舶发生事故或特殊情况尚未危及船货的共同安全，如不采取应急措施，则将不可避免地给船货带来共同危险。例如，船舶在航行途中遭遇恶劣天气，航速剧减，航行时间意外增加，剩余燃油已不足以将船驶抵原定目的港，如不立即驶往就近港口避难加油，即有可能对船货构成危险，采取绕航加油的措施因此可构成共同海损。

- 共同海损的措施必须是有意而合理的。明知采取此项措施将导致船货牺牲或支付额外费用，但为使船货免遭更大损失而主动采取的措施为有意的共同海损措施。合理的共同海损通常包括措施本身的合理性和合理措施具有一定的限度两个方面。前者，船货遇险时，应依当时的具体情况，选择对解除危险有效、节约并能防止或者减少损失扩大的措施。后者，依遇险时的具体情况判断合理的限度，超过限度的措施就不应构成共同海损。措施合理与否也是相对的，如果综合考虑各种因素后选择的当时认为是行之有效的措施，具体实施过程中却未能获得预期效果，该措施也应被认为是合理的，由此产生的牺牲或费用可列入共同海损。

• 共同海损的牺牲必须是特殊的，支出的费用必须是额外的。共同海损的牺牲和费用是指因采取共同海损措施所直接造成的物质损失和产生的费用。为解除船货共同危险采取有意而合理措施的结果必然是既不同于因意外事故造成损失的单独海损，也不同于在正常营运情况下所发生的合理损耗和开支。共同海损的牺牲和费用应该是采取非正常共同海损措施所产生的直接后果。直接后果是指该项损失或费用应是在采取共同海损行为时可以合理预见的损失或费用；且共同海损行为与该损失或费用之间应有直接的因果关系。

• 共同海损措施必须有效果。采取共同海损措施的根本目的是为了保全船货和其他财产的安全，并由获救财产方即各受益方根据获救财产的价值分摊共同海损牺牲和费用。如果没有获救的财产，也就不存在分摊共同海损牺牲和费用的基础，采取共同海损措施后必须要有效果。如果采取措施后未能避免船货和其他财产的全损，则不能构成共同海损。但这里所指的效果，并非要求财产全部获救，即使只有部分财产获救，也不影响共同海损的成立。

共同海损的内容包括三点。

第一，共同海损牺牲。如船舶在海上航行时遇到大风浪，为了保证航行安全，船长不得不下令抛弃一部分货物，被抛弃的货物被称为共同海损牺牲。

第二，共同海损费用。如航船在航行中，因意外原因触礁。为了使船舶脱险，船长只好雇佣驳船将部分货物暂时卸下，或雇佣拖轮将船舶拖带脱险，期间发生的拖船的拖带费用或驳船费用及装卸费用等都属于共同海损的费用。

第三，共同海损分摊。由于牺牲和费用等损失都是为了保全船货的共同安全而做出的，显然完全由货主来负担不公平，所以应由得到保全利益的一切船货所有者共同分摊。

5.2.3 海运保险保障的费用

海上风险不仅使保险标的本身遭受损失，而且为了避免损失的扩大，还会引发其他费用的支出。海上运输货物保险和船舶保险承保的费用损失主要包括施救费用、救助费用。

1. 施救费用

施救费用是指保险标的在遭受保险责任范围内的灾害事故时，被保险人（或其代理人、雇佣人员、受让人）为了避免或减少损失，采取各种抢救与防护措施所支付的合理费用。

保险人对施救费用赔偿的条件如下。

- 施救费用必须是合理的和必要的。
- 施救费用必须是为防止或减少承保风险造成的损失所采取的措施而支出的费用。
- 救费用是指由被保险人及其代理人、雇佣人采取措施而支出的费用。
- 施救费用的赔偿与措施是否成功无关。

2. 救助费用

救助费用是指船舶或货物遭遇海上危险事故时，对于自愿救助的第三者采取的使船舶或货物有效地避免或减少损失的救助行为所支付的酬金。

救助费用的产生必须具备下列一些条件。

- 救助必须是第三人的行为。
- 救助必须是自愿的。
- 救助必须是有实际效果。

5.3 我国海洋货物运输保险的险别

海洋运输货物保险（Marine Cargo Insurance）是指保险人对于货物在运输途中因海上自然灾害、意外事故或外来原因而导致的损失负赔偿责任的一种保险。为适应不同投保人对保险的不同要求，各国保险组织或保险公司将其承保的风险按范围的不用划分为不同的险别，并以条款的形式分别予以明确。

我国现行的海洋运输货物保险条款是中国人民保险公司的中国保险条款（China Insurance Clause，C. I. C）中的海洋运输货物保险条款（Ocean Marine Cargo Clauses 1/1/81），1981 年 1 月 1 日修订。在习惯上，我国海洋运输货物保险的险种分为基本险、附加险和专门险三类。基本险可以单独投保，而附加险不能单独投保，只有在投保某一种基本险的基础上才能加保附加险。

5.3.1 基本险

基本险又称为主险，分为平安险、水渍险和一切险三种。该条款共有五部分内容：责任范围、除外责任、责任起讫、被保险人的义务和索赔期限。

1. 责任范围

（1）平安险（Free from Particular Average，F. P. A.）。平安险的原意是“单独海损不赔”，即保险人只负责赔偿保险标的发生的全损，但目前平安险的责任范围远远超出了此范围。根据我国现行海运货物保险条款，平安险规定的责任范围包括以下八项。

• 被保险货物在运输途中由于恶劣气候、雷电、海啸、地震、洪水等自然灾害造成整批货物的全部损失或推定全损。当被保险人要求赔付推定全损时，应将受损货物及其权利委付给保险公司。被保险货物用驳船运往或运离海轮的，每一驳船所装的货物可视为一个整批。

• 由于运输工具遭受搁浅、触礁、沉没、互撞或与其他物体碰撞以及失火、爆炸等意外事故造成货物的全部或部分损失。

• 在运输工具已经发生搁浅、触礁、沉没、焚毁等意外事故的情况下，货物在此前后又在海上遭受恶劣气候、雷电、海啸等自然灾害所造成的部分损失。

• 在装卸或转运时由于一件或数件整件货物落海造成的全部或部分损失。

• 被保险人对遭受承保责任内危险的货物采取抢救、防止或减少货损的措施而支付的合理费用，但以不超过该批被救货物的保险金额为限。

• 运输工具遭遇海难后，在避难港由于卸货所引起的损失，以及在中途港、避难港由于卸货、存仓以及运送货物所产生的特别费用。

• 共同海损的牺牲、分摊和救助费用。

• 运输契约订有“船舶互撞责任”条款，根据该条款规定应由货方偿还船方的损失。

（2）水渍险（With Average or With Particular Average，W. A or W. P. A.）。水渍险原意是“负责单独海损责任”。其承担的责任范围如下。

• 平安险承保的全部责任。

• 被保险货物在运输途中，由于恶劣气候、雷电、海啸、地震、洪水等自然灾害所造成的部分损失。

由此可见，水渍险包括了由于海上风险所造成的全部损失和部分损失，并不是只对货物遭受海水水渍的损失负责，也不是仅对单独海损负责。

（3）一切险（All Risks）。一切险除了承保水渍险的所有责任之外，还包括被保险货物在运输途中由于外来原因所造成的全部损失或部分损失。也就是说，一切险是水渍险和一般附加险的总和。

虽然一切险较平安险和水渍险为广，但保险人并非对任何风险所致的损失都负责。如货物的内在缺陷和自然损耗等一些不可避免的、必然发生的危险所致的损失，保险人均不负赔偿责任。同时，一切险的承保责任属列明风险式，被保险人有证明损失是由承保风险造成的举证责任。

2. 除外责任

我国《海洋运输货物保险条款》规定，保险人对下列损失享有除外责任（Exclusions），即不负赔偿责任。

• 被保险人的故意行为或过失所造成的损失。例如，被保险人参与海运欺诈，故意装运走私货物；被保险人不及时提货而造成的货损或损失扩大。

• 属于发货人责任所引起的损失。如货物包装不足、不当或标志不清或错误。

• 在保险责任开始前，被保险货物已存在的品质不良或数量短差所造成的损失。如货物的“原残”，如易生锈的钢材、二手机械设备等货物常存在严重的原残。

• 被保险货物的自然损耗、本质缺陷、特性以及市价跌落、运输迟延所引起的损失或费用。如豆类含水量减少而导致货物自然短重；某些粮谷在装船前已有虫卵，遇到适当温度而孵化，货物被虫蛀受损；水果发霉、煤炭自燃等。

• 海洋运输货物战争险条款和货物运输罢工险条款规定的责任范围和除外责任。

3. 责任起讫

责任起讫亦称保险期间或保险期限，是指保险人承担保险责任的起讫期限。由于海运货物保险航程的特殊性，保险期限一般没有具体的起讫日期，所以我国海运货物基本险保险期限按国际惯例，采取“仓至仓”条款（Warehouse to Warehouse Clause，W/W Clause）的原则。

（1）保险责任的开始。保险人对于被保险货物所承担的保险责任，从货物运离保险单所载明的起讫地仓库或储存处所开始运输时生效，包括正常运输中的海上、陆上、内河和驳船运输在内，保险责任持续有效。正常运输过程包括正常的运输路线、正常的运输方式（运输工具）和正常的速遣。

（2）保险责任的终止。正常运输情况下，保险责任在下列情况发生之时终止，并以先发生者为准。

其一，货物运达保险单载明目的地收货人的最后仓库或储存处所。

其二，货物运达保险单所载明目的地或中途的任何其他仓库或储存处所，被保险人将这些仓库或储存处所用做正常运送过程以外的储存或分配、分派。

其三，被保险货物在最后卸载港全部卸离海轮后起满 60 天。如果货物在上述 60 天之内需要被转运到非保险单载明的目的地时，保险责任则于货物开始转运时终止。

如果发生由于被保险人无法控制的运输迟延、绕道、被迫卸货、重新装载、转载或承运人行使运输契约所赋予的权利所做的任何航海上的变更或终止运输契约，致使货物被运到非保险单载明的目的地时，在被保险人及时将所获知的情况通知保险人并在必要时加缴保险费的情况下，保险责任可以继续有效。

保险责任在下列情况下终止，并以先发生者为准。

其一，被保险货物在非保险单载明的目的地出售，保险责任至交货时为止。

其二，被保险货物在卸载港全部卸离海轮后满 60 天。

其三，在上述 60 天期限内，被保险货物被续运至原定目的地或其他目的地，保险责任在该目的地的终止同“正常运送情况下”保险责任终止的规定。

海运货物保险人的责任除了受上述“仓至仓”条款的制约外，在海船无法靠岸、货物需要驳运的情况下，双方还可以在保险单中声明采用“驳船条款”（Craft Clause）。驳船条款规定保险人对货物在驳运过程中因承保风险造成的损失予以赔偿，并且被保险人的权益并不因为他与驳运人订有任何免责协议而受到影响。

为了配合进口货物在提单载明的卸货港卸货后要转运至国内其他地区的需要，中国人民保险公司还订有“海运进口货物国内转运期间保险责任扩展条款”。该条款规定，在上述情况下，保险公司按海洋运输货物保险条款规定的险别（战争险除外）继续负责转运期间的保险责任，直至货物运至转运单据上载明的国内最后目的地。

保险责任在下述情况下终止，并以先发生者为止：一是经收货单位提货后运抵其仓库时；二是自货物进入承运人仓库或堆场当日午夜起算满 30 天。

4. 被保险人的义务

如果被保险人未履行其义务从而影响保险人利益，那么保险人有权对有关损失拒绝赔偿。我国现行海洋运输货物保险条款第 4 条规定的被保险人的义务有：及时提货义务；施救义务；更正保单内容的义务；提供索赔单证的义务；保险人在获悉有关运输契约中“船舶互撞责任”条款的实际责任时，须及时通知保险人。

5. 索赔期限

索赔期限亦称索赔时效，是指被保险货物发生保险责任范围内的损失时，被保险人向保险人提出索赔的有效期限。我国《海洋运输货物保险条款》规定索赔期限为两年，自被保险货物运到目的港全部卸离海轮之日起计算。

5.3.2 附加险

为了满足投保人的需要，保险人在基本险条款的基础上又制定了各种附加险条款。这些附加险是基本险的扩大和补充，不能单独投保，只能在投保基本险之后才能加保。为了易于区分，我国海洋运输货物保险的附加险可以分为一般附加险、特别附加险和特殊附加险三类。

1. 一般附加险

一般附加险（General Additional Risks）又称为普通附加险，承保一般外来原因所造成的全部和部分损失。我国承保的一般附加险有以下 11 种。

（1）偷窃、提货不着险（Theft Pilferage and Non-delivery）。主要承保在保险有效期内，被保险货物被偷走或窃取，以及货物抵达目的地后整件未交的损失。“偷”一般指货物整件被偷走，“窃”一般是指货物中的一部分被窃取，偷窃不包括使用暴力手段的公开劫夺。提货不着是指货物的全部或整件未能在目的地交付给收货人。

（2）淡水雨淋险（Fresh Water and/or Rain Damage）。主要承保被保险货物在运输途中，由于淡水、雨淋以及冰雪融化所造成的损失。

（3）短量险（Risk of Shortage）。承保货物在运输过程中货物数量短缺或重量短少的损失。对于有包装货物的短少，必须有外包装发生异常的现象，如外包装破裂、破口、扯缝等。对于散装货物，不包括正常的途耗。

（4）混杂、玷污险（Risk of Intermixture and Contamination）。承保货物在运输途中，混进了杂质或被玷污所造成的损失。如矿砂中混进了泥土、草屑，布匹、食物被油类或带色的物质污染而引起的损失。

（5）渗漏险（Risk of Leakage）。主要承保流质、半流质、油类等货物在运输过程中因为容器损坏而引起的渗漏损失，或用液体储藏的货物因液体的渗漏而引起的货物腐坏等损失。

6）碰损和破碎险（Risk Clash and Breakage）。承保货物在运输途中由于震动、碰撞、挤压等造成货物本身碰损或破碎的损失，如金属机器、木家具的凹瘪、划痕、脱漆等损失。

（7）串味险（Risk of Odour）。承保在保险期间货物受其他物品串味造成的损失。如食品、中药材、化妆品在运输途中与樟脑堆放在一起，樟脑串味对上述货物造成的损失。

（8）受潮受热险（Damage Causal by Sweating and Heating）。承保被保险货物在运输途中因气温突然变化或由于船上通风设备失灵致使船舱内水汽凝结、发潮或发热所造成的损失。

(9) 钩损险（Hook Damage）。承保袋装、捆装货物在装卸或搬运过程中，由于装卸或搬运人员操作不当、使用钩子将包装钩坏而造成货物的损失，以及对包装进行修补或调换所支付的费用。

(10) 包装破裂险（Breakage of Packing）。承保装卸、搬运货物过程中因包装破裂造成货物的短少或玷污等损失，以及为继续运输需要对包装进行修补或调换所支付的费用。

(11) 锈损险（Risk of Rust）。承保金属或金属制品一类的货物在运输过程中发生的锈损。

当投保险别为平安险或水渍险时，可加保上述 11 种一般附加险中的一种或多种险别。但如已投保了一切险，就不需要再加保一般附加险，因为保险公司对于承保一般附加险的责任已包含在一切险的责任范围内。

2. 特别附加险

特别附加险（Special Additional Risk）所承保的风险大多与国家行政管理、政策措施、航运贸易习惯等因素有关。我国承保的特别附加险有以下六种。

(1) 交货不到险（Failure of Delivery）。承保从被保险货物装上船开始，如果在预定抵达日期起满六个月仍不能运到原定目的地交货，则不论何种原因，保险人均按全部损失赔付。

(2) 进口关税险（Import Duty Risk）。针对有些国家和地区对某些货物征收很高的进口关税，而且不论货物抵达时是否完好，一律按发票上载明的价值征收这一情况，而设立的特别险别。如果货物发生保险责任范围内的损失，而被保险人仍须按完好货物完税时，保险人对受损货物所缴纳的关税负赔偿责任。

(3) 舱面险（on Deck Risk）。承保装载于舱面的货物因被抛弃或被风浪冲击落水所造成的损失。

(4) 拒收险（Rejection Risk）。承保货物在进口时，不论何种原因在进口港被进口国的政府或有关当局拒绝进口或没收所造成的损失。保险人一般按货物的保险价值进行赔偿。

(5) 黄曲霉毒素险（Aflatoxin Risk）。黄曲霉素是一种致癌物质。如果被保险货物在进口港或进口地经当地卫生当局检验证明，因含黄曲霉素超标而被拒绝进口、没收或强制改变用途时，保险人按照被拒绝进口或被没收部分货物的价值或改变用途所造成的损失负责赔偿。

(6) 出口货物到香港（包括九龙在内）或澳门存仓火险责任扩展条款（Fire Risk Extension Clause for Storage of Cargo at Destination Hong Kong, including Kowloon, or Macao）。

承保出口到港澳地区的货物，如果直接卸到保险单载明的过户银行所指定的仓库时，则延长存仓期间的火险责任。这是因为内地出口到港澳的货物，有些是向在港澳的银行办理押汇。在货主向银行清还货款之前，货物的权益属于银行，因而在这些货物的保险单上注明“过户给放款银行”。如果保险货物抵达目的地后，货物尚未还款，往往将其存放在过户银行指定的仓库中。为使货物在存仓期间发生火灾后能够得到赔偿，特设立这一险别。

3. 特殊附加险

根据我国现行海运货物保险条款规定，海运货物战争险、战争附加费用险和海运货物罢工险是海上运输货物保险的三个特殊附加险（Specific Additional Risk）。

（1）海洋运输货物战争险（Ocean Marine Cargo War Risks）。海洋运输货物战争险承保被保险货物由于战争、类似战争行为、武装冲突或海盗行为所造成的直接损失，以及由此而引起的捕获、拘留、扣留、禁止、扣押所造成的损失。还负责各种常规武器（包括鱼雷、水雷、炸弹）所致的损失以及由于上述责任范围而引起的共同海损的牺牲、分摊和救助费用。但对使用原子或热核武器所造成的损失和费用不负赔偿责任。

战争险的保险责任起讫是以水上危险（Waterborne）为限，即自货物在起运港装上海轮或驳船时开始，直到目的港卸离海轮或驳船时为止。如果不卸离海轮或驳船，则从海轮到达目的港的当日午夜起算满 15 天，保险责任自行终止；如果在中途港转船，不论货物是否在当地卸货，保险责任以海轮到达该港或卸货地点的当日午夜起算满 15 天为止，等再装上续运海轮时恢复有效。

（2）战争附加费用险。战争附加费用险承保由于战争险风险引起航行中断或挫折，以及由于承运人在契约权限内，把货物卸在保险单载明的目的港以外的港口或地点所产生的附加的、合理的费用。如保险人对上岸、卸货、存仓、转运费以及关税及保险费等提供保障。

（3）货物运输罢工险（Cargo Strikes）。货物运输罢工险承保被保险货物由于罢工者、被迫停工工人以及参加工潮、暴动、民众斗争的人员的行为，或任何人的恶意行为所造成的保险货物的直接损失，以及由于上述行为所引起的共同海损牺牲、分摊和救助费用。但对在罢工期间由于劳动力短缺或不能使用劳动力所造成的被保险货物的损失，包括因罢工而引起的动力或燃料缺乏使冷藏机停止工作所致的冷藏货物的损失，以及无劳动力搬运货物致使货物堆积在码头淋湿受损等，不负赔偿责任。

罢工险对保险责任的起讫的规定，与其他海运货物保险险别一样，采取“仓至仓”条款。按国际保险业惯例，已投保战争险后另加保罢工险，不另增收保险费。如仅要求加保罢工险，按战争险费率收费。

5.3.3 专门险

专门险条款又称为特种货物保险条款，可以单独投保，属于基本险性质。我国海上保险市场上目前常用的特种货物海运保险条款主要有海洋运输冷藏货物保险条款和海洋运输散装桐油保险条款。

1. 海洋运输冷藏货物保险条款

海洋运输冷藏货物保险条款（Ocean Marine Insurance Clause-frozen Products）包括冷藏险（Risks for Frozen Products）和冷藏一切险（All Risks for Frozen Products）。

冷藏险与海运货物水渍险的责任范围相同，除了承保冷藏货物在运输途中由于海上自然灾害或意外事故造成的腐败或损失外，还对由于冷藏机器停止工作连续达24小时以上所造成的腐败和损失负责。

冷藏一切险的责任范围是在冷藏险的责任范围基础上，增加承保“一般外来原因所致的腐败和损失”。

海运冷藏货物保险的除外责任包括海洋运输货物保险条款的除外责任外，还对以下两种情况不负赔偿责任。

（1）被保险货物在运输过程中的任何阶段因未放在有冷藏设备的仓库或运输工具中，或辅助工具没有隔温设备所造成的货物腐败。

（2）被保险货物在保险责任开始时未保持良好状态，包括整理加工和包扎不妥、冷冻上不合乎规定及骨头变质所引起的货物腐败和损失。

海洋运输冷藏货物保险的责任起讫与海洋运输货物三种基本险的责任起讫基本相同。但是，货物到达保险单所载明的最后目的港，如在30天内卸离海轮，并将货物存入岸上冷藏仓库后，保险责任继续有效，但以货物全部卸离海轮时起算满10天为限。如果在上述期限内货物一经移出冷藏仓库，保险责任即告终止。如果货物卸离海轮后不存入冷藏仓库，保险责任至卸离海轮时终止。

2. 海洋运输散装桐油保险条款

海洋运输散装桐油保险条款（Ocean Marine Insurance Clauses-woodoil Bulk）除了承保海运货物保险条款的保险责任以外，还承保因任何原因所致保险桐油的短量、渗漏超过免赔率部分损失，以及被保险桐油的玷污和变质的损失与共同海损、分摊和救助费用、施救费用。

海洋运输散装桐油保险的责任起讫也按“仓至仓”条款负责，但是，如果被保险散装桐油运抵目的港不及时卸载，则自海轮抵达目的港时起满15天，保险责任即行终止。

5.4 伦敦保险协会海运货物保险条款

5.4.1 伦敦保险协会海运货物保险条款的种类

英国伦敦保险业协会的《协会货物保险条款》最早制定于1912年。为了适应新的发展需要，伦敦保险业协会多次对条款进行修改。最近一次修改完成于1982年1月1日，并于1983年4月1日开始在伦敦保险市场使用“伦敦协会货物保险新条款”。

现行的ICC条款主要有六套，代表六个险种：①协会货物（A）险条款即Institute Cargo Clause A，I. C. C（A）；②协会货物（B）险条款，即Institute Cargo Clause B，I. C. C（B）；③协会货物（C）险条款，即Institute Cargo Clause C，I. C. C（C）；④协会战争险条款（货物），即Institute War Clauses - Cargo；⑤协会罢工险条款（货物），即Institute Strikes Clauses-Cargo；⑥恶意损害险条款，即Malicious Damage Clauses。

在上述六种险别条款中，除恶意损害险外，其余五种险别均按条文的性质同意划分为八个部分，内容是：承保风险（Risks Covered）；除外责任（Exclusion）；保险期间（Duration）；索赔（Claims）；保险的利益（Benefit of Insurance）；减少损失（Minimizing Losses）；防止迟延（Avoidance of Delay）；法律和惯例（Law Practice）。

以上八项内容中，除了前三项外，其他五项在ICC（A）、ICC（B）、ICC（C）以及ICC战争险和ICC罢工险中都是完全相同的。各个险别条款的结构统一，体系完整。因此，除（A）、（B）、（C）三种可以单独投保外，战争险和罢工险在需要时也可作为独立的险别进行投保。

5.4.2 伦敦协会货物保险新条款的主要内容

1. 承保范围

1982年协会货物条款ICC（A）、ICC（B）、ICC（C）的承保责任范围是由三个条款构成的，它们是承保风险条款、共同海损条款和船舶互有过失碰撞责任条款。三种险别的区别，主要反映在风险条款中。

（1）风险条款（Risks Clause）。

• ICC（C）的承保风险。ICC（C）对承保风险的规定，采用的是列明风险方式。ICC（C）只承担重大意外事故，而不承担自然灾害及非重大意外事故所造成的货损。

ICC（C）承包的具体风险包括两点：一是灭失或损害合理归因于下列原因者：火灾、爆炸；船舶或驳船搁浅、触礁、沉没或倾覆；陆上运输工具倾覆或出轨；船舶、驳船或运输工具同水以外的任何外界物体碰撞；在避难港卸货。二是灭失或损害由于以下原因造成者：共同海损牺牲；抛货。

• ICC（B）的承保风险。ICC（B）对承保风险的规定也采用列明风险方式。

ICC（B）承保的具体风险有两点，一是灭失或损害合理归因于下列原因者：火灾或爆炸；船舶或驳船遭受搁浅、触礁、沉没或倾覆；陆上运输工具的倾覆或出轨；船舶、驳船或运输工具同水以外的任何外界物体碰撞；避难港卸货；地震、火山爆发或雷电。二是灭失或损害由于下列原因造成者：共同海损牺牲；抛货或浪击落海；海水、湖水或河水进入船舶、驳船、运输工具、集装箱、大型海运箱或储存处所；货物在船舶或驳船装卸时落海或跌落造成任何整件的全损。

• ICC（A）的承保风险。ICC（A）关于承保风险的规定采用“一切险减除外责任”的概括说明方式。

ICC（A）承保的风险具体包括：ICC（B）承保的所有风险；海盗行为；恶意损害行为；外来风险造成的货物损失。

由于ICC（A）对承保风险的规定采用“一切险减除外责任”的概括说明方式，因此对ICC（A）的全面理解有赖于对它的“除外责任”的理解。

为了便于理解，表4.4对ICC（A）、ICC（B）及ICC（C）三种险别中保险人承保的风险进行了比较。

表4.4　　ICC（A）、ICC（B）、ICC（A）三种险中保险人承保的风险比较

承保风险	ICC(A)	ICC(B)	ICC(C)
（1）火灾、爆炸	√	√	√
（2）船舶、驳船的触礁、搁浅、沉没、倾覆	√	√	√
（3）陆上运输工具的倾覆或出轨	√	√	√
（4）船舶、驳船或运输工具同出水以外的任何外界物体碰撞	√	√	√
（5）在避难港卸货	√	√	√
（6）地震、火山爆炸或雷电	√	√	√
（7）共同海损牺牲	√	√	√

续表

承保风险	ICC(A)	ICC(B)	ICC(C)
(8) 共同海损分摊和救助费用	√	√	√
(9) 运输合同订有“船舶互撞责任”条款，根据该条款的规定应由货方偿还船方的损失	√	√	√
(10) 投弃	√	√	√
(11) 浪击落海	√	√	×
(12) 海水、湖水或河水进入船舶、驳船、运输工具、集装箱、大型海运箱或贮存处所	√	√	×
(13) 货物在船舶或驳船装卸时落海或跌落，造成任何整体的全损	√	√	×
(14) 由于被保险人以外的其他人（如船长、船员等）的故意违法行为所造成的损失或费用	√	×	×
(15) 海盗行为	√	×	×
(16) 由于一般外来原因造成的损失	√	×	×

注：①“√”代表承保风险；“×”代表免责风险或不承保风险

②第 13 项即“吊索损害”，第 14 项即“恶意损害。”

（2）共同海损条款（General Average Clause）。共同海损条款的具体内容是：“本保险承保共同海损和救助费用，其理算与确定应依据海上货物运输合同或准据法及习惯。该项共同海损和救助费用的产生，应为避免任何原因所造成的或与之有关的损失所引起的，但本保险规定的不保风险和除外责任引起的除外。”

（3）船舶互撞责任条款（Both to Blame Collision Clause）。船舶互撞责任条款的具体内容是：“本保险扩大对被保险人的赔偿范围，根据运输契约‘船舶互撞责任’条款的规定，应由被保险人承担的比例责任，视为本保险单项下应予赔偿的损失。如果船舶所有人根据上述条款提出任何索赔要求，被保险人同意通知保险人，保险人有权自负费用为被保险人就此项索赔进行辩护。”

2. 除外责任

为了明确保险人的责任，方便合同当事人，新条款将保险人的除外责任明确地列举出来。它包括一般除外责任、不适航与不适货除外责任、战争险除外责任和罢工险除外责任。

（1）一般除外责任（General Exclusions Clause）。一般除外责任具体包括以下几点。

- 可归因于被保险人的蓄意恶行的灭失、损害或费用。
- 保险标的自然渗漏、重量、体积的自然损耗或自然磨损。
- 保险标的包装或准备不足、不当引起的灭失、损害或费用。
- 保险标的固有缺陷或性质引起的灭失、损害或费用。
- 迟延直接造成的灭失、损害或费用，即使该迟延是由承保风险引起的。

• 因船舶所有人、经理人、承租人或经营人的破产或财务困难产生的灭失、损害或费用。

• 因使用原子、核裂变或核聚变、其他类似反应、放射性力量或货物所制造的战争武器而产生的灭失、损害或费用。

ICC（A）、ICC（B）、ICC（C）对于一般除外责任的规定基本上是一致的。但 ICC（A）仅对被保险人的故意不法行为所致损失和费用不赔偿，而 ICC（B）、ICC（C）则规定对任何人的故意不法行为对保险标的造成的损失和费用不赔偿。

（2）不适航与不适货除外责任（Unseaworthiness and Unfitness Exclusion Clause）。这主要包括以下几点。

• 保险货物在装船时，如被保险人或其雇用人员已经知道船舶不适航，以及船舶、驳船、集装箱或起重运货车不适货，则由不适航与不适货而造成保险货物的灭失、损害或费用，保险人不负赔偿责任。

• 只要被保险人或雇佣人员知道船舶等运输工具的不适航、不适货，则保险人对因违反船舶适航性及适货性的默示保证造成的货物损失不承担赔偿责任。

ICC（A）、ICC（B）、ICC（C）关于不适航与不适货除外责任的规定是完全一致的。

（3）战争险除外责任条款（War Exclusion Clause）。战争险除外责任条款中的各项责任均为协会战争险条款承保的风险责任，鉴于有协会战争险条款承保战争风险，因此将战争险承保的各项责任列为标准条款，即 ICC（A）、ICC（B）、ICC（C）的除外责任。

海运货物保险人对以下风险造成的货物损失不承担责任。

• 战争、内战、革命、造反、叛乱及由此引起的内乱或任何交战方之间的敌对行为。

• 捕获、扣押、扣留、拘禁或羁押（海盗除外）和此种行为引起的后果或进行此种行为的企图。

• 被遗弃的水雷、鱼雷、炸弹或其他被遗弃的战争武器。

ICC（A）、ICC（B）、ICC（C）关于战争险除外责任的规定基本是一致的，但 ICC（A）承保海盗风险，ICC（B）、ICC（C）不承保海盗风险。

（4）罢工险除外责任条款（Strikes Exclusion Clause）。罢工险除外责任条款中的各项责任均为协会罢工险条款承保的风险责任，鉴于有协会罢工险条款承保罢工风险，因此将罢工险承保的各项责任列为标准条款，即 ICC（A）、ICC（B）、ICC（C）的除外责任。

海运货物保险人不承担下列损失、损害或费用。

• 罢工者、被迫停工工人，以及参加工潮、暴动或民变的人员造损者。

• 罢工、停工、工潮、暴动或民变造损者。

• 恐怖分子或出于政治动机行为的人员造损者。

除罢工险，ICC（A）、ICC（B）、ICC（C）关于罢工责任的规定基本是一致的。

3. 保险期限

ICC（A）、ICC（B）、ICC（C）三个条款有关保险期限的规定是完全一致的，主要包含运输条款（Transit Clause）、运输合同终止条款（Termination of Contract of Carriage Clause）和变更航程条款（Change of Voyage Clause）。

4. 索赔事宜

如果保险标的发生了保险责任范围内的保险事故时，就要进行索赔（Claims）。ICC（A）、ICC（B）、ICC（C）条款关于索赔事宜的规定基本是一致的，主要包括可保利益条款（Insurable Interest Clause）、续运费用条款（Forwarding Charges Clause）、推定全损条款（Constructive Total Loss Clause）和增加价值条款（Increased Value Clause）。

5.5 其他运输方式下的货运保险

在国际贸易中，货物运输除了主要采用海洋运输方式外，还有陆上运输、航空运输、邮政包裹运输以及由其中的两种或两种以上的运输方式组成的多式联运的方式。

5.5.1 陆上运输货物保险

陆上运输货物保险（Overland Transportation Cargo Insurance）承保以火车、汽车为主要交通工具货物运输的风险。中国人民保险公司于1981年1月1日修订的《陆上运输货物保险条款》规定，陆运货物保险的基本险有陆运险（Overland Transportation Risks）和陆运一切险（Overland Transportation All Risks）两种。另外，还有专设的基本险——陆上运输冷藏货物保险（Overland Transportation Insurance - Frozen Products）以及附加险——陆上运输货物战争险（火车）（Overland Transportation Cargo War Risks-by Train）。

1. 陆运险

陆运险与海洋运输货物保险条款中的水渍险或ICC（B）承保的责任范围相似。保险人负责赔偿被保险货物在运输途中遭受暴风、雷电、洪水、地震等自然灾害，或由于运输工具遭受碰撞、倾覆、出轨或在驳运过程中因驳运工具遭受搁浅、触礁、沉淀、碰撞，或由于遭受隧道坍塌、崖崩、失火、爆炸等意外事故所造成的全部或部分损失。此外，对于施救、防止或减少货损的措施而支付的合理费用，保险人也负责赔偿，但以不超过此批被救货物的保险金额为限。

2. 陆运一切险

陆运一切险与海洋运输货物保险条款中的一切险或ICC（A）承保的范围相似。保险人除了承保陆运险的赔偿责任外，还负责被保险货物在运输途中由于偷窃、短量、渗漏、碰损等外来原因所造成的全部或部分损失。

以上责任范围均适用于火车和汽车运输，并以此为限。

陆运险和陆运一切险与海洋运输货物险的除外责任基本相同。

3. 陆上运输冷藏货物险

陆上运输冷藏货物险是陆上货物运输险中的一种专门保险。它除了负责陆运险所列举的自然灾害和意外事故所造成的全部或部分损失外，还负责赔偿由于冷藏机器或隔温设备在运输途中损坏所造成的被保险货物解冻、溶化而腐坏的损失。

一般的除外责任适用于本条款。另外，该条款对于战争、罢工或运输延迟所造成的被保险货物的损失，以及被保险冷藏货物在保险责任开始时冷藏不合格、包扎不妥等造成的损失不负赔偿责任。

陆上运输冷藏货物险的责任自被保险货物运离保险单所载起运地点的冷藏仓库装入运送工具开始运输时生效，包括正常的陆运和与其有关的水上驳运在内，直至货物到达保险单所载明的目的地收货人仓库为止。但是，最长保险责任的有效期限以被保险货物到达目的地车站后10天为限。

陆上运输冷藏货物险的索赔实效为从被保险货物在最后目的地车站全部卸离车辆后算起，最多不超过两年。

4. 陆上运输货物战争险

该险承保火车在运输途中由于战争、类似战争行为、敌对行为、武装冲突以及各种常规武器所致的损失。但对于敌对行为中使用原子弹或核武器所造成的损失和费用，保险人不负赔偿责任。此险为陆上运输货物险的附加险，只有在投保了陆运险或陆运一切险的基础上经过投保人与保险公司协商后方可加保此险，但目前仅限于火车运输。

陆上运输货物战争险的责任起讫与海运战争险相似，以货物置于运输工具时为限。

5.5.2 航空运输货物保险

航空运输货物保险（Air Transportation Cargo Insurance）承保以飞机装载的航空运输货

物为保险标的的一种保险。中国人民保险公司于1981年1月1日修订的《航空运输货物保险条款》规定，我国航空运输货物保险包括航空运输货物险（Air Transportation Risks）和航空运输一切险（Air Transportation All Risks）两种基本险，以及航空运输货物战争险（Air Transportation Cargo War Risks）附加险条款。

1. 航空运输险

航空运输险与海洋运输货物保险条款中的水渍险或ICC（B）承保的范围基本相同，保险人负责赔偿被保险货物在运输途中因遭受雷电、火灾、爆炸及由于飞机遭受恶劣气候、其他危难事故而被抛弃，或由于飞机遭受碰撞、倾覆、坠落、失踪等自然灾害或意外事故所造成的全部或部分损失。

2. 航空运输一切险

航空运输一切险除了承保航空运输险的损失外，还负责赔偿被保险货物由于被偷窃、短少等一般外来原因所造成的全部或部分损失。

航空运输险和航空运输一切险与海洋运输货物险的除外责任基本相同。同时，这两种基本险的保险责任也采用"仓至仓"条款，但与海洋运输险的"仓至仓"责任条款有所不同。

3. 航空运输货物战争险

保险人负责赔偿在航空运输途中由于战争、类似战争行为、敌对行为或武装冲突以及各种常规武器包括地雷、炸弹所造成的货物的损失，但不包括因使用原子弹或热核武器所致的损失。该险属于航空运输货物险的附加险，只有在投保了航空运输险和航空运输一切险的基础上经过投保人与保险公司协商方可加保。

航空运输货物战争险的保险责任是自被保险货物装上保险单所载明的启运地的飞机时开始，直到卸离保险单所载明的目的地的飞机时为止。

5.5.3 邮包运输保险

邮包运输保险（Parcel Post Insurance）主要承保通过邮局以邮包递运的货物因邮包在运输途中遭到自然灾害、意外事故或外来原因造成的货物损失。中国人民保险公司于1981年1月1日修订并公布了一套较为完备的《邮包保险条款》，包括邮包险（Parcel Post Risks）、邮包一切险（Parcel Post All Risks）两种基本险，以及邮包战争险（Parcel Post War Risks）附加险。

1. 邮包险

邮包险承包被保险邮包在运输途中由于恶劣气候、雷电、海啸、地震、洪水等自然灾害，或由于运输工具搁浅、触礁、沉没、出轨、倾覆、坠落、失踪或由于失火和爆炸等意外事故所造成的全部或部分损失。同时，还包括被保险人对遭受承保责任内风险的货物采取抢救、防止或减少货损的措施而支付的合理费用，但不能超过该批被救货物的保险金额。

2. 邮包一切险

邮包一切险除了承保邮包险的全部责任外，还负责被保险邮包在运输途中由于外来原因所致的全部或部分损失。

但是，在这两种险别下，保险公司对因战争、敌对行为、类似战争行为、武装冲突、海盗行为、工人罢工所造成的损失，直接由于运输延迟或被保险物品本质上的缺点或自然损耗所造成的损失，以及属于寄件人责任和被保邮包在保险责任开始前已存在的品质不良或数量短差所造成的损失，被保险人的故意行为或过失所造成的损失，不负赔偿责任。

3. 邮包战争险

邮包战争险承保在邮包运输过程中由于战争、类似战争行为、敌对行为、武装冲突、海盗行为以及各种常规武器包括水雷、鱼雷、炸弹所造成的损失。此外，保险公司还负责被保险人对遭受上述承保风险的物品采取抢救、防止或减少损失的措施而支付的合理费用。但保险公司不承担因使用原子弹或热核武器所致的损失。此险为附加险，只有在投保了邮包险或邮包一切险的基础上经过投保人与保险公司协商后方可加保此险。

必须指出的是，在附加险方面，除战争险外，海洋运输货物保险中的一般附加险和特殊附加险险别和条款均可适用于陆、空、邮运输货物保险。

5.6 进出口货物运输保险实务

5.6.1 投保险别的选择

海运货物保险是国际贸易正常进行的必要保障，只有选择了适当的险别，才能得到充分的经济补偿。由于不同险别的保险人承保的责任不同，被保险人受保障的程度不同，保险费率也不同。为了使被保险货物得到充分的保障，又要减少不必要的保费支出，所以在选择险别时要慎重，其主要受以下几个因素影响。

1. 标的物的自然属性和特点

由于不同货物有着不同的属性、各异的特点，其在运输途中所遇到的风险不同，从而遭受的损失也不尽相同。比如，茶叶容易吸潮、串味，谷粮容易遭虫、鼠咬食，油脂容易粘在舱壁等。因此，根据此类商品的特性，在投保水渍险的基础上加保受潮受热险、串味险、玷污险、短量险等，也可投保一切险。而一些低值、裸装的大宗货物，如矿砂、钢材、铸铁制品，主险投保平安险就可以了；另外，也可根据实际情况再投保舱面险作为附加险。对于不容易发生碰损、破碎或容易生锈但不影响使用的货物，如铁钉、铁丝、螺丝等小五金类商品，以及旧汽车、旧机床等二手货，可以投保水渍险作为主险。有的货物投保了一切险作为主险可能还不够，还需投保特别附加险，如某些含有黄曲霉素的食物，如花生、油菜子、大米等食品，往往含有这种毒素，会因超过进口国对该毒素的限制标准而被拒绝进口、没收或强制改变用途，从而造成损失，因此，在出口这类货物的时候，就应将黄曲霉素险作为特别附加险予以投保。

主要货种险别选择见表5.1。

表5.1 主要货种险别选择表

货物种类	常见危险	险别选择
粮谷类	散落，水分蒸发——短量 水湿，水份超标——霉烂 温度，通风不良——发热	一切险或水渍险+短量险+受潮受热险
油脂类	粘连，装卸消——短量 容器破——渗露；玷污	水渍险+短量险+渗漏险+混杂和玷污险
食品类	包装破碎——内容受损 包装生锈——降等 随时可食用——被盗	一切险或平安险+偷窃提货不着险+包装破裂险
咖啡豆可可豆	吸湿受潮——霉变且不易筛选	水渍险+受潮受热险+淡水雨淋险
原糖	溶解短量，吸湿，被盗， 可能发生爆炸，还受油渍等玷污	一切险
冻品类	解冻——腐烂变质	冷藏货物条款（协会条款细分为冷冻食品和冻肉两类条款）
活牲畜，家禽，活鱼	死亡	活牲畜家禽海陆空运输保险条款
酒，饮料	破碎，被盗	一切险或平安险+偷窃提货不着险+碰损和破碎险
玻璃，陶瓷制品，家电，工艺品，仪器仪表类	破碎，被盗	平安险+偷窃提货不着险+碰损和破碎险

续表

货物种类	常见危险	险别选择
杂货类	水湿，被盗	水渍险＋淡水雨淋险＋FPND
原棉	水湿，吸潮，玷污，火灾	一切险。在国外还常加保原产地损失险，即货物在装船时不能从外观上发现的在内陆发生的雨淋，玷污等损害
毛绒类，纺织纤维类	水湿——色变，霉烂	一切险或水渍险＋混杂和玷污险
麻类	受潮受热——变质自燃	水渍险或平安险＋受潮受热险
鱼粉，豆饼	受潮受热，自燃	水渍险或平安险＋受潮受热险＋自燃险
皮张类	受潮受热变质，清除玷污费用高，价高可能被盗	水渍险或平安险＋偷窃提货不着险＋受潮受热险＋混杂和玷污险
盐渍肠衣，兽皮类	木桶渗漏——内容变质	平安险＋渗漏险
石油，液体化工产品类	黏附短量，爆炸，玷污	散装石油条款或平安险＋爆炸险＋玷污险
散装矿石类	散落短量	平安险＋短量险
袋装水泥和其他粉状化工品类	水湿结块，包装破裂	水渍险＋破包险＋淡水淋雨险
建材类，机械类	破碎	平安险＋碰损和破碎险
木材，车辆	浪击落海或被抛弃	平安险＋木材条款或甲板险，对纸浆则投保一切险
旧成套设备	原残复杂	保险人只同意承保水渍险/平安险＋碰损和破碎险
新的成套设备	碰损，锈蚀，丢失等多种危险而且价格很高	一切险或水渍险/平安险＋碰损和破碎险此外，还附加诸多特别条款，如： ①机械修缮（承保空运费）特别条款 ②机械修缮（含进口税）特别条款 ③装前卸后条款 ④省略检验条款 ⑤开箱延期（隐蔽损害）条款等
天然橡胶	吸湿变质，玷污，挤压	协会天然橡胶条款承保任何原因引起的湿损
原煤	自燃	协会煤炭条款承保火灾，爆炸或发热，即使是由货物的本质缺陷引起的，比加保 HSSC 对被保险人更有利，但保险期间限于海运

2. 标的物的包装

货物在运输途中，往往由于包装破损而造成不必要的损失，因此，在选择险别时，货物的包装因素必须考虑在内。但是，属于装运前发货人的责任，包装不良或不当造成货物损失时，保险人不负赔偿责任。

3. 运输工具、路线及港口情况

货物在运输途中所遇的风险大小与其选择的运输工具、路线以及所停泊的港口的安全情况有很大的关系。比如，海洋运输的风险比陆上运输的风险大。在政局不稳，已经发生战争的海域内航行，遭受意外损失的可能性自然增大。

4. 运输季节

不同的运输季节，给运输货物带来的风险和损失也不同。例如，夏季转运粮食、果品，极易出现发霉、腐烂或者生虫的现象。因此，在选择险别时，应注意季节的影响。

5.6.2 保险金额的确定

保险金额是被保险人对保险标的的实际投保金额，它是保险人承担保险责任和损失赔偿的最高限额。那么，保险金额是如何确定的呢？下面我们从进出口两方面进行分析。

1. 出口货物保险金额的确定

在 CIF 条件成交情况下，由出口方投保货运险。在我国出口业务中，保险金额一般按 CIF 加成 10% 计算，这样既弥补了被保险人货物的损失，又可以使运费和保险费的损失得到补偿。如果国外商人要求将加成率提高到 20% 或 30%，其差额部分应由国外买方负担。

保险金额的计算公式是：

保险金额 = CIF 货价 × （1 + 加成率）

如果出口按 CFR 成交，保险金额的计算公式是：

保险金额 = CFR × （1 + 加成率） / ［1 - （1 + 加成率） × 保险费率］

2. 进口货物保险金额的确定

我国进口货物的保险金额以估算的 CIF 价格为标准，不另加成。如果投保人要求在 CIF 价基础上加成投保，保险公司也可接受。

如果按照 CFR 或 FOB 价格成交，则按照预约保险合同适用的特约保险费率和平均运费率直接计算保险金额。

按 CFR 进口时：

保险金额 = CFR 货价/ （1 - 特约保险费率）

按 FOB 进口时：

保险金额 = FOB 货价/ （1 - 平均运费率 - 特约保费率）

5.6.3 保险费率的计算

投保人向保险人交付保险费，换取保险人承担相应的赔偿责任。保险费是用于支付保险赔款的保险金额的主要来源，它以保险金额为基础，按一定保费率计算，其计算公式如下：

保险费 = 保险金额 × 保险费率

如按 CIF 加成投保，则公式为：

保险费 = CIF（1 + 加成率）× 保险费率

1. 出口货物保险费率

保险费率是保险人根据保险标的危险性大小、损失率高低、经营费用多少等原因，按照不同商品、不同目的地以及不同的投保险别加以规定的。目前，中国人民保险公司出口货物保险费率分为一般货物费率和指明货物费率两大类。

（1）一般货物费率。一般货物费率适用于所有海运出口的货物，凡投保基本险别的均需依照一般货物费率表所列标准核收保险费。

• 海运。海运的一般货物费率见表 5.2。

表 5.2　　一般货物费率表

<table>
<tr><th>洲别</th><th>目的地</th><th>平安险</th><th>水渍险</th><th>一切险</th></tr>
<tr><td rowspan="4">亚洲</td><td>中国港、澳、台，日本，韩国</td><td>0.08</td><td>0.12</td><td>0.25</td></tr>
<tr><td>约旦、黎巴嫩、巴林、阿拉伯、联合酋长国、菲律宾</td><td rowspan="3">0.15</td><td rowspan="3">0.20</td><td>1.00</td></tr>
<tr><td>尼泊尔、阿富汗、也门</td><td>1.50</td></tr>
<tr><td>泰国、新加坡等其他国家</td><td>0.60</td></tr>
<tr><td colspan="2">欧洲、美国、加拿大、大洋洲</td><td>0.15</td><td>0.20</td><td>0.50</td></tr>
<tr><td colspan="2">中、南美洲</td><td>0.15</td><td>0.25</td><td>1.50</td></tr>
<tr><td colspan="2">阿尔巴尼亚、罗马尼亚、南斯拉夫、波兰、保加利亚、匈牙利、捷克、斯洛伐克、独联体国家</td><td>0.15</td><td>0.25</td><td>1.50</td></tr>
<tr><td rowspan="3">非洲</td><td>埃塞俄比亚、坦桑尼亚、赞比亚、毛里求斯、布隆迪、象牙海岸、贝宁、刚果、安哥拉、佛得角群岛、卢旺达</td><td rowspan="3">0.20</td><td rowspan="3">0.30</td><td>2.50</td></tr>
<tr><td>加拿利群岛、毛里塔尼亚、冈比亚、塞内加尔、尼日利亚、利比里亚几内亚、乌干达</td><td>3.50</td></tr>
<tr><td>其他</td><td>1.00</td></tr>
</table>

• 陆运。陆运的一般货物费率见表 5.3。

表 5.3　陆运一般货物费率表

目的地	陆运险	陆运一切险	备　注
中国港、澳	0.05	0.20	自广东起运
	0.07	0.30	自其他省（市）起运
其他世界各地	0.12	0.45	包括大陆桥运输

• 空运。空运的一般货物费率见表 5.4。

表 5.4　空运一般货物费率表

目的地	空运险	空运一切险
中国港、澳、台，日本，韩国	0.07	0.25
其他世界各地	0.12	0.35

• 邮包。邮包的一般货物费率见表 5.5。

表 5.5　邮包一般货物费率表

目的地	邮包险	邮包一切险
中国的港、澳、台，日本，韩国	0.10	0.25
其他世界各地	0.15	0.40

（2）指明货物加费费率表。由于某些货物在运输途中因外来风险引起短少、破碎和腐烂等损失率极高，因此，针对这些易损失货物加收一种附加费率，将它们单独列出，并称之为“指明货物”。指明货物可分为八类货物，即粮油食品及土畜产类、轻工品类、纺织品类、五金矿产类、工艺品类、机械设备类、化工品类和危险品类。

八类指明货物费率表依次见表 5.6、5.7、5.8、5.9、5.10、5.11、5.12、5.13。

表 5.6　粮油食品及土畜产类 TOP

货　物		加　费	备　注
散装、袋装大米、谷物、豆类、玉米		0.30	扣短量免赔率 0.5%
散装、桶装油类			散装扣短量免赔率 0.5%
铁听、铁桶、木桶装流质、半流质商品		0.30	
干果仁、黑木耳、爆竹、烟花		0.40	
散装、桶装、袋装工业原料、香料、粉、粒商品		0.50	散装扣短量免赔率 0.5%
袋装食糖、粗盐			扣短量免赔率 0.5%
玻璃瓶装食品、中药酒、竹芒编制品、地毯			
装冷风仓或有恒温设备仓的新鲜食品			加贴防腐条款
冻品	机械冷藏储运	0.50	贴冷藏条款
	车装干冰储运	1.00	

续表

货物		加费	备注
罐头	玻璃瓶	0.80	贴冷藏条款
	铁听	1.50	
花生仁、果		1.00	
饲料类	袋装	0.80	扣短量免赔率1% ~3%
	散装	1.20	
篓、坛装食品（包括外加篓装）		1.50	
活牲畜、家禽、鱼			保死亡的费率，根据其珍贵易死程度在2% ~5%内自定，贴活牲畜条款另扣1% ~3%免赔率

表5.7　　　　轻工品类 TOP

货物	加费	备注
洗衣机、空调器、录音机、收音机、扩音机、照相机、闪光灯、幻灯机、闹钟、钢琴、手风琴	0.50	
电冰箱、电视机、放映机	1.00	
电子管、各种灯具	2.00	
柜灯、汽灯、热水瓶	2.00	扣破碎免赔率5%
纸张制品	0.50	
玻璃器皿类、灯泡、陶瓷卫生洁具类	2.50	扣破碎免赔率5%
瓷砖	4.00	
窗玻璃	6.00	

表5.8　　　　纺织品类 TOP

货物	目的地	加费
挑、补、绣抽纱类制品		1.00
厂丝	欧、美、澳	特订费率0.04
	其他地区	按一般费率

表5.9　　　　五金矿产类 TOP

货物		加费	备注
各种钢材		0.30	保一切险（不包括生锈险）。如保平安或水渍险，加保 T. P. N. D 时，则按一切险50%计收
有色金属块、条、管、板		0.30	
稀有金属、矿砂	袋装	0.40	
	散装	1.30	扣短量免赔率1%

续表

货物		加费	备注
非金属建材、耐火器材（板、砖、瓦、灰、沙、石、土等）	托盘装	0.20	扣破碎免赔率2%
	针织编织袋装	0.50	扣短少免赔率1%
	散装、多层牛皮纸袋装	1.50	扣短少、短量免赔率5%
铸铁制品	托盘装	0.50	扣破碎免赔率1%
	散装	0.80	扣短量破碎免赔率3%
坩埚		1.50	
石墓碑		3.00	扣破碎免赔率5%
大理石板、水磨石			扣破碎免赔率2%
水银（钢桶装）		0.50	
散装荒料		0.40	
煤炭		按一般费率	扣免赔率0.5%

表5.10　　工艺品类TOP

货物		加费	备注
海草制品类 柳、藤、竹、芒编制品类		0.50	
服装首饰、镶银制品、工艺毯		0.50	
机织绣类、印花类、手工抽、补、挑、绣类、细纱制品类、锈线绒花类。景泰蓝、漆器、大屏风类、竹、藤、柳家具类、古钟、古镜类		1.00	
贵金属、钻石、原颗珍珠、镶嵌真金、珠宝首饰类、漆木镶嵌新、旧家具类、盒景		1.50	
灯类	宫灯、走马灯	3.00	
	其他类	2.00	
陶瓷器类	工艺	3.00	
	日用	2.00	日用陶瓷扣破碎免赔率5%，工艺陶瓷不扣，旧陶瓷原残部位在发票上注明，原残不予赔付
彩画蛋、砚石、玉石制品、泥、石膏制品、各种雕刻制品类、各种带玻璃镜框画类		3.00	

表5.11　　机械设备类TOP

货物	加费	备注
胶木、瓷器开关等易碎电器用品	0.50	
仪器、仪表、汽车蓄电池、计算机	1.00	
实验用陶瓷制品	2.50	

续表

货物		加费	备注
机床	精密机床	0.60	
	普通机床	0.30	

表 5.12 化工品类 TOP

货物			加费	备注
铁桶、铁听、塑料桶装液体、半液体、粉粒石蜡			0.30	
袋装粉粒商品			0.40	
玻璃瓶装商品			0.50	
医疗仪器、仪表、医疗器械			1.00	
原油、成品油	散装	日本、东南亚	0.15	按美国 SP—13C BULK Oil Clause 负责免赔率 0.05%
		其他	0.20	
	桶装	按一般费率		免赔率 0.50%

表 5.13 危险品类 TOP

货物	加费
易燃、易炸品（炸药等）各种压缩气体（氧、氢、天然气、液化气等）	0.50
雷管，放射性物质	1.00

范例

向日本出口钢材，已知 CFR 价为每公吨 520 美元，现改报 CIF 价，投保一切险，投保加成 10%，试计算 CIF 价和保险费。

解 查表钢材为指明货物，其每公吨保险费计算如下：

(1) 查一般货物费率表，到日本的一切险费率为 0.25%

(2) 查指明货物费率表，钢材加费费率为 0.3%

实际保险费率 = 0.25% + 0.30% = 0.55%

CIF = 520 ÷ ［1 －（1 + 10%）× 0.55%］ = 523.1652（美元）

保险费 = 保险金额 × 保险费率

= 523.1625 ×（1 + 10%）× 0.55%

= 3.1625（美元）

2. 进口货物保险费率

我国进口货物保险也有两种费率表，即特约费率表和进口货物费率表。

特约费率表仅适用于同保险公司签订有预约保险合同的各投保人。进口货物费率表适用于未与保险公司订有预约保险合同的逐笔投保的客户，分为一般货物费率和特加费率两项。

5.6.4 保险单的填制

1. 保险单的类别

（1）保险单（Insurance Policy），俗称大保单。它是保险人和被保险人之间成立保险合同关系的正式凭证，因险别的内容和形式有所不同，海上保险最常用的形式有船舶保险单、货物保险单、运费保险单、船舶所有人责任保险单等。其内容除载明被保险人、保险标的（如是货物，填明数量及标志）、运输工具、险别、起讫地点、保险期限、保险价值和保险金额等项目外，还附有关保险人责任范围以及保险人和被保险人的权利与义务等方面的详细条款。如果当事人双方对保险单上所规定的权利和义务需要增补或删减时，可在保险单上加贴条款或加注字句。保险单是被保险人向保险人索赔或对保险人上诉的正式文件，也是保险人理赔的主要依据。保险单可转让，通常是被保险人向银行进行押汇的单证之一。在 CIF 合同中，保险单是卖方必须向买方提供的单据。

（2）保险凭证（Insurance Certificate），俗称小保单。它是保险人签发给被保险人，证明货物已经投保和保险合同已经生效的文件。证上无保险条款，表明按照本保险人的正式保险单上所载的条款办理。保险凭证具有与保险单同等的效力，但在信用证规定提交保险单时，一般不能以保险单的简化形式。

（3）联合保险凭证（Combined Insurance Certificate）。保险公司不另出保险单，利用商业发票在上面加盖章戳，注明保险编号、承保险制、金额、装载船名、开船日期等，即以此作为保险凭证。

必须注意，这种联合保险凭证不是专用单据，不能转让，仅适用于港澳地区中资银行开来的信用证项下业务。

2. 保险单上的重点栏目

（1）被保险人（Insured）。被保险人一般为信用证的受益人。在 CIF 术语下，卖方是为了买方的利益保险的。保险单的背书转让十分重要，应视信用证的要求进行背书。

（2）唛头（Marks &No.）。应与发票、提单上的唛头一致。如信用证无要求，可简单填“As per invoice No…”。

（3）包装及数量（Packing and Quantity）。应与商业发票一致。以包装件数计价的，可只填件数；以净重计价的，可填件数及净重；以毛作净的，可填件数及毛重；散装货物，可填“In Bulk”，然后再填重量。

（4）保险货物项目（Description of Goods）。若名称繁多，可用统称，但应与提单、产地证书等单据一致，并不得与信用证相抵触。

（5）保险金额（Amount Insured）。除非信用证另有规定，保险单据必须使用与信用证相同的货币。

（6）总保险金额（Total Amount Insured）。即保险金额的大写，其数额和币种应与小写的保险金额和币种保持一致。

（7）保费和费率（Premium and Rate）。一般填“As arranged”。但如果信用证要求具体列出保费和费率，应明确填上。

（8）装载运输工具（Per Conveyance S. S）。如为海运，且为直达船，则在栏内直接填上船名、航次；如为中途转船，则应在填上第一程船名后，再加填第二程船名；如为其他运输方式，则填“By Railway”或“By Train，Wagon No. …”（陆运）等。

（9）开行时间（Slg. on or abt.）。按运输单据的日期填制，海运且运输单据为提单时可填“As per B/L”。

（10）运输起讫地（From…To…）。按运输单据填制。如中途转船，须填上“With Transshipment…”。

（11）保险险别（Conditions）。按照信用证的规定办理，通常包括险别及所依据的保险条款。

（12）赔款偿付地点（Claim Payable at）。按信用证的规定填制。如信用证为规定，则填目的港名称。有的信用证要求注明偿付货币名称，应照办，如“At London in USD”。

（13）保险勘查办理人（Insurance Survey Agent）。由保险公司选定，地址必须详细。

（14）签发地点和日期（Place and Date of Issue）。签发地点应为受益人所在地，一般在保险单上已印制好。签发日期应早于或等于运输单据的签发日期。除非信用证另有规定，银行对签发日期迟于运输单据注明的装船或发运或接受监管日期的保险单据将不予接受。

（15）签署（Authorized Signature）。保险单从表面上看，必须经保险公司（Insurance Co.）或承保人（Underwriters）或由他们的代理人签署才有效。除非信用证特别授权，银行将不接受由保险经纪人（Broker）签发的暂保单（Cover Notes）。

5.6.5 保险条款的拟订

保险条款是国际货物买卖合同的重要组成部分之一，必须订得明确、合理。保险条款的内容因选用术语的不同而有所区别。采用不同的贸易术语，办理保险的人就不同。

(1) 以 FOB、CFR 或 FCA、CPT 条件成交的合同，由买方办理保险。保险条款可订为：To be covered by the Buyers.（由买方自理。）

如买方委托卖方代为保险，则应明确规定保险金额、投保险别、按什么条款保险以及保险费由买方负担等。

(2) 以 CIF 或 CIP 条件成交的合同，条款内容必须明确规定由谁办理保险、保险险别和保险金额的确定方法、按什么条款保险，并注明该条款的生效日期。保险条款可订为：To be covered by the sellers for…% of total invoice value against…as per and subject to the relevant Ocean Marine Cargo Clauses of the People's Insurance Company of China dated1/1, 1981.（由卖方按发票金额的×××%保险××险××险，按照中国人民保险公司 1981 年 1 月 1 日生效的有关海洋货物运输保险条款为准。）

如果国外客户要求按伦敦保险业协会的《协会货物条款》或我方保险公司可以承保的其他保险条款投保，我方出口企业可以接受，但应在合同的保险条款中明确规定。

>> 本章小结

货物在运输途中必然会遇到各种风险，因此，国际货物运输保险是国际贸易顺利进行的重要保证。本章通过对保险的基本原则的介绍，让学生掌握海上国际货物运输保险的相关知识，并且学会操作货运保险的基本业务。

>> 本章关键词

可保利益（Insurable Interest）

共同海损（General Average）

推定全损（Constructive Total Loss）

委付（Notice of Abandonment）

仓至仓条款（Warehouse to Warehouse Clauses）

>>复习与思考

【选择题】

1. 被保险货物在海运途中因遭受海上风险所直接造成的损失是（　）。

A. 海上损失　　B. 海上费用

C. 实际全损　　D. 共同海损

2. 为防止运输途中货物被窃，应该投保（　）。

A. 一切险、偷窃险　　B. 平安险、偷窃险

C. 水渍险　　D. 平安险、一切险、水滞险

3. 我国海洋运输保险的附加险别主要包括（　）。

A. 平安险、甲板险　　B. 一般附加险、特殊附加险、特别附加险

C. 一般附加险、特殊附加险　　D. 特殊附加险、特别附加险

4. 下列哪些不属于平安险的承保范围（　）。

A. 因自然灾害造成的全部损失　　B. 因意外事故造成的全部损失

C. 因自然灾害造成的部分损失　　D. 因意外事故造成的部分损失

5. 陶瓷制品极易破碎，投保时可在平安险或水渍险的基础上加保（　）附加险。

A. 受热受潮险　　B. 破碎险

C. 渗漏险　　D. 串味险

6. 生丝、亚麻受潮后易引起霉变，应在平安险或水渍险的基础上加保（　）附加险。

A. 受热受潮险　　B. 破碎险

C. 渗漏险　　D. 串味险

7. 战争险实行只承担"水面危险"，即从货物装上海轮或驳船时开始至卸离海轮或驳船时为止，如果不卸，则以货物到达目的港之日起（　）天为限。

A. 60　　B. 12

C. 10　　D. 15

8. 承保范围大致相当于海运险中的水渍险的是（　）。

A. 陆运险　　B. 航空运输险

C. 陆运一切险　　D. 航空运输一切险

9. 战争与罢工险属于（　）。

A. 水渍险　　B. 平安险

C. 一般附加险　　D. 特殊附加险

10. 海上保险业务中的意外事故包括（　）。

A. 运输工具的搁浅、触礁　　B. 货物的自然损耗或变质

C. 载货轮船沉没　　D. 载货轮船失火

【判断题】

1. 海上保险业务的意外事故，仅局限于发生在海上的意外事故。（ ）

2. 保险单俗称“大保单”，保险凭证俗称“小保单”，由于保险凭证背面没有列入保险条款，因而它们不具有同等的法律效力。（ ）

3. 我某公司按 CFR 贸易术语进口时，在国内投保了一切险，保险公司的责任起讫应为仓至仓。（ ）

4. 在国际贸易中，向保险公司投保一切险后，在运输途中由于任何外来原因造成的一切货损，均可向保险公司索赔。（ ）

5. 托运出口玻璃制品时，被保险人在投保一切险后，还应加保破碎险。（ ）

6. 保险标的物运达目的地后，如果收货人提货后立即转运货物，则保险公司的保险责任要到达转运后的目的地仓库时中止。（ ）

7. 海运提单、保险单及检验单据应于同时签发。（ ）

8. 投保平安险后，只要是由于自然灾害导致的损失，不论是实际全损还是推定全损，保险公司都要按保险金额全部赔偿。（ ）

【简答题】

什么是共同海损？什么是单独海损？两者区别主要表现在哪里？构成实际全损有哪几种情况？

共同海损的内容包括什么？

在选择险别时，应考虑哪些因素？

【技能训练题】

某商品对伦敦的出口价格为 CFR 价每公吨 32 英镑，如果客户要求报 CIF 价格，并按发票的 120% 投保水渍险和战争险（水渍险费率为 0.3%，战争险费率为 0.05%），应报价多少？

【案例分析题】

1. 我方按 CIF 纽约出口冷冻羊肉一批，合同规定投保一切险加战争险、罢工险。货到纽约后，适逢码头工人罢工，货物因港口无法作业不能卸载。第二天货轮因无法补充燃

料，以致冷冻设备停机。等到第五天罢工结束，该批羊肉已变质。请问：进口商向保险公司索赔是否合理？

2. 我某外贸公司从澳大利亚进口一批优质羊毛，采用CIF上海条件成交，支付方式为不可撤销即期信用证，投保中国人民保险公司《海洋货物运输保险条款》的一切险。众所周知，羊毛、生丝及皮革制品对湿度的要求较高，但生产厂家在生产工序上为节省时间与费用，降低了对湿度的限制。生产完后，正常包装正常运输到目的港。在目的港检验结果表明，全部货物湿、霉，损失达10万美元。请问：(1) 保险公司对此是否负责赔偿？为什么？(2) 进口商对受损货物是否支付货款？为什么？(3) 应吸取什么教训？

第 6 章

6 进出口商品价格核算

>> 学习目标

通过本章学习，要求学生了解掌握进出口商品价格的基本原则、计价货币的选用和买卖合同中价格条款的规定方法，以及佣金、折扣的计价和支付等知识。

案例导入

我某出口公司拟出口化妆品到中东某国。正好该国某中间商主动来函与该出口公司联系，表示愿为推销化妆品提供服务，并要求按每笔交易的成交金额给予佣金5%。不久，经该中间商与当地进口商达成CIF、C5%、总金额50000美元的交易，装运期为订约后两个月内从中国港口装运，并签订了销售合同。合同签订后，该中间商即来电要求我出口公司立即支付佣金2500美元。我出口公司复电称：佣金需待货物装运并收到全部货款后才能支付。于是，双方发生了争议。

试问：这起争议发生的原因是什么？我出口公司应接受什么教训？

货物的价格是国际货物买卖的主要交易条件；价格条款是买卖合同中必不可缺的合同条款。价格条款的确定不仅直接关系到买卖双方的利益，而且与合同中的其他条款也有密切联系。在对外贸易中，我外贸企业在与国外客户磋商和订约时，除应按照国际市场价格水平，结合经营意图和国别地区政策确定价格外，还应正确选择计价货币，适当地选用贸易术语，列明作价方法，必要时，还需规定价格调整条款。同时，对佣金和折扣应视交易的具体情况，正确地加以运用和规定。

6.1 确定商品价格的基本原则

价格的掌握是一项很复杂而又十分重要的工作。为了做好这项工作，从事外经贸的人员必须正确贯彻我国进出口商品的作价原则，切实了解国际市场价格变动趋势，充分考虑影响价格的各种因素，做好比价工作和加强成本核算，并掌握价格换算方法。

6.1.1 正确贯彻作价原则和掌握合理的差价

我国进出口商品的作价原则是，在贯彻平等互利的前提下根据国际市场价格水平，结合国别（地区）政策，并按照具体的购销意图确定适当的价格。由于价格构成因素不同，影响价格变化的因素也多种多样。因此，在确定进出口商品价格时，必须充分考虑影响价格的种种因素，并注意同一商品在不同情况下应有合理的差价，防止出现不区分情况、采取全球同一价格的错误做法。

为了正确掌握我国进出口商品价格，除应遵循上述作价原则外，还必须考虑下列因素。

1. 要考虑商品的质量和档次

在国际市场上，一般都贯彻按质论价的原则，即好货好价、次货次价。品质的优劣、档次的高低、包装装潢的好坏、式样的新旧，商标、品牌的知名度，都影响商品的价格。

2. 要考虑运输距离

国际货物买卖，一般都要通过长途运输。运输距离的远近，影响运费和保险费的开支，从而影响商品的价格。因此，确定商品价格时，必须核算运输成本，做好比价工作，以体现地区差价。

3. 要考虑交货地点和交货条件

在国际贸易中，由于交货地点和交货条件不同，买卖双方承担的责任、费用和风险有别。在确定进出口商品价格时，必须考虑这些因素。例如，同一运输距离内成交的同一商品，按 CIF 价格术语成交同按 EXW 条件成交，其价格应当不同。

4. 要考虑季节性需求的变化

在国际市场上，某些节令性商品，如赶在节令前到货，抢行应市，就能卖上好价。过了节令的商品，其售价往往很低，甚至以低于成本的“跳楼价”出售。因此，应充分利用季节性需求的变化，切实掌握好季节性差价，争取以有利的价格成交。

5. 要考虑成交数量

按国际贸易的习惯做法，成交量的大小影响价格。成交量大时，在价格上应给予适当优惠，或者采用数量折扣的办法；反之，如成交量过少，甚至低于起订量时，也可以适当提高出售价格。那种不论成交量多少，都采取同一个价格成交的做法是不当的，所以应当掌握好数量方面的差价。

6. 要考虑支付条件和汇率变动的风险

支付条件是否有利和汇率变动风险的大小，都影响商品的价格。例如，同一商品在其他交易条件相同的情况下，采取预付货款和凭信用证付款的不同方式，其价格应当有所区别。同时，确定商品价格时，一般应争取采用对自身有利的货币成交。如采用不利的货币成交时，应当把汇率变动的风险考虑到货价中去，即应适当提高出售价格或压低购买价格。

此外，交货期的远近，市场销售习惯和消费者的爱好等因素，对确定价格也有不同程度的影响。因此，必须在调查研究的基础上通盘考虑、权衡得失，才能确定适当的价格。

6.1.2 注意国际市场商品供求变化和价格走势

国际市场价格因受供求变化的影响而上下波动，有时甚至出现瞬息万变的情况。因此，在确定成交价格时，必须考虑供求状况和价格变动的趋势。当市场商品供不应求时，国际市场价格就会呈上涨趋势。反之，当市场商品供过于求时，国际市场价格就会呈下降趋势。由此可见，切实了解国际市场供求变化状况，有利于对国际市场价格的走势作出正确判断，也有利于合理地确定进出口商品的成交价格，该涨则涨，该落则落，避免价格掌握上的盲目性。

6.1.3 做好比价工作和加强成本核算

1. 做好比价工作

确定商品的成交价格应有客观依据，应从纵向和横向进行比价，不能凭主观随意性盲目定价，尤其在进口方面，更要注意做好比价工作。要将成交商品的历史价和现价进行比较，将成交商品在各不同市场上的价格进行比较，将同一市场上不同客户的同类商品的价格进行比较，真正做到“货比三家”，防止确定的成交价格偏离市场价格的实际水平。

2. 加强成本核算

为了合理确定成交价格，以提高经济效益，在价格掌握上，要防止不计成本、不管盈亏和单纯追求成交量的偏向，尤其在出口商品价格的掌握上，更要注意这方面的问题。过去，我国在出口业务中，发生过盲目坚持高价或随意削价竞销的偏向，给我们带来了不应有的损失，出口商品作价过高不仅会削弱我国出口商品的竞争能力，而且会刺激其他国家发展该项商品的生产、或增加速度生产代用品来同我国产品竞销，从而产生对我不利的被动局面。反之，不计成本，在国内高价抢购，到国外削价竞销，盲目扩大出口，这不仅在外销价格方面造成了混乱，导致“肥水流入外人田”，使国家蒙受经济损失，而且还会使一些国家借此对我国出口产品采取限制措施，并导致反倾销投诉案件增多。例如，纺织品服装自2005年1月1日进入“后配额”以来，江苏对欧美出口规模和增幅均达历史最高水平，市场份额比2004年底同期上升10个百分点，然而出口价格却不升反降，尤其是对欧美出口出现“井喷”的三类服装，出口规模增长了10倍以上，价格却下降了3~4成。纺织服装出口“量增价跌”的新动向，不仅使我国的利润大大受损，而且还遭到欧美等发达国家对我国纺织品展开的所谓的“特保调查”。因此，我们应该采取加强成本核算、构建战略联盟等措施防止这种偏向。

6.1.4 掌握价格换算方法

在国际贸易中，不同的贸易术语表示其价格构成因素不同，即包括不同的从属费用。例如：FOB术语中不包括从装运港至目的港的运费和保险费；CFR术语中包括从装运港至目的港的通常运费；CIF术语中除包括从装运港至目的港的通常运费外，还包括保险费。在对外洽商交易过程中，有时一方按某种贸易术语报价时，对方要求改报其他术语所表示的价格，如一方按FOB报价，对方要求改按CIF或CFR报价，这就涉及价格的换算问题。了解贸易术语的价格构成及其换算方法，乃是从事国际贸易人员所必须掌握的基本知识和技能。现将最常用的FOB、CFR和CIF三种价格的换算方法及公式介绍如下。

1. FOB价换算为其他价

CFR价 = FOB价 + 运费

CIF价 = FOB价 + 运费 + 保险费

CIF价 = （FOB价 + 运费）/［1 - 保险费率 ×（1 + 保险加成率）］

2. CFR 价换算为其他价

FOB 价 = CFR 价 - 运费

CIF 价 = CFR 价/［1 - 保险费率 ×（1 + 保险加成率）］

3. CIF 价换算为其他价

FOB 价 = CIF 价 ×［1 - 保险费率 ×（1 + 保险加成率）］- 运费

CFR 价 = CIF 价 ×［1 - 保险费率 ×（1 + 保险加成率）］

》范例

某公司出口一批货物，对外报价为每公吨 2000 美元 CIF 纽约。该种货物每公吨出口运费为 150 美元，投保一切险费率为 1%，该货物 FOB 价应为多少？

解 FOB 价 = CIF 价 ×［1 - 保险费率 ×（1 + 保险加成率）］- 运费

= 2000 ×［1 - 1% ×（1 + 10%）］- 150

= 1828（美元）

6.2 商品作价的办法

在国际货物买卖中，作价的方法多种多样，我们可以根据不同情况，分别采取下列作价办法。

6.2.1 固定价格

货物的价格，通常是指货物的单价，简称单价（Unit Price）。在机电产品交易中，有时也有一笔交易含有多种产品或多种不同规格的产品而只规定一个总价的情况。国际贸易的单价远较国内贸易的单价复杂，一般需由计量单位、单位价格金额、计价货币和贸易术语四项内容组成。

条款示例	每公吨	300	美元	CIF 纽约
	计量单位	单位价格金额	计价货币	贸易术语

单价和成交数量的乘积即为该批货物的总值。在价格条款合同中，总值项下一般也

同时列明价格术语，总值所使用的货币名称必须与单价所使用的货币名称一致。

上列所提及的单价，如买卖双方对此无其他特殊约定，应理解为固定价格。

我国进出口合同，绝大部分都是在双方协商一致的基础上，明确地规定具体价格，这也是国际上常见的做法。

按照各国法律的规定，合同价格一经确定，就必须严格执行，任何一方都不得擅自更改，在合同中规定固定价格是一种常规做法。它具有明确、具体、肯定和便于核算的特点。

不过，由于商品市场行情的多变性，价格涨落不定。因此，在国际货物买卖合同中规定固定价格，就意味着买卖双方要承担从订约到交货付款以至转售时价格变动的风险。况且，如果行市变动过于剧烈，这种做法还可能影响合同的顺利执行。一些不守信用的商人很可能为逃避巨额损失，而寻找各种借口撕毁合同。为了减少价格风险，在采用固定价格时，首先必须对影响商品供需的各种因素进行仔细的研究，并在此基础上，对价格的前景作出判断，以此作为决定合同价格的依据。其次要对客户的资信进行了解和研究，慎重选择订约的对象。但是，国际商品市场的变化往往受各种临时性因素的影响，变化莫测。特别是从20世纪60年代末期以来，由于各种货币汇价波动不定，商品市场变动频繁，剧涨暴跌的现象时有发生。在此情况下，固定价格给买卖双方带来的风险比过去更大，尤其是在价格前景捉摸不定的情况下，更容易使客户裹足不前。因此，为了减少风险、促成交易、提高合同的履约率，在合同价格的规定方面，也越来越多地采取一些变通做法。

6.2.2 非固定价格

1. 非固定价格的种类

从我国进出口合同的实际做法看，非固定价格，即一般业务上所说的“活价”，大体上可分为下述几种。

（1）只规定作价方式而具体价格留待以后确定。这种规定又可分为下列两种方式：一是在价格条款中明确规定定价时间和定价方法，例如“在装船月份前50天，参加当地及国际市场价格水平，协商议定正式价格”，或“按提单日期的国际市场价格计算”；二是只规定作价时间，如“由双方在×年×月×日协商确定价格”。这种方式由于未就作价方式作出规定，容易给合同带来较大的不稳定性，双方可能因缺乏明确的作价标准，而在商订价格时各执己见、相持不下，导致合同无法执行。因此，这种方式一般只应用于双方有长期交往、已形成比较固定的交易习惯的合同。

（2）暂定价格。即在合同中先订立一个初步价格，作为开立信用证和初步付款的依据，待双方确定最后价格后再进行最后清算，多退少补。

（3）部分固定价格、部分非固定。有时为了照顾双方的利益，解决双方在采用固定价格或非固定价格方面的分歧，也可采用部分固定价格、部分非固定价格的做法，或是分批作价的办法，交货期近的价格在订约时固定下来，余者在交货前一定期限内作价。

（4）滑动作价。滑动作价法是指交易双方在签订合同时，先规定一个基础价格，并同时订立价格调整条款，约定价格调整的百分比，交货时再根据工资、物价的变动情况对原定价格进行调整，计算出最终的成交价格。

在价格调整条款中，通常使用下面的公式来调整价格：

$$P = P_0 \times (A + B \times M/M_0 + C \times W/W_0)$$

式中：P 代表成交的最后价格；P_0 代表签约时约定的基础价格；M 代表计算最后价格时引用的有关材料的平均价格或指数；M_0 代表签约时有关材料的平均价格或指数；W 代表计算最后价格时引用的有关工资的平均价格或指数；W_0 代表签约时有关工资的平均价格或指数；A 代表经营管理费用和利润在价格中所占的比重；B 代表原料在价格中所占的比重；C 代表工资在价格中所占的比重。A、B 和 C 通常为 30%、60% 和 10%。

滑动作价法主要适用于市场价格变动较大的大宗交易，如农产品、矿产品，尤其适用于加工周期长的大型机器设备的交易。

2. 采用非固定价格的利弊

非固定价格是一种变通做法，在行情变动剧烈或双方未能就价格取得一致意见时，采用这种做法有一定好处，表现为以下三点。

（1）有助于暂时解决双方在价格方面的分歧，先就其他条款达成协议，早日签约。

（2）解除客户对价格风险的顾虑，使之敢于签订交货期长的合同。数量、交货期的早日确定，不但有利于巩固和扩大出口市场，也有利于生产、收购和出口计划的安排。

（3）对进出口双方而言，虽不能完全排除价格风险，但对出口方来说，可以不失时机地做成生意；对进口方来说，可以保证一定的转售利润。

但应当看到，这种做法是先订约后作价，对合同的关键条款——价格是在订约后由双方按一定的方式来确定的。这就不可避免地给合同带来较大的不稳定性，存在着双方在作价时不能取得一致意见，而使合同无法执行的可能；或由于合同作价条款规定不当，而使合同失去法律效力的危险。

3. 采用非固定价格条款应注意的问题

（1）酌情确定作价标准。为减少非固定价格条款给合同带来的不稳定因素，消除双方在作价方面的矛盾，明确订立作价标准就是一个重要的、必不可少的前提，作价标准可根据不同商品酌情作出规定。例如，以某商品交易公布的价格为准，或以某国际市场价格为准等。

（2）明确规定作价时间。关于作价时间的确定，可以采用下列几种做法。

• 在装船前作价。一般是规定在合同签订后若干天或装船前若干天作价。采用此种作价办法，交易双方仍要承担自作价至付款转售时的价格变动风险。

• 装船时作价。一般是指按提单日期的行市或装船月的平均价作价。这种做法实际上只能在装船后进行。除非有明确的客观的作价标准，否则卖方不会轻易采用，因为他怕承担风险。

• 装船后作价。一般是指在装船后若干天，甚至在船到目的地后始行作价。采用这类做法，卖方承担的风险也较大，故一般很少使用。

4. 非固定价格对合同成立的影响？

在采用非固定价格的场合，由于双方当事人并未就合同的主要条件——价格取得一致，因此，就存在着按这种方式签订的合同是否有效的问题。目前，大多数国家的法律都认为，合同只要规定作价办法，即是有效的，有的国家法律甚至认为合同价格可留待以后由双方确立的惯常交易方式决定。《联合国国际货物买卖合同公约》允许合同只规定“如何确定价格”，但对“如何确定价格”却没有个体规定或作进一步的解释。为了避免争议和保证合同的顺利履行，在采用非固定价格时，应尽可能将作价办法作出明确具体的规定。

6.2.3 价格调整条款

在国际货物买卖中，有的合同除规定具体价格外，还规定有各种不同的价格调整条款。例如，“如卖方对其他客户的成交价高于或低于合同价格5%对本合同未执行的数量，双方协商调整价格”。这种做法的目的是把价格变动的风险规定在一定范围之内，以提高客户经营的信心。

值得注意的是，在国际上，随着许多国家通货膨胀的加剧，有一些商品合同，特别是加工周期较长的机器设备合同，都普遍采用所谓“价格调整（修正）条款”，即Price Adjustment（Revision）Clause，要求在订约时只规定初步价格（Initial Price），同时规定：如原料价格、工资发生变化，卖方保留调整价格的权利。

上述价格调整条款的基本内容，是按原料价格和工资的变动来计算合同的最后价格。在通货膨胀的条件下，它实质上是出口厂商转嫁国内通货膨胀、确保利润的一种手段。这种做法已被联合国欧洲经济委员会纳入它所制定的一些“标准合同”之中，而且其应用范围已从原来的机械设备交易扩展到一些初级产品交易，因而具有一定的普遍性。

由于这类条款是根据原料价格的变动作为调整价格的依据，因此，在使用这类条款时，就必须注意工资指数和原料价格指数的选择，并在合同中予以明确。

6.3 计价货币的选择

计价货币（Money of Account）是指合同中规定用来计算价格的货币。支付货币（Money of Payment），在合同中与计价货币可以是同一货币，也可以是不同的货币。

在国际贸易中，虽然买卖双方的立场不同，对使用货币的出发点不同，但双方所考虑的问题却是相同的。主要有两个。

一是外汇风险负担问题。在当前国际金融市场普遍实行浮动汇率制的情况下，货币价值不是一成不变的，买卖双方都将承担一定的汇率变化的风险，因此在选择使用何种货币时，就不能不考虑货币汇价升降的风险。

在国际贸易中，把具有上浮（升值）趋势的货币称为“硬币”，把具有下浮（贬值）趋势的货币称为“软币”。通常情况下，在出口贸易中，应当选择“硬币”作为计价货币；在进口贸易中，应当选择“软币”作为计价货币。在金额较大的进出口合同中，为了缓冲汇率的急升急降，应当采用多种货币组合来计价，称之为“一揽子计价法”。

二是要考虑货币的自由兑换性，有利于调拨和运用，以及在必要时可转移货币汇价的风险。

6.3.1 合理选择计价货币应遵循以下原则

1. 遵循“收硬付软”的原则

“收硬付软”原则是指：在出口贸易中，力争选择硬货币来计价结算；在进口贸易中，力争选择软货币计价结算。但是在实际业务中，货币选择并不是一厢情愿的事，因为交易双方都希望选择对自己有利的货币，从而将汇率风险转嫁给对方。因此，交易双方在计价货币的选择上往往产生争论，甚至出现僵局。为打开僵局，促成交易，使用“收硬付软”原则要灵活多样。比如，可以采用“硬币”和“软币”组合的方法，使升值的货币所带来的收益用以抵消贬值的货币所带来的损失。如果在交易中对方坚持选择货币，可以通过协商，使买卖双方互不吃亏。

2. 进口、出口货币一致的原则

一个外贸企业，进口商品使用某种货币计价，那么，出口商品也应采用该货币计价，这样做可以将外汇风险通过一“收”一“支”相互抵消。比如，计价货币升值，则进口成本因此而升高，企业遭损失，然而出口收益却因此而增加，企业有盈利。二者相抵，风险降低或消除。

3. 借、用、收、还货币一致的原则

当今世界，任何一种货币都无法长期保持坚挺的地位，在企业借款的整个过程——借、用、收、还四个环节中，只要发生货币兑换，就存在汇率风险。因此，应尽量争取使这四个环节币种相一致，避免汇率风险，保证按时偿还。

4. 要综合考虑汇率和利率变动趋势

企业在国际市场上筹集资金时要特别注意，低利率的债务不一定就是低成本的债务，高利率的债务也不一定就是高成本的债务，必须把利率和汇率变动趋势综合起来考虑。一般的讲，硬币利率低，软币利率高。例如，有A和B两笔债务，A债务以美元计价，年利率12%，B债务以日元计价，年利率8%，而美元将贬值4%，日元将升值4%。这样，A债务的实际利率是8%，B债务的实际利率是12%。因而，实际上A债务的成本比B债务的成本低。在企业对汇率预测把握不大的情况下，从稳妥着眼，在市场允许的情况下，借入多种货币共同构成一笔借款比较合适，它可以分散风险。

5. 以本币作为计价货币的原则

在国际经济交易中，如果用本币计价结算，进出口商不需要买卖外汇，也就不承担汇率变动的风险。但这种方法给贸易谈判带来一定困难，因为这实际上是将汇率风险转嫁给了对方，所以只能在价格或期限上做出让步，作为给对方的风险补偿，交易才能做成。由于人民币还未成为自由兑换货币，所以总的来说在国际贸易中使用有限。我国很多进出口企业在对外贸易和引进技术设备时不得不采用其他外汇。用外汇计价时应注意借、用、还一致的原则，以减少货币兑换风险。另外，企业家还必须记住，对于世界性交易商品，如石油、森林产品和某些原材料，一律用美元计价结算，没有货币选择余地。

6.3.2 利用货币保值条款

在签订贸易、信贷或投资等协定时，若确定以某种货币作为计价支付手段，则按当时的市场汇率将该货币折算成相应的“一篮子货币”额，到结汇时再按结汇时的市场汇价将“一篮子货币”额折算成相应数额的计价货币进行偿付。“一篮子货币”是多种货币的组合货币，它实际上是利用多种货币之间的负相关效应，来综合抵消降低风险。目前“一篮子货币”中使用较多的是特别提款权（SDR），它是一种以5种主要货币加权平均值的货币篮子，币值较稳定，是理想的保值工具。

》资料卡

特别提款权

《万国邮政公约》规定，万国邮政联盟的标准货币是国际货币基金组织的记账单位“特别提款权”，英文名称为“Special Drawing Right”，简称“SDR”。1979年里约热内卢大会以前，万国邮联的标准货币是含金量为10～31克九成金的金法郎，它与各国货币的比价通过相关货币的含金量来计算。20世纪70年代末取消黄金的货币价值作用以后，金法郎失去了继续存在的基础，所以万国邮联在其里约热内卢大会上决定引用国际货币基金组织的记账单位作为万国邮联的标准货币。之所以用国际货币基金组织的记账单位来作为万国邮政联盟的标准货币，是因为它的价值是通过在国际贸易中所占比例最大的5种货币来确定的（当时是15种），具有较强的稳定性，比利用任何一个会员国的货币作为标准货币可能给其他会员国造成的风险都小。特别提款权与各国货币的比价由国际货币基金组织每日计算并公布。标准货币主要有以下两种作用。

其一，作为将公约和各项协定中所规定的指示性费率折合本国货币的工具。鉴于资费需要相对的稳定性，不宜每天根据国际货币基金组织公布的比价变动，所以万国邮联规定各会员国应根据前一年9月30日以前至少12个月由国际货币基金组织公布的本国货币与特别提款权比价的平均值来确定特别提款权与本国货币的比价，用于制定邮件收寄资费、计算邮件退回和改寄资费、给据邮件的补偿以及国际回信券出售价格等。我国日前决定将特别提款权对人民币的比价，从1特别提款权折合11.9379元调整为1特别提款权折合10.5390元就是根据这一规定作出的。

其二，作为各邮政间账目结算的记账单位。各邮政之间结算各项费用的账单都是以特别提款权为单位编造的。不论是直接结算还是通过总账结算，都是利用付款前一天由国际货币基金组织公布的特别提款权与付款货币的比价，将特别提款权账款金额折合成付款货币金额，办理付款手续。

国际贸易中常用的计价货币名称见表6.1所示。

表 6.1　　国际贸易中常用的计价货币名称表

国家或地区	货币名称		简写
中国	人民币元	RenMinbi Yuan	RMB ¥
香港（地区）	港元	Hongkong Dollar	Hk $
英国	英镑	Pound Sterling	$ Stg
美国	美元	United State Dollars	US $
日本	日元	Japanese Yen	J ¥
加拿大	加拿大元	Canadian Dollar	Can $
澳大利亚	澳大利亚元	Australian Dollar	A $
新加坡	新加坡元	Singapore Dollar	S $
马来西亚	马来西亚元	Malaysian Dollar	M $
瑞士	瑞士法郎	Swiss France	Sfr 或 SF

6.4 佣金和折扣的运用

6.4.1 佣金

1. 佣金与含佣价的含义与表示方法

在价格条款中，有时会有佣金或折扣的规定。从这个角度看，价格条款中所规定的价格，可分为包含有佣金或折扣的价格和不包含这类因素的净价（Net Price）。包含有佣金的价格，在业务中通常称为“含佣价”。

佣金（Commission），是代理人或经纪人为委托人进行交易而收取的报酬。上述代理人或经纪人就是我们通常所说的中间商，委托人是指买方或者卖方。在国际货物买卖中，往往表现为出口商付给销售代理人、进口商付给购买代理人的酬金。因此，它适用于与代理人或佣金商签订的合同。凡在合同中表示佣金的，称为“明佣”，不在合同中表示佣金的，而由双方另行约定的，称为“暗佣”。按照一定的含佣价给予中间商佣金的百分比称为“佣金率”。价格中所包含的佣金也可用绝对数表示，如每公吨付佣金 30 美元，或每公吨折扣 5 美元等。

在商品价格中包含佣金时，通常以文字来说明。

条款示例　每公吨1000美元CIF香港，佣金3%

USD 1000 per M/T CIF HongKong including 3% Commission

也可以在贸易术语上加注佣金的英文字母“C”和佣金的百分比表示。

条款示例　每公吨1000美元CIF C3% 上海

USD 1000 per M/T CIF C3% ShangHai

2. 佣金的计算

在规定佣金的条件下，不但佣金的高低会影响双方的实际利益，而且如何计算佣金，对双方的经济利益也会产生直接影响。计算佣金可以有不同的方法，最常见的是以合同价格直接乘佣金率，得出佣金额。例如，CIFC3%每公吨1000美元，佣金额为1000×0.03=30美元。

但也可规定，CIFC3%以FOB值计算。这样，在计付佣金时，以CIF价减去运费、保险费，求出FOB值，然后乘以0.03，得出佣金额。关于计算佣金的公式如下：

单位货物佣金额=含佣价×佣金率

净价=含佣价－单位货物佣金额

在实践操作中，只有先确定净价，然后才能算出含佣价。如佣金额计算的基数是含佣价，净价换算含佣价的计算公式为：

含佣价=净价/（1－佣金率）

在这里，值得注意的是，如在洽商交易时，我方报价为10000美元，对方要求3%的佣金，在此情况下我方改报含佣价，按上述公式计算应为10309.3美元，这样才能保证实收10000美元。

如佣金额计算的基数是净价，则含佣价换算净价的计算公式为：

净价=含佣价×（1－佣金率）

此外，也可用净价作为计算佣金的基数，计算公式为：

单位货物佣金额=净价×佣金率

另外，还有按成交商品的数量来计算佣金，公式为：

佣金额=成交商品的数量×每单位数量佣金

无论采用何种方法作为计算佣金的基数，都应该在有关交易当事人之间事先加以确定，而且还要明确以何种贸易术语成交金额作为计佣基数。如：CIF发票金额为10000美元，佣金率为2%，则应付佣金为200美元；CFR发票金额为9900美元，佣金率2%，则应付佣金为198美元。也有的规定以FOB价值作为计算佣金的基础，即不管成交的贸易术语是CIF还是CFR或其他，都应该换算到FOB，然后计算。

从理论上讲，计佣的基数以 FOB 净价比较合理。如果以发票金额作为计佣基数，则意味着有时中间商还要从运费和保险费、甚至佣金本身中获得佣金，这是不合理的。

3. 佣金的支付

佣金的支付通常有两种做法：一种是由中间代理商直接从货价中扣除；另一种是在委托人收清货款之后，再按事先约定的期限和佣金比率，另外付给中间代理商。按照一般惯例，在独家代理情况下，如委托人同约定地区的其他客户直接达成交易，即使未经独家代理商过手，也得按独家代理协议规定的佣金比率付给其佣金。在支付佣金时，要防止错付、漏付和重付事故发生。

6.4.2 折扣

1. 折扣的含义

折扣（Discount，Rebate），是指卖方按原价给予买方一定百分比的价格减让，即在价格上给予适当的优惠。国际贸易中使用的折扣，名目很多，除一般折扣外，还有为扩大销售而使用的数量折扣（Quantity Discount），为实现某种特殊目的而给予的特别折扣（Special Discount）以及年终回扣（Turnover Bonus）等。凡在价格条款中明确规定折扣率的，叫做“明扣”；凡交易双方就折扣问题已达成协议，而在价格条款中却不明示折扣率的，叫做“暗扣”。折扣直接关系到商品的价格，货价中是否包括折扣和折扣率的大小，都影响商品价格，折扣率越高，则价格越低。折扣如同佣金一样，都是市场经济的必然产物，正确运用折扣，有利于调动采购商的积极性和扩大销路，在国际贸易中，它是加强对外竞销的一种手段。

2. 折扣的规定办法

在国际贸易中，折扣通常在合同价格条款中用文字明确表示出来。例如：“CIF 伦敦每公吨 200 美元，折扣 3%”（US $ 200 per Metric ton CIF London including 3% discount）。此例也可这样表示：“CIF 伦敦每公吨 200 美元，减 3% 折扣”（US $ 200 per metric ton CIF London Less 3% discount）。此外，价格中所包含的折扣也可用绝对数表示，每公吨折扣 5 美元等。

在实际业务中，也有用“CIFD”或“CIFR”来表示 CIF 价格中包含折扣。这里的“D”和“R”是“Discount”和“Rebate”的缩写。鉴于在贸易往来中加注的“D”或“R”含义不清，可能引起误解，故最好不使用此缩写语。交易双方采取暗扣的做法时，则在合同价格中不予规定。有关折扣的问题，按交易双方暗中达成的协议处理。这种做法属于不公平竞争。公职人员或企业雇佣人员拿“暗扣”，应属贪污受贿行为。

3. 折扣的计算与支付方法

折扣通常是以成交额或发票金额为基础计算出来的。

例如：CIF 伦敦，每公吨 2000 美元，折扣 2%，则卖方的实际净收入为每公吨 1960 美元。

其计算方法如下：

单位货物折扣额 = 原价（或含折扣价）× 折扣率

卖方实际净收入 = 原价 − 单位货物折扣额

折扣一般是在买方支付货款时预先予以扣除。也有的折扣金额不直接从货价中扣除，而按暗中达成的协议另行支付给买方，这种做法通常在给“暗扣”或“回扣”时采用。

6.5 出口价格核算

合理的报价核算是交易磋商的重要环节之一。价格是国际货物买卖合同的核心，是买卖双方最关心的问题之一。国际贸易中的商品报价比国内贸易要复杂得多。本节主要围绕 FOB、CIF、CFR 三个国际贸易中常用的价格术语，就如何核算成本、费用，并根据各价格术语的特点和要求合理报出商品的价格做出详细阐述。

6.5.1 报价依据

出口商品对外报价需根据出口成本、国际市场价格水平，结合企业的经营意图等多方面因素综合考虑，确定合理的价格。国际市场商品价格千变万化，但通常受商品所固有的价值的影响，所以出口企业的成本即出口成本就成为报价的基础。

1. 出口成本构成

企业的出口成本包括两部分，即商品本身的成本和商品装运出口前的费用。商品装运出口前的费用即国内总费用。

（1）商品本身的成本，即生产成本、加工成本和采购成本三种类型。

- 生产成本：制造商生产某一产品所需的投入。
- 加工成本：加工商对成品或半成品进行加工所需的成本。

• 采购成本：贸易商向供应商采购的价格，亦称进货成本。

（2）国内总费用包括以下几方面。

• 国内运输费：出口货物在装运前所发生的境内运输费，通常有卡车运输费、内河运输费、路桥费、过境费及装卸费。

• 包装费：包装费用通常包括在采购成本之中，但如果客户对货物的包装有特殊的要求，由此产生的费用就要作为包装费另加。

• 仓储费：需要提前采购或另外存仓的货物往往会发生仓储费用。

• 认证费：出口商办理出口许可、配额、产地证明、其他证明所支付的费用。

• 港区港杂费：出口货物在装运前在港区码头所需支付的各种费用。

• 商检费：出口商品检验机构根据国家的有关规定或出口商的请求对货物进行检验所发生的费用。

• 捐税：国家对出口商品征收、代收或退还的有关税费，通常有出口关税、增值税等。

• 贷款利息：出口商由向国内供应商购进货物至从国外买方收到货款期间由于资金的占用而造成的利息损失，也包括出口商给予买方延期付款的利息损失。

• 业务费用：出口商在经营中发生的有关费用，如通讯费、交通费、交际费、广告费等等，又称为经营管理费。

• 银行费用：出口商委托银行向国外客户收取货款、进行资信调查等所支出的费用。

2. 出口商品价格的构成

了解价格的构成，掌握各部分的含义，对于正确核算出口价格是十分重要的。出口商品价格的构成包括出口成本、运费、保险费、佣金和利润。

（1）出口成本。出口成本包括商品本身的成本（采购成本）和货物直至装运出口前的所有费用，如前（国内总费用）所列。即：

出口成本 = 采购成本 + 国内总费用

（2）运费、保险费和佣金。运费即货物出口时支付的海运、陆运或空运费用。保险费即出口商向保险公司购买保险或信用保险所支付的费用。佣金即出口商向中间商支付的为介绍交易提供服务的酬金。

（3）预期利润。利润是交易的最终目的，是价格的重要组成部分，也是商人最为关心的要素。

出口成本、运费和保险费及佣金构成了出口商的支出，预期利润为出口商的收益，因此，出口商品的价格也可以说由出口总支出和利润两部分构成。即：

出口商品的价格 = 出口总支出 + 预期利润

6.5.2 出口商品成本核算

1. 出口商品采购成本核算

对于从事贸易的出口商而言，商品成本即为采购成本，是贸易商向供货厂商购买货物的支出。一般来讲，供货厂商所报的价格就是贸易商的采购成本。然而，供货厂商报出的价格一般包含税收，即增值税。增值税是以商品进入流通环节所发生的增值额为课税对象的一种流转税。由于出口商品是进入国外的流通领域，因此，许多国家为降低出口商品的成本，增强其产品在国际市场上的竞争力，往往对出口商品采取增值税款全额或按一定比例退还的做法。在实施出口退税制度的情况下，出口商在核算价格时，为了增加其产品在售价上的竞争力，往往会将含税的采购成本中的出口退税部分予以扣除，从而得出实际购货成本。我国实行出口商品零税制，目前对不同的商品实施不同的退税率。

≫范例

某出口公司采购一批SWB32S“火车牌”足球，每只足球的购货成本是165元人民币，其中包括17%的增值税，若足球出口可以有8%的退税，求每只足球的实际购货成本。

解 实际成本=购货成本 - 出口退税额

购货成本=净价（不含税价）+增值税

=净价+净价×增值税率

=净价×（1+增值税率）

购货净价=购货成本÷（1+增值税率）

出口退税额=净价×出口退税率

=购货成本÷（1+增值税率）×出口退税率

实际购货成本=购货成本-出口退税额

=购货成本-购货成本÷（1+增值税率）×出口退税率

=购货成本×（1+增值税率-出口退税率）÷（1+增值税率）

所以（SWB32S）“火车牌”足球的实际购货成本为：

实际购货成本=165×（1+17% - 8%）÷（1+17%）

=153.7179

≈153.72（元/只）

2. 单位出口商品国内总费用

出口货物涉及的各种国内费用在报价时大部分还没有发生，因此该费用的核算实际是一种估算。其计算方法有两种。

（1）将货物装运前的各项费用根据以往的经验进行估算并叠加，然后除以出口商品数量获得单位商品装运前的费用，即：

单位出口商品国内总费用 = 国内总费用 ÷ 出口商品数量

（2）因为该类费用在货价中所占比重较低，而且项目繁杂而琐碎，贸易公司根据以往经营各种商品的经验，采用定额费用率的做法。所谓定额费用率，是指贸易公司在业务操作中对货物装运前发生的费用按公司年度支出规定一个百分比，一般为公司购货成本的3% ~10%左右。实际业务中，该费率由贸易公司按不同的商品、交易额大小、竞争的激烈程度自行确定。

≫范例

某出口公司出口某冷冻水产品17吨，每吨的进货价格为5600元人民币，估计该批货物国内运杂费共计1200元，出口商检费300元，报关费100元，港区港杂费950元，其他各种费用共计1500元，另银行手续费为800元，求该水产品国内费用。

解 上例中已估算了装运前各项费用，故采用第一种方法：

每吨冷冻水产品国内费用 = 各项装运前费用之和 ÷ 出口数量

= （1200 + 300 + 100 + 950 + 1500 + 800） ÷ 17

= 285.2941（元/吨）

若采用第二种方法，假定定额费率为进货价的5.5%，则

每吨货物国内总费用 = 5600 × 5.5% = 308（元/吨）

究竟用哪一种方法确定单位产品国内费用，应以所采数据的准确性、价格的竞争性及定价策略等综合考虑决定。在实践中，因出口费用涉及项目繁杂，单位众多，各项费用不易精确估算，故而常用定额费率的方法加以核算。

6.5.3 利润核算

价格中所包含的利润大小往往根据商品、行业、市场需要以及企业的价格策略来决定，因此，它并没有一定的标准。利润作为商人自己的收入，其核算方法由商人自己决定。在实践中，商人决定利润的方法有两种：一是根据以往经营的经验按某一固定的数额作为单位商品的利润；二是以一定的百分比作为经营的利润率来核算利润额，在用利润

率来核算利润额时，应当注意计算的基数，可以用某一成本（生产成本、购货成本或出口成本）作为计算利润的基数，也可以用销售价格作为计算利润的基数。即：

利润额 = 出口成本 × 利润率

或：

利润额 = 出口报价 × 利润率

> **≫范例**
>
> 某贸易公司单位产品的出口包括运费在内的总成本为100美元，假设预期利润率为15%，计算出口价格和利润额。
>
> **解** （1）以出口成本为计算利润的基数，那么：
>
> 出口价格 = 出口成本 + 利润额
>
> = 出口成本 + 出口成本 × 利润率
>
> = 出口成本 ×（1 + 利润率）
>
> = 100 ×（1 + 15%）= 115（美元）
>
> 利润额 = 100 × 15% = 15（美元）
>
> （2）以出口销售价格为计算利润的基数，那么：
>
> 出口价格 = 出口成本 + 利润额 = 出口成本 + 出口价格 × 利润率
>
> 出口价格 − 出口价格 × 利润率 = 出口成本
>
> 出口价格 ×（1 − 利润率）= 出口成本
>
> 出口价格 = 出口成本 ÷（1 − 利润率）
>
> = 100 ×（1 − 15%）= 117.64（美元）
>
> 利润额 = 出口报价 × 利润率 = 117.64 × 15% = 17.64（美元）

由此可见，计算利润的基础不同，出口报价和利润大小也不同。因此，公司在进行价格核算时，应特别注意本公司的利润核算依据，以免报价失误，造成损失。

6.5.4 出口报价核算及还价核算

1. 出口报价核算

了解了出口价格各要素核算方法及要点后，我们就可以着手进行出口报价的核算了。所谓出口报价是出口商向国外客户出售某商品报出的价格。在计算价格时，首先需要明确价格的构成，即所报价格将有哪些部分组成，然后则需要清楚了解各组成部分的计算方法，也就是出口成本、各项费用以及利润的计算依据，最后将各部分加以合理的汇总即可。

实际业务中，经常报 FOB、CIF 和 CFR 价格，这三种价格核算分别如下。

（1）FOB 价格的核算。

FOB 价 = 出口成本 + 预期利润

= 实际购货成本 + 单位产品国内总费用 + 预期利润额

或：

FOB 价 = 实际购货成本 + 单位产品国内总费用 + 预期利润额 + 佣金

（2）CIF 价格核算。

CIF 价 = 出口成本 + 出口运费 + 运输保险 + 预期利润额

或：

CIF 价 = 实际购货成本 + 单位产品国内总费用 + 单位产品出口运费 + 运输保险费 + 预期利润额 + 佣金

（3）CFR 价格核算。

CFR 价格 = 出口成本 + 出口运费 + 预期利润额

或：

CFR 价 = 实际购货成本 + 单位产品国内总费用 + 单位产品出口运费 + 预期利润额 + 佣金

下面通过一个具体的案例，来说明出口报价核算操作。

≫范例

某食品进出口公司收到日本商人求购 17 吨冷冻水产（计一个 20 英尺集装箱）的询盘，经了解该级别水产品每吨的进货价格为 5600 元人民币（含增值税 17%），出口包装费每吨 500 元，该批货物国内运杂费计 1200 元，出口商检费 300 元，报关费 100 元，港区港杂费 950 元，其他各种费用 1500 元。该食品进出公司向银行贷款的年利率为 8%，预计垫款时间 2 个月。银行手续费率为 0.5%（按成交价格计），出口冷冻水产的退税率为 3%。可海洋运费从装运港青岛至日本神户一个 20 英尺冷冻集装箱的包箱费率是 2200 美元，用户要求按成交价的 110% 投保，保险费率 0.85%；日本商人要求在报价中包括 3% 的佣金，若该食品进出口公司的预期利润是 10%（以成交金额计），人民币对美元汇率为6.85:1，试报出每吨水产出口的 FOB、CFR 和 CIF 价格。为保持数据的相对准确性，运算过程保留四位小数，最终报价保留两位小数。

解 实际购货成本 = 购货价格 − 出口退税额

= 购货成本 ×（1 + 17% − 退税率）÷（1 + 17%）

= 5600 ×（1 + 17% − 3%）÷（1 + 17%）

=5600×1.14÷1.17=5456.4103（元/吨）

费用：

国内费用=500+（1200+300+100+950+1500）÷17+5600×8%÷6

=812.902（元人民币/吨）（注：贷款利息通常根据进货成本来核算）

银行手续费=报价×0.5%

客户佣金=报价×3%

出口运费=2200÷17=129.4118美元=1067.6473元

出口保费=CIF价×110%×0.85%

利润=报价×10%

（1）FOB报价

FOBC3=实际购货成本+国内费用+佣金+银行手续费+预期利润

=5456.4103+812.902+报价×3%+报价×0.5%+报价×10%

FOBC3=（5456.4103+812.902）÷（1-3%-0.5%-10%）

=6269.3123÷0.865÷6.85

=1058.07（美元/吨）

（2）CFR报价

CFRC3=实际购货成本+国内费用+出口运费+佣金+银行手续费+预期利润

=5456.4103+812.902+1067.6471+报价×3%+报价×0.5%+报价×10%

CFRC3=(5456.4103+812.902+1067.6471)÷（1-3%-0.5%-10%）

=7336.9594÷0.865÷6.85

=1238.25（美元/吨）

（3）CIF报价

CIFC3=实际购货成本+国内费用+出口运费+佣金+银行手续费+出口保险费+预期利润

=5456.4103+812.902+1067.6471+报价×3%+报价×0.5%+报价×110% x 0.85%+报价×10%

CIFC3=(5456.4103+812.902+1067.6471)÷（1-3%-0.5%-110%×0.85%-10%）

=7336. 9594 ÷ 0. 85565 ÷ 6. 85

=1251. 78（美元／吨）

通过以上计算，17 吨冷冻水产品的出口报价如下：

US $ 1058. 07 PER METRIC TON FOBC3 QINGDAO

US $ 1238. 25 PER METRIC TON CFRC3 KOBE

US $ 1251. 78 PER METRIC TON CIFC3 KOBE

2. 还价核算

在进出口业务中，讨价还价常常是交易磋商中的主旋律。在进出口交易中，无论出口商还是进口商，在收到对方的报价后立即接受成交的情况很少见。那么，在收到对方还价后，进行还价核算，以便对还价做出合理反应，进行再还价或接受就显得很重要了。出口商可以采取以下几个方面的对策。

（1）努力说服客户接受原价，不作让步。追求利润是买卖双方经营的目标，利润太低，出口商自然不太愿意，但利润太高也会吓跑客户，失去成交的机会。因此，要详细了解客户的需求和市场的竞争状况，谨慎地采取这一对策。

（2）减少公司的利润以满足客户的降价要求。这虽然是最直接和最简便的方法，但它牺牲的是出口商自身的利润，因而往往是出口商最不愿意采取的对策。

（3）降低采购成本。采购成本在价格构成中占比例最大，通过降低供货价格来调整报价，达到降低报价目的则显得很重要。当然，降低采购价格不能一相情愿，而需要经过同供货商艰苦谈判。

（4）减少运输费用和保险费支出。目前经营外运和保险的公司较多，竞争激烈，经营灵活。通过谈判，运费和保险费也是可以调整的。另外，增加数量，也可摊薄出口成本，使价格下降。

总而言之，无论采用什么对策，正确的还价核算都是必要的。

在出口还价核算时，出口商首先考虑的是在客户还价后，自己是否还有利润、利润是多少。计算利润额时可以单一商品利润或一个品种、一个集装箱或整个订单的利润额为基础，即单价法和总价法。总价法比较直观且比较精确。除了计算利润额以外，有时出口商还会进行利润率的核算。核算利润率的主要目的是为了将经过还价后的利润和报价利润率进行比照。

下面我们以上列出口报价的案例，来分析出口还价核算过程。

≫范例

当该食品进出口公司向日本商人报出冷冻水产品的价格后，随即收到日本商人的还价，每吨 CIF 神户的接受价是 1190 美元，其中包括 3% 的佣金，请根据还价计算：

（1）如果接受还价，该食品进出口公司每出口一吨冷冻水产品可以获利多少元人民币？总利润额为多少？利润率为百分之几？（精确至元。）

（2）如果该食品进出口公司 10% 的利润率不得减少，在其他国内费用保持不变的情况下，公司能够接受的供货价格应为每公吨多少元人民币？

解 1. 有关数据

报价数量：17 吨（计一个 20 英尺集装箱）。

购货价格：每吨 5600 元人民币（含增值税 17%），出口退税率为 3%。

国内费用：运杂费共计 1200 元，出口包装费每吨 500 元，出口商检费共 300 元，报关费共 100 元，港区港杂费共 950 元，其他各种费用共计 1500 元。贷款年利率为 8%，垫款时间两个月。银行手续费率为 5%（按成交价格计）。

出口运费：2200 美元。

保险：按 CIF 价格的 110% 投保，保险费率 0.85%。

佣金：3%

预期利润：10%（以成交金额计）。

汇率：6.85 元人民币兑换 1 美元。

2. 报价

实际购货成本 = 5600 − 5600 ÷（1 + 17%）× 3%

= 5600 − 143.5897 = 5456.4103（元/吨）

国内费用 = 500 +（1200 + 300 + 100 + 950 + 1500）÷ 17 + 5600 × 8% ÷ 6

= 812.9020（元人民币/吨）（注：贷款利息通常根据采购成本来计算）

银行手续费 = 报价 × 0.5%

客户佣金 = 报价 × 3%

出口运费 = 2200 × 6.85 ÷ 17 = 886.4706（元）

出口保费 = CIF 报价 × 110% × 0.85%

利润 = 报价 × 10%

CIFC3 报价 = 实际购货成本 + 国内费用 + 出口运费 + 客户佣金 + 出口保险 + 预期利润

= 5456.4103 + 812.9020 + 886.4706 + 报价 × 3%（佣金）+ 报价

×0.5%（银行手续费）+报价×110%×0.85%（出口保险费）

+报价×10%（利润）

CIFC3 =（5456.4103+812.9020+886.4706）÷（1-3%-0.5%-110%×0.85%-10%）

=7155.7829÷0.85565÷6.85

=1220.87（美元/吨）

3. 还价核算

按照客户提出的价格1190美元CIFC3%神户，食品进出口公司可望获取的利润额。

利润额=销售收入-实际购货成本-国内费用-出口运费-银行手续费-保险费-佣金

=1190×6.85-5456.4103-812.902-886.4706-1190×6.85×（0.5%+110%×0.85%+3%）

=634.1981

=634（元/吨）

总利润额=634×17=10778（元）

利润率=634÷8167.5×100%=7.76%

如果该食品进出口公司10%的销售利润保持不变的话，每吨冷冻水产品的国内采购价格：

国内采购价格=销售收入-销售利润-保险费-佣金-银行费用-国内费用-出口运费+退税收入

=[1190×6.85×（1-10%-1.1×0.85%-3%-0.5%）-738.2353-886.4706]÷[1+（8%÷6）-（3%÷1.17）]

=5350.125÷0.98769=5416.81=5417（元/吨）

这里要注意的是国内费用中的银行利息为采购价格×8%÷6；而退税收入则为采购价格÷（1+17%）×3%。

6.6 合同中的价格条款

6.6.1 单价条款的四部分内容

在前面的固定价格中已经提到，进出口合同中的价格条款，一般包括商品的单价和总值两项基本内容，单价通常由四个部分组成，即计量单位、单位价格金额、计价货币和贸易术语。例如，每公吨 CIF 洛杉矶 2000 美元（US $ 2000 per M/T CIF Los Angeles）。总值（或称总价）是单价同数量的乘积，也就是一笔交易的货款总金额。

6.6.2 拟订价格条款的注意事项

（1）合理地确定商品的单价，防止偏高或偏低。

（2）根据船源、货源等实际情况，选择适当的贸易术语。

（3）争取选择有利的计价货币，必要时可加订保值条款。

（4）灵活运用各种不同的作价办法，尽可能避免承担价格变动的风险。

（5）参照国际贸易的习惯做法，注意佣金和折扣的合理运用。

（6）如交货品质、交货数量有机动幅度或包装费另行计价时，应一并订明机动部分作价和包装费计价的具体办法。

（7）单价中的计量单位、计价货币和装运地或卸货地名称，必须书写清楚，以利合同的履行。

>> 本章小结

国际贸易是国家经济活动中的重要组成部分，对国家的财政收入、外汇储备、汇率等项目或指标起着举足轻重的作用。如果操作得不好或者在操作之前没有进行必要的预算，不仅可能发生亏损，还可能带来业务操作、外汇汇率等风险。因此，在对外贸易操作的过程中需要及时进行各种核算和结算，以便了解利润情况，检查贸易操作过程中应该注意的地方和制定相应的改进措施。这就需要对各种操作环节总结和设计相应的计算方法。本章中给出了一些环节的计算公式，各公司或部门还应该根据本公司经营产品或商品的不同、贸易对方所处理位置等情况设计适合本公司操作的公式，使业务人员可以灵活机动地对自己所操作的业务进行预算和核算。

>> 本章关键词

单价（Unit Price）

总价（Total Amount）

佣金（Commission）

折扣（Discount）

净价（Net Price）

含佣价（Price Including Commission）

>> 复习与思考

【选择题】

国际贸易中商品单价应包括哪些内容？

国际商品作价的基本方法有哪些？

选择计价货币要注意哪些问题？

【计算题】

1. 我某公司向外商报价每公吨1000美元CFR曼谷，而外商来电要求该报CIF曼谷含5%佣金价。我方应报CIFC5%曼谷价为多少？（保险费率合计为0.85%，投保加一成保险。）

2. 我国某公司对某种商品报价为：CIF鹿特丹每公吨人民币1950元。应荷兰某公司请求，改报美元，应报多少？（汇率为US＄100＝RMB684.18/684.5 2。）

3. 我国甲公司某商品对外报价为每箱 CIF100 美元，佣金率 5%，英方要求改报 FOB 大连，佣金率不变。已知每箱货物运费为 10 美元，投保加一成，保险费率为 0.5%，请问：甲公司应如何报价？

4. 某公司出口箱装货物，报价为每箱 50 美元 CFR 伦敦。英商要求改报 FOB 价，我方应报价多少？（已知：该货物体积每箱长 45 厘米、宽 40 厘米、高 25 厘米，每箱毛重 35 公斤，运费计算标准为 W/M，每单位基本运费为 120 美元，并加收直航附加费 20%，港口附加费 10%。）

【案例分析题】

中国某出口公司按 CFRC5% 的价格条件出售一批货物，合同总金额为 52500 美元。外商开来的信用证金额为 49875 美元，并注明“议付时扣 5% 系给某中间商的佣金”。由于卖方审单时，忽视核对信用证金额，故在缮制发票和汇票时，都以合同金额 52500 美元为准。议付时，中国银行扣除 5% 的佣金，即按 49875 美元借记开证行北京账户。开证行接单后，以发票金额超过信用证金额为由拒付。后经与开证行及中间商多次交涉无效，只好在信用证有效期内另行按信用证金额 49875 美元，再扣除 5% 的佣金，赶制发票与汇票，结果重复支付了一笔佣金。试分析：通过本案应吸取什么教训？

国际货款的收付

7

第7章

>> 学习目标

通过本章的学习，学生能够认识国际贸易货款收付的各种方式，了解不同支付方式的特点，掌握相关的国际惯例，在国际货款结算过程中灵活运用各种支付方式，培养订立进出口合同条款中的支付条款的能力。

案例导入

甲交给乙一张经付款银行承兑的远期汇票，作为向乙订货的预付款，乙在票据上背书后转让给丙以偿还原先欠丙的借款，丙于到期日向承兑银行提示取款，恰遇当地法院公告该行于当天起进行破产清理，因而被退票。丙随即向甲追索，甲以乙所交货物质次为由予以拒绝，并称10天前通知银行止付，止付通知及止付理由也同时通知了乙。在此情况下，丙再向乙追索，乙以汇票系甲开立为由推诿不理。丙遂向法院起诉，被告为甲、乙与银行三方。你认为法院将如何依法判决？理由何在？

分析

（1）法院应判甲向丙清偿被拒付的汇票票款、自到期日或提示日起至清偿日止的利息，以及丙进行追索所支付的相关费用。甲与乙的纠纷则另案处理。

（2）理由：①由于票据具有流通性、无因性、文义性、要式性，因此只要丙是票据的合法持有人，就有权要求票据债务人支付票款，并且此项权利并不受其前手乙的权利缺陷（向甲交付的货物质次）的影响；②丙在遭到主债务人（承兑银行）退票后，即有权向其前手甲、乙进行追索。同样由于票据特性，甲不能以抗辩乙的理由抗辩丙。

国际贸易中，货款的收付直接影响着买卖双方的资金周转和融通，并且采用不同的国际货款收付方式给买卖双方带来的金融风险和费用负担各不相同，直接关系到买卖双方的利益。因此，进出口商在订立合同的货款收付条款时，都力争使用对己方有利的收付方式。

我国进出口贸易通常通过外汇的收付来结算货款。结算货款主要涉及支付工具、付款时间、付款地点以及支付方式等方面的问题，买卖双方必须就以上各项取得一致，并在合同中以支付条款的形式固定下来。

7.1 票据概述

国际货款结算需要一定的工具。最初的国际结算均采用黄金、白银、铸币等，但随着国际贸易活动的扩展，单纯的现金结算越来越不符合实际需要，于是出现了商业汇票等票据结算方式。

7.1.1 票据的概念

票据，从广义上，泛指代表一定权利关系的书面凭证。例如汇票、本票、支票、提单、仓单、保单、记账凭证等，甚至还有的把日常生活中使用的一些书面凭证，如乘车、乘船的票证等，也称之为票据。

票据，从狭义上，仅指出票人依照法定的格式签发的，无条件约定由自己或委托他人在一定期限内支付确定金额的流通证券，即汇票、本票和支票三种票据。国际结算中的票据是指这种狭义的票据。

因各国票据立法不同，对票据概念的规定也各不相同，大致有以下几种情况。

第一，票据即指汇票与本票。英国和美国的票据法规定，票据即指汇票和本票，支票包括在汇票之中。

第二，票据只包括汇票与本票，不包括支票。《德国票据法》、《意大利商法》、《日内瓦统一票据法》等规定，汇票和本票是票据，支票是与之并列的另一种有价证券，单独立法。

第三，在票据的总称下面规定汇票、本票和支票三种票据。我国《票据法》第二条第二款规定："本法所称票据，是指汇票、本票和支票。"

7.1.2 票据的性质

1. 票据是无因证券

票据上的法律关系只是单纯的金钱支付关系，权利人享有票据权利只以持有票据为必要，至于这种支付关系的原因或者说权利人取得票据的原因均可不问，即使这种原因关系无效，对票据关系也不发生影响。持有票据的人行使权利时无须证明其取得证券的原因。因而票据是无因证券。票据的无因性使票据得以流通。

2. 票据是流通证券

在西方国家，票据制度强调票据的流通性，英、美等国就以“流通证券”来形容票据。因为票据可经背书或交付方法转让于他人，具有流通性，所以，票据是流通证券。一般说来，无记名票据，仅依交付就可转让，记名票据，必须经背书才能交付转让。

3. 票据是完全有价证券

有价证券可分为完全有价证券和不完全有价证券。证券与权利在一定情况下可以分离时，为不完全有价证券；证券与权利不可分离时，为完全有价证券。

票据作为完全有价证券，是指其权利与票据的占有不可分离，票据上权利的发生、转移、行使，均须依票据才能进行。

4. 票据是设权证券

所谓设权证券，是指票据权利随票据的设立而发生。票据作成前，票据权利不存在，票据权利是依票据的作成同时发生的。没有票据，就没有票据上的权利。票据的作用在于创设一定的权利。因此，票据为设权证券。

5. 票据是债权证券

票据所表示的权利，是一种以一定金额的给付为标准的债权，因而票据是债权证券。进一步讲，票据所创设的权利是金钱债权。票据持有人，可以对票据记载的一定数量的金钱向票据的特定债务人行使请求付款权，所以票据是债权证券中的金钱债权证券。

6. 票据是文义证券

票据所创设的权利义务内容，完全依票据上所载文义而定，而不能任意解释或者根据票据以外的任何其他文件确定。即使票据上记载的文义有错，也要以该文义为准。例如，当票据上记载的出票日与实际出票日不一致时，以票据上所记载日期为准。因此，票据为文义证券。

7. 票据是要式证券

票据的作成格式和记载事项都由法律严格规定，不按法律规定作成票据或不按法律规定记载事项，会影响票据的效力甚至会造成票据无效，此外，票据的签发、转让、承兑，付款、追索等行为，也必须严格按照票据法规定的程序和方式进行方为有效，所以票据是要式证券。

8. 票据是提示证券

即指票据上的债权人请求债务人履行票据义务，必须向债务人提示票据，才能请求付给。

9. 票据为返回证券

即指票据的持票人领到支付的票款时应将票据交还付款人。付款人得要求持票人写明收讫字样，签名为证，并将票据收回，以防再度取款。

7.2 结算票据

在国际货款收付时，采用现金结算的较少，大多使用非现金结算，即使用代替现金作为支付工具的信用工具来结算国际债权债务关系。金融票据是国际上通行的支付工具，可以流通转让。国际贸易中使用的作为支付工具的金融票据主要有汇票（Bill of Exchange；Draft）、本票（Promissory Note）和支票（Cheque；Check），其中汇票的使用最为频繁。

7.2.1 汇票

1. 汇票的含义和基本内容

我国《票据法》第19条规定：汇票是出票人签发的，委托付款人在见票时或者在指定日期无条件支付确定金额给收款人或持票人的票据。

按照各国广泛引用或参照的《英国票据法》的规定，汇票是："一个人（出票人）向另一个人（受票人/付款人）签发的，要求该受票人在见票时或将来可确定的时间或将来特定日期对某人或其指定人或持票人（收款人）支付一定金额的无条件的书面支付命令。"

虽然各国票据法对汇票内容的规定不尽相同，但均认为汇票必须要项齐全，即应当具备必要的内容。以我国票据法对汇票的规定为例，第22条明确规定，汇票必须记载下列事项：①应表明"汇票"字样；②无条件支付命令；③确定的金额；④付款人名称、地址；⑤收款人名称；⑥出票日期；⑦出票人签章。未记载上述事项之一的汇票无效。

在实际业务中，汇票通常还需要列明付款日期、付款地点和出票地点等内容。上述内容为汇票的要项，但并不是汇票的全部内容。按照各国票据法的规定，汇票的要项必须齐全，否则受票人有权拒付。此外，汇票上还可以有一些票据法允许记载的其他内容，如利息、利息率、付一不付二、禁止转让等。

2. 汇票的当事人

汇票有三个基本关系人，即出票人、付款人和收款人。除此以外，还有其他关系人，如背书人、承兑人、持票人等。每一个关系人在汇票上签名后，都要对正当持票人负汇票的支付责任。

（1）出票人（Drawer）。是开立汇票并交付给他人的人，是创设票据债权的人。汇票开立后，出票人对收款人及正当持票人承担汇票在提示时付款人一定付款或承兑的保证责任。如果汇票遭到拒付，出票人被追索时，应负偿还票款责任。

（2）付款人（Payer）。又称受票人（Drawee），是根据出票人的命令支付票款的人或汇票开给的当事人。付款人对汇票承担付款责任。收款人或持票人不能强迫付款人付款或承担到期付款的责任，以防止出票人无故向付款人滥发汇票。但是汇票一经付款人承兑，即表示付款人同意出票人的支付命令，承担到期付款的责任。这时，付款人即成为汇票的主债务人，出票人退居从出票人的地位。

（3）收款人（Payee）。是收取票款的人，是汇票的主债权人。收款人有权向付款人要求付款，如遭拒付，有权向出票人追索票款。收款人经汇票背书成为背书人时，同样要承担汇票的付款人付款或承兑的保证责任。当汇票遭到拒付时，持票人向其追索时，收款人应负责偿还票款，然后再向出票人追索补还。总之，作为收款人，他有两项权利：一是付款请求权，二是要求追索权。

（4）背书人（Endorser）。是指收款人或持票人在接到汇票后，经过背书，将汇票转让给他人的人。背书人在汇票上签字背书后，就要对汇票负责。

（5）承兑人（Acceptor）。付款人如果承诺在汇票到期日付款就成为承兑人，他由原来的非票据债务人变为票据的主债务人，也就是承兑人的付款义务相对于其他票据债务人是第一位的，所以汇票承兑后，其持票人首先应据以向承兑人要求付款，只有当承兑人拒付时持票人才可以行使追索权。另外，承兑人的付款义务是绝对的，他不能因与出票人的基础关系发生变化而拒付，也不能因否认出票人的存在、出票人签字的真实性及出票人签发汇票的行为能力或授权而拒付。

（6）参加承兑人（Acceptor for Honour）。是在汇票提示后，遭到拒绝承兑或无法获得承兑时，非汇票债务人作成参加承兑行为的人。汇票到期时，如付款人拒不付款，参加承兑人负责支付票款。

(7) 保证人（Guarantor）。是由非汇票债务人对于出票人、背书人、承兑人或参加承兑人作成保证行为的人。经过保证后，保证人与被保证人对汇票负连带责任。汇票到期后得不到付款的，持票人有权向保证人请求付款，保证人应当足额付款。

(8) 持票人（Holder）。指的是汇票占有人，即汇票的收款人、被背书人或来人。只有持票人才能向付款人或其他关系人要求履行汇票所规定的义务。得到票款后，持票人应将汇票交给付款人。

正当持票人（Holder in Due Course）也称善意持票人（Bona fide Holder），是善意地付了全部金额的对价，取得一张表面完整、合格的、不过期的汇票的持票人。他未发现这张汇票曾被退票，也未发现其前手在权利方面有任何缺陷。

在持票人中还有付对价持票人（Holder for Value），是指取得汇票时付出一定代价的人。持票人所付的对价不一定与汇票金额完全相等，有时取得汇票，虽未付过对价，如赠与，但其前手确曾付过对价者，也称为付对价持票人。

3. 汇票的种类

从不同的角度可以将汇票划分为不同的种类。

(1) 按出票人的不同，汇票分为银行汇票（Bank's Draft）和商业汇票（Commercial Draft）。前者的出票人和受票人都是银行。后者的出票人是商号或个人，付款人可以是商号、个人也可以是银行。

(2) 按有无随附商业单据，汇票可分为光票和跟单汇票。光票（Clean Bill）是不附带商业单据的汇票，银行汇票多为光票。跟单汇票（Documentary Bill）是附带商业票据的汇票，商业汇票一般是跟单汇票。

(3) 按付款时间的不同，汇票可以分为即期汇票（Sight Draft）和远期汇票（Time Bill or Usance Bill）。前者见票即付，后者则是在见票后一定期限或特定日期付款。对于远期汇票的付款时间有以下几种规定：①见票后若干天付款（At…days after sight pay to the order of X Bank）；②出票后若干天付款（At…days after date pay to the order of X Bank）；③提单签发日后若干天付款（At…days after date of B/L pay to the order of X Bank）；④指定日期付款（on February 1, 2008 fixed pay to the order of X Bank）。

(4) 按承兑人的不同，汇票可分为商业承兑汇票（Commercial acceptance draft）和银行承兑汇票（Bank's acceptance draft）。前者由工商企业或个人承兑远期汇票，后者则由银行承兑远期商业汇票。

一张汇票往往可以同时具备几种性质。例如，一张商业汇票既可以是即期的跟单汇票，同时又是银行承兑汇票。

4. 汇票的使用

汇票根据付款时间的不同分为即期汇票和远期汇票，前者的使用需经过出票、提示和付款三个程序，后者的使用则需要经过出票、提示、承兑和付款四个程序。如需要转让汇票，通常需要背书。当汇票遭到拒付时，还要制作拒绝证书并进行追索。

(1) 出票 (Issue)。出票是指出票人在汇票上填写汇票内容，经签字交给受票人的行为。出票时，对受票人通常有三种填写方式。

• 限制性抬头。例如，“仅付××公司”(Pay ×× Co. only)。这种抬头的汇票不能流通转让，只限××收取票款。

• 指示性抬头。例如，“付××公司或指定人”(Pay ×× Co. or order 或 pay to the order of Co.)。这种抬头的汇票，除××公司可以收取票款外，也可以通过背书转让给第三者。

• 来人抬头。例如，“付给来人 (Pay Bearer)”。这种抬头的汇票，无须持票人背书，仅凭交付汇票即可转让。

(2) 提示 (Presentation)。提示是指持票人将汇票提交付款人要求承兑或付款的行为。据此可以将提示分为付款提示和承兑提示，前者是指持票人向付款人提交汇票要求付款，后者是指持票人向付款人提交远期汇票，付款人见票后办理承兑手续，承诺到期时付款的行为。付款人看到汇票即为见票 (Sight)。

各国票据法规定，持票人应在规定的时间内向付款人提示汇票要求承兑或付款，至于提示的具体时间，各国票据法有不同的规定。如果持票人在法定期限内未进行承兑提示或付款提示，一旦汇票遭到拒付，持票人对前手的追索权即告丧失。

(3) 承兑 (Acceptance)。承兑指持票人向付款人提交远期汇票，付款人见票后办理承兑手续，承诺到期时付款的行为，即在汇票上写上“承兑”字样，注明承兑日期，并由承兑人签名，交还持票人。

付款人签字承兑，便成为承兑人，那么他就要对汇票的到期付款承担责任，否则持票人有权对其提起诉讼。

汇票的承兑有普通承兑和限制性承兑两种类型。

普通承兑是指付款人在汇票正面所做的不对汇票内容进行修改或限制的承兑。承兑的内容包括三个部分，即“承兑”字样、承兑日期及承兑人签字。如：

Accepted

April 20, 2008

For X Bank, New York

Signature

限制性承兑是指付款人对持票人提示的汇票内容加以修改或限制的承兑。事实上，付款人进行限制性承兑即意味着其未能无条件地全部承担付款责任，可视为拒绝承兑。如我国《票据法》第34条规定："付款人承兑汇票，不得附有条件；承兑附有条件的，视为拒绝承兑。"常见的限制性承兑有有条件承兑、修改付款期限的承兑、部分金额的承兑和地方性承兑。

• 有条件承兑。付款人在承兑时加列附带条件，将无条件的支付修改为有条件的承诺，表明其付款将取决于所提条件是否被满足。如：

Accepted

Payable on delivery of full set of documents

June 10, 2008

For X Co.

Signature

• 修改付款期限的承兑。假定出票人要求付款人见票后45天支付，但付款人在承兑时将此期限延长了。如：

Accepted

Payable at 60 days after sight

June 10, 2008

For X Co.

Signature

• 部分金额的承兑。付款人只对汇票金额的一部分承诺到期付款，而对其他部分则不予以承兑。如：

Accepted

Payable for 80% of amount of draft only

June 10, 2008

For X Co.

Signature

• 地方性承兑。付款人承兑时限定到期支付的具体地点。如：

Accepted

Payable only at the HSBC, London

June 10, 2008

For X Co.

Signature

（4）付款（Payment）。付款即指付款人将汇票款项支付给持票人。对于即期汇票是见票即付，对于远期汇票，付款人先承兑，在汇票到期日付款。

（5）背书（Endorsement）。即持票人在汇票的背面签上自己的名字（空白背书），或再加上受让人（Transferee），即被背书人的名称（记名背书），将汇票交给受让人的行为。通过背书，汇票的收款权利就转让给了受让人。

根据我国《票据法》的规定，汇票被拒绝承兑、被拒绝付款或者超过付款提示期限的，不得背书转让；背书转让的，背书人应当承担汇票责任。背书方式类型如表7.1所示。

表7.1　背书方式类型

种　类	表达方式	是否流通
记名背书	Pay to the order of X Co. For Y Co., Beijing Signature	可再背书转让
空白背书	For Y Co., Beijing Signature	可交付转让或以其他背书方式转让
限制性背书	Pay to X Co., only (or not negotiable or not transferable) For Y Co., Beijing Signature	不能转让
委任背书	Pay to the order of X Bank for collection For Y Co., Shanghai Signature	可再背书转让
附带条件的背书	Pay to X Co. on delivery of B/L No. 123 For Y Co., Beijing Signature	可再背书转让

（6）拒付（Dishonour）。持票人提示汇票要求承兑时，遭到拒绝承兑，或持票人提示汇票要求付款时，遭到拒绝付款，均称拒付，也称退票。

除了拒绝承兑和拒绝付款外，付款人拒不见票、死亡或宣告破产，以致付款事实上已不可能时，也称拒付。

汇票遭到拒付时，一般情况下，持票人应在规定时间内将拒付事实通知前手背书人。前手应于接到通知后规定时日内，再通知他的前手背书人，直到出票人。所发出的汇票已遭退票的通知就称为拒付通知。

持票人在遭到拒付后的规定时日内，由拒付地点的法定公证人或其他有权作出证书的机构，如法院、银行、公会、邮局等作出证明拒付事实的文件，即拒绝证书。

公证人在作出拒绝证书前，应将持票人交来的票据再次向付款人作出提示。若仍遭拒付，即由公证人按规定格式作成拒绝证书，连同票据交还持票人。持票人凭此向其前手行使追索权。

(7) 追索（Recourse）。持票人作为主债权人，在汇票遭到拒付时，有权向背书人、承兑人、出票人及其他的债务人追索。当持票人向前手背书人追索时，被追索者清偿票款后，即取得持票人的地位与权利，可再向其前手追索，以此类推，直至出票人为止。行使追索权的条件是：在法定期限内完成提示；在法定期限内，向前手发出拒付通知书（Notice of Dishonor）；在法定期限内按规定作成拒绝证书（Protest）。

持票人在追索时，可以向任一前手或出票人追索，不受顺序的限制。

7.2.2 本票

1. 本票的含义和基本内容

根据我国《票据法》第 37 条规定：“本票是出票人签发的，承诺自己在见票时无条件支付确定金额给收款人或持票人的票据。本法所称本票，是指银行本票。”第 74 条规定，本票的出票人必须具有支付本票金额的可靠资金来源，并保证支付。

根据《英国票据法》的规定，本票是一个人向另一个人签发的，保证于见票时或在可以确定的将来的时间，对某人或其指定人或持票人支付一定金额的无条件的书面承诺。简言之，本票是出票人对收款人承诺无条件支付一定金额的票据。

各国的票据法对本票内容的规定不尽相同。以我国《票据法》的规定为例，要求本票必须记载下列内容：①表明“本票”字样；②无条件的支付承诺；③确定的金额；④收款人的名称；⑤出票日期；⑥出票人签字。本票上未记载上述规定事项之一的被视为无效。

2. 本票的类型

(1) 商业本票和银行本票。本票根据其出票人的身份不同，可分为商业本票和银行本票。

商业本票是由企事业单位和个人签发的本票。银行本票是由银行签发的本票。由于银行本票是建立在银行信用的基础上，在国际贸易结算业务中应用较为广泛。

(2) 即期本票和远期本票。根据本票付款期限的不同，国际上本票又有即期和远期之分。所谓即期本票是见票即付的本票。而银行本票一般都是即期本票。

远期本票包括定日付款本票、出票后定期付款的本票和见票后定期付款的本票。远期本票一般严格限制付款期限。

(3) 记名本票、指示式本票和无记名本票。根据本票上是否记载收款人的名称，国际上本票可分为记名本票、指示式本票和无记名本票。

记名本票指票面上记载收款人的姓名和商号。指示式本票一般在本票上不仅记载收款人的姓名和商号，还附上“指定人”或“凭指示”的字样。无记名本票票面上未记载收款人的名字和商号。此种本票转让时仅以交付为条件，一些国家和地区对此本票的面额做了限制。

商业本票有即期与远期之分，银行本票则都是即期的。在国际贸易货款结算中使用的本票，大都是银行本票。有的银行发行见票即付、不记载收款人的本票或是来人抬头的本票，这种本票的流通性与纸币相似。

3. 本票与汇票的区别

（1）当事人。汇票有出票人、付款人和收款人三个基本当事人，本票只有出票人和收款人两个基本当事人，因为本票的付款人就是出票人自己。

（2）份数。汇票能够开出一式多份（银行汇票除外），而本票只能一式一份。

（3）承兑。远期汇票在付款前需要先办理承兑手续，而由于本票的出票人即是付款人，远期本票无须办理承兑手续。

（4）责任。汇票在承兑前由出票人负责，承兑后则由承兑人主要负责，出票人负次要责任，而本票则在任何情况下，出票人都是绝对的主债务人。

7.2.3 支票

1. 支票的含义与主要内容

我国《票据法》第82条规定，支票是出票人签发的，委托办理支票存款业务的银行或其他金融机构在见票时无条件支付确定金额给收款人或持票人的票据。

按《英国票据法》的规定，支票是以银行为付款人的即期汇票，即存款人对银行的无条件支付一定金额的委托或命令。出票人在支票上签发一定的金额，要求受票的银行于见票时立即支付一定金额给特定人或持票人。

根据支票的定义，我们可以看出支票有两个基本特征：支票是见票即付的票据，支票是由银行付款的票据。

出票人在签发支票后，应负票据上的责任和法律上的责任。即出票人签发支票时，不仅要对收款人担保支票的付款，而且应在付款银行存有不低于票面金额的存款。如果存款不足，支票的持票人在向付款银行提示支票要求付款时会遭到拒付。这种支票被称为空头支票。开出空头支票的出票人要负法律上的责任。

我国《票据法》第85条规定，支票必须记载下列事项：“①表明‘支票’字样；②无条件的支付委托；③付款人名称；④出票日期；⑤出票人签字；⑥确定的金额。支票上未记载规定事项之一的，支票无效。”

2. 支票的种类

按照我国《票据法》规定，支票可分为现金支票和转账支票两种，用以支取现金或是转账，均应分别在支票正面注明。现金支票只能用于支取现金；转账支票只能用于通过银行或其他金融机构转账结算。但是支票一经划线就只能通过银行转账，而不能支取现金。因此，就有“划线支票”和“非划线支票”之分。划线支票通常在其左上角划两道平行线，注明“A/C payee only”。视需要，支票既可由出票人，也可由收款人或银行划线。对于未划线支票，收款人既可通过自己的往来银行向付款行收款，存入自己的账户，也可径自到付款银行提取现款。

按各国票据法规定，支票可由付款银行加“保付”（Certified to pay）字样并签字而成为保付支票。付款银行保付后就必须付款。支票经保付后身价提高，有利于流通。

3. 支票的使用

支票的使用有一定的效期，由于支票是代替现金的即期支付工具，所以效期较短。我国《票据法》规定：“支票的持票人应当自出票日起10日内提示付款；异地使用的支票，其提示付款的期限由中国人民银行另行规定。超过付款期限的，付款人可以不予付款；付款人不予付款的，出票人仍应当对持票人承担票据责任。”

4. 支票与汇票、本票的区别

支票与汇票、本票虽均具有票据的一般特性，但也存在明显差异。主要表现在以下几个方面。

（1）当事人。汇票和支票均有三个基本当事人，即出票人、付款人和收款人，而本票的基本当事人只有两个，即出票人和收款人。本票的付款人即是出票人自己。

（2）证券的性质。汇票与支票均是委托他人付款的证券，所以它们都属于委托支付证券，而本票是由出票人自己付款的票据，所以它属于自付证券或承诺证券。

（3）到期日。支票均为见票即付，而汇票和本票除见票即付外，还可作出不同到期日的记载，如定日付款、出票后定期付款和见票后定期付款。在进出口货款结算中使用的跟单汇票，还有运输单据出单日期后定期付款记载。

（4）承兑。远期汇票需要付款人履行承兑手续；本票由于出票时出票人就负有保证付款的责任，因此无需提示承兑，但见票后定期付款的必须经出票人见票后才确定到期日，因此又有提示见票即“签见”的必要；支票均为即期付款，故无需承兑。

（5）出票人与付款人的关系。汇票的出票人对付款人没有法律上的约束，付款人是否付款或承兑，是付款人自己的独立行为，但是一经承兑，承兑人就应承担到期付款的绝对责任；本票的付款人即出票人自己，一经出票，出票人即承担付款的责任；支票的付款人只有在出票人在付款人处有足以支付支票金额存款的条件下才承担付款义务。

另外，支票有保付和划线制度，而汇票（除即期银行汇票）、本票均无。支票、本票没有拒绝承兑证书，汇票则有。支票、本票没有复本，汇票则有。

7.3 汇付与托收

汇付（Remittance）和托收（Collection）都是国际贸易中经常采用的支付方式，它们都是由买卖双方根据合同互相提供信用，所以都属于商业信用。根据资金的流向是否与支付工具的传递方向一致，可以将支付方式划分为顺汇和逆汇两种方法。汇付方式，资金流向与支付工具传递方向一致，采用的是顺汇方法；托收方式，资金流向与支付工具的传递方向相反，采用的是逆汇方法。

7.3.1 汇付

1. 汇付的含义及其当事人

汇付，又称汇款，即付款人主动通过银行或其他途径将款项汇给收款人，是最简单的支付方式。

在汇付业务中，通常需要涉及四方当事人：

（1）汇款人（Remitter）。即付款人，通常为进口商。

（2）收款人（Payee or Beneficiary）。又称受益人，通常为出口商。

（3）汇出行（Remitting Bank）。指受汇款人委托汇出款项的银行，通常是进口商所在地银行。

（4）汇入行（Receiving Bank）。又称解付行（Paying Bank），指受汇出行的委托，解付款项给收款人的银行，通常为汇出行的代理行。

在汇款人办理汇款业务时，要先在汇出行填写汇款申请书，汇款申请书时汇款人给汇出行的委托书。汇出行一经接受委托就有义务按照汇款申请书的指示通知汇入行。汇出行与汇入行之间一般为代理关系。

2. 汇付的种类

按照汇出行向汇入行发送解付授权书的方式，可以将汇付分为三种。

（1）电汇（Telegraphic Transfer，T/T）。汇出行应汇款人的申请，拍发加押电报、电传或SWIFT给另一国家的分行或代理行（即汇入行）指示解付一定金额给收款人的汇款方式。通过电汇方式收款人可以迅速收到汇款，但费用较高。

电汇的支付程序如下：

• 汇款人（买方）填写电汇申请书，并交款付费给汇出行，取得电汇回执；

• 汇出行以加押电报或电传作为结算工具支付命令，发电委托汇入行解付汇款；

• 汇入行收到电报，核对密押相符后，缮制电汇通知书，通知收款人取款；

• 收款人持通知书一式两联到汇入行取款；

• 同时，汇入行将付讫款项的借记通知寄给汇出行，完成一笔电汇汇款。

（2）信汇（Mail Transfer，M/T）。汇出行应汇款人的申请，将信汇委托书寄给汇入行，授权解付一定金额给收款人的汇款方式。信汇方式具有费用低廉的优点，但是收款人收到汇款的时间较迟。

信汇的处理与电汇大致相同，所不同的是汇出行应汇款人的申请，不用电报而以信汇委托书或支付委托书加其签章作为结算工具，邮寄给汇入行，委托后者凭此解付汇款。后者核验签章相符后，即行解付，亦以借记通知给汇出行划账。

（3）票汇（Demand Draft，D/D）。汇出行应汇款人的申请，开立以其分行或代理行为解付行的银行即期汇票，支付一定金额给收款人的汇款方式。票汇与信汇、电汇的不同之处在于，票汇的汇入行无须通知收款人取款，收款人将持票登门取款。

票汇方式具有很大的灵活性，只要汇票抬头允许（除非有限制转让和流通的规定），经收款人背书，可以转让流通，而电汇、信汇的收款人则不能将收款权转让。

票汇支付程序如下：

• 汇款人填写票汇申请书，并交款付费给汇出行；

• 汇出行开立银行即期汇票交给汇款人，由汇款人寄给收款人；

• 同时，汇出行将汇票通知书寄汇入行；

• 收款人持汇票向汇入行取款时，汇入行将汇票与原根（汇票通知书）核对无误后，解付票款给收款人。

3. 汇付的特点

（1）风险大。汇付结算方式完全是建立在商业信用基础上的结算方式。交易双方根据合同或经济事项预付货款或货到付款，预付货款进口商有收不到商品的风险，而货到付款则出口商有收不到货款的风险。

（2）资金负担不平衡。对于货到付款的卖方或预付货款的买方来说，资金负担较重，整个交易过程中需要的资金，几乎全部由他们来提供。

（3）手续简便，费用少。汇付的手续比较简单，银行的手续费用也较少，所以在国际贸易的预付货款及货款尾款结清上使用较多。

4. 汇付方式在国际贸易中的应用

（1）货到付款。在签署合同后，卖方在没有收到货款以前，先发货，买方收到货物后，再汇付货款的方法。这是一种有利于进口商、而不利于出口商的结算方式。进口商可以避免货收不着、货物短缺或货物质量不符合标准等交易风险。

（2）预付货款。在订货时汇付或交货前汇付货款，然后，按合同规定的时间内，将货物发给买方的一种结算方法，这种结算方式对出口商是十分有利的。此时买方承担的风险较大，资金占用周期较长。一般情况下，买方只有在与收款人有良好合作关系且对其充分信任，流动资金充足，货款项下货物行情看涨的情况下，才会愿意接受预付货款的条件。

（3）凭单付汇。在预付货款的情况下，进口商为避免货款两空，要求解付行解付货款时，收款人必须提供某些指定单据。但此种方式下，汇款在未被收款人支取前可以撤销，进口商有权在出口商向汇出行交单取款前通知银行将汇款退回。

（4）部分预付，部分凭正本单据（传真）付款。即在合同订立后，卖方装运前，买方先预付部分定金，电汇20%～30%的货款给卖方，卖方装运完货物后，将正本提单传真给买方，待收到余款后再将全部单据寄交买方。这是国际贸易中的一种通常做法，在实际工作中使用较多。

此外，汇付方式还用于运费、分期付款、货款尾数、佣金等小金额的支付。

5. 汇付方式下的银行融资

（1）国外汇入汇款项下出口押汇。国外汇入汇款又简称汇入汇款。它是指代理行、海外联行接受客户委托，将款项汇入国内银行并指示其将该笔款项解付给收款人的结算方式。如果在汇入行开有账户，银行将汇入的款项直接记入账户；如果在汇入行没有开立账户，银行将以合理的方式办理转汇。

汇入汇款项下出口押汇是指银行应出口商申请，对其以汇入汇款方式结算的出口贸易，在提交相关贸易合同及出口证明文件的情况下，给予短期资金融通。汇入汇款项下出口押汇的还款来源为出口收汇。如进口商到期后不履行付款责任，融资行可向出口商行使追索权。汇入汇款项下出口押汇的主要作用是在“货到付款”结算方式下，出口方收款人在装运货物并向出口地银行提交有关的单据后，能向出口地银行申请短期融资，在国外货款到达之前提前从银行得到垫款，方便了资金周转。

（2）汇出国外汇款项下进口押汇。汇出国外汇款又简称汇出汇款。汇出国外汇款是指银行接受汇款人的委托，以约定汇款方式委托其海外联行或代理行将一定金额的款项付给指定收款人的业务。

汇出汇款项下进口押汇是指银行应进口商申请，代其对外垫付货到付款项下款项的短期资金融通。汇出汇款项下进口押汇的主要作用是在货到付款结算方式下，进口商可获得汇出行的短期融资，用于汇出汇款，加速资金周转。

7.3.2 托收

托收是国际结算中经常使用的一种支付方式。在货款结算时，托收是出口人委托银行向进口人收款的一种方式。

1. 托收的含义

国际商会制定的《托收统一规则》（《URC》522）对托收作了如下定义：托收是指由接到托收指示的银行根据所收到的指示处理金融单据和/或商业单据以便取得付款或承兑，或凭付款或承兑交出商业单据，或凭其他条款或条件交出单据。

简言之，托收是指债权人（出口人）出具债权凭证（汇票等）委托银行向债务人（进口人）收取货款的一种支付方式。

在托收业务中涉及的金融单据（Financial Documents）是指汇票、本票、支票、付款收据或其他用于取得付款或款项的凭证。托收中使用的商业票据（Commercial Documents）是指发票、运输单据、物权单据或其他类似单据，除金融单据以外的其他单据。

托收方式一般通过银行办理，所以又称为银行托收。银行托收的基本方法是：出口人根据买卖合同先行发运货物，然后开立汇票连同商业单据，向出口地银行申请托收货款，委托出口地银行（托收行）通过其在进口地的代理行或往来银行（代收行）向进口人收取货款。

出口人在委托银行办理托收时，须附具一份托收指示书，用以明确指示办理托收的有关事项。银行接受托收申请后，即按托收指示书的指示办理托收。《URC522》第四条规定：一切寄出的托收单据均须附有托收指示书，注明该托收按照《URC522》办理，并给予完整明确的指示，银行必须根据托收指示书所给予的指示及本规则办理托收。

在托收业务中虽然有银行介入，但银行仅起到代收货款的作用，托收仍然属于商业信用，对出口人有一定的风险，对进口人较为有利。实质上，托收是出口人对进口人的资金融通。因此，托收方式是一种有效的非价格竞争手段，有利于调动进口人的积极性，提高出口商品的竞争力。

2. 托收的当事人

根据《URC522》第3条的规定，托收方式涉及以下五方当事人。

(1) 委托人 (Principal)。即开出汇票委托银行向国外收取货款的出票人，一般是出口方。

(2) 托收行 (Remitting Bank)。即接受委托人的委托，转托国外银行向国外付款人代为收款的银行，常为出口地银行。由于托收行在出口国，他要委托进口地银行代办托收业务的汇票提示和货款收取事宜，必须将单据寄往进口地银行，所以托收行也称寄单行。

(3) 代收行 (Collecting Bank)。即接受托收行的委托，向付款人收取票款的银行，常为进口地银行。

(4) 提示行 (Presenting Bank)。是指将汇票和单据向付款人提示的银行，常由代收行兼任。

(5) 付款人 (Drawee or Payer)。是指根据托收指示进行付款的人，通常为进口方。

在托收业务中，如果发生拒付，委托人可以指定付款地的代理人代为料理货物的仓库、转售、运回等事宜，这个代理人叫做"需要时的代理"(Customer's representative in case-of-need)。委托人如果指定需要时的代理人，必须在托收指示书上写明此代理人的权限。

3. 托收的种类

根据托收过程中是否要求附有商业单据，可以将托收分为光票托收和跟单托收两类。

(1) 光票托收 (Clean Collection)。光票托收是指金融单据不附有商业单据的托收，即提交金融单据委托银行代收货款。光票托收如以汇票作为收款凭证，则使用光票汇票。

国际贸易中，光票托收主要用于小额交易、预付货款、分期付款以及收取贸易的从属费用等。

(2) 跟单托收 (Documentary Collection)。跟单托收是指金融单据附有商业单据或不用金融单据的商业单据的托收。跟单托收如果以汇票作为收款凭证，则使用跟单汇票。

国际贸易中货款的收取大多采用跟单托收，根据向进口人交单的条件不同，又可分为付款交单和承兑交单两种。

• 付款交单 (Documents against payment, D/P)。付款交单是指出口人的交单是以进口人的付款为条件。其基本做法是：卖方根据买卖合同先行发货，取得货运单据，然后将汇票连同整套商业单据交给银行办理托收，并指示银行只有在买方付清货款时才能交出货运单据。

付款交单按照付款的时间不同，又可以分为即期付款交单 (Documents against payment at sight, D/P at sight) 和远期付款交单 (Documents against payment after sight, D/P after sight) 两种。前者使用即期汇票，见票即付，付款交单；后者使用远期汇票，见票承兑，到期付款，付款赎单。D/P 程序如图 7.1 所示。

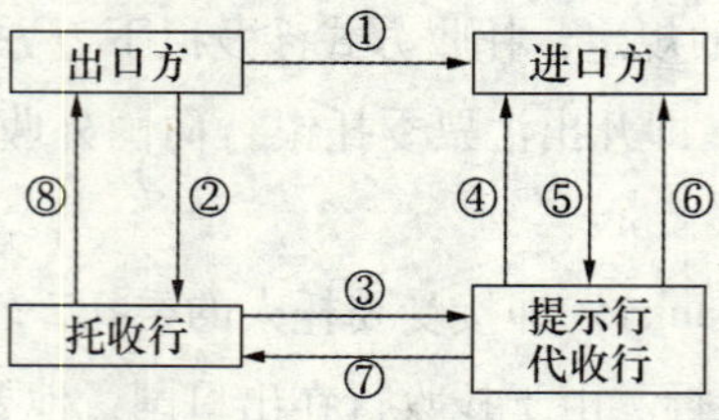

图 7.1 D/P 程序图

说明：

①委托人（出口方）向付款人（进口方）发货物；

②出口方填写托收申请书并整理好全套单据（含汇票、发票、提单等）交给托收行；

③托收行根据托收申请书缮制托收委托书，连同将全套单据寄交代收行；

④提示行向进口方提示汇票；

⑤进口方见票后立即（或远期）履行付款责任；

⑥进口方取得全套单据；

⑦代收行将金额如数拨划给托收行；

⑧托收行将金额如数拨划给出口方。

无论是即期付款交单还是远期付款交单，进口人都只有在付清货款之后才能得到单据，进而提取货物或转售货物。在远期付款交单的条件下，如果付款日和实际的到货日基本一致，则不失为对进口人的一种资金融通。如果付款日晚于到货日，进口人为了抓住有利的时机转售货物，可采取两种做法：一是在付款到期日之前付款赎单，扣除提前付款日至原付款日之间的利息，作为进口人享受的一种提前付款的现金折扣；二是代收行对于资信较好的进口人，允许其凭信托收据（Trust Receipt）借取货运单据，先行提货，于汇票到期时再付清货款。这是代收行自己向进口人提供的信用便利，与出口人无关。因此，如果代收行借出单据，而不能如期收回货款，则代收行应对委托人负全部责任。

但是，如果系出口人指示代收行借单，由出口人主动授权银行凭信托收据借单给进口人，即所谓“远期付款交单凭信托收据借单”（D/P · T/R），那么进口人在承兑汇票后可以凭借信托收据先行借单提货。日后如果汇票到期拒付，则与银行无关，应由出口人自己承担风险。这种做法的性质与承兑交单类似，因此要慎重使用。

• 承兑交单（Documents against acceptance，D/A）。承兑交单是指代收行的交单以进口方在汇票上承兑为条件。即出口人在装运货物后开具远期汇票，连同商业单据，通过银行向进口人提示，进口人承兑汇票后，代收行即将商业单据交给进口人，在汇票到期时，方履行付款义务。承兑交单方式只适用于远期汇票的托收。D/A 程序如图 7.2 所示。

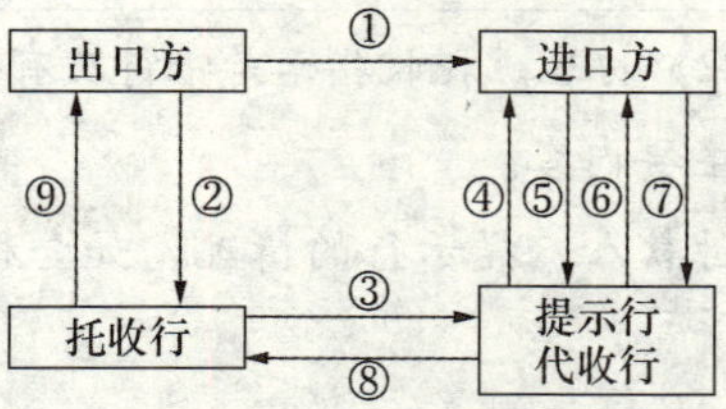

图 7.2　D/A 程序图

说明：

①委托人（出口方）向付款人（进口方）发货物；

②出口方整理好全套单据（含汇票、发票、提单等）交给托收行；

③托收行将全套单据寄交代收行；

④提示行向进口方提示汇票；

⑤进口方见票后履行承兑责任；

⑥进口方取得全套单据；

⑦进口方到期履行付款责任；

⑧托收行将金额如数拨划给托收行；

⑨托收行将金额如数拨划给出口方。

由于承兑交单是只要进口人承兑汇票之后，即可取得商业票据，凭以提取货物。也就是说，进口商在付款前就可以取得单据，凭以提货，出口人先交出商业单据，其货款的收取完全依赖进口人的信用，一旦进口人到期拒付，出口人便会遭到货物与货款全部落空的损失，因此应谨慎采用 D/A 方式。

4. 关于托收的国际惯例

国际贸易中，为了避免由于各银行的业务做法差异、对各方当事人权利义务的解释的不同所导致的争议和纠纷，国际商会早在 1958 年即草拟了《商业单据托收统一规则》，并建议各国银行采用该规则。后经修订，于 1995 年公布了新的《托收统一规则》，简称《URC522》，并于 1996 年 1 月 1 日起生效。

》资料卡

《URC522》简介

《URC522》包括七部分内容：A. 总则及定义；B. 托收的方式及结构；C. 提示方式；D. 义务与责任；E. 付款；F. 利息、手续费及费用；G. 其他规定，共 26 条。主要内容及新增条款介绍如下。

1. 银行办理托收业务应以托收指示为准。一切寄出的托收单据均须附有托收指示，并注明该项托收按照《URC522》办理。托收指示是银行及有关当事人办理托收的依据。

2. 托收指示中应包括的主要内容。

(1) 托收行、委托人、付款人、提示行的情况，如全称、邮编和SWIFT地址、电话、电传及传真号码；

(2) 托收金额及货币；

(3) 所附单据及其份数；

(4) 光票托收时据以取得付款和/或承兑的条款及条件；跟单托收时据以交单的条件：付款和/或承兑，以及其他条件；

(5) 应收取的费用，同时须注明该费用是否可以放弃；

(6) 应收取的利息（如果有），同时须注明该项是否可以放弃，并应包括利率、计息期和计算方法（如一年是按360天还是365天计算）；

(7) 付款的方式和付款通知的形式；

(8) 发生拒付、不承兑和/或执行其他指示情况下的指示。

应当指出，上述《URC522》规定托收指示应包括的内容仅具有指南性质，一笔具体的托收业务的托收指示不一定仅局限于上述内容。

3. 不提供D/P远期。第7条规定：托收不应含有远期汇票而又同时规定商业单据要在付款后才交付。如果托收含有远期付款的汇票，托收指示书应注明商业单据是凭承兑（D/A）交付款人还是凭付款（D/P）交付款人。如无此项注明，商业单据仅能凭付款交付，代收行对因迟交单据产生的任何后果不负责任。如果托收单据中含有远期付款汇票，且托收指示注明凭付款交付商业单据，则单据只能凭付款交付，代收行对于因任何原因迟交单据所产生的后果概不负责。

4. 除非事先征得银行同意，货物不应直接运交银行，不应以银行或其指定人为收货人。银行对跟单托收项下的货物没有义务采取任何行动，对此项货物的风险和责任由发货人承担。

5. 银行必须核实其所收到的单据与托收指示所列的内容表面是否相符，若发现单据缺少银行有义务用电讯或其他快捷方式通知委托人。除此之外，银行没有进一步审核单据的义务。银行对于任何单据的形式、完整性、准确性、真伪性或法律效力，以及单据上规定的或附加的一般性和/或特殊条件概不承担责任；银行对于任何单据所表示的货物的描述、数量、重量、质量、状况、包装、交货、价值或存在与否，对于发货人、承运人、运输行、收货人或保险人或其他任何人的诚信、行为和/或疏忽、偿付能力、行为能力也概不负责。

6. 如果委托人在托收指示中指定一名代表，在遭到拒绝付款或拒绝承兑时作为“需要时的代理”，并应在托收指示中明确而且完整地注明此项代理的权项。所谓“需要时的代理”是指委托人指定的在付款地的代理人，如托收发生拒付，此代理人便可代替委托人处理货物、存仓、保险、转售、运回等事宜。如委托人指定需要时的代理人，必须在托收指示中明确代理人的权限，如是否有权提货、指示减价转售货物等。否则，银行将不接受该需要时的代理的任何指示。

7. 托收如被拒付，提示行应尽力确定拒绝付款和/或拒绝承兑的原因并必须毫不延误地向发出托收指示的银行送交拒付的通知。委托行收到此项通知后，必须对单据如何处理给予相应的指示。提示行如在发出拒付通知后60天内仍未收到此项指示，则提示行可将单据退回发出托收指示的银行，而不再负任何责任。

按照《URC522》的解释，银行在托收业务中只提供服务，不提供信用。银行只是以委托人的代理人的身份行事，既无保证付款人必然付款的责任，也无检查审核货运单据是否齐全、是否符合买卖合同要求的义务。因此，托收方式与汇付方式一样，同样具有商业信用的性质。

《URC522》还对托收的提示方式，付款、承兑的程序，利息、托收手续费和费用的负担，托收被拒付后作成拒绝证书等事宜作了具体规定。

《托收统一规则》公布实施后，已成为托收业务中具有一定影响的国际惯例，并已被各国银行采纳和使用。但应指出，只有在有关当事人事先约定的条件下，才受该惯例的约束。我国银行在办理国际贸易结算，使用托收方式时，也参照该规则的解释办理。

5. 托收风险的防范

为了保证收汇安全，出口方在办理托收时，应采取必要的措施，严格防范托收结算中的风险。

(1) 在选定交易伙伴时，必须对进口商进行资信情况调查。由于托收属于商业信用，进口商届时是否付款完全依赖于他的信用，因此很有必要对进口商的信誉、经营能力、经营状况、资金偿付能力进行调查。在完成资信调查的基础上针对客户的具体情况确定采用D/P或D/A交单条件，同时制定相应的授信额度。对于老客户，要建立并完善客户资信档案，并根据平时业务往来定期评估调整，按照每个客户的实际情况制定不同的托收交单条件和授信额度。

此外，要了解和掌握有关托收统一规则的国际惯例及进口国的海关习惯、银行惯例等。

外贸企业还要注意进口国政治形势的发展变化，及时了解贸易伙伴国的贸易管制和外汇管制情况。

（2）规范企业出口合同管理，合同条款要严谨规范，防止“陷阱”条款。注意合同中数量、品质、包装、运输、保险、商检、仲裁、不可抗力等条款的前后呼应，防止对方利用合同的漏洞、不完整，故意不支付货款或拖欠货款。在使用托收时明确 D/P 即期、D/P 远期还是 D/A 交单条件，如在订立 D /P 远期交单条件时，必须在合同中明确其含义，以免在某些国家和地区产生不同理解。

（3）贸易术语尽量选用 CIF。如果选用由进口方负责订船的贸易术语如 FOB 条件，进口商有可能与其指定的承运人或货运代理联合，利用与货运代理之间的密切关系来取得货物的实际控制权。而在 CIF 条件下，由于由出口商安排货物的运输，指定运输公司，买方与船方或货运代理勾结的可能性较小。而且出口商交货后，如果货物在运输途中发生损失，因为出口商办理保险，万一买方不能信守合同，拒绝接受单据、拒绝付款，则运输途中的损失出口商可以从保险公司得到赔偿。

（4）在商定付款方式时，部分货款可以要求进口方以电汇方式预付。在合同条款中订立以下类似条款：“装运货物以电汇向卖方提交部分预付款为定金，其余部分采用跟单托收，若买方违约，卖方收取的预付定金将不予退还。”这样万一在货物出运后，买方以各种理由拒绝接受货物时，出口商可以用这部分预付款将货物运回或转售，而不至于遭受损失。

（5）投保出口信用保险。如由于进口商财务、信用发生问题不能获得付款，或因进口方国家风险导致货款无法收回，出口商可向保险公司索赔，从而可以规避风险，提高收汇安全性。

（6）严格按合同发货和制单。出口商要认真履行合同，严格按照合同规定按时、按质、按量交货，准确及时制作交付有关的一切单据，如商业发票、提单、保险单、检验证书、汇票等等，单据与单据之间保持一致，以免进口商以此为借口拖延付款，甚至不付款。同时加强国际货物运输及货运单据管理。运输单据一般应做成“空白指示抬头”，如需做代理抬头时，应先与银行联系并经认可后办理。被通知方一栏，必须详列进口方名称和地址，以便承运人到货时及时通知。

（7）慎重选择托收行和代收行。出口商应选择熟悉信任的托收银行，并要求托收银行按照出口商的托收申请书的指示行事。国外代收行最好不由进口商指定，以免由进口商指定的代收行倾向于进口商，甚至不按照托收指示行事错误放单给进口商，给出口商回收货款带来不必要的麻烦。在实际业务中，出口商不可能对进口商所在国家和地区的银行业非常熟悉，出口商可以通过托收行选择代收行，代收行通常为托收行的海外联行或资信良好、实力雄厚的银行。

（8）完善和健全国际贸易货款管理制度。外贸企业业务人员要定期检查未收款项，多与客户联系，了解市场情况，关注进口国该商品价格的走势，特别是该商品在当地市场价格走低时，要及时向进口商催收货款。在有条件的情况下，可以安排专门人员，对未收账款进行全过程跟踪，在未收款期间与托收行及代收行保持密切联系，查询银行交单及客户付款信息，做到事先控制，及早发现问题，及时解决问题。

6. 合同中的托收条款

现将合同中有关托收的条款举例如下，以便订立合同时参考。

（1）即期付款交单（D/P at sight）。即“买方对卖方开具的即期跟单汇票于见票时立即付款，付款后交单。”

（2）远期付款交单（D/P after sight）。

- “买方对卖方开具的见票后××天付款的跟单汇票，于第一次提示时应即予以承兑，并应于汇票到期日立即予以付款，付款后交单。”
- “买方应凭卖方开具的跟单汇票，于提单日后××天付款，付款后交单。”
- “买方应凭卖方开具的跟单汇票，于汇票出票日后××天付款，付款后交单。”

（3）承兑交单（D/A）。

- “买方对卖方开具的见票后××天付款的跟单汇票，于第一次提示时应即予以承兑，并应于汇票到期日立即付款，承兑后交单。”
- “买方对卖方开具的跟单汇票，于提示时承兑，并应于提单日后（或出票日后）××天付款，承兑后交单。”

7.3 信用证

随着国际贸易的发展，银行与金融机构逐渐参与国际贸易结算，信用证支付方式应运而生。信用证支付方式将由进口人履行付款责任，转为由银行来付款，为出口人安全、迅速地收款提供了保证，同时买方也可以按时收到货运单据。信用证支付方式在一定程度上解决了进出口人之间互不信任的矛盾；同时也为进出口双方提供了资金融通的便利。如今，信用证付款已经成为国际贸易中被普遍采用的一种支付方式。

7.3.1 信用证的定义及其特点

1. 信用证的定义

信用证（Letter of Credit，L/C）是开证行根据申请人的要求，向受益人开立的一种有条件的书面付款保证。开证行保证在收到受益人交付全部符合信用证规定的单据的条件下，向受益人或其指定人履行付款的责任。简言之，信用证是一种银行开立的有条件的承诺付款的书面文件。

从信用证的定义中不难发现，在信用证支付方式下，开证行成为首先付款人，属于银行信用。

2. 信用证的特点

银行信用比商业信用更可靠，因此信用证支付方式与汇付方式、托收方式比较，具有不同的特点。

（1）信用证付款是一种银行信用。由开证行以自己的信用作出付款保证。在信用证付款条件下，银行处于第一付款人的地位。《跟单信用证统一惯例》规定，信用证是一项约定，按此约定，根据规定的单据在符合信用证规定条件的情况下，开证行向受益人或其指定人进行付款、承兑或议付。信用证是开证行的付款承诺。因此，开证行是第一付款人，对受益人独立承担责任。

（2）信用证是独立于合同之外的一种自足的文件。信用证根据买卖合同而开立，但一旦信用证开出，就不再受买卖合同的约束。《跟单信用证统一惯例》规定，信用证与其可能依据的买卖合同或其他合同，是相互独立的交易。即使信用证中提及该合同，银行也与该合同无关，且不受其约束。所以，信用证是独立于有关合同之外的契约，相关银行只按信用证的规定行事。因此，一家银行作出付款、承兑并支付汇票或议付及/或履行信用证项下其他义务的承诺，不受申请人与开证行或与受益人已有关系下产生的索偿或抗辩的制约。

（3）信用证业务是一种纯粹的单据业务。在信用证支付方式下，实行的是凭单付款的原则。《跟单信用证统一惯例》规定："在信用证业务中，各有关方面处理的是单据，而不是与单据有关的货物、服务及/或其他行业。"因此，信用证业务是一种纯粹的单据业务。银行虽然有义务"合理小心地审核一切单据"，但是这种审核只是用以确定单据表面上是否符合信用证条款的规定，开证行只对表面上符合信用证条款规定的单据付款。所以，银行对任何单据的形式、完整性、准确性以及伪造或法律效力，或单据上规定的或附加的一般和/或特殊条件概不负责。在信用证条件下，实行严格符合的原则，不仅要做到“单证一致”（受益人提交的单据在表面上与信用证的条款一致），还要做到“单单一致”（受益人提交的各种单据之间的表面上一致）。

7.3.2 信用证业务涉及的当事人

信用证业务主要涉及申请人、开证行和受益人三个基本当事人，以及与信用证有关的通知行、议付行、付款行和保兑行等其他当事人。

（1）开证申请人（Applicant）。向银行申请开立信用证的人，通常是进口方。

（2）开证行（Issuing Bank）。接受申请人委托开立信用证的银行，开证行承担第一付款责任，一般是进口人所在地的银行。

（3）受益人（Beneficiary）。信用证指定的有权使用该证的人，即出口人或实际供货人。受益人同时还是信用证汇票的出票人、货物运输单据的托运人。

（4）通知行（Advising Bank）。是接受开证行的委托，将信用证转交出口人的银行。通知行只证明信用证的真实性，并不承担其他义务。通知行一般是出口人所在地的银行。

（5）议付行（Negotiating Bank）。指愿意买进受益人按信用证约定交来的跟单汇票的银行。议付行可以是指定银行，也就是限制议付，也可以是非指定银行，也就是自由议付，这取决于信用证的议付条款。

议付行是以出口商提交的包括有代表货权的提单在内的全套出口单据做抵押而买下单据，议付行议付后，又以受益人的指定人或汇票的善意持有人的身份向开证行寄单索偿，如果开证行发现单据有不符合信用证要求的情况存在，拒绝偿付，则议付行有向受益人追索的权利。

（6）付款行（Paying Bank）。即信用证上指定付款的银行，它通常是汇票的受票人。开证行一般兼任付款行，但是付款行也可以是开证行指定的代为付款的另一家银行，取决于信用证相关条款的规定。付款行的付款是终局性的，一经付款，对收款人无追索权，而只能向开证行索偿。

（7）偿付行（Reimbursing Bank）。又称“清算行”（Clearing Bank），是指受开证行的指示或授权，对有关议付行或付款行的索偿予以照付的银行。它是开证行的偿付代理人，有开证行的存款账户，只有在开证行有足够的存款并受到开证行的偿付指示时才付款。此偿付不视作开证行的终局性付款，偿付费由开证行承担。偿付行不受单和审单。

（8）保兑行（Confirming Bank）。是指应开证行请求在信用证上加具保兑的银行，它具有与开证行相同的责任和地位。保兑行对受益人独立负责，承担必须付款或议付的责任。在已经付款或议付后，无论开证行倒闭或无理拒付，都不能向受益人追索。保兑行通常由通知行兼任，也可以由其他银行加具保兑。

7.3.3 信用证的主要内容

各国银行所使用的信用证并无统一的格式，其内容和格式也因信用证种类的不同而有所差别，但是信用证所包括的基本内容大都主要是下列几方面。

（1）信用证本身的说明。如信用证的性质、种类、信用证号、开证行名、开证日期、有效期和到期地点等。

（2）信用证当事人。即开证行、受益人、申请人、通知行等，有的信用证还指定议付行、付款行、偿付行等。

（3）汇票条款。包括汇票的种类、出票人、受票人、付款期限、汇票金额等。

（4）装运条款。如装运港或发货地、卸货港或目的地、装运期限、可否分批和中途可否转运等。

（5）标的物条款。商品名称、品质、规格、数量、包装、价格、金额、唛头等。

（6）单据条款。①货物单据：商业发票、装箱单或重量单、商检证书、产地证；②运输单据：海运提单（B/L）、航空运单（AWB）、承运货物收据（Cargo Receipt）；③保险单据；④随附单据：受益人证明、邮政收据、装船通知副本等。

（7）附加条款。根据每一具体交易的需要加列，如要求船龄在15年以内、要求通知行加具保兑等。

（8）开证行责任文句。开证行对受益人及汇票持有人保证付款的责任条款。

（9）开证行指示文句。对议付行的指示，要求议付行如何向开证行寄交单据、索偿货款等。

（10）适用《跟单信用证统一惯例》规定的声明等。用SWIFT传递信用证时，如未表明，则表示适用《UCP600》。信开本信用证必须由开证行两人手签或盖章，电开本信用证需加密押。

》资料卡

国际商会《跟单信用证统一惯例》

随着国际贸易的发展，信用证方式逐渐成为国际贸易中通常使用的一种支付工具。但是因为缺乏统一的解释和公认的准则，争议和纠纷经常发生。国际商会为了减少因解释和习惯不同而引起的争端，制定了《商业跟单信用证统一惯例》（Uniform Customs and Practice for Commercial Documentary credits)，于1933年正式公布，并于1951年、1962年、1974年、1983年和1993年进行了五次修订。自1962年第二次修订本起，改称为《跟单信用证统一惯例》（Uniform Customs and Practice for Documentary credits 简称UCP）。2006年10月25日，国际商会又对1993年《UCP 500》进行了修订，称为2007年版本《UCP 600》，并于2007年7月1日起实行。目前，世界上已有160多个国家的银行采用了《跟单信用证统一惯例》，各国法院几乎都把《跟单信用证统一惯例》作为裁决跨国信用证纠纷的"法律准则"。但是《跟单信用证统一惯例》毕竟不是一个国际性的法律规章，只是一项国际贸易惯例，因此要得到法律的保护，必须在信用证上注明当事人同意适用《跟单信用证统一惯例》某号出版物，如"This credit is subject to Uniform Customs and Practice for Documentary Credits 1993 Revision, ICC Publication No. 600"。SWIFT网络传送和开列的每个信用证都自动适用UCP，如果当事人不愿用UCP，则须在SWIFT信息中明确宣称"信用证不适用统一惯例"。当信用证条款与《UCP500》有冲突时，一般采用信用证条款的规定。如果《UCP500》与国家法律冲突，则以国家法律为准。

《跟单信用证统一惯例》（《UCP 600》）共39条：第1~5条为UCP的适用范围，定义，解释，信用证与合同，单据与货物、服务或履约行为；第6~13条为兑用方式、截止日和交单地点，开证行责任，保兑行责任，信用证及其修改的通知，修改，电讯传输的和预先通知的信用证和修改，指定，银行之间的偿付安排；第14~16条为单据审核标准，相符交单，不符单据、放弃及通知；第17~28条为正本单据及副本，商业发票，涵盖至少两种不同运输方式的运输单据，提单，不可转让的海运单，租船合同提单，空运单据，公路、铁路或内陆水运单据，快递收据、邮政收据或投邮证明，"货装舱面"、"托运人装载和计数"、"内容据托运人报称"及运费之外的费用，清洁运输单据，保险单据及保险范围；第29~32条为截止日或最迟交单日的顺延，信用证金额、数量与单价的伸缩度，部分支款或部分发运，分期支款或分期发运；第33~37条为交单时间，关于单据有效性的免责，关于信息传递和翻译的免责，不可抗力，关于被指示方行为的免责；第38条是可转让信用证；第39条是款项让渡。

7.3.4 信用证支付的一般程序

采用信用证方式结算货款要经过多个环节，并需办理各种手续，加上信用证种类不同，条款内容也不相同，因此这些环节和手续有繁有简。但基本环节是一致的，包括申请、开证、通知、议付、索偿、付款赎单等。

下面以最常用的不可撤销跟单议付信用证为例，讲解一下信用证支付的基本程序。

1. 申请人申请开立信用证

进出口双方同意用跟单信用证支付后，进口商便有责任开证。申请开证时，进口人要填写开证申请表，这张表为开证申请人与开证行建立了法律关系，因此，开证申请表是开证的最重要的文件。信用证开立的指示必须完整和明确。

银行接到开证申请人完整的指示后，必须立即按该指示开立信用证。另一方面，银行也有权要求申请人交出一定数额的资金或以其财产的其他形式作为银行执行其指示的保证。按现行规定，中国地方、部门及企业所拥有的外汇通常必须存入中国的银行。如果某些单位需要跟单信用证进口货物或技术，中国的银行将冻结其账户中相当于信用证金额的资金作为开证保证金。如果申请人在开证行没有账号，开证行在开立信用证之前很可能要求申请人在其银行存入一笔相当于全部信用证金额的资金。这种担保可以通过抵押或典押实现（例如股票），但银行也有可能通过用于交易的货物作为担保提供融资。

申请人对开证行承担三项主要义务：

（1）申请人必须偿付开证行为取得单据而向受益人支付的贷款，在他付款前，作为物权凭证的单据仍属于银行；

（2）如果单据与信用证条款相一致而申请人拒绝“赎单”，则其作为担保的存款或账户上已被冻结的资金将归银行所有；

（3）申请人有向开证行支付开证所需的全部费用的责任。

开证行对申请人所承担的责任：首先，开证行一旦收到开证的详尽指示，有责任尽快开证；其次，开证行一旦接受开证申请，就必须严格按照申请人的指示行事。

2. 开证行开立和发出信用证

开证行开立信用证之前要对申请人的资信状况进行调查，并对申请人提交的开证申请表进行审核，在审核通过后，就可以向受益人开立信用证了。

由于出口人对国外银行并不熟悉，无法确认信用证的真假，所以，开证时一般要由开证行将信用证通过通知行通知或转交给受益人。

信用证主要通过信开本形式和电开本形式开立。

信开本（To Open by Airmail）是指开证行通过采用印就的信函格式的信用证，开证后以空邮寄送通知行。目前，通过这种形式开立的信用证已经很少。

电开本（To Open by Cable）是指开证行使用电报、电传、传真、SWIFT 等各种电讯方法将信用证条款传达给通知行。电开本信用证可以分为以下几种。

（1）简电本（Brief Cable）。即开证行只是通知已经开证，将信用证主要内容，如信用证号码、受益人名称、地址、开证人名称、金额、货物名称、数量、价格、装运期以及信用证有效期等预先通告通知行，详细条款将另外航寄通知行。值得注意的是，简电本信用证不具有法律效力，不足以作为交单议付的依据。简电本有时注明“详情后告”（Full Details to Follow）等类似词语。

（2）全电本（Full Cable）。开证行以电讯方式开证，把信用证全部条款传达给通知行。全电本信用证是一个内容完整的信用证，可以作为交单议付的依据。

（3）SWIFT 信用证。SWIFT 是“全球金融银行电讯协会”的英文简称。该协会于 1973 年在比利时布鲁塞尔成立，专门从事传递各国之间的非公开性的国际金融电讯业务，其中包括外汇买卖、证券交易、开立信用证、办理信用证项下的汇票业务及托收等，同时还承担国际账务清算及银行间的资金调拨等业务。该组织设有自动化的国际金融电讯网，该协会的成员银行可以通过该电讯网办理信用证业务。目前已有 1000 多家银行加入该组织，凡参加者必须依 SWIFT 使用手册规定的标准予以使用，否则会自动予以拒绝。凡成员银行均可以使用 SWIFT 办理信用证业务。凡是通过 SWIFT 开立或通知的信用证称为 SWIFT 信用证，也有的称为“全银电协信用证”。

采用 SWIFT 信用证后，信用证更加具有标准化、固定化和统一化的特性，并且传递速度快，成本也较低。目前 SWIFT 信用证已经被许多国家和地区的银行广泛使用，我国银行的信用证业务中，SWIFT 信用证已占有很大比重。

3. 通知行通知受益人

通知行的责任是应合理谨慎地审核它所通知的信用证的表面真实性。审核后，对于以通知行为收件人的信用证，通知行要以自己的通知书格式照录信用证全文通知受益人，对于以受益人为收件人的信用证，通知行要留存副本或复印件，将信用证正本交给受益人。

4. 受益人审查、修改信用证，备货出运并提交单据

受益人收到信用证后，应立即进行审查，审核信用证中所列的条款与买卖合同中所列的条款是否相符。如发现有不能接受的内容，应及时通知开证人，请求其修改信用证。

受益人审证无误，或收到修改通知书确认后，应立即根据信用证规定发运货物，在货物发运完毕后取得信用证规定的全部单据。开立汇票和发票，连同信用证正本（如经修改的还需修改通知书）在信用证规定的交单期或信用证有效期内，提交给信用证规定的银行或与自己有往来的其他银行办理议付。

5. 通知行或议付行审单付款并向开证行寄单索偿

议付行在收到单据后应立即按照信用证规定进行审单，并在收到单据次日起不超过 5 个银行工作日内将审核结果通知受益人。银行审单的原则是单据达到表面的“单单相符，单证一致”。议付行办理议付后持有汇票成为善意持票人，银行取得了单据的所有权。议付行可以按照信用证条款中有关寄单的规定将单据寄交开证行，并向开证行或其指定的偿付行索偿。

6. 开证行审单偿付

偿付是指开证行或被指定的偿付行向议付行进行付款的行为。开证行收到议付行寄来的汇票和单据后，经检查认为与信用证规定相符，应将票款偿还给议付行。如果信用证指定付款行或偿付行，则由该指定的银行向议付行进行偿付。

开证行在收到单据后的5个银行工作日内审单，但不得以不正当理由苛求受益人提交的单据。如果开证行在审单过程中，发现明显的单证不符点，可凭以拒付，但应迅速将不符点通知寄单行，提出是否将单据退回或代为保管。

7. 开证申请人付款赎单

开证行在向议付行偿付后，应立即通知开证申请人付款赎单。开证申请人接到通知后，应立即到开证行检验单据，如认为无误，就应将全部货款和有关费用向银行一次付清而赎回单据。银行则返还在申请开证时开证人所交的押金和抵押品。如果开证人在审核单据时发现单证不符，亦可拒绝付款赎单。但如果开证申请人凭运输单据提货后发现货物与买卖合同不符，与银行无关，只能向受益人、承运人或保险公司等有关责任方索赔。

7.3.5 信用证的种类

可以从信用证的性质、期限、流通方式等不同的角度，将信用证划分为不同的种类。

1. 跟单信用证和光票信用证

根据信用证项下的汇票是否随附货运单据，信用证可以分为跟单信用证和光票信用证。

（1）跟单信用证（Documentary L/C），是指开证行凭跟单汇票或仅凭单据付款的信用证。这里所说的单据是指代表货物所有权或证明货物已装运的货运单据，即运输单据以及商业发票、保险单据、商检证书、产地证书等。国际贸易中使用的信用证绝大部分都是跟单信用证。

（2）光票信用证（Clean L/C），是开证行凭借不附单据的汇票付款的信用证，主要用于预付货款。

2. 不可撤销信用证和可撤销信用证

（1）不可撤销信用证（Irrevocable L/C）。信用证一经开出，在有效期内，未经受益人及有关当事人的同意，开证行不得片面修改或撤销，只要受益人提交的单据符合信用证的规定，开证行必须履行付款义务。使用不可撤销信用证对受益人的权益较有保障。《UCP600》规定，如果信用证中未注明“不可撤销”或“可撤销”的字样，应视作不可撤销信用证。

（2）可撤销信用证（Revocable L/C）。开证行对所开立的信用证不必征得受益人或有关当事人的同意，有权随时撤销的信用证。因为使用这种信用证将会对出口人不利，因此出口人一般不愿接受可撤销信用证。按照《UCP600》的规定，只要受益人按信用证条款的规定已经得到了议付、承兑或延期付款保证时，该信用证即不能被撤销或修改。

3. 保兑信用证和不保兑信用证

（1）保兑信用证（Confirmed L/C），是指银行开出的信用证，由另一银行根据开证行的授权或要求保证对符合信用证条款规定的单据履行付款义务。对信用证加保兑的银行叫保兑行。

值得注意的是，将信用证的“保兑”与“不可撤销”区分开来。信用证的不可撤销是指开证行对信用证的付款责任，而信用证的“保兑”则是指开证行以外的银行对信用证的付款责任。不可撤销的保兑信用证，则意味着对于该信用证不仅有开证行的不可撤销的付款保证，而且还有保兑行的兑付保证。保兑行和开证行一样承担第一性的付款责任。因此，不可撤销的保兑信用证为出口商提供了双重收款保证，对出口商最为有利。当开证银行资信很好和成交金额不大时，一般无需保兑，因为需要考虑到保兑的费用问题。保兑行付款后对受益人或其他前手无追索权。

（2）不保兑信用证（Unconfirmed L/C），是指开证行开出的信用证没有经另一家银行保兑，当开证行的资信好或成交金额不大时，往往使用不保兑的信用证。

4. 即期信用证和远期信用证

根据信用证下指定银行付款期限的不同，信用证可分为即期信用证和远期信用证。

（1）即期信用证（Sight L/C），是指开证行或付款行收到符合信用证条款的跟单汇票及装运单据后，立即履行付款义务的信用证。

在即期信用证中，有时还加列“电汇索偿条款（T/T Reimbursement Clause）”，即开证行允许议付行用电报或电传通知开证行或指定付款银行，说明各种单据与信用证要求相符，开证行或指定银行接到电报或电传通知后，有义务立即用电汇将货款拨交议付行。

（2）远期信用证（Usance L/C），是指开证行或付款行收到信用证要求的单据后不是立即付款，而是在信用证规定的期限到期时履行付款义务的信用证。远期信用证主要包括承兑信用证（Acceptance L/C）（见下文）和延期付款信用证（Deferred Payment L/C）。

延期付款信用证是开证行在信用证上规定受益人交单后若干天或装船后若干天付款的信用证。延期付款信用证受益人不开具汇票，因此也就没有银行承兑，对于受益人来说明显的不利之处在于无法像承兑信用证那样去贴现汇票。如果受益人急需资金而向银行贷款，银行贷款利率通常比贴现率高，因此不利于企业对资金的利用。

（3）假远期信用证（Usance L/C Payable at sight），是指这种信用证规定受益人开立远期汇票，由付款行负责贴现，并规定一定利息和费用由进口人负担的信用证。表面上看它是一种远期信用证，但是受益人却可以即期收到全部货款，所以对出口人而言，实际上是即期收款，但是对进口人来说，则可以等到远期汇票到期时再付款给付款行。所以，假远期信用证又被称作买方远期信用证。

5. 付款信用证、承兑信用证与议付信用证

（1）付款信用证（Payment L/C），是指定某一银行付款的信用证，一般不要求受益人开立汇票，仅凭受益人提交的单据付款。付款行一经付款，对受益人均无追索权。付款信用证有即期信用证和延期付款信用证。

（2）承兑信用证（Acceptance L/C），是指定某一银行承兑的信用证，即当受益人向指定银行开具远期汇票并提示时，指定银行即行承兑，等汇票到期日再付款。

（3）议付信用证（Negotiation L/C），是指开证行允许受益人向某一指定银行或任何银行交单议付的信用证。议付是指由议付行对汇票和（或）单据付出对价，只审单而不付对价，不能构成议付。即开证行在信用证中，邀请其他银行买入汇票和（或）单据的信用证。

议付信用证又可以分为公开议付（自由议付）信用证（Open Negotiation L/C）和限制议付信用证（Restricted Negotiation L/C）。前者指受益人可以向任何银行办理议付，而后者是开证行指定某一银行或开证行自己进行议付的信用证。两种议付信用证的到期地点都在议付行所在地。信用证经议付后，如议付行不能向开证行索得票款，议付行有权对受益人行使追索权。

6. 可转让信用证和不可转让信用证

（1）可转让信用证（Transferable L/C），是指信用证的受益人（第一受益人）可以要求授权付款、承担延期付款责任、承兑或议付的银行（统称“转让银行”），或信用证是自由议付信用证时，可以要求信用证中特别授权的转让银行，将信用证全部或部分转让给一个或数个受益人（第二受益人）使用的信用证。可转让信用证中需明确标注“Transferable”字样。如果信用证上注有“可分割”、“可让度”、“可分开”、“可转移”等字样，银行可以不予理睬。

可转让信用证只能转让一次，即只能由第一受益人转让给第二受益人，第二受益人不能要求将信用证转让给其后的第三受益人。但是，第二受益人可以再转让给第一受益人。如果信用证不禁止分批装运，在总和不超过信用证金额的前提下，可分别按若干部分办理转让，该项转让的总和，将被认为只构成信用证的一次转让。

信用证只能按原证规定条款转让，但是信用证金额、商品单价、到期日、交单日及最迟装期可以减少或提前，投保加成可增加，开证申请人可以变动。信用证在转让后，第一受益人有权以自身的发票和汇票替换第二受益人的发票和汇票，其余额不得超过信用证规定的原金额。如信用证规定了单价，应按原单价开立。在替换发票和汇票时，第一受益人可在信用证项下取得自身发票和第二受益人发票之间的差额。

要求开立可转让信用证的第一受益人往往是中间商。为了赚取差额利润，中间商可将信用证转让给实际供货人，由供货人办理出运手续。但是，信用证转让并不等于买卖合同转让，如果作为第二受益人的供货人不能按时交货或单据有问题，第一受益人仍要负买卖合同上的卖方责任。

(2) 不可转让信用证（Non - transferable L/C），是指受益人不能将信用证的权利转让给他人的信用证。凡是信用证中未注明“可转让”字样的就是不可转让信用证。

7. 循环信用证

循环信用证（Revolving L/C），指在一定时间内信用证被全部或部分使用后，能够重新恢复信用证原金额并再度使用，周而复始，直至达到该证规定的次数或累计总金额用完为止。循环信用证适用于分批等装、分批支款的长期供货合同。其优点是，进口方不必多次开证，不仅节省了开证费用，同时也简化了出口方的审证、改证等手续，便于合同的履行。循环信用证又可以分为按时间循环信用证和按金额循环信用证。

按时间循环信用证是指信用证的受益人在一定时间内可多次支取信用证规定金额的信用证。按金额循环信用证是指信用证金额议付后仍可恢复到原金额可再使用，直到用完规定的总金额为止的信用证。

8. 对开信用证

对开信用证（Reciprocal L/C）是易货贸易或进料加工和补偿贸易业务中使用的一种结算方式。因交易的双方都担心对方凭第一张信用证出口或进口后，另外一方不履行进口或出口的义务。于是，就采用这种相互联系、互为条件的开证办法，彼此约束。其特点是：第一张信用证的受益人和开证申请人是第二张回头信用证的开证申请人和受益人，第一张信用证的开证行和通知行分别是第二张信用证的通知行和开证行；两张信用证的金额可以相等，也可以不相等；两张信用证可以同时互开、同时生效，也可以先后开立、先后生效。

9. 对背信用证

对背信用证（Back to Back L/C），又称转开信用证，指受益人要求原证的通知行或其他银行以原证为基础，另开一张内容相似的新证。对外信用证的受益人可以是国外的，也可以是国内的，其主要用于以下情况：中间商转售他人货物，从中图利；两国之间不能办理进出口贸易而需要通过第三方沟通贸易；原证是不可转让的；原证受益人不能提供全部规定货物等。

对背信用证的内容除开证人、受益人、金额单价、转运期限、有效期等可有变动外，其他条款一般与原证相同。由于对背信用证的条款修改时，新证开证人需得到原证开证人的同意，所以修改比较困难，而且所需时间较长。应当注意的是对背信用证不同于可转让信用证，可转让信用证是一张信用证由一个开证行保证付款，对背信用证的原证和对背证是两张信用证，由两个银行分别保证付款。

10. 预支信用证

预支信用证（Anticipatory L/C），指开证行授权代付行（通常是通知行）向受益人预付信用证的全部或一部分，由开证行保证偿付并负担利息的信用证。预支信用证与远期信用证相反，开证人付款在先，受益人交单在后。预支信用证可分为全部预支和部分预支。预支信用证凭出口人的光票或一份负责补交信用证规定单据的声明书付款。如果出口人以后不交单，开证行和代付行不承担责任。当交付货运单据后，代付行在付给剩余款时，将扣除预支货款的利息。这种预支货款的信用证，预支条款过去常用红字标明，所以习惯上称作“红条款信用证”（Red Clause L/C）。

7.3.6 合同中的信用证条款

当买卖双方商定采用信用证方式付款时，为了明确责任，在买卖合同中应对信用证支付条款的主要内容作出明确规定。合同中的信用证条款主要包括以下内容。

1. 开证时间

按照国际贸易惯例和有关法律的规定，在信用证支付条件下，买方按时开立信用证是其需要履行的一项重要合同义务，也是卖方按时交货的前提条件。所谓按时开证，是指按合同规定的时间开证，以便卖方有充分时间做好备货、装运等工作。当合同中对开证时间作出规定后，买方如果不按时开证，即构成违约，卖方有权索赔。

开证时间的规定方法主要有以下几种：

签订合同后××天内开证。

在装运月前××天内开到卖方。

不迟于×月×日开到卖方。

2. 信用证的种类

进出口双方应根据具体交易情况，合理选择信用证类型，并在合同中明确规定。在我国出口业务中通常只接受不可撤销的信用证。同时，还需根据双方磋商达成的协议，规定信用证是即期的还是远期的。我国出口商大多使用即期信用证。

3. 开证行的规定

信用证方式下，开证行是第一付款人，它的资信好坏对受益人至关重要。为了保证收汇的安全，卖方往往要求在买卖合同中对开证行的情况作出必要的规定。最常见的规定方法是“应通过卖方可接受的银行开证”。

4. 对开证金额的规定

信用证金额是开证行承担付款责任的最高金额，应在信用证中作出规定。在通常的交易中，都要求开立足额信用证，即信用证金额为发票金额的100%。但如预计履约时可能发生额外费用而需要在信用证项下超额支付时，则必须在合同和信用证中明确规定。例如，按CIF条件出口、港口拥挤费由买方负担时，则可规定卖方在信用证中列入有关港口对拥挤费可超出信用证的金额收取的条款。在合同中可订明“在装运时，如有港口拥挤费，由开证申请人负担，可凭受益人开具的发票和船公司表明实际已付附加费的正本收据，在信用证金额外支付给受益人”。

5. 有效期和到期地点

有效期是指银行承担议付、承兑或付款责任的期限。较普遍的做法是规定到期日，如“议付有效期至装运期后第15天”。信用证的到期地点是指信用证有效期在何地终止。信用证到期地点有三种情况：议付到期、承兑到期和付款到期。议付到期地点一般在出口地，承兑和付款到期地点则为开证行或付款行所在地。

信用证支付条款的订法因进出口合同种类的不同而各异，又因信用证种类的各异而不同。仅选择几例来示范出口合同中信用证支付条款的具体订法。

（1）即期信用证支付条款：“买方应于装运月份前××天通过卖方可接受的银行开立并送达卖方不可撤销的即期信用证，有效期至装运月份后15天在中国议付。”

The Buyers shall open through a bank acceptable to the Sellers an Irrevocable Sight Letter of Credit to reach the Sellers ×× days before the month of shipment, valid for negotiation in China until the 15th day after the month of shipment.

（2）远期信用证支付条款：“买方应于××年×月×日前（或接到卖方通知后×天内或签约后×天内）通过××银行开立以卖方为受益人的不可撤销（可转让）的见票后××天（或装船日后××天）付款的银行承兑信用证，信用证议付有效期延至上述装运期后15天在中国到期。”

The Buyers shall arrange with ×× Bank for opening an Irrevocable (Transferable) bankers acceptance Letter of Credit in favour of the Sellers before… (or within…days after receipt of Sellers advice; or within…days after signing of this contract), The said Letter of Credit shall be available by draft (s) at sight (or after date of shipment) and remain valid for negotiation in China until the 15th after the aforesaid time of shipment.

(3) 假远期信用证支付条款:"本信用证项下的远期汇票由付款人承兑和贴现,所有费用由买方负担,远期汇票可即期收款。"

Drawee will accept and discount usance drafts drawn under this Credit. All charges are for buyers account, usance draft payable at sight basis.

(4) 循环信用证支付条款:"买方应于第一批装运月份前通过卖方可接受的银行开立并送达卖方不可撤销即期循环信用证,该证在19××年期间,每月自动可供××(金额),并保持有效至19××年1月15日在北京议付。"

The Buyers shall open through a bank acceptable to the Sellers an Irrevocable Revolving Letter of Credit at sight to reach the Sellers ×× days before the month of first shipment. The Credit Shall be automatically available during the period of 19×× for ×× (value) per month, and remain valid for negotiation in Beijing until Jan. 15, 19××。

7.4 银行保函

在国际经济贸易交往中,交易双方往往由于缺乏信任和了解,因而会给交易的达成和合同的履行造成一定的障碍。当一方担心对方不履行合同义务,需要银行出具保证文件而同时又不宜使用信用证时,往往要求对方通过银行或其他金融机构开具银行保函(即银行保证书)。担保人保证申请人履行双方签订的有关商务合同或其他经济合同项下的某种责任或义务,从而保证交易的顺利进行。银行保函是银行开立的保证文件,属于银行信用,它通常在履行期限较长、交易条件比较复杂的交易中使用。银行保函不仅适用于货物贸易,也适用于承包工程、融资等有关国际经济合作的领域。

7.4.1 银行保函的含义及其性质

保函(Letter of Guarantee,简称L/G)是指银行、保险公司、担保公司或个人(保证人）应申请人的请求，向第三方（受益人）开立的一种书面信用担保凭证，保证在申请人未能按双方协议履行其责任或义务时，由担保人代其履行一定金额、一定期限范围内的某种支付责任或经济赔偿责任。

银行保函（Banker's Letter of Guarantee）又称银行保证书，是由银行开立的承担付款责任的一种担保凭证。银行根据保函的规定承担绝对付款责任。保函的内容根据交易的不同而有所差别，在形式和条款方面也无一定格式，对有关当事人的权利和义务主要以文件本身条文进行解释和处理。

7.4.2 银行保函的当事人

银行保函的基本当事人有三个，即委托人、保证人和受益人。另外，有时还可以有转递行、保兑行和转开行。

（1）委托人（Principal），又称申请人，即要求银行开立保函的一方，是与受益人订立合同的执行人和债务人。在投标保函项下为投标人，在出口保函项下为出口商，在进口保函项为进口商，在还款保函项下为定金和预付款的收受人。

（2）保证人（Guarantor），也称担保人，即开立保函的银行，有时也可能是其他金融机构。保证人根据委托人的申请，并在委托人提供一定担保的条件下向受益人开具保函。

（3）受益人（Beneficiary），即为收到保函并凭以要求银行担保的一方，是与委托人订立合同的执行人和债权人。

（4）转递行（Transmitting Bank），即根据开立保证书的银行的要求将保函转递给受益人的银行。

（5）保兑行（Confirming Bank），即在保函上加具保兑的银行。受益人可得到双重担保。

（6）转开行（Reissuing Bank），即接受保证银行的要求，向受益人开出保函的银行。这种保函发生赔付时，受益人只能向转开行要求赔付。

7.4.3 主要内容

银行保函并无统一的格式，内容也因具体交易不同而异，但主要有以下几项。

（1）基本栏目。包括保证书的编号，开立日期，各当事人的名称、地址、国家名称，有关合约或标的的编号、日期，有关工程项目或其他标的物的名称等。

（2）责任条款。即开立保证书的银行在保证书中承诺的责任条款，这是银行保证书最主要的内容。

（3）保证金额。保证金额是出具保证书的银行所承担责任的最高金额。可以是一个具体金额，也可以是有关合同金额的某个百分率。如果保证人可以按委托人履行合同的程度减免责任，则必须作出具体说明。

（4）有效期。即最迟索赔期限，或称到期日。它可以是一个具体日期，也可以是在有关某一行为发生后的一定时期到期，例如在交货后3个月或6个月、工程结束后30天等。

（5）索偿方式。即索偿条件，是指受益人在何种情况下方可向保证人提出索赔。对此，国际上有两种不同说法：一种是无条件的或称“见索即偿”保证书（First Demand Guarantee）；另一种认为银行保函应是附有某些条件的保证书（Accessary Guarantee）。事实上完全无条件的保函是没有的，只是条件的多少、宽严程度不同而已。按国际商会《见索即偿保函统一规则》的规定，索偿时受益人也要递交一份声明书。因此，银行保证书通常均按不同情况，规定不同的索偿条件。

7.4.4 银行保函的种类

银行保函根据不同的用途可分为许多种，但概括起来，主要有投标保函（Tender Guarantee）和履约保函（Performance Guarantee）两种，其他还有还款保函（Re-payment Guarantee）、付款保函（Payment Guarantee）和特殊贸易保函。

1. 投标保函

银行（保证人）根据投标人（委托人）的申请向招标人（受益人）开立的保证书。保证投标人在开标前不中途撤标或片面修改投标条件，中标后不拒绝签约；不拒绝交付履约金，否则，银行负责赔偿招标人的损失。投标保函的支付金额一般为项目金额的2%~5%。

2. 履约保函

银行（保证人）应货物买卖、劳务合作或其他经济合同当事人（委托人）的申请向合同的另一方当事人（受益人）开出的保证书，保证如果委托人不履行其与受益人之间订立的合同义务，银行对受益人支付一定金额的款项。履约保证书的支付金额一般为项目金额的10%~15%。

用于进出口贸易的履约保函，又可分为进口履约保函和出口履约保函两种。

（1）进口履约保函（Import L/G）。是指银行（保证人）应进口商（委托人）的申请，开给出口商的信用文件。如出口商按合同交货后，进口商未能按期付款，由银行负责偿付一定金额的款项。

（2）出口履约保函（Export L/G）。是指银行（保证人）应出口商（委托人）的申请，开给进口商（受益人）的信用文件。如出口商未能按期交货，银行负责赔偿进口商的损失。

3. 还款保函

又称预付款保函（Advance Payment Guarantee）或退还预付款保函（Refundment Guarantee for the Advance Payment），是银行应供货人或承包商的委托向买方或业主开出的保证书。保证在委托人未能按合同规定发货或未能按合同规定使用预付款时，由银行退还受益人已经支付的全部或部分预付款本息。

4. 付款保函

一是指外国贷款人要求借款人提供的到期一定还款的保证书；二是在凭货物付款而不是凭单付款的交易中，进口方向出口方提供的银行担保，保证在出口方交货后、货到后或货到目的地经买方检验与合同相符后，进口方一定付款，如买方不付，担保行一定付款；三是在技术交易中，买方向卖方提供银行担保，保证在收到与合同相符的技术资料后买方一定付款，如买方不付，担保行代为付款。上述三种银行保证书的金额即合同金额。

5. 特殊贸易保函

担保人为特殊形式的贸易活动出具的保证书，如补偿贸易保函、融资租赁保函以及用于进出口成套设备用的保留款保函。这些贸易的特点主要在于合同的一方获得对方商品形式的融资，而偿还大多不以现金支付为形式，比如来料加工、来件装配、来样加工和补偿贸易的偿还，均以产品或加工品等实物形式。

7.4.5 银行保函业务的基本程序

银行保函是银行签发的一种付款保证文件，一笔未发生赔付的保函从开立到结束通常有以下几个环节：申请人提出申请——银行出具保函——通知或转开——保函的撤销。

一笔发生赔付的保函从开立到结束通常有以下几个环节：申请人提出申请——银行出具保函——通知或转开——索赔和理赔——银行对申请人追索——保函的撤销。

1. 申请人提出申请

保函申请人向担保行申请开立保函，一般应提交下列材料。

（1）申请人的基本材料。如营业执照、税务登记证、企业代码证，还有法人及授权人的签章。

（2）填写并提交保函申请书或与担保行签订委托担保协议书。保函申请书是申请人与担保行之间一定的法律义务和责任划分的书面契约。因此，银行在出具保函前，一般均要求申请人填制格式化的申请书，或与申请人签订委托担保协议书，用以明确担保行与申请人各自所应承担的责任、义务与享有的权利。一份保函申请书通常应包括以下几方面的内容（见示例）：保函申请人名称、地址、电话，及业务联系人等；保函受益人名称、地址；有关的合同号、标书号及项目名称等；合同总金额；保函金额及使用的货币种类；保函种类；保函的有效期；保函开立方式；申请人对担保行所做出的承诺，担保行和申请人各自的权利和义务，以及担保行的免责条款；申请人建议使用的保函格式（通常作为保函申请书的附件）和申请人的有效签章。

资料卡

开立保函申请书

保函编号（供银行使用）

致：　　　　　　　　银行：

1. 申请人名称(中文)：
   (英文)：
   法定地址：
   法定代表人：
   邮政编码：
   电话：
2. 项目名称(中文)：
   (英文)：
   项目金额：
   合同或协议/标书编号：
   资金来源：
3. 受益人名称（英文）：
   地址（英文）
4. 保函种类：
   保函金额(小写)：
   (大写)：
   有效期限：
   保函格式：☐申请人提供，贵行确认
   ☐贵行提供，申请人确认

5. 开出方式（1）□电开

□信开　　□由贵行邮寄给受益人

□由我公司送达受益人

开出方式（2）□直开 □转开 □转递

6. 反担保形式：□保证金、币种和金额

□授信额度，本次占用额度

□抵押，抵押物名称

□质押、质押物名称

□信用反担保，反担保人名称

我公司兹申请贵行按上述内容及所附保函格式开立不可撤销保函，我公司在此不可撤销地声明并且承诺如下。

一、我公司同意在确认本申请符合有关法律、行政法规及贵行有关业务管理规定之前，贵行有权不签发保函。

二、我公司无条件地同意贵行按国际惯例及有关法规和贵行内部有关规定办理保函项下的一切事宜，我公司承担由此产生的一切责任。

三、在贵行根据保函的条款做出任何支付行为后，我公司保证在收到贵行书面索偿通知后五日内向贵行偿付以下金额：

1. 贵行由于履行保函项下的责任而支付的任何款项；

2. 贵行由于开立或履行保函而发生的各项费用；

3. 自贵行作出支付之日起至我公司向贵行作出偿付之日发生的任何利息，计息方法为________。

四、我公司在贵行开立________账户（账号：________），在发生下列情况时，我公司无条件授权贵行可随时自行等额借记我公司以上账户：

1. 贵行由于履行保函项下的责任而支付的任何款项；

2. 贵行要求我公司补偿贵行由于开立或履行保函而发生的各项费用；

3. 贵行要求我公司补偿因我公司延迟支付上述各项款项而产生的任何利息，计算方法为________。

我公司对贵行上述自行借记我公司账户的行为决不提起任何异议，并放弃一切抗辩和追索的权利。

在该账户不足以清偿上述款项时，我公司保证在收到贵行书面索偿通知后五日内以其他资金支付或偿还。

五、不论贵行承担保函项下义务的时间在保函有效期之内还是保函有效期之后，我公司均同意无条件地偿付贵行因履行保函项下的义务而支出之全部款项（包括但不限于赔付款项、国外银行费用、杂费、诉讼费等），并且赔偿贵行因此发生的利息损失。

六、我公司保证贵行在办理本保函时，因邮政、通过传递发生的遗失、延迟、错漏，不由贵行承担任何责任。

七、在保函有效期内，如果我公司名称、法定代表人、组织机构等重大事项发生变更，我公司将在此变更发生后三日内书面通知贵行，本申请书对变更后的公司继续具有法律约束力。

八、我公司保证在此做的一切陈述和承诺都是真实的意思表示，如盖我公司公章后即对我公司具有完全的法律约束力，未经贵行同意任何单位和个人不得擅自撤销本申请。

九、我公司将按照贵行的要求缴纳担保费并承担贵行为办理此项担保业务而发生的其他费用，并就贵行给予我公司的担保费费率对第三方保密。

申请人：（公章）

法定代表人或授权签字人：（签字）

年　月　日

（3）提交有关的业务参考文件，如标书、合同、有关的契约和协议等。委托人与受益人之间是基于彼此签订的合同而产生债权债务关系或其他权利义务关系的。此合同是它们之间权利和义务的依据，相对于保函协议书和保函而言是主合同，他是其他两个合同产生和存在的前提。如果此合同的内容不全面，会给银行的担保义务带来风险。因此银行在接受担保申请时，都要求委托人提供他与受益人之间签订的合同。

（4）提供从中国人民银行领取的贷款卡。由于保函是一种或有债务，也是授信业务，因此申请人还需要提供从中国人民银行领取的贷款卡，供开立保函的银行进行相关登记。

（5）缴纳一定的保证金或提供第三方担保。

（6）提交保函的背景资料。包括合同、有关部门的批准文件等。

（7）提供相关的保函格式并加盖公章 。

（8）提供企业近期财务报表和其他有关证明文件。

（9）落实银行接受的担保。包括缴纳保证金、质押、抵押、第三者信用担保或以物业抵押或其他方式作担保，授信开立等。

2. 担保行出具保函

担保银行审核申请人资信情况、履约能力、项目可行性、保函条款及担保、质押或抵押情况后，若接受申请人的申请便可对外开出保函。

（1）开立保函的方式。担保行开立保函的方式主要有直开和转开，以及直开后加保、会签和背签等。

- 直开是指担保行应委托人的申请，直接向受益人开立保函，并凭此直接向该受益人承担支付担保责任，所以，这种方式通常也称为“直接担保”。担保行开出保函后，可采取直交或转递两种传递方式。直交即担保行将保函直接交给受益人或由申请人自行交给受益人。转递是通过受益人所在地的一家银行即通知行转交给受益人。在“直开”的做法中，真正的保函当事人只有三个，即申请人、担保行和受益人，而通知行只担当辅助性的角色，只能算作保函的关系人而非直接当事人。

- 转开是指申请人所在地的银行应申请人的要求，根据标书或合同的有关规定以及受益人所在国的惯常做法及法律要求，以提供反担保的形式来委托另一家银行（通常为受益人所在地的银行）开立保函，并由后者对受益人承担付款责任，通常也被称为“间接担保”。在转开保函业务项下，真正的开立保函的担保行是受益人所在地的受委托办理转开的银行，而申请人所在地的银行只是反担保行。转开银行仅凭反担保行的反担保向受益人出具保函，并与其构成一种担保合同关系。受益人只能向所在地的担保行（即转开行）提出索赔，而不能越过担保行直接向反担保行要求获得支付。反担保行仅就反担保对担保行负责，而不向真正的受益人承担任何直接责任。

在转开的做法中，保函的当事人至少是四方，即保函的申请人、反担保行（可以一个或一个以上）、担保行和受益人。

- 加保、会签和背签。有一些国家规定对国外银行直开的保函必须经受益人本国银行实施加保（confirm）、会签（counter sign）或背签（endorse）后方能接受。这样的做法目的有两种：一种是核验和证实国外保函的真伪；另一种是承诺对保函承担实际付款责任。如果是前者，则应邀加保、会签或背签的受益人本地的银行实际上并不承担任何付款责任，也不受理受益人提出的任何索款要求，因而也不成为保函的实际当事人。如果是后者，应邀加保、会签或背签的银行将承担向受益人保证付款的责任。

3. 保函的通知或转开

由于作为保函担保行的银行与受益人往往分处不同的国家，因此，在保函开立后，往往需要借助受益人所在地银行的服务，或通知，或转开。通知行应及时将保函、保函修改及有关附件通知受益人，否则需尽快向保函开出行说明原因。通知行所使用的通知书内容见示例。

资料卡

保函通知书

致：　　　　　　　　　　　　　　　　　　　　　　　　　　　　日期：

通知行编号：	□保函　　□保函修改
保函开立银行：	
保函号：	保函开立日期：
保函类型：	保函金额：
特别提示： □此保函项下一切银行费用均由你司承担，如不同意，请径洽开证申请人。 □此保函尚未生效，待收到授权或生效通知后再行通知你司。 □此保函印押相符。 □此保函印押不符，待印押核符后再行通知你司。	

注意事项：

1. 请将保函条款与所签合同核对，如有不符或需要修改，请径洽开证申请人。
2. 我行仅负责通知保函，对保函不承担任何担保责任。
3. 对尚未生效的保函，请在收到证实书或生效通知后再使用。
4. 如不接受此保函，请自通知日起三个工作日内备妥加盖公章连同该保函一并退我行。
5. 请注意我行对保函中某些条款的提示。

通知行名称：（加盖业务公章）

银行业务员：

联系电话：

日期：

4. 索赔和理赔

从理论而言，只有在受益人已完成了合同规定的义务，并据此获得了索取合同价款的权利，或在申请人出现违约行为时，保函才可能被受益人索赔和理赔。

5. 担保行对申请人进行追偿

担保行在向受益人做出支付后即有权向申请人追偿所付款项，或要求反担保行兑付反担保，或要求申请人筹措资金予以偿付，或扣划申请人在担保行的保证金、往来账户的存款，或变卖、变现申请人事先抵押的财物、票据等有价证券，或采取其他法律手段，完成对申请人的追索。

6. 保函的注销

保函可因到期而撤销，由受益人退回保函，并办理注销。此后，担保行将不再对任何可能发生的索赔负责。

保函也可由申请人提出、受益人确认而撤销。在到期前注销可如下办理：要求受益人将保函正本退回；或由受益人签署文件，明确放弃保函项下的一切权利。

随着保函的撤销，担保行的担保职责即告结束，保函业务的流程随之结束。

≫资料卡

ATA 单证册担保函（范本）

担保人名称：

地址：

邮编：

被担保人名称：

地址：

邮编：

受益人名称：中国国际商会

地址：北京市复兴门外大街 1 号

邮编：100860

中国国际商会：

鉴于你会根据 1961 年在布鲁塞尔通过的《关于货物暂准进口的 ATA 单证册海关公约》，或 1990 年在伊斯坦布尔通过的《货物暂准进口公约》，向被担保人签发号码为______ATA 的单证册。

应被担保人的申请，我行保证，如你会因这一单证册而支付任何海关关税和/或其他费用，我行在收到你会的书面索付请求后，将在十个工作日内无条件全额赔付你会所支付的款项。我行因本保函而承担的最高担保金额为______元人民币。本保函自签发之日起生效，有效期为 33 个日历月。

保函终止方式：

1. 有效期届满；
2. 银行收到受益人解除担保的通知；
3. 银行支付了最高金额的担保金。

签字（盖章）：______

____年____月____日

》资料卡

Advance Payment Guarantee（预付款保函样本）

To：________（Beneficiary）Date：

No.：

Dear Sirs：

This guarantee is hereby issued as the advance payment guarantee of ________（Applicant）（hereinafter called the supplier）for ________（the name of the contract and its number）to ________（the name of the beneficiary）（hereinafter called the buyer）.

Whereas the buyer has agreed to advance to the supplier an amount of ________（say ________ only）whereas the buyer has required the supplier to furnish a guarantee with an amount equal to the above said advance payment for performance of his obligations under the contract，and the ________（the name of the Guarantor），at the request of the supplier and in consideration of the buyer's agreeing to make the above said advance to the supplier，has agreed to furnish the required guarantee.

Now therefore the guarantor hereby guarantees that the supplier shall utilize the above said advance for the purpose of the contract and if he fails and commits default in fulfillment of any of his obligation for which the advance payment is made it shall entitle the buyer to be paid not exceeding the above – mentioned amount.

Against notice in writing of any default which the guarantor should be given by the buyer stating that the supplier has failed to fulfill its obligation to the buyer and upon such first demand payment shall be made by the guarantor of the sum then due under this guarantee without any obligation.

The sum of this guarantee shall be automatically and proportionally reduced in step of the progress of the contract and the guarantor's obligation under this guarantee shall not in any case exceeding the sum of ________（say ________ only）.

This guarantee shall become effective from the date of receipt of the above said advance by the supplier and valid until ________（the date of expiry）. Upon expiry，please return this guarantee to us for cancellation.

This Advance Payment Guarantee is subject to Uniform Rules for Demand Guarantee（I. C. C. Publication No. 458）

Best regards.

For and on behalf of

ABC Bank

Authorized Signature（s）

7.5 备用信用证

7.5.1 备用信用证的定义及种类

备用信用证（Standby Letter of Credit）是指开证人根据开证申请人的请求对受益人开立的承诺承担某项义务的直接允诺（Direct Promise），即开证人保证在开证申请人不履行其应履行的义务时，受益人只要凭备用信用证的规定向开证人开具汇票（或不开汇票），并提交开证申请人未履行义务的声明或证明文件，即可获得开证人的偿付。它实际上就是独立担保的替代形式。其本质就是作为申请人违约时开证人承担第一位付款责任的一种承诺。

备用信用证作为一种金融创新工具，在实践中运用的种类很多，常见的类型如下。

1. 履约备用信用证

它支持一项非款项支付的履约义务，包括对由于申请人在基础交易中不履约所致损失的赔偿。在履约备用信用证有效期内如发生申请人违反合同的情况，开证人将根据受益人提交的符合备用信用证的单据代申请人赔偿该备用信用证规定的金额。

2. 预付款备用信用证

它用于担保申请人对受益人的预付款所应承担的义务和责任。这种备用信用证通常用于国际工程承包项目中业主向承包人支付的合同总价 10% ~25% 的工程预付款，以及进出口贸易中进口商向出口商支付的预付款。

3. 招标/投标备用信用证

它用于担保申请人中标后执行合同的义务和责任，或投标人未能履行合同，开证人须按备用信用证的规定向受益人履行赔款义务。

4. 对开备用信用证

又称反担保备用信用证（counter standby），它支持反担保备用信用证受益人所开立的另外备用信用证或其他承诺。

5. 融资备用信用证

它支持付款义务，包括对借款的偿还义务的任何证明性文件。

6. 直接付款备用信用证

它基本上是支持一项与融资备用信用证有关的基础付款义务到期付款，而不论是否涉及债不履行。它主要用于担保企业发行债券或订立债务契约时的到期支付本息义务。这种信用证已经突破了备用信用证“备而不用”的传统担保性质。

7. 保险备用信用证

它支持申请人的保险或再保险义务。

8. 商业备用信用证

它是指如不能以其他方式付款，为申请人对货物或服务的付款义务进行保证。

对上述诸种情况，如果根据备用信用证申请人在基础交易中所要履行的义务是否为金钱给付义务，可将备用信用证分为履约备用信用证、融资备用信用证和直接付款备用信用证三种类型。

7.5.2 备用信用证的性质

1. 不可撤销性

备用信用证的不可撤销性（Irrevocable）是指备用信用证一经开立，除非有关当事人同意或备用信用证内另有规定，开证人不得撤销或修改其在该备用信用证项下的义务。

2. 独立性

信用证的独立性（Independent）原则是信用证制度的基石与支柱，它是指信用证的法律效力不受申请人与受益人之间的基础交易、申请人与开证人之间的委托开证合同关系以及开证人与受益人之间信用证以外的其他交易关系的影响，而是完全取决于信用证条款本身的规定，银行仅凭信用证条款和卖方提交的单据自主地作出付款决定。因此，即使是受益人与备用信用证开证人/申请人之间的基础交易关系无效，开证人必须对备用信用证进行支付。

3. 单据性

单据性（Documentary）是指备用信用证亦有单据要求，且开证人付款义务的履行与否取决于受益人提交的单据是否符合备用信用证的要求。备用信用证的跟单性质和商业信用证并无二致，但后者主要用于国际贸易货款结算，其项下的单据以汇票和货运单据为主，而备用信用证则更普遍地用于国际商务担保，通常只要求受益人提交汇票以及声明申请人违约的证明文件等非货运单据。

备用信用证项下，保证人/开证人在面对一项付款要求时，其义务被限制在审查付款要求和支持付款的单据，并确定付款要求与提交的其他单据在表面上是否一致，与担保中规定的条件是否相符。备用信用证要求提供的单据一般只是由受益人出具的关于申请人违约的声明证明文件。因为备用信用证下的申请人违约的证明书是由受益人自己提供的，单据是否伪造全凭受益人的良心和诚实，因此，为了改善开证申请人的不利地位，一般都规定受益人除了应提交一份简单的违约声明外，还应提交最好由无利害关系的第三人出具的证明，证实备用信用证的兑付条件已经成立。

4. 强制性（Enforceable）

强制性（Enforceable）是指不论备用信用证的开立是否由申请人授权，开证人是否收取了费用，受益人是否收到、相信该备用信用证，只要其一经开立，即对开证人具有强制性的约束力。

备用信用证的四个法律性质相辅相成："不可撤销性"锁定了开证人的责任义务，进而更有效地保障了受益人的权益；"独立性"传承了信用证和独立性担保的"独立"品格，赋予了其既定的法律属性；"单据性"则将开证人的义务限定于"凭单"原则的基准之上，有益于"独立性"的实施；"强制性"则是对开证人义务履行的严格规范，它与"不可撤销性"的融合充分体现了开证人责任义务的约束性和严肃性，有助于杜绝非正常因素的干扰。基于这些关键的法律性质，备用信用证融合了商业信用证和独立性担保的特长，在实践中体现出独特的功能优势。

7.5.3 备用信用证的运作程序

1. 申请开立备用信用证

开证人的申请根据基础合同的规定，向其所在地的开证人（银行或其他机构）申请开立备用信用证，经开证人审核同意后，该申请书构成申请人与开证人之间的合同。申请人通常要提供押汇等担保，有义务支付开证费。开证人有义务根据申请书的指示开证，并承诺首先向受益人付款。

2. 备用信用证的开立与通知

开证人开证后，通常通过与受益人同地的通知人向受益人通知或转交信用证。通知人无义务必须为之，若该通知人不欲履行通知义务，则需及时通知开证人。若该通知人欲履行通知义务，则在开证人与通知人之间形成一种合同关系，通知人有义务核验备用信用证的表面真实性，有权利从开证人处取得报酬。当然，信用证也可由开证人或申请人直接寄交受益人，但在较大金额的交易中，受益人通常会要求通过通知人的专业核验来防止信用证欺诈。

3. 备用信用证的保兑

在大宗交易中，受益人也可以要求对备用信用证进行保兑，开证人通常请求通知人提供保兑。通知人无义务必须进行保兑，若该通知人不提供保兑，则需及时通知开证人。若该通知人对备用信用证进行保兑，则成为保兑人，它对受益人承担与开证人同样的义务和责任。

4. 申请人履约，受益人退还备用信用证

受益人获得信用证后，即可发货或执行其他履约行为，如果开证申请人也按承诺或基础交易合同的规定履行了义务，那么备用信用证就自动失效，受益人应将备用信用证退还给开证人。至此，备用信用证的全部交易程序即告结束，这也是大多数正常情况下备用信用证的运作程序。

5. 申请人违约，受益人索偿

如果开证申请人未能按照承诺或基础交易合同的规定履行其义务，受益人即可向开证人或保兑人提交符合备用信用证规定的索偿要求以及与备用信用证相符的单据，向开证人或保兑人索偿。这里涉及受益人究竟是向开证人还是向保兑人索偿的问题。根据《国际备用信用证惯例》的规定，当备用信用证存在保兑人的情况下，在未明确规定将单据应提交给开证人还是保兑人时，交单人可任意选择。开证人或保兑人经审查如果认为受益人所提交的索偿要求和相关单据符合备用信用证的规定，就必须按约定向受益人支付信用证金额。

当然开证人或保兑人也可指定一家银行或其他机构作为指定人替它向受益人付款。指定人无义务必须为之，若指定人同意为之，则必须履行审单义务，以确定其表面真实性，因指定人自己的过错导致的错误付款等行为将使它丧失对开证人的索偿权。指定人作出付款后，将单据寄交开证人索偿已付款项，并取得相应报酬。

6. 申请人作出偿付

开证人或保兑人如果没有任何过错做了最后偿付后，可以向开证申请人要求赔偿，若申请人不付款或不能付款，则开证人可以从押汇等担保中获得偿付。若开证人或保兑人因没有履行谨慎审单义务而错误地向受益人付款，则丧失对申请人的求偿权；若单证相符而受益人交货与基础交易合同不符，申请人不能对开证人拒付，而只能依据基础交易合同向受益人索赔。

≫资料卡

《国际备用信用证惯例（1998年）》

《国际备用信用证惯例》（International Standby Practice，简称 ISP98）在 1998 年 4 月 6 日以国际商会第 590 号出版物的形式获得公布，并于 1999 年 1 月 1 日起正式实施。ISP98 由前言和规则两部分组成，前言主要介绍了制定备用信用证规则的理由、对备用信用证进行描述性的分类，并从整体上描述了 ISP98 与《UCP500》以及《联合国独立保证与备用信用证公约》的关系。规则部分一共包括 10 条 89 款。

7.5.4 备用信用证与跟单商业信用证比较

1. 功能不同

跟单商业信用证只是一种供受益人使用的付款机制，在跟单商业信用证下，受益人发运货物取得提单后，首先向银行交单索款，因而，跟单商业信用证一般以清偿货的价款为目的，属于买卖合同的结算方式之一，是在受益人履行交货义务后银行付款。银行在此承担了债务人的义务，而不是承担保证人的义务。可见，跟单商业信用证充当了合同价款支付的手段，它常常作为货款收付形式出现在基础合同的支付条款之中。

备用信用证则一般用来作为货款收付的保证手段，并且作为贸易合同所规定的托收、汇款、寄售等商业信用的结算方式的一种信用补充手段和额外担保形式载入基础合同。货物发运后，受益人只能根据基础合同规定，通过汇款、托收等形式来收取货款，只有在这种商业信用的支付方式未能奏效时才能寻求备用信用证的收款保护。由此可见备用信用证一般是以融通资金并起到担保的作用为目的，它是在申请人未能履约时由银行赔款，备用信用证充当的不是支付手段而是发挥了一种担保的作用。

2. 适用范围不同

跟单商业信用证主要适用于国际货物买卖领域，而备用信用证不仅大量使用于国际贸易领域，而且在国内商业交易中也广为运用，已发展到适用于各种用途的融资工具，包含着比跟单商业信用证更广泛的领域，它可适用于货物买卖以外的多方面交易。例如，投标业务中，可利用备用信用证向招标人提供投标保证或履约保证；在赊销业务中，可利用备用信用证向赊销人提供赊销保证；在借款业务中，可利用备用信用证向贷款人提供还款保证。

3. 付款责任不同

在跟单商业信用证业务中，开证行的付款责任是第一性的，只要受益人提交了与信用证相符的单据，开证行就必须立即付款，而不管此时申请人能否付款，可见跟单商业信用证是受益人履行交货义务后由银行付款。而备用信用证则是在申请人未履行其义务时由开证人赔款，可见，尽管备用信用证的开证人形式上承担着见索即付的第一付款责任，但其开立意图实质上是第二性的，具有银行担保的性质。

4. 二者所要求的单据不同

跟单商业信用证下，一般要求正本货运单据。此种货运单据是一种物权凭证，它代表货物的所有权。开证行在支付货款后便控制了该物权凭证，申请人必须付款赎单，才能提货。因此，跟单商业信用证能切实保障开证行取得偿付的权益。而在备用信用证下，要求的单据既可以是货运单据，也可以不是货运单据，通常仅仅为受益人可任意出具的书面声明中加附汇票、发票或简单的收据等。即使需要货运单据，一般也只要求提交副本单据或者单据影印件即可。这些单据与跟单商业信用证下受益人提供的物权凭证不同，它们并不代表货物的所有权。因此，对申请人来讲，这些单据几乎是毫无价值。开证人在付款后无法掌握物权凭证，故备用信用证不能较好地保障开证行取得偿付的权益。正因为如此，银行开立备用信用证的风险会比开立跟单商业信用证的风险大得多。实践中，银行一般只给具有良好信誉的客户开具备用信用证。

5. 二者的转让要求不同

信用证的转让实际上是信用证项下支款权的转让，根据《UCP600》的规定，除非信用证另有规定，可转让信用证只能转让一次。但是只要信用证不禁止分批装运或分批支款，可转让信用证可以分为若干部分分别转让，其总和不得超过信用证金额，这称为“分割转让”。允许分割转让，使得受益人在作为中间商时可以直接将信用证用于多个供货商获得付款的保障，而不必向银行另行申请开出信用证。

与此相反，在备用信用证交易中，信用证转让通常是多次的全部转让。由于受益人并不需申请人履行义务，因而多次转让对申请人并无不利。而分割转让在备用信用证中是极为罕见的，因为多个第二受益人各自凭其受让的部分支款权向银行支款将产生诸多问题。所以，ISP98 规定，若备用信用证中只写明其可转让而未有进一步规定，这表明支款权可以整体多次转让，但不能部分转让，并且只有在开证人（包括保兑人）或指定的人同意并实施转让时才能转让，当然，备用信用证中另有规定的除外。可见，备用信用证下提款权的转让限制较多，并且赋予开证人较大的决定权。这主要是为了保护开证人和申请人的利益，因为开证人开立备用信用证给受益人是基于对其的信赖，若允许任意转让就会削弱备用信用证存在的基础，增加开证人的风险。

7.5.5 银行备用信用证与独立保函比较

备用信用证与银行独立保函都是银行（备用信用证的开证人可以不是银行）为申请人的违约向受益人承担赔付的责任，都是一种银行信用，都充当着一种担保功能，而且作为付款唯一依据的单据，都是受益人出具的违约声明和/或有关证明文件，银行在处理备用信用证和银行独立保函业务交易时都是一种单据交易，都只审查单据表面是否相符，而不对单据的真伪以及受益人与申请人之间的基础交易是否合法有效进行审查。但由于备用信用证已经发展到适用于各种用途的融资工具，包含了比银行独立保函更广的使用范围，而且备用信用证在运作程序方面比银行独立保函更像商业信用证，有许多备用信用证中的程序在银行独立保函中是不具备的，如保兑程序、以开证人自己的名义开出备用信用证、向开证人之外的其他人提示单据的情形等。所以两者还是有较大的不同，具体表现在以下几个方面。

1. 兑付方式不同

备用信用证可以在即期付款、延期付款、承兑、议付等四种方式中规定一种作为兑付方式，而银行独立保函的兑付方式只能是付款。相应的，备用信用证可指定议付行、付款行等，受益人可在当地交单议付或取得付款；银行独立保函中则只有担保行，受益人必须向担保行交单。

2. 开立方式和生效的条件不同

备用信用证的开立，开证行通过受益人当地的代理行（即通知行）转告受益人，通知行需审核信用证表面真实性，如不能确定其真实性，则有责任不延误地告知开证行或受益人。

银行独立保函的开立可以采取直接保函和间接保函两种方式。如果采取直接保函方式，担保行和受益人之间的关系与备用信用证开证行和受益人的关系相同，但《见索即付保函统一规则》对通知行没有作出规定，因此银行独立保函可由担保行或委托人直接递交给受益人。如果担保行通过一家代理行转递，则按常规，这家转递行应负责审核保函签字或密押的真实性。

如果采取间接保证的方式开立银行独立保函，委托人（即申请人）所委托的担保行作为指示方开出的是反担保函，而作为反担保函受益人的银行（受益人的当地银行）再向受益人开出保函并向其承担义务，开立反担保函的指示方并不直接对受益人承担义务。

按照英美法的传统理论，提供银行独立保证必须要有对价才能生效，但开立备用信用证则不需要有对价即可生效。

3. 融资作用不同

备用信用证适用于各种用途的融资，申请人可以其为担保取得信贷，受益人在备用信用证名下的汇票可以议付，以备用信用证作为抵押可取得打包贷款（Packing Loan）。另外，银行可以没有申请人而自行开立备用信用证，供受益人在需要时取得所需款项。而银行独立保函除了借款保函的目的是以银行信用帮助申请人取得借款外，不具有融资功能，而且不能在没有申请人（委托人或指示方）的情况下由银行自行开立。

4. 单据要求不同

备用信用证一般要求受益人在索赔时提交即期汇票和证明申请人违约的书面文件。银行独立保函则不要求受益人提交汇票，但对于表明申请人违约的证明单据的要求比备用信用证下提交的单据要严格一些。例如，受益人除了提交证明申请人违约的文件外，还需提交证明自己履约的文件，否则，担保行有权拒付。

5. 付款依据不同

银行独立保函与履约相联系，其付款依据是有关合同或某项承诺是否被履行。因此，保函赔付的审查较为复杂，往往易使担保人被牵扯到申请人与受益人的基础交易纠纷中去。而备用信用证与单据相联系，只要受益人能够提供符合信用证规定的文件或单据，开证行即验单付款，而不去理会基础交易是否履行。正因为如此，银行独立保函担保人的风险较大且不易控制，而备用信用证开证人的风险较小且易于控制。

6. 遵循的规则不同

目前，可适用于备用信用证的国际规则主要有三个：其一是《国际备用信用证惯例》(ISP98)；其二是《跟单商业信用证统一惯例》(《UCP600》)；其三是《联合国独立保函和备用信用证公约》。如果备用信用证中指明同时适用 ISP98 和《UCP600》，ISP98 的条款应优先适用。如果备用信用证中规定同时适用《公约》和 ISP98，那么，因为对于缔约国的当事人而言，《公约》相当于法律，《公约》应该优先适用。

银行独立保函可适用的国际规则主要有：国际商会制定的《见索即偿保函统一规则》和联合国国际贸易法委员会制定的《联合国独立保函和备用信用证公约》。但前者尚未被世界各国广泛承认和采纳，而后者也只能对参加公约的国家生效。

7.6 国际保理

7.6.1 国际保理的概念

《国际保付代理公约》中的保理（Factoring）的定义为：保理系指卖方或供应商或出口商与保理商之间存在的一种契约关系。根据该契约，卖方（供应商、出口商）将其现在或将来的基于其与买方（债务人）订立的货物销售、服务合同所产生的应收账款转让给保理商，由保理商为其提供下列服务中的至少两项：贸易融资、销售分账户管理、应收账款的催收、信用风险控制与坏账担保。由此可见，国际保理实际上是一种融结算、管理、担保、融资为一体的综合性服务业务，本质上是一种债权转让。

资料卡

国际保理业务的服务项目

保理是一种比较综合的结算服务，一般保理商提供的服务包括：

1. 出口贸易融资。保理业务可以提供无追索权的贸易融资，而且手续方便、简单易行，既不像信用放款那样需要办理复杂的审批手续，也不像抵押放款那样需要办理抵押品的移交和过户手续。

2. 销售账务管理。保理商收到出口商提交的销售发票后，在电脑中设立有关分账户，并输入诸如债务人、金额、支付方式、付款期限等必要信息和数据，以后就由计算机自动记账、催收、清算、计息、收费、打印报表等。而且保理商会根据出口人的要求，定期、不定期地向其提供关于应收账款的回收情况、逾期账款情况、信用额度变化及对账单等各种财务和统计报表，协助出口人进行销售管理。保理商还可以根据出口商的需要，定期编制按产品、客户、时间的销售分户统计的资料，供出口商进行销售分析。

3. 收取应收账款。保理商一般都有专业人员和专职律师处理账款的追收，并且保理商还会根据应收账款的逾期时间采取信函通知、打电话、上门催款及采取法律手段等。

4. 信用控制与坏账担保。在出口商与保理商签订保理协议后，保理商会根据对进口商资信调查的结果对进口商核定一个信用额度，在协议执行过程中，随时根据进口商资信状况的变化对信用额度进行调整。对出口商在核准信用额度内的应收账款，保理商提供100%的坏账担保。如进口商因财务上无偿还能力或企业倒闭、破产等原因而导致不能履行合同规定的付款义务，保理商承担偿付责任。

保理与出口信用保险相比较（见表7.2）具有以下优势。

表7.2　出口保理与出口信用保险比较

	出口保理	出口信用保险
最高信用保障（在所批准信用额度内）	100%	70% ~90%
赔偿期限（从货款到期日起）	90天	120~150天
索赔程序	简单	烦琐
坏账担保	有	有
进口商资信调查和评估	有	有
财务账目管理	有	无
账款催收追缴	有	无
以预支方式提供融资	有	无

（1）出口保险公司一般要求出口商将其全部销售交易都要投保（无论哪种付款方式都要投保），而保理服务无此要求。一般说来，出口信用保险服务要比保理服务费用高。

（2）出口信用保险项下，进口商信用风险一般由保险公司和出口商共同承担，在出现坏账时，保险公司一般只赔偿70%～90%，而且索赔手续烦琐、耗时。而保理服务中，保理公司承担全部信用风险。

7.2.2 国际保理的类型

1. 单保理和双保理

（1）单保理。在国际保理业务中，保理商分为进口保理商和出口保理商。位于进口商所在地的保理商是进口保理商，位于出口商所在地的保理商为出口保理商。单保理模式是出口商与进口保理商签署保理协议，进口保理商受让出口商对进口企业的应收账款后及时向进口企业履行收款责任，并在保理额度内向出口商提供支付保证。而出口地银行只负责传递函电及划拨款项，本身并不是保理业务当事人，所以，单保理存在以下缺点：

• 出口商与进口保理商处于不同的国家，出现业务问题时交涉比较困难；

• 出口商所在地银行只能办理传递函电的工作，不承担保理业务的责任和风险，因此对于开拓业务没有积极性；

• 进口保理商直接对出口商负责，缺乏出口国的金融机构的帮助，难以准确地掌握出口商的履约能力，而进行全面的业务风险评估；

• 对于出口商的应收账款，一般由出口保理商提供融资，单保理业务没有出口保理商，故出口商不能获得融资便利。

（2）双保理。涉及进出口商双方保理商的保理业务是双保理。这是目前世界上较为通行的做法。在双保理模式下，由出口商与出口保理商签署协议，另外出口保理商与进口保理商双方签署协议，相互委托代理业务，并由出口保理商根据出口商的需要提供融资服务。双保理模式与单保理模式相比，具有以下优点。

• 出口商与出口保理商签订协议后，一切有关问题均可与出口保理商交涉，并可由此获得全部的保理服务，从而消除与进口国之间存在的语言、法律、贸易习惯等方面的障碍。而对进口商来说，他也只需要同本国的进口保理商交涉，也避免了上述障碍。

• 出口商有可能获得条件较为优惠的融资。如进口保理商的贴现率比出口保理商低，出口商可要求进口保理商以预付款方式或贴现方式提供融资。进口保理商按自己的贴现率将融资款项付给出口保理商，并由其转交出口商。

• 出口保理商不必深入细致地研究各债务人所在国的有关法律、贸易习惯等就可提供各项专门服务，因为债务人所在地的进口保理商将负责这方面的工作并为债务人核定相应的信用限额供出口保理商和出口商参照执行。

双保理模式也存在一些不足之处，由于两个保理商均要提供销售账务管理服务，所以管理费用一般比单保理模式要高。对于资金的划拨，由于增加了进口保理商这一中间环节而速度较慢。如业务量较小，出于费用方面的考虑，进口保理商往往采用定期划拨而不是逐笔划拨的做法，这将使速度更慢。

2. 定期保理和预付保理

（1）定期保理。定期保理是一种到期承购应收账款业务。当出口商必须将应收账款单据转让给保理商时，保理商并不在当时立即向出口商支付现金，而是与出口商约定一个固定日期，在到期日保理商将无追索权地向出口商付款。由于定期保理并不提供预付款融资，而一般出口商都希望得到融资，所以它的应用比较有限。

（2）预付保理。预付保理是出口商将有关单据卖给保理商后，保理商扣除融资利息和相关费用，立即以预付款方式无追索权地付给出口商80%左右的发票金额，其余20%于货物收妥后再清算。这是最常见的标准的国际保理。

3. 明保理和暗保理

（1）明保理。明保理就是出口商必须以书面形式将保理商的参与通知进口商，并指示进口商将货款直接付给保理商。大多数国际保理业务都是明保理。

（2）暗保理。暗保理是指保理商的参与对外是保密的，不通知进口商，货款仍由进口商直接付给出口商。此时，融资与有关的清算是在保理商和出口商之间进行。

4. 无追索权保理和有追索权保理

（1）无追索权保理。无追索权保理就是保理商购买出口商的应收账款，支付对价（即债权转让的价格）后，如无特殊情形，出口商即完成了该笔交易，无论保理商何时以及是否能够全额收回应收账款，出口商都不再承担任何法律上的责任。目前在国际保理业务中，大多是双方无追索权保理。

（2）有追索权保理。目前，为了控制风险，我国商业银行开展的保理业务多是有追索权保理。有无追索权的区别在于保理商在没有获得债务人的清偿时，是否有权要求出口商支付相应的款项。在有追索权保理中，保理商一般采取在保理合同中订立回购条款的方式实现其追索权。回购条款一般约定，在债务人逾期未向保理商支付应收账款达一定时间的，保理商有权通知出口商回购应收账款。保理商可以通过对出口商施行授信管理，以防范出口商无力回购保理合同约定的应收账款的风险。

7.6.3 国际保理业务流程

1. 出口商寻找有合作前途的进口商

出口商与进口商在进行贸易磋商时，双方约定采用国际保理的结算方式。

2. 出口商与出口保理商接洽

出口商必须就准备达成的买卖合同向出口保理商提出叙做保理的需求并要求为进口商核准信用额度。如果保理商同意准备叙做保理业务，出口商就需要填写《出口保理业务申请书》（又可称为《信用额度申请书》），用于为进口商申请信用额度。申请书一般包括如下内容：出口商业务情况；交易背景资料；申请的额度情况，包括币种、金额及类型等。

3. 出口保理商要求进口保理商对进口商进行信用评估

通常出口保理商选择已与其签订过《代理保理协议》、参加 FCI 组织且在进口商所在地的保理商作为进口保理商。通过由国际保理商联合会（简称 FCI）开发的保理电子数据的交换系统 EDIFACTORING 将有关情况通知进口保理商，请其对进口商进行信用评估，并请其据以报价。

4. 进口保理商为进口商核准信用额度

进口保理商根据所提供的情况，运用各种信息来源对进口商的资信以及进口商品的市场行情进行调查。若进口商资信状况良好且进口商品具有不错的市场，则进口保理商将为进口商初步核准一定信用额度，然后将调查结果和可提供给进口商的信用额度的具体建议，以及自己的条件及报价，发送“信用额度回复”信息以通知出口保理商。按照 FCI 的国际惯例规定，进口保理商应最迟在 14 个工作日内答复出口保理商。

5. 出口保理商与出口商签订出口保理协议

如果进口商资信可靠，向其提供信用额度的建议也积极可信，出口保理商即将调查的结果通知出口商，并提出自己的报价和条件。出口商如接受出口保理商的报价，则与其签订《出口保理协议》，并与进口商正式订立交易合同。

6. 出口保理商向进口保理商正式申请信用额度

出口保理协议一经签订后，出口保理商随即通过保理系统向进口保理商提出正式的信用额度申请。当进口保理商收到已签署的协议和信用额度申请表这两条信息，与出口商信息表和初步额度申请表核对检查后，正式批准信用额度和信用额度有效期限，并在 14 个工作日内正式通知出口保理商。

7. 出口商转让应收账款

出口商按合同装运货物后，将代表应收账款的单据提交给出口保理商，以转让债权。如果付款条件是赊销方式，出口商可以直接将单据寄给进口商，只需将发票副本交出口保理商。但当出口商向出口保理商申请融资时，出口商必须将全套正本单据交给出口保理商。出口保理商对全套单据审核无误后，将付给出口商一般不超过发票金额的80%的融资款，通常是在收到单据后1~2个工作日内将款项划到出口商账户上。在承兑交单条件下，出口商将全套正本单据交给出口保理商，再由出口保理商将单据转给进口保理商办理托收。需要注意的是，出口商在制作单据时，需在发票各联印刷或粘贴“转让条款”，注明发票项下的全部债权均已在法律上转让给进口保理商。

8. 出口保理商承购应收账款

出口保理商按发票金额扣除利息和承购费用后，立即或在双方商定的日期将货款支付给出口商。并将单据寄送给进口保理商。出口保理商通常为出口商开立贴现账户和往来账户两个账户。贴现账户用来记录提供融资的情况。出口保理商对出口商的所有预付款融资及管理费、贴现费均借记该账户，所有收回的货款贷记该账户。该账户的借方余额代表着保理商收付款的差额，即提供预付款融资的余额，贴现费就是根据该账户的每日余额按照保理协议规定的贴现率计算出来的。

往来账户用来记录保理商和出口商双方之间的一切经济往来。出口商给保理商的所有应收账款均记入贷方，保理商对出口商支付的所有收购价款均记入借方。该账户的贷方余额代表保理商尚欠出口商的收购价款。

9. 应收账款的催收和付款

进口保理商收到出口保理商寄来的发票后，记入应收账款，然后开始负责向进口商催收货款。当进口商付款后，进口保理商立即将扣除保理佣金后的余额向出口保理商划付。

若出口保理商在发票到期日后未收到进口保理商的付款，出口保理商有义务向进口保理商催收。如果进口商在付款到期日90天后仍未付款，进口保理商应于第90天对出口保理商付款。如果进口保理商没有按上述要求对出口保理商付款，则进口保理商必须负责出口保理商支付从应付款日到实际付款日整个期间的利息损失。

10. 争议及其解决

进口商收到货物后，发现出口商没有严格执行合同，可以提出异议，向进口保理商发出“争议通知”。进口保理商当立即通过保理系统将“争议通知”转给出口保理商，同时宣布终止已经核准的信用额度。出口保理商接此通知后，应立即无延误地以最快捷方式通知出口商。此时，出口商应立即与进口商联系，采取积极的态度去解决争议。同时，出口商应随时向出口保理商通报进展情况，出口保理商则应将进展情况转告进口保理商。根据《国际保理业务惯例规则》，如果出口保理商收到争议通知后60天内未与进口保理商联系，进口保理商不再对此笔应收账款负责。

如果争议的结果有利于出口商，而且，在争议期间出口保理商将处理过程的情况定期报告给进口保理商，进口保理商应重新将争议项下的应收账款视为被批准的信用额度。

7.6.4 国际保理对出口商和进口商的益处

国际保理业务能为出口商和进口商带来增加营业额、风险保障、节约成本、简化手续、扩大利润等益处，如表7.3所示。

表7.3　国际保理业务对出口商和进口商的益处

益　处	对出口商	对进口商
增加营业额	对于新的或现有的客户提供更有竞争力的O/A、D/A付款条件，以拓展海外市场，增加营业额	利用O/A、D/A优惠付款条件，以有限的资本，购进更多货物，加快资金流动，扩大营业额
风险保障	进口商的信用风险转由保理商承担，出口商可以得到100%的收汇保障	纯因公司的信誉和良好的财务表现而获得进口商的信贷，无须抵押
节约成本	资信调查、账务管理和账款追收都由保理商负责，减轻业务负担，节约管理成本	省却了开立信用证和处理繁杂文件的费用
简化手续	免除了一般信用证交易的烦琐手续	在批准信用额度后，购买手续简化，进货快捷
扩大利润	由于出口额扩大、降低了管理成本、排除了信用风险和坏账损失，利润随之增加	由于加快了资金和货物的流动，生意更发达，从而增加了利润

≫资料卡

出口保理申请书（以招商银行为例）

Factoring Application

致：招商银行______行　　　　保理商业务编号 Reference

To：China Merchants Bank　　　　No. EF

我司兹申请以下出口保理服务（We hereby apply for export factoring service as below, with the choice marked with X）。

双保理服务要求（Two – factor Service Required）			
[ ] 无追索权 non-recourse	[ ] 仅需保理商催收 Collection only	[ ] 有追索权 Recourse	[ ] 需要融资 Financing
单保理 Single-Factor service	[ ] 有追索权单保理（发票贴现）Invoice Discounting		

现提供以下真实资料，以便贵行通过进口保理商评定买方的信用额度。

The true information is provided for assessing the buyer's Credit through your import factor.

（一）出口商资料（Seller's Information）

保理商给卖方编号 Seller Number：

1. 公司名称（中文）：________________

   负责人（chairman）：________________

   英文（Business Name）：________________

2. 地址（中文）：________________

   英文地址（Address）：________________

   邮政编码（Zip）：________________

3. 开户银行（bank）：________________

   账号（a/c）：________________

4. 行业分类（Industry）：________________

   出口产品或服务的中英文名（products or services）：________________

5. 付款期限（Net payment terms）：___ O/A days from [ ] shipment date，[ ] invoice date；others：___

   [如已约定宽限期，请填写（Grace Period，if any）：

   若提前若干天支付，允许买方折扣率 Discount days ___ and discount pct ___%]

6. 发票币种（Invoice Currency）：________________

7. 预计出口年销售额（Expected Total Seller Turnover）：________________

8. 预计进口国购货买家数（Expected no. of buyers in the import country）：________________

9. 预计对进口国发票总张数（Estimated number of Invoices）：________________

10. 预计对进口国的年赊销额（Expected Open Account Turnover）：________________

11. 预计其他方式出口年销售额（Expected Other Turnover）：________________

12. 与申请额度的买方的年交易额（Expected annual Sales）：________________

13. 招商银行以外的其他出口保理商（Other Factors）：________________

14. 通常价格条款（General Terms of Delivery）：[ ] FOB [ ] CFR [ ] CIF

（二）买方信用额度评估申请（Credit assessment Request）

保理商给买方编号 Buyer No.

1. Buyer Company Registration No.：________ or VAT Number：________
2. 名称（Name）：________
   地址（Street and number PO Box）：________
   城市（City）：________省/州（Province/State）：________
   邮编（Postcode）：________国家（Country）：________
3. [X] 允许进口保理商与进口商直接联系（Buyer contact allowed）
   联络人（Contact Name）：________电话（Tel. No.）：________
   传真（Fax No.）：________ Email：________
4. 往来银行账号（a/c No.）：________
   银行名称（Name of Bank）：________
   分行（Name of Branch）：________
   往来保理商（Factors）：________
5. 申请额度（Amount of Credit Assessment request）：________
6. 额度启用时间（Valid from date）：________
7. 合同/订单号码（Sales Contract/Order Number）：________
8. 最迟发货日期（Latest shipment date）：________
9. [ ] 本公司在进口国没有代理商（We have not any agent in buyer's country）
   [ ] 本公司在进口国有以下代理商(We have the agent in buyer's country as below)
   名称（Name）：________
   地址（Address）：________
   联络人（Contact name）：________电话（Tel. No.）：________

公司联系人（Contact）：________电话（Tel）：________
传真（Fax）：________ E-mail：________

银行要求 填妥后请交正本，并将电子版发送至：________和________@oa. cmbchina. com

公司签章（Signature & Stamp）：

日期（Date）：

《出口保理申请书》填写要求

（仅供参考，此页不必交给银行）

保理类型

a. 无追索权保理：根据贵公司的选择，我行提供全面的保理服务，即：坏账担保、发票催收、账户管理或保理融资（仅限于贵公司另外提出申请并经我行同意后叙做）等。

b. 仅需保理商催收：我行仅提供货款托收、货款催收服务。

c. 有追索权单保理（发票贴现）：根据贵公司的申请，我行在没有对应的进口保理商及未核定买方信用额度的情况下直接为贵公司提供除坏账担保外的各项保理服务。

d. 有追索权保理：根据贵公司的选择，我行提供坏账担保以外的各项保理服务。

各项业务的具体释义以我行有关保理业务的规章制度规定为准。

（一）出口商资料

1. 公司名称：公司英文名称必须与贸易合同、形式发票或订单上名称完全相同。
2. 公司地址：要求同上。
3. 开户银行：若在招行开户，填写分支行名称及账号；他行开户，则填写主账户。
4. 行业分类：参考“中国出口商品交易会”商品行业分类（见附表）。
   出口产品或服务的中英文名称：填写商品统称多种商品。
5. 付款期限：提单日期或发票日期之后 O/A 若干天，或者如实改为 D/A。
   有如 30 天、60 天、90 天的，则填写最长的，但一般不要超过 90 天。
   宽限期：系指在付款到期日后，贵公司额外还给予买家的付款宽限天数。
   若未商定过，一般不填写。
6. 发票币种：若出现多种货币，如实填写货币代码。
7. 预计出口年销售额：以下预计数尽可能准确，不应与今后实际数相差过大。

8 ~ 11. 略。

12. 与申请额度的买方发生的年交易额：不可浮夸，以免实际转让发票额相差过大，让保理商有理由减责或追加费用。
13. 招商银行以外的出口保理商：贵公司是否还通过其他金融机构叙办理保理业务。
14. 通常的价格条款：贵公司与境外买家之间的贸易合同所规定的价格条件。

（二）买方信用额度评估申请

1. 买方的注册登记号码或增值税号码：为便于进口保理商的信息搜集工作，请您尽量提供买方的上述号码。

2. 买方名称地址：请如实填写，必须与贸易合同、订单或形式发票等合约一致。
3. 允许进口保理商直接联系：我行现在提供的主要是公开型的保理业务，因此一般允许进口保理商与进口商联系并请提供买方的联系人和联系方式。
4. 往来银行和账号：填写的目的是便于进口保理商掌握买家的信用评估信息。
往来的保理商：若有，请提供。
5. 申请额度：指无追索权保理下，进口保理商为买方承担坏账担保的信用额度。
信用额度 = 贵公司对该买家的年销售额/360 × OA 天数 × 1.5
若申请有追索权保理或仅作催收，该额度填写为零。
6. 额度启用时间：请填写您期望启用该额度的时间。
7. 合同订单号码：如果现在已与境外签约，请提供。
8. 最迟发货日期：若贸易合同规定了最迟发货日期，则填写。
9. 如果贵公司在买方所在国有代理商或经销商，请提供其名称和地址。

7.7 福费廷

7.7.1 福费廷的概述

1. 福费廷的含义

福费廷（Forfeiting）又称包买票据业务，是指包买商（通常为商业银行或金融机构）买进因商品和劳务的转让（主要是出口贸易）而产生的远期应收账款，这种购买对原先的票据持有人无追索权。通常这些应收款项采用商业汇票或本票的形式，担保人应进口商之请求，在延期付款票据（远期汇票等）上加签担保，以便出口商向当地银行或金融机构进行贴现融资，且贴现机构对出口商无追索权。因此，福费廷既是一种新型结算方式，又属于担保业务的一种类型，是票据担保业务中的常见形式。

2. 福费廷的当事人

福费廷交易的主要当事人有以下四个。

（1）进口商。福费廷交易的债务人，承担到期支付票据款项的主要责任。

（2）出口商。通常是福费廷汇票的卖主，为保护自己不受追索，将经进口商承兑的远期汇票或本票无追索权地售给包买商（即福费廷贴现机构）。他接受福费廷作为商品或劳务的支付，希望立即取得现金，把收取款项的责任和风险转嫁给包买商。对于出口商而言，福费廷交易是提前取得现款的一种资金融通形式，是出口信贷的一种类型。由于远期汇票的期限一般都较长，所以福费廷交易也被译为“中长期出口票据贴现融资”。

（3）担保人。一般是进口商所在地的银行，为进口商的按期支付提供担保。除非进口商是一流资信的债务人，任何福费廷债务必须有“背书”形式的担保或包买商能接受的不可撤销的、无条件的银行担保。由于这项交易有不可追索的特点，履行这种条件就极为重要，因为包买商在债务人万一不付款时，只能依赖银行的担保作为安全保障。

（4）包买商。即贴现机构，通常是出口地的银行或其附属机构，或大金融公司，或福费廷公司。该当事人对出口商持有的由进口商承诺支付并经过担保的远期汇票进行贴现，且对出口商无追索权，相当于买断出口商持有的票据，所以一般将贴现机构称为“包买商”。如果存在二级福费廷市场，则会出现二级包买商，而直接从出口商处购买票据者则称为初级包买商。

有时包买商为了消除业务风险，会邀请当地一家或几家银行提供风险担保，这种做法叫做“风险参与”，接受邀请提供风险担保的银行叫做“风险参与银行”。风险参与的实质作用相当于购买出口信用保险单，包买商因此而享有本地风险参与银行和进口地担保银行的双重担保。与正常担保业务的不同之处是，风险参与银行不要求包买商提供任何抵押品或保证金。

3. 福费廷的特点

（1）福费廷票据应产生于销售货物或技术或劳务服务的正当贸易。在大多数情况下，票据的开立都是以国际贸易为背景的。但随着同业竞争的加剧和业务技术的改进，少数国内贸易也进入了福费廷业务的范畴。并不是所有的贸易都适合做福费廷业务，像机械、电子、船舶或成套设备等资本性商品的交易，交易金额大，进口商延期付款的期限长，更适合叙做福费廷。现在一些包买商为扩大市场，也开始对非资本性商品的交易提供这项业务服务。

（2）福费廷业务是终局性融资便利。出口商在背书转让作为债务工具的票据时即声明无追索权，从而把票据权利卖给包买商。当然票据风险也同时转嫁给他人。他仅有的责任就是生产和提供符合贸易合同规定的货物或劳务，并正确开立出票据（远期汇票），而不再承担远期收款可能产生的利率、汇率、客户信用以及国家等方面的风险。

（3）福费廷业务融资期限长，融资金额大。福费廷业务是一种中长期融资业务，融资期限至少是半年以上，以5~6年的居多，也有长达10年之久的。包买商愿意提供的融资期限在很大程度上取决于市场条件及他对该笔交易所牵涉的风险的估计。

由于包买商承做福费廷业务的成本较高，因此包买商多规定最低交易金额，一般不低于100万美元。但并不是只有金额巨大的交易才能做福费廷业务。不过，对金额较小的交易，包买商的报价会高一些，即小额交易的贴现率高于大额交易的贴现率。有时福费廷协议涉及的交易巨大，并涉及进口国家银行的巨额担保，包买商出于资金和信用额度的限制，或出于分散风险的考虑，往往同其他几家包买商联合起来组成辛迪加，共同对某笔大额交易提供包买票据方式的贸易融资。

（4）福费廷市场有三种活动。一是投资，即买了贸易票据后准备一直保留至到期日；二是交易，即买了票据后准备将来再出手获利；三是经纪，即买卖同时进行。资金雄厚、信誉卓著的大银行通常仅把福费廷作为一种投资。

（5）福费廷业务改善了出口商现金流。出口商做福费廷，实际上是将远期应收账款变成了现金销售收入，有效地解决了应收账款的资金占压问题，有利于出口商改善财务状况和清偿能力，从而进一步提高筹资能力。因此，福费廷业务对出口商来说是一项很有吸引力的服务。

（6）福费廷票据的卖方利益是受到保护的。信誉卓著的福费廷融资者的业务经营政策中有一条重要的原则，即维护福费廷交易中有关各方的利益。他们一般不把出口商的名字转告给第三方，也不在将来与出口商发生业务往来，因此，从这个意义上来说，福费廷票据的卖方（包括银行在内）是受到保护的。

7.7.2 福费廷业务的程序

1. 出口合同的签订、出口商与包买商签订福费廷协议

进出口双方在贸易洽谈时，如果要使用福费廷方式进行担保融资，出口商应事先和包买商（出口商所在地的银行或金融公司）联系，并与包买商签订福费廷协议，规定有关义务与权利。出口商与包买商签订福费廷协议这一过程包括询价、报价和签约三个程序。

（1）询价。为了争取订单，出口商一般往往主动或被动同意向进口商提供远期信用融资，并将延付利率打入货价。为了确保出口商能按时得到融资，并且不承担利率损失，出口商应尽快和包买商联系，这样做的好处就是了解福费廷业务的成本和费用，以便在给进口商提供远期付款融资时考虑延付利率和商品价格。如果出口商在签订买卖合同之后才去找包买商做福费廷，有可能发现承诺进口商延期付款的延付利率低于包买商报的

贴现率，这时出口商只好蒙受损失。

出口商在询价时，须提供以下有关情况：合同金额、期限、币种；出口商的有关情况，如注册资本、资信材料、签字印鉴及其他情况；进口商详细情况，如注册地点、财务状况、支付能力等；货款支付方式、结算票据种类；担保行名称、所在国的资信情况；担保形式，是保付签字还是保函或备用信用证；出口商品名称、数量及发运情况；预计交货期和预计交单期；分期付款票据的面额和不同到期日；有关进口国的进口许可和支付许可；有关出口项目的批准和许可；票据付款地点。

（2）报价。包买商接到出口商的询价后，从以下几个方面决定是否承做：一是分析出口商所在国的政治风险、商业风险和外汇风险是否在能承受的范围内；二是核定对该国的信用额度，是否有足够的额度来承做这笔交易，考察担保人的资信状况和偿付能力；三是审核商品本身是否属于正常的国际贸易，合同金额、期限是否能接受，检查有无对买卖双方资信状况产生不利影响的记载和报告；四是考虑如有需要，能否以有利可图的价格在二级市场上转卖票据。

如果包买商愿意承做，便根据国际福费廷市场情况作出报价，报价内容就是福费廷业务的成本和费用，一般涉及三个方面：贴现率、承担费和宽限费。

• 贴现率（Discount Rate）一般有两种报价方式：一是提供一个明显的固定利率，二是浮动利率（伦敦同业拆放利率，LIBOR）加上一个利差。浮动利率按照福费廷协议签署日或交割日的 LIBOR 确定，它反映包买商的筹资成本。利差则反映包买商所承担的风险和想赚取的利润。一般出口商喜欢固定利率，因为他们从一开始就知道总的贴现成本。

• 承担费（Commitment Fee）是包买商在承诺期内根据贴现的面值及向出口商承诺的融资天数计算出来的费用。银行一旦承诺为出口商贴现票据，从签订福费廷协议起的任何一天，都有可能成为实际贴现付票款日。由于贴现率是在贴现发生以前固定下来的，这一期间的市场利率会发生变化，为了减少贴现率在这个承诺期内发生变化而带来的风险，包买商要收取一笔承担费。承担费率根据风险大小而定，一般为 0.5% ~1.5%（承担费：票面值 × 承担费率 × 承诺天数/360）。或者这笔承担费隐含在较高的贴现率中，因此为一笔带有承诺期的福费廷交易提供的贴现率报价常常高于立即交单取得福费廷融资的贴现率。包买商对带有承诺期的交易所计收的承担费或较高的贴现率也是合理的，因为包买商从与出口商达成交易时起，便对这笔融资交易承担契约责任，不仅要安排再融资和抵补货币及利率风险，还需要保留部分信贷额度以备将来使用。

• 宽限期（Grace Days）是指从票据到期日至包买商实际收到货款日的估计天数。由于任何延期都会使银行增加成本，所以，银行为补偿在到期日向进口方银行索偿时可能遇到的拖延和其他麻烦，一般在报价时都在实际贴现天数的基础上多加 3 ~7 天的宽限期。

也就是相当于收取了一个宽限费（宽限费 = 票据面值 × 贴现率 × 宽限期/360）。

包买商通常以信函形式报价，也就是一份承诺书，承诺书中要列出该笔交易的所有细节，包括用于贴现的票据形式以及全部条款和条件。

（3）签约。如果出口商接受了包买商的报价，便与包买商正式签订福费廷协议。协议的内容包括：项目概况及债权凭证；贴现金额、货币、期限；贴现率和承担费率；有关当事人的责任义务；违约事件及其处理；其他。

2. 出口商发货，并将货运单据（连同汇票）寄给进口商

如果合同规定买方应预付定金，或者买方有权留置部分合同尾款，则这两项金额不能叙做福费廷业务。出口商按合同规定发货后，将全套货运单据寄给进口商，如果采用汇票作为债务工具，则出口商还应签发汇票一并交给进口商，要求其承兑。

3. 进口商将经银行担保的承兑汇票或本票直接寄给出口商

进口商收到货运单据后审查合格即承兑汇票或签发以出口商为收款人的本票，交担保行。担保行的担保形式有两种：一种是作背书担保，即担保行在已承兑汇票或本票上加注“保证”（Per Aval），写上担保行的名称并签章；另一种是由担保行出具独立的保函或备用信用证，保证对汇票或本票付款。对备用信用证，一般要求说明是根据 ISP98 开立的，是不可撤销的、可转让的，有效期在最后一期票据到期日的一个月以后，信用证金额包括全部票款、利息和费用。进口商将担保行担保的承兑汇票或本票寄给出口商。

目前我国进出口银行叙做福费廷业务，采用的是远期信用证方式，担保行一般就是信用证开证行。在远期信用证方式下，由出口商签发远期汇票，连同全套货运单据交议付行，议付行将远期汇票寄开证行或担保行承兑后退给出口商。

4. 出口商向包买商交单

出口商取得经承兑担保的延期付款票据后，背书并注明“无追索权”字样，然后连同其他单据向包买商交割。这些其他单据通常是在福费廷协议中明确规定了的，一般有以下几种：提单副本；发票副本；合同副本；信用证或保函副本；出口商对其签字及文件真实性的证明；出口商债权转让函；官方授权书或特许证、进口许可证、支用外汇许可证、印花税支付证明等。

5. 包买商对远期票据贴现

当出口商交来单据要求贴现时，包买商必须对所有单据进行准确无误的审核。任何单据如有遗漏，必须要求出口商立即补齐，如果不符，必须要求更正。一旦单据符合规定，而且事先约定的各项条件（签字、授权、特许、进口许可证、外汇管理批件等）得以满足，包买商就得付款。在审核单据时要特别注意单据上的签字。只有当签字得到明确证实后，包买商才能买进无追索权的单据。如果包买商自己不能对所收到的单据上的签字进行审核，通常的做法是请经手这些单据的银行（一般是他们的往来银行）核实确认，并出具签字确认书。

如果包买商是投资性贴现（即自留票据，到期后向进口方银行索偿），应事先得到进口方银行的付款承诺及进口国有关政府和法律的许可文件。审单无误向出口商付款后，应妥善保存远期票据，以便在到期日前将票据寄付款行索偿。

如果包买商是经纪性贴现，即在购买出口商手中的远期票据的同时转贴给二级市场，则需要事先与二级市场的包买商达成默契。在收到出口商全套单据后，再背书给下一手包买商，并提供其他有关资料和证明，收到付款后再支付给出口商。

包买商在贴现付款时，须按照出口商的指示，将贴现款项汇到其指定的银行账户上。同时，向出口商提供一份贴现清单，列明贴现票据面值、贴现率、期限、承担费用以及贴现后的净额，并抄送进口方银行作为一份存档文件，以便在到期日索偿时参考。

6. 包买商将到期的票据经担保人向进口商提示

7. 进口商经担保人支付票款

如果进口商拒付，包买商应立即做成有效的拒绝证书，并要求担保人付款。如果担保人违约或破产，包买商无法收款时，可以凭票据及担保向进口商或担保人起诉。如果由于不正当交易、无效票据、不合格担保等原因造成退票，包买商仍可考虑向出口商追索。

7.7.3 福费廷业务与国际保理业务比较

保理业务与福费廷业务都属于融资结算业务，即都可以使出口商在贸易合同规定的收款日期之前获得部分或全部货款，而且出口商获得这些融资都可以是无追索权的，保理商和包买商不仅承担进口商违约或破产倒闭而产生的信用风险，而且承担进口国政局政策发生变化而产生的国家风险。

但保理业务与福费廷业务这两种融资方式在所适用的贸易领域、融资期限和风险承担方式方面有很大区别。

保理业务主要适用于日常消费品或劳务的交易，每笔交易金额相对较小，一般是经常性持续进行的。出口商可能就自己的出口商品或服务与保理商签订一个保理协议，涉及的进口商却分布在多个国家或地区。福费廷业务主要针对资本性货物的进出口贸易，金额较大，且业务都是一次性交易。

保理业务的融资期限取决于赊销期限，一般为发货后 1 ~ 6 个月，个别长达 9 个月，属于短期贸易融资。而福费廷业务的融资期限至少在 6 个月，一般长达数年，属于中长期融资。

保理业务因金额小，融资期限短，保理商承担风险较小，因此以设定信用额度的办法来控制风险，不需另外提供担保。而福费廷业务因金额大，融资期限长，包买商承担风险大，必须有第三者提供担保。所以，保理业务适用于托收项下做短期融资，而福费廷业务可在信用证项下或银行担保项下做中长期融资。

保理业务中，出口商一般最多只能得到发票金额 80% 的融资，这部分金额可以免除利率和汇率风险，但尚有部分余额需在赊账到期日支付，所以出口商还要承担有关汇价和迟付方面的残留风险。如果是到期保理方式，则出口商要承担全部利率和汇率变动的风险。而在福费廷业务中，出口商可按票面金额获得融资，而且不承担任何风险。因为，出口商是以无追索权的形式将远期票据出售给包买商的。

7.8 各种支付方式的选用

为保证安全、迅速收取外汇，加速资金周转，促进贸易的发展，进出口双方可以选择对自己有利的支付方式。在一般的进出口合同中，通常单独使用一种支付方式，但是在特定情况下，也可以在同一笔交易中结合使用两种或两种以上不同的支付方式。

7.8.1 影响支付方式选择的因素

由于各种支付方式各有其优缺点，因此在实际业务中应针对具体情况采用不同的支付方式或组合。通常，首先应考虑收汇的安全问题，其次须考虑资金占用时间的长短，最后还要考虑各种支付方式相应的费用成本。所以，在选择支付方式的时候，应该考虑以下几方面的因素。

1. 客户信用

在国际货物买卖中，客户的信用是合同能否顺利得到履行的关键因素。因此，要在出口业务中做到安全收汇，在进口业务中做到安全用汇，即安全收到符合合同的货物，就必须事先做好对国外客户即交易对方的信用调查，以便有针对性地选用一定的支付方式，这是选用结算方式成败的关键和基础。对于信用状况不佳或者不十分了解的客户，应选择风险较小的支付方式。例如在出口业务中，一般可采用跟单信用证方式，争取以前 T/T

方式预付货款支付当然更好。若与信用等级高的客户交易，交易风险较小，可选择手续比较简单、费用较少的方式，例如在出口业务中可以采用付款交单（D/P）的托收方式等。至于承兑交单（D/A）或赊销（O/A），应仅限于本企业的联号或分支机构，或者确有把握的个别对象，一般客户应从严掌握，原则上不能采用。

2. 贸易术语

如前所述，国际货物买卖合同中采用不同的贸易术语，它所表明的交货方式与适用的运输方式是不同的。而在实际业务中，也不是每一种交货方式和运输方式都能适用于任何一种结算方式。例如，在使用CIF、CFR等属于象征性交货方式的交易，卖方交货与买方收货不在同时发生，转移货物所有权是以单据为媒介，就可选择跟单信用证方式，在买方信用较好时，也可采用跟单托收（D/P）方式收取货款。但在使用EXW、DES等属于实际交货方式术语的交易中，由于是卖方或通过承运人向买方直接交货，卖方无法通过单据控制物权，因此一般不能使用托收。因为如果通过银行向进口方收款，其实质是货到付款，即属除销交易性质，卖方承担的风险极大。即使是以FOB、FCA条件达成的买卖合同，虽然在实际业务中也可凭运输单据，例如凭提单和多式联合运输单据交货付款，但这种合同的运输由买方安排，由卖方将货物装上买方指定的运输工具，或交给买方指定的承运人，卖方或接受委托的银行很难控制货物，所以也不宜采用托收方式。

3. 运输单据

如货物通过海上运输，出口人装运货物后得到的运输单据为海运提单，而提单是货物所有权凭证，是凭以在目的港向船公司或承运人提取货物的凭证，所以，在交付给进口人前，出口人尚能控制货物，故可适用于信用证和托收方式结算货款。如若货物通过航空、铁路或邮政运输时，出口人装运货物后得到的运输单据为航空运单、铁路运单或邮包收据，这些都不是货物所有权凭证，收货人提取货物时也不需要这些单据。因此，在这些情况下都不适宜做托收。

7.8.2 不同贸易方式的结合使用

由于不同的支付方式各有利弊，对于买卖双方来说，没有哪一种支付方式能够使得买卖双方所要承担的风险、费用负担完全平衡。因此，为了取长补短，做到安全收汇的同时尽量少地占用资金，同时也为了促进交易达成，在同一笔交易中不妨选择两种或两种以上的支付方式结合使用。

1. 信用证与汇付相结合

部分货款用信用证支付，余数用汇付方式结算。例如对于矿砂等初级产品的交易，双方约定，信用证规定凭装运单据先付发票金额的若干成，余数待货到目的地后根据检验的结果，按实际品质或重量计算确切金额，用汇付方式支付。

2. 信用证与托收相结合

部分货款用信用证支付，余数用托收方式结算。一般做法是：信用证规定出口人开立两套汇票，属于信用证部分的货款凭光票付款，而全套单据附在托收部分汇票项下，按即期或远期付款交单方式托收。但信用证上必须订明“在发票金额全部付清后才可交单”的条款，以求安全。其合同的支付条款通常如下订立：

“货款××%应用不可撤销即期信用证，其余××%见票即付或见票后××天付款交单，全套单据随附于托收部分，在到期时发票金额全数付清后方予交单。如××%托收金额未被交付时，开证行应掌握单据听凭卖方处理。”

3. 托收与银行保函相结合

跟单托收对出口人来说，有一定的风险。如果在使用跟单托收时，结合使用银行保函，由开证行进行保证，则出口人的收款就将安全许多。具体做法是，出口人在收到符合合同规定的银行保函后，就可凭光票与声明书向银行收回货款。

4. 汇付、托收和信用证的结合

在国际贸易实践中，对于那些成交金额大、产品生产周期较长，需要分期付款时，往往采用汇付、托收和信用证相结合的方式。

(1) 分期付款。买卖双方在合同中规定，投产前买方可采用汇付方式先交部分订金，其余货款可按不同阶段分期支付，买主开立不可撤销信用证，即期付款，但最后一笔货款在交货或卖方承担质量保证期满时付清。货物所有权则在付清最后一笔货款时转移。交货时货款基本已付清。

(2) 延期付款。成套设备和大宗交易金额较大，买方一时难以付清全部货款，可采用延期付款。买方预付一小部分订金，大部分货款是在交货后若干年内分期摊付，即采用远期信用证支付。延期支付的那部分货款，实际是一种赊销，等于是卖方给买方提供的商业信贷，买方应承担延期付款的利息。货物所有权一般在交货时转移。

(3) 分期付款与延期付款的区别。采用延期付款，其做法虽然与分期付款类似，但两者又存在一定区别。

- 采用分期付款时，其货款是在交货时付清或基本付清。而采用延期付款时，大部分货款是在交货后一个相当长的时间内分期摊付。
- 采用分期付款时，只要付清最后一次货款，货物所有权即行转移。而采用延期付款时，货物所有权一般在交货时转移。
- 采用分期付款时，买方没有利用卖方的资金，因而不存在利息问题。而采用延期付款时，由于买方利用卖方的资金，所以买方需向卖方支付利息。

延期付款是买方利用外资的一种形式，一般货价较高。因此，在按延期付款条件签订合同时应结合利息、费用和价格等因素进行考虑，权衡得失，然后做出适当的选择。

>> 本章小结

汇票是国际贸易结算中最常使用的结算工具，进出口贸易商由于处于不同的国家或地区通过汇付、托收以及信用证方式进行货款结算。汇付和托收方式都属于商业信用，采用这两种方式结算货款，进口方和出口方的资金、费用以及风险负担并不平衡，因此往往在小额货款、佣金、折扣的结算以及与信用优良的老客户交易时使用。信用证支付方式将银行信用引入，是较为安全的国际支付方式。但是信用证支付方式对于买方（进口方）来说资金占用负担较大，而且开证、审证、改证等手续烦琐。因此，在国际货款结算实践中，汇付、托收以及信用证三种支付方式往往结合使用。随着我国对外贸易的发展，备用信用证、银行保函、国际保理以及福费廷等结算方式变得越来越重要，特别是在一些大宗商品和大型设备的交易中经常使用。

>> 本章关键词

汇票（Bill of Exchange；Draft）

本票（Promissory Note）

支票（Cheque；Check）

汇付（Remittance）

承兑交单（Documents against acceptance，D/A）

付款交单（Documents against payment，D/P）

不可撤销信用证（Irrevocable L/C）

跟单信用证（Documentary L/C）

备用信用证（Standby L/C）

银行保函（Letter of Guarantee）

国际保理（Factoring）

福费廷（Forfeiting）

>>复习与思考

【简答题】

1. 国际货款结算中常使用的支付工具有哪些？它们之间有哪些异同？

2. 国际贸易中主要使用的货款结算方式有哪些？它们之间有哪些异同？

3. 为什么说国际支付方式中托收方式仍然是一种商业信用？

4. 信用证的性质、特点和作用有哪些？为什么它会成为国际贸易中被广泛使用的支付方式？

5. 在国际贸易中常见的信用证有哪些种类？

6. 什么是银行保函？银行保函的特点是什么？

7. 备用信用证的性质是什么？

8. 备用信用证与保函的区别是什么？

9. 简述国际保理业务的操作程序。

10. 简述福费廷的业务流程。

11. 福费廷与保理业务的区别是什么？

【技能实训题】

1. 根据所给条件开立汇票。

出票日期：2008 年 1 月 2 日

汇票金额：20000 美元

付款期限：见票即付

出票人：北京紫新对外贸易有限公司

受票人：汇丰银行纽约分行

收款人：凭中国银行北京分行指示

EXCHANGE FOR ____________, ____________ AT ____________ SIGHT PAY THIS FIRST BILL OF EXCHANGE (SECOND OF SAME TENOR AND DATE UNPAID) TO ________________ THE SUM OF ________________
TO ________________ FOR ________________
________________ ________________

2. 根据所给条件在汇票上背书。

Exchange for USD 2000 London, July 3, 2008 At 30 days after sight pay to the order of Bank of America, New York the sum of two thousand US dollars To Bank of China Beijing For Chemicals Exporting Co. New York

（1）将汇票作限制性背书给×Bank

（2）将汇票作记名背书给×Bank

（3）将汇票作空白背书

【案例分析题】

1. 我某进出口公司与欧洲某客户达成一笔圣诞节应季礼品的出口交易。合同中规定，以CIF为交货条件，交货期为2005年12月1日以前，但合同中未对买方的开证时间予以规定。卖方于2005年11月上旬开始对买方催开信用证，经多次催证，买方于11月25日将信用证开抵我方。由于收到信用证的时间较晚，我方于12月5日才将货物装运完毕，当我方向银行提交单据时，遭到银行以单证不符为由拒付。问：银行拒付是否有理？此案中我方有哪些失误？

2. 某纺织品进出口公司与国外H公司按CFR条件签订一份棉织品出口合同，合同规定装运期为10月份，但未规定具体开证日期。外商拖延开证，我方见装运期快到，从9月底开始连续多次电催外商开证。10月5日，收到开证的简电通知书（详情后告），我方因怕耽误装运期，即按简电办理装运。10月28日，外商开来信用证正本，正本上对有关单据作了与合同不符的规定。我方审证时未予注意，交银行议付时，银行也未发现，开证行即以单证不符为由，拒付货款。试分析：我方应从此事件中吸取哪些教训？

3. 我某轻工业进出口公司向国外客户出口某商品一批，合同中规定以即期不可撤销信用证为付款方式，信用证的到期地点规定在我国。为保证款项的收回，应议付行的要求，我商请香港某银行对中东某行（开证行）开立的信用证加以保兑。在合同规定的开证时间内，我方收到通知银行（即议付行）转来的一张即期不可撤销保兑信用证。我出口公司在货物装运后，将有关单据交议付银行议付。不久接保兑行通知："由于开证行已破产，我行将不承担该信用证的付款责任。"问：保兑行的做法是否正确？为什么？对此情况，我方应如何处理？

4. ××年A. B. 进出口公司向S. M. 有限公司出口一笔大麻籽。对方开来信用证主要条款规定："…Credit available by the beneficiary's draft(s) at sight, pay to The Standard

Bank, Ltd. only. …Covering 150 M/Tons of Hempseeds, Admixture and moisture must be identical with the contract No. DHF94308 stipulated. …A certificate issued by the beneficiary and countersigned by buyer's representative Mr. Smith, his signature must be verified by opening bank, certifying the quality to conform to sample submitted on 15th July, 1994."（……由受益人开具的即期汇票，只限付给标准银行……150 公吨大麻籽，杂质及水分必须与第 DHF94308 号合同规定一致。……受益人出具证明并由买方代表史密斯先生会签，其签字须由开证行核实，证明品质符合 1994 年 7 月 15 日提供的样品。）

A. B. 进出口公司审查信用证后，认为信用证条款与合同规定相符。在货物备妥后即邀请买方代表史密斯先生检验货物。买方代表看货后亦认为货物符合样品和合同的要求，表示同意装船。A. B. 进出口公司即按信用证要求出具证书，证明所装运货物品质符合 1994 年 7 月 15 日提供的样品，并由买方代表史密斯先生会签。A. B. 进出口公司在装运后，于 9 月 13 日将信用证所要求的单据向议付行交单议付。于 9 月 29 日开证行却提出如下单证不符：

（1）我信用证规定："…The beneficiary's draft(s) at sight, pay to The Standard Bank, Ltd. only…"（只限付给标准银行），你方提交的汇票收款人却只表示："pay to The Standard Bank, Ltd."（付给标准银行），漏"only"，违背了信用证规定。

（2）我信用证规定货的杂质（Admixture）和水分（Moisture）必须与第 DHF94308 号合同规定一致。从你方发票和其他有关单据上都无法确定杂质及水分的含量已符合上述合同规定。

（3）你方出具的证书虽然已由史密斯先生会签，但其签字并非真实的，经与申请人事先向我行备案的签字存样对照，差别很大，故该证书无法生效。

以上三点与证不符，经联系申请人亦不同意接受单据。速告处理意见，我行暂代保管单据。

A. B. 进出口公司对开证行所提的三项不符点，经研究认为对方是无理挑剔。于 10 月 4 日即作出如下反驳意见：

（1）汇票收款人名称有三种惯例填法，即记名式抬头、指示式抬头和来人式抬头。记名式抬头即直接指定某某人为收款人。你信用证所规定和我提交的汇票均属于记名式标准银行，有无"only"，其作用没有很大的差别，均以标准银行为该汇票的收款人。我们认为我汇票的收款人缮制方法已符合你信用证要求，应认为单证一致。

(2) 对货物规格含量问题，信用证规定杂质和水分必须与第 DHF94308 号合同规定一致。该合同规定杂质最高3%，水分最高12%。我发货票上亦同样记载杂质最高3%，水分最高12%。两者均相同，完全符合第 DHF94308 号合同规定，怎能说单证不符?

(3) 关于我们出具的证书，证明货物品质符号1994年7月15日提供的样品问题。该证书已经由买方代表史密斯先生在检验货物后亲自会签，并非第三者签字，如何能说签字不真实？信用证要求受益人出具证书，我们按信用证要求的内容出具了，信用证要求由买方代表史密斯先生会签，我们也已由其本人亲自签字了。史密斯先生只有一个人，怎能出现不同的签字？因此我们完全不同意你行的意见，你行应该接受单证一致的单据，按时付款。

A. B. 进出口公司信心十足地向开证行提出上述反驳意见，认为开证行这次无理可驳了。未料于10月9日又接到开证行的异议，其电文如下：

你10月4日电悉。

(1) 我信用证对汇票收款人明确规定："只限付给标准银行"其意思即禁止第三者参与本汇票的流通，不得背书转让。你实际汇票的收款人没有限制，即无"only"，则可以背书转让给第三者，其性质已改变，怎能说两者制法的作用无差别？所以它已违背我信用证要求，这是单证不符之一。

(2) 信用证规定杂质及水分必须与第 DHF94308 号合同规定一致。虽然你10月4日电中解释发货票上所表明的杂质含量最高3%，水分最高12%，实际与合同规定一致。但我银行处理的仅仅是单据，单据上表现不出与合同相符的记载文句，你再次解释也无用。根据《UCP500》第4条规定："在信用证业务中，各有关当事人处理的是单据，不是与单据有关的货物、服务及其他行为。"所以我银行不能去查找你合同或对照你合同规定是否相符。

总而言之，只要单据单纯相符，就是单证相符，单据表面上表现不出来信用证要求，就是单证不符。我银行不管你实际货物情况或合同如何规定。

(3) 对于品质符合样品的证书由买方代表签字问题。银行不管其买方代表史密斯先生是一个人还是两个人。但请你方注意，我信用证规定："…His signature must be verified by opening bank"（他的签字必须由开证行核实），申请人开立信用证时曾提供其签字的样本存案在我行。你方既已接受信用证该条款，则你方提交证书的会签人签字必须与我样本相符，其证书才能生效。而你方所提供会签人的签字完全与我行存案的签字不符，因此我行无法表示你单据符合信用证要求。

综上所述，以上三项确实单证不符。我们已再次联系开证申请人，对方亦不同意接受单据。速告单据处理意见。

A. B. 进出口公司根据开证行的意见，邀请有关行家研究，意欲再次反驳对方。经研究结果认为开证行意见并非无理挑剔，我方已无法反驳对方。但第3项不符点关于签字不符的问题，A. B. 进出口公司即找买方代表史密斯先生，其却早已离开回国了。A. B. 进出口公司又直接向买方提出，并责问对方，我单据由你方代表史密斯先生亲自签字，为何与你向开证行备案的签字不符？但对方一直不答复。开证行又再三催促处理单据意见。最终A. B. 进出口公司只好委托其他代理商就地处理货物，以免货物遭到更大的损失。

分析

A. B. 进出口公司没有充分理解使用信用证结算方式的特点。信用证结算方式有两个最大特点。其一，信用证是一个独立自足的文件，它不依附于买卖双方的合同，不受合同约束。所以《UCP500》第3条规定“就其性质而言，信用证与可能作为其依据销售合同或其他合同是相互独立的交易，即使信用证中含有对此类合同的任何援引，银行也与该合同毫不相关，并不受其约束。因此，一家银行作出付款、承兑和支付汇票和/或履行信用证项下的其他义务的承诺，不受申请人与开证行或与受益人之间的关系而提出的索赔或抗辩的约束”。其二，信用证有关当事人处理的是单据，开证行只单纯凭单据表面上是否与信用证相符而决定付款。所以在《UCP500》第4条又规定：“在信用证业务中，各有关当事人处理的是单据，而不是与单据有关的货物、服务及/或其他行为。”

A. B. 进出口公司在接受信用证时就没有严格地审查信用证条款。在装运后缮制信用证项下单据时又没有严格要求单据表面上做到符合信用证条款。这是造成本案例事故的主要原因。

让我们再看看本案例的信用证条款，信用证规定：“由受益人出具证明并由买方代表史密斯先生会签，其签字须由开证行核实……”这样的条款对受益人来说是非常不利的，因为其签字须由开证行证实，是否符合所备案的签字样，受益人无法掌握，开证行可以说相符，也可以说不相符，受益人都毫无依据，只能单凭开证行所说的为准。这样的条款无形中失去了开证行保证付款的作用，也失去了信用证的性质。又如：买方代表是否按时到达装运港验货？即使验货后又不接受等等，却会给卖方造成无法按时装运、收汇的事故。类似这样条款又如：要求受益人提交目的港收货人提货确认书，即货物装运后必须等待买方在目的港提货完毕，寄来提货确认书才能结汇。受益人一旦接受这样的条款，要冒很大的风险。所以审证是一项非常重要的工作，是关系到安全收汇的大问题，即使成交一笔条件非常优越的交易，如在审证工作中出了漏洞，则功亏一篑，最后收不回货款，甚至银货两空。

信用证规定杂质和水分必须与合同规定一致。银行不管实际货物的杂质和水分到底与合同规定是否一致，银行只管单据是否表现了信用证规定的字句，即在单据上表示，“杂质和水分与第 DHF94308 号合同规定一致”。有了上述这句的表示，即使实际货物杂质和水分与合同不一致，仍然算单证相符，开证行就必须履行其承诺，保证付款。A. B. 进出口公司虽然在发单上表示了杂质最高 3%、水分最高 12% 与合同等量的详细记载，而没有表明与第 DHF94308 号合同规定一致的文句，也是无用，仍不符合信用证要求。

国际贸易结算，单据是主要的依据，即使托收方式也是以单据为唯一依据，单据有问题，付款人有权拒收单据，拒付货款。信用证方式更是如此。所以《UCP500》第 14 条规定：“银行的付款凭表面符合信用证条款的单据。当收到单据时必须仅以单据为依据，确定是否表面上与信用证条款相符。如果单据表面上与信用证条款不符，银行可以拒收单据。”本案例的信用证规定受益人开具汇票的收款人做成“只限（only）付给标准银行 A. B.”，A. B. 进出口公司所提交的汇票在收款人栏虽然只漏“only”一词，但其性质却不同。A. B. 进出口公司在反驳开证行电文中认为有无“only”都属于记名式抬头。但更确切地说，“Pay to × × × Co. only”应该是限制记名式，这样记名式限制付款人只能将票款付给该抬头人，不得转让。这种方式多由于出票人不便该单据流入第三者，限制该债权关系在收款人手里，这是本抬头方式的主要目的。所以“Pay to × × × Co. only”就等于“Pay to × × × Co. not transferable”（付给 × × × 公司，不得转让）。“Pay to × × × Co.”没有“only”，虽然也是记名式，也却属于非限制式，其收款人可以自己再背书转让。两者是有所区别的。开证行认为该汇票不符信用证要求是有一定道理的。

第8章 8

商品检验、索赔、不可抗力与仲裁

>> 学习目标

通过本章学习，帮助学生了解商品检验的重要意义和做法；认识到贸易纠纷发生后，受损方通过索赔维护自身权益的重要性；掌握不可抗力事件和仲裁对发生争议的双方当事人的影响，培养订立商品检验条款、索赔条款、不可抗力条款以及仲裁条款的能力。

≫ 案例导入

我国甲公司与印度尼西亚乙公司，分别于2003年4月26日、2003年9月2日和9月20日订立三份售货确认书，由甲公司向印尼乙公司出售T恤衫、背心等纺织品，三份确认书的总金额为91.2141万美元，约定付款方式为D/A90天。上述确认书签订后，甲公司按合约全面地履行了供货义务，而印尼乙公司则仅支付了2万美元的货款，其余货款未付。印尼乙公司辩称：甲公司提供的T恤衫存在多处质量问题——使用多年库存的布料；T恤衫重量轻于被申请人要求的规定；T恤衫的长度太短（与规定的尺寸不一致）；同一批货的T恤衫的颜色不一致。为此，印尼乙公司曾提出，将货物打折或将剩余货物退回甲公司等解决办法，但均未获甲公司的同意。但印尼乙公司没有提供相应的证明。经交涉多次无结果，甲公司根据售货确认书中的仲裁条款提起仲裁，要求印尼乙公司：①支付货款71.2141万美元；②上述货款的利息4467.50美元；②本案的仲裁费及甲公司的代理费等由印尼乙公司负担。

仲裁庭经审理后裁定：印尼乙公司向申请人支付全部货款及利息71.660850万美元，

至于律师费，因甲公司未提供相应的证据，故仲裁庭未予支持，仲裁费则由败诉方印尼乙公司全部负担。对印尼乙公司提出的诸如退货、折价等主张均不予支持。

分析

本案争议焦点是，印尼乙公司提出的货物质量的异议能否成立。甲公司向印尼乙公司提供的商品，均不属法定检验的商品。因此，质量争议问题应根据合同中的检验条款及检验标准来处理。

关于货物质量的异议能否成立的问题，涉及索赔的依据亦即商品的检验问题。《联合国国际货物买卖合同公约》第38条规定，“（1）买方必须在按情况实际可行的最短时间内检验货物或由他人检验货物；（2）如果合同涉及货物的运输，检验可推迟到货物到达目的地后进行”。第39条第（1）款规定，“买方对货物不符合同，必须在发现或理应发现不符情形后一段合理时间内通知卖方，说明不符合同情形的性质，否则就丧失声称货物不符合同的权利”。

在本案的三份售货确认书中，双方对检验条款均未作规定，在这种情况下，仲裁庭认为，在双方当事人对检验条款未做约定时，应依据《公约》和国际贸易惯例中的有关规定来判断。根据《华沙－牛津规则》第19条的规定：“……如果卖方没有被给予检验货物的合理机会和进行这种检验的合理时间，那么不应认为买方已经接受了这项货物。这种检验是在货物到达买卖合同规定的目的地进行，还是装船前进行，可由买方自行决定。在完成此项检验后三天内，买方应将他所认为不符合买卖合同的事情通知卖方。如果提不出这种通知，买方便丧失其拒绝接受货物的权利。”在本案中，被申请人接受了货物，不仅未在检验后的三日内向卖方发出检验不合格的通知，而且始终未向仲裁庭提交任何足以证明上述货物质量不符的检验证书，说明其声称的质量问题，没有经相关检验机构检验。因此，就丧失声称货物不符合同的权利。仲裁庭对被申请人提出的退货、折价等主张均不予支持是正确的。

在国际贸易中，一般需要对交易的商品进行检验；如果交易双方中的任何一方违约，受害方都有权提出索赔；合同签订后，如果是由于人力不可抗拒事件致使合同不能履行或不能如期履行，可按合同中不可抗力条款的规定，免除违约方的责任；买卖双方在履约过程中产生的争议，如难以和解，可以通过仲裁方式加以解决。因此，买卖双方商订合同时，有必要在合同中订立检验、索赔、不可抗力以及仲裁条款。

8.1 商品检验

8.1.1 商品检验的重要意义

国际货物买卖中的商品检验（Commodity Inspection），简称商检，是指商品检验机构对卖方拟交付货物或已交付货物的品质、规格、数量、重量、包装、卫生、安全等项目所进行的检验、鉴定和管理的工作。

商品检验是随着国际贸易的发展而产生和发展起来的，它在国际贸易中占有十分重要的地位。国际贸易过程中，由于交易双方处于不同的国家或地区，货物须经过长途运输才能抵达目的地，期间难免会发生残损、短少甚至灭失，尤其是在象征性交货条件下，买卖双方对所交货物的品质、数量等问题更易产生分歧。因此，为了便于查明货损原因，确定责任归属，以利货物的交接和交易的顺利进行，就需要一个公证的第三者，即商品检验机构，对货物进行检验或鉴定。可见，商品检验是国际贸易中不可缺少的一个重要环节。

由于商品检验直接关系到买卖双方在货物交接方面的权利与义务，特别是某些进出口商品的检验工作还直接关系到本国的国民经济能否顺利协调发展、生态环境能否保持平衡、人民的健康和动植物的生长能否得到保证，以及能否促进本国出口商品质量的提高和出口贸易的发展，因此，许多国家的法律和国际公约都对商品的检验问题作了明确规定。

《中华人民共和国进出口商品检验法》第5条规定凡列入《商检机构实施检验的进出口商品种类表》的进出口商品和其他法律、行政法规规定须经商检机构检验的进出口商品，必须经过商检机构或者国家商检部门、商检机构指定的检验部门检验。该条款同时规定，凡是列入《商检机构实施检验的进出口商品种类表》的进出口商品，除非经国家商检部门审查批准免予检验的，“进口商品未经检验或经检验不合格的，不准销售、使用；出口商品未经检验合格的，不准出口”。

英国《1893年货物买卖法》（1979年修订）第34条规定：“除非双方另有约定，当卖方向买方交付货物时，买方有权要求有合理的机会检验货物，以确定它们是否与合同规定的相符。买方在未有合理机会检验货物之前，不能认为他已经接受了货物。”

《联合国国际货物买卖合同公约》第38条也对货物的检验问题作出了明确规定：“买方必须在按实际情况可行的最短时间内检验货物或由他人检验货物。如果合同涉及货物运输，检验可推迟到货物到达目的地后进行。”

尽管上述有关商品检验的规定不完全相同，但是它们都体现了一个共同的原则——“除非买卖双方另有约定，买方在接受货物之前应享有对所购买的货物进行检验的权利。”值得注意的是，买方对货物的检验权并不是强制性的，它不是买方接受货物的前提条件。也就是说，如果买方没有利用合理的机会检验货物，那么他就自动放弃了检验货物的权利。另外，如果合同中的检验条款规定，以卖方的检验为准，此时，就排除了买方对货物的检验权。

综上所述，有关商品检验权的规定是直接关系到买卖双方权利与义务的重要问题。因此，交易双方应在买卖合同中通过检验条款对与商品检验有关的问题作出明确具体的规定。

8.1.2 合同检验条款

国际货物买卖合同中的检验条款，主要包括检验时间与地点、检验机构、检验证书、检验依据与方法、商品的复验等内容。

1. 检验时间和地点

根据国际惯例和我国对外贸易实践，关于买卖合同中检验时间与地点的规定，基本上有以下几种做法。

(1) 在出口国检验。这种检验方法又可分为产地检验和装运前或装运时检验。

• 产地检验。即在货物离开生产地点（如工厂、农场或矿山）之前，由卖方或其委托的检验机构人员对货物进行检验或验收。卖方承担货物离开产地之前进行检验或验收为止的责任，而在运输途中出现的品质、数量等方面的风险则由买方承担。这是国际贸易中普遍采用的习惯做法。

• 装运前或装运时在装运港或装运地检验。即出口货物在装运港装船前或在启运地装运时，以双方约定的商检机构验货后出具的品质、重量、数量和包装等检验证明，作为决定商品品质和重量的最后依据，叫做离岸品质、离岸重量（Shipping Quality and Shipping Weight）。离岸品质和离岸重量所代表的是风险转移时的质量和重量，至于货物在运输途中所发生的货损，买方仍然有权向有关责任方面索赔。至于装船时检验，是指用传送带或机械操作的办法进行装船的散装货，在装船的过程中进行抽样检验或衡量。这与装船前检验一样，也属于离岸品质和离岸重量。

（2）在进口国检验。货到进口国目的港卸货后，由双方约定的目的港商检机构验货并出具品质、重量、数量检验证明作为最后依据，叫做到岸品质、到岸重量（Landed Quality and Landed Weight）。如发现货物的品质或重量与合同规定不符而责任属于卖方时，买方可向其提出索赔或按双方事先约定处理。

（3）出口国装运港检验，进口国目的港复验。出口国装运港商检机构验货后出具的检验证明，作为卖方向银行议付货款的单据之一，而不作为最后依据。货到目的港后由双方约定的检验机构在规定的时间内复验，如发现货物的品质、重量（数量）与合同规定不符而责任属于卖方时，买方可根据检验机构出具的复验证明，向卖方提出异议，并作为索赔的依据。这种检验办法对买卖双方都有好处，且比较公平合理，因而在国际贸易中应用广泛。

（4）装运港检验重量，目的港检验品质。这种做法是以装运港检验机构验货后出具的重量证书及目的港检验机构出具的品质证书为最后依据，这叫做离岸重量、到岸品质。这种做法多应用于大宗商品交易的检验中，以调和买卖双方在检验问题上存在的矛盾。

2. 检验机构

（1）国外的检验机构。在国际贸易中，商品的检验工作一般由专业的检验机构负责办理。有官方机构，也有同业工会、协会或民间私人经营的机构或半官方的机构；有综合机构，也有专业机构。检验机构名称也是多种多样，如检验公司、公证行、鉴定公司、公证鉴定人、实验室或宣誓衡量人等。

国际上比较著名的检验机构有：美国粮谷检验署（FGES）、美国食物药品管理局（Food and Drugs Administration，FDA）、法国国家实验室检测中心、日本通商产业检查所等国家政府设置的官方检验机构，以及瑞士日内瓦通用鉴定公司（Societe Generale de Surveillance S. A. ,S. G. S.）、美国保险人实验室（Underwriters Laboratory，UL）、英国劳合氏公证行（Lloyd’s Surveyor）、日本海事鉴定协会（Japan Marine Surveyors & Sworn Measurer’s Association，NKKK）、香港天祥公证化验行等民间或社团检验机构等。他们有的由政府授权代表政府行使某项商品或某一方面的检验管理工作。这些商品检验机构都是提供进出口商品的检验服务，独立于贸易企业，且它们是与合同买卖双方无利害关系的第三者。

（2）我国的商品检验机构。新中国成立后，我国的官方商品检验机构是中华人民共和国进出口商品检验局，在各省、自治区、直辖市，以及商品进出口口岸、集散地都设有进出口商品检验局及其分支机构。1980 年建立了中国进出口商品检验总公司（China Import and Export Commodity Inspection Corporation，CCIC），并在各地设立分公司，代表国家商检局从事进出口商品的检验或鉴定工作。1998 年 7 月中国出入境检验检疫局（China Exit and Entry Inspection and Quarantine Bureau，CIQ）正式成立，主管全国进出口商品的检验工作，其设在各地的地方检验检疫局管理其辖区内的进出口商品检验工作，实施法定检验，办理鉴定业务，对进出口商品的检验工作实施监督管理。2001 年国务院将原国家质量技术监督局和 CIQ 合并，成立了国家质量监督检验检疫总局，简称国家质检总局（AQSIQ），主管全国出入境卫生检验，动植物检疫，商品鉴定、检验、认证和监督管理工作。国家质检总局设在各地的出入境检验检疫局负责管理其辖区内的进出口商品检验工作。

改革开放以来，我国商检机构在一些国家或地区设立了独资或合资的检验机构，与不少国际和地区的检验机构建立了委托代理业务关系或达成了长期或短期的合作协议。同时，经国家质检总局审核同意，外国的商检机构可以在中国境内设立检验鉴定机构，在一定范围内可接受委托办理进出口商品检验、鉴定。

3. 检验证书

检验证书（Inspection Certificate）是检验机构对进出口商品进行检验、鉴定后签发的书面证明文件。

国际贸易中使用的检验证书种类繁多，卖方究竟需要提供哪种检验证书，要根据商品的特性、种类、习惯以及有关法规的规定作出选择。在实际业务中，常见的检验证书主要有：①品质检验证书（Inspection certificate of Quality）；②重量检验证书（Inspection Certificate of Weight）；③数量检验证书（Inspection Certificate of Quantity）；④兽医检验证书（Veterinary Inspection Certificate）；⑤卫生检验证书（Sanitary Inspection Certificate）；⑥消毒检验证书（Disinfecting Inspection Certificate）；⑦产地检验证书（Inspection Certificate of Origin）；⑧价值检验证书（Inspection Certificate of Value）；⑨验残检验证书（Inspection Certificate On Damaged Cargo）；⑩船舱检验证书（Inspection Certificate on Tank/hold）。为了明确要求，分清责任，在检验条款中应注明所需证书的类别。

检验证书作为一种证明文件，其作用可以体现在以下四个方面：①作为证明卖方所交货物的品质、重量（数量）、包装以及卫生条件等是否符合合同规定的依据；②作为买方对品质、重量（数量）、包装等条件提出异议、拒收货物、要求索赔、解决争议的凭证；③作为卖方向银行议付货款的单据之一；④作为海关验关放行的凭证。

商品不同，检验要求及所应提供的检验证书也有所不同。如一般轻纺产品只需提供品质、数量或重量证明书即可。而有些农副土特产品则除需要出具品质/重量证明书外，还需出具卫生证明书、兽医证明书或植物检疫证明书。因此，在签订合同时，应根据商品的特性，对所需的检验证书作出明确的规定。目前，由于世界各国公害严重，不少国家的政府都制定了许多有关环境保护、卫生检疫、消费者保护等方面的法令和条例，凡不符合规定要求的商品，一律不得进口。这些都是属于政府颁布的强制性的规章、法令，买卖双方当事人是无权在合同中随意加以改变的。所以，我们对有关进口国家的这类法令、条例也应有所了解，并且要认真研究对策。

4. 检验标准

进出口商品的检验标准，就是据以衡量进出口货物是否合格的依据。凡我国法律、行政法规所规定的强制性检验标准或其他必须执行的检验标准，或对外贸易合同所约定的检验标准，均构成进出口商品的检验依据。一般来说，进出口业务中商品的检验依据主要有成交样品、标样、合同、信用证、标准等。合同中约定作为检验依据的检验标准不能同国家有关法律、行政法规的规定等相冲突，否则该项合同内容是无效的。

目前我国已有许多产品按照有关国际标准的要求进行生产和出口。如国际标准化组织的“IS09000《质量管理与质量保证》系列国际标准”、国际羊毛局的“IWS”（International Wool Secretariat 的简称）、美国的“UL”和美国威尔科克斯公司的“B&W”等标准。其中 ISO 标准是国际标准化组织为适应国际贸易发展的需要而制定的国际质量保证系列标准，它涉及产品自开发到售后服务的全过程，具有很强的指导性和实用性。

5. 复验

买方对到货有复验权。复验权既不是强制性的，也不是接受货物的前提条件，复验与否由买方自理。如果复验，则应在合同中对复验的期限、复验机构和复验地点等规定清楚。

在确定合同的复验期限时，主要应当注意以下两点。

（1）要考虑商品的特性。不同性质的商品，检验要求不同，复验期限也应有所不同。农副产品和易腐、易变质的商品，复验时间不能订得太长。五金、工矿、化工等产品，如品质较稳定，而且检验标准和要求比较复杂的，复验时间一般可以稍长一些，一般为 60 ~ 90 天。某些机电仪产品和成套设备，不仅技术结构复杂，而且往往需要经过安装、试车或投产一段时间之后，才能发现其在品质或性能上的缺陷。因此，对于这类商品除应规定货到目的港后若干天内进行初步检验外，还应规定保证期。如在保证期内发现品质、性能方面有缺陷，未达到合同规定的要求，买方可凭适当的检验证书向卖方提出索赔。

（2）要考虑港口情况。目前由于我国港口的装卸能力和国内疏运能力还不能适应形势发展的需要，港口拥挤、压船、压货的现象暂时还难以完全避免。因此，在确定进口商品的复验期限时，必须把港口的装卸、调拨、疏运等因素以及口岸的检验力量通盘加以考虑。安排到货不宜过分集中，复验时间也要相应长一些，以免超越实际可能，使我方无法在合同规定的时间内进行复验，而丧失了对外索赔的权利。

目前，我国各进出口公司在签订进口合同时，对复验时间的计算有两种办法：一种是规定在货物到达目的港后若干天内（如60天）进行复验；另一种是规定在目的港卸货后若干天内（如60天）进行复验。虽然两者规定的复验期限相同（都是60天），但前者是从货到目的港时起算，不包括卸货时间，而后者则从卸货完毕后起算，因此，两者实际执行结果在时间上可能会有很大差别。根据我国当前港口的实际情况，在确定进口商品的复验时间时，一般以采用后一种方法为妥。

条款示例1 买卖双方同意以装运港（地）中国出入境检验检疫局签发的质量和重量（数量）检验证书作为信用证项下议付提交的单据的一部分，买方有权对货物的质量和重量（数量）进行复验，复验费由买方负担。

但若发现质量和/或重量（数量）与合同规定不符时，买方有权向卖方索赔，并提供经卖方同意的公证机构出具的检验报告。索赔期限为货物到达目的港（地）后××天内。

It is mutually agreed that the Certificate of Quality and Weight (Quantity) issued by the China Exit and Entry Inspection and Quarantine Bureau at the port/place Of shipment shall be part of the documents to be presented for negotiation under the relevant L/C.

The Buyers shall have the right to reinspect the quality and weight (quantity) of the cargo. The reinspection fee shall be borne by the Buyers, Should the quality or weight (quantity) be found not in conformity with that of the contract, the Buyers are entitled to lodge with the Sellers a claim which should be supported by survey reports issued by a recognized surveyor approved by the Sellers. The claim, if any, shall be lodged within ××days after arrival of the cargo at the port/place of destination.

条款示例2 双方同意以制造厂（或某公证行）出具的质量和数量/重量检验证书作为有关信用证项下付款的单据之一。货到目的港（地）卸货后××天内经中国出入境检验检疫局复验，如发现质量或数量/重量与本合同不符时，除属保险公司或承运人负责退货或索赔，所有退货或索赔引起的一切费用（包括检验费）及损失，均由卖方负责。

在此情况下，如抽样是可行的，买方可应卖方要求，将有关货物的样品寄交卖方。

It is mutually agreed that the Certificate of Quality and Quantity/Weight issued by the Manufacturer（Or. Surveyor）shall be part of the documents for payment under the relevant L/C. In case the quality、quantity or weight of the goods be found not in conformity with those stipulated in this contract after reinspection by the China Exit and Entry Inspection and Quarantine Bureau within × ×days after discharge of the goods at the port/place of destination，the Buyers shall return the goods to or lodge claim against the Sellers for compensation of losses upon the strength of Inspection Certificate issued by the said Bureau，with the exception of those claims for which the insurers or the carriers are liable. All expenses（including inspection fees）and losses arising from the return of the goods or claims should be borne by the sellers.

In such case，the Buyers may，if so requested，send a sample of the goods in question to the Sellers，provided that the sampling is feasible.

8.2 索赔

在国际贸易中，由于种种原因往往会引起索赔事件。根据造成损失的原因和责任的不同，索赔有三种不同情况：凡属承保范围内的货物损失，向保险公司索赔；如系承运人的责任所造成的货物损失，向承运人索赔；如系合同当事人的违约责任造成的损失，则向违约方提出索赔。本节仅介绍因最后一种情况而引起的索赔。

8.2.1 约定索赔的意义

国际贸易涉及的面很广，情况复杂多变，在履约过程中如一个环节出问题，就可能影响合同的履行。加之市场情况千变万化，如出现对合同当事人不利的变化，就可能导致一方当事人违约或毁约，而给另一方当事人造成损害，从而引起争议。受损害的一方为了维护自身权益，向违约方提出索赔。违约方对受损害方的索赔要求进行处理，称为理赔。由此可见，索赔与理赔是一个问题的两个方面，即对守约方而言是索赔，对违约方而言是理赔。在国际贸易中，索赔情况时有发生，特别是在市场剧烈动荡和价格瞬息万变的时候，更是频繁出现。索赔事件多发生在交货期、交货品质和数量等问题上。一般来说，买方向卖方提出索赔的情况较多。当然，买方不按期接运货物或无理拒收货物和拒付货款的情况也时有发生，因此，也有卖方向买方索赔的情况。在我国进出口业务中，履行出口合同时，多系外商向我方索赔，履行进口合同时，则由我方向外商索赔的情况较多。为了便于处理这类问题，买卖双方在合同中，一般都应订立索赔条款。

8.2.2 索赔条款

进出口货物买卖合同中，索赔条款通常可以有两种规定方式，即异议与索赔条款和罚金条款。在一般买卖合同中，多数只订异议与索赔条款。只有在买卖大宗商品和机械设备一类商品的合同中，除订明异议与索赔条款外，还需加订罚金条款。

1. 异议与索赔条款

异议与索赔条款（Discrepancy and Claim Clause），一般是针对卖方交货品质、数量或包装不符合同规定而订立的。内容除规定如一方违反合同另一方有权索赔外，还包括索赔期限、索赔依据和索赔金额及索赔的处理方法等。索赔依据部分主要规定索赔必须具备的证据和出证机构。索赔期限是指索赔方向违约方提出赔偿要求的有效时限，逾期提出索赔，违约方可不予受理。除机器设备等性能特殊的商品外，索赔期限一般不宜规定过长，以免使卖方承担过重的责任，但也不宜规定过短，以免使买方无法行使索赔权。关于处理索赔的办法和索赔金额，通常只在合同中作一般笼统规定，因为违约的情况比较复杂，究竟在哪些业务环节上违约和违约的程度如何等，订约时难以预料。因此，对于违约的索赔金额也难以预定，所以在合同中不作具体规定。

2. 罚金条款

此条款一般适用于卖方延期交货或买方延期接运货物、拖延开立信用证、拖欠货款等场合。在买卖合同中规定罚金或违约金条款，是促使合同当事人履行合同义务的重要措施，能起到避免和减少违约行为发生的预防性作用，在发生违约行为的情况下，能对违约方起到一定的惩罚作用，对守约方的损失能起到补偿性作用。可见，约定此项条款，采取违约责任原则，对合同当事人和全社会都是有益的。

罚金或违约金与赔偿损失虽有相似之处，但仍存在差异。其差别在于前者不以造成损失为前提条件，即使违约的结果并未发生任何实际损害，也不影响对违约方追究违约金责任。违约金数额与实际损失是否存在及损失的大小没有关系，法庭或仲裁庭也不要求请求人就损失举证，故其在追索程序上比后者简便得多。

违约金的数额一般由合同当事人商定，我国现行合同法也没有对违约金数额作出规定，而以约定为主。按违约金是否具有惩罚性，可分为惩罚性违约金和补偿性违约金。世界大多数国家都以违约金的补偿性为原则，以惩罚性作为例外。根据我国合同法的规定，在确定违约金数额时，双方当事人应预先估计因违约可能发生的损害赔偿，确定一个合适的违约金比率。在此需要着重指出的是，在约定违约金的情况下，即使一方违约未给对方造成损失，违约方也应支付约定的违约金。为了体现公平合理原则，如一方违约给对方造成的损失大于约定的违约金，守约方可以请求法院或仲裁庭予以增加。反之，如约定的违约金过分高于实际造成的损失，当事人也可请求法院或仲裁庭予以适当减少。但如约定的违约金不是过分高于实际损失，则不能请求减少。这样做，既体现了违约金的补偿性，也在一定程度上体现了它的惩罚性。当违约方支付约定的违约金后，并不能免除其履行债务的义务。

8.3 不可抗力

8.3.1 不可抗力的含义

不可抗力（Force Majeure）又称人力不可抗拒，是指买卖合同签订后，不是由于合同当事人的过失或疏忽，而是由于发生了当事人既无法预见、预防，也无法避免和控制的自然灾害或意外事件，以致不能履行或不能如期履行合同，遭受意外事故的一方即可根据合同或法律的规定免除履行合同的责任或推迟履行合同。因此，不可抗力是一项免责条款。

不可抗力是国际贸易中通用的一个业务术语，也是许多国家的一项法律规则。对其内容和范围解释并不统一，但其精神原则大体相同。主要包括以下几点：①意外事故必须发生在合同签订以后；②不是因为合同当事人双方自身的过失或疏忽而导致的；③意外事故是当事人双方所不能控制的、无能为力的。

某些事故，例如签约后的价格上涨和下跌、货币的突然升值和贬值，虽然对当事人来说是无法控制的，但这是交易中常见的现象，并不是不可预见的，所以不属于不可抗力的范畴。只有签约后发生了当事人不可预见、无法预防和避免的自然力量或社会力量造成的自然灾害和意外事故，例如地震、洪水、旱灾、飓风、大雪、暴风雪或战争以及政府禁令等才属于不可抗力事故。但是，对上述的解释各国并非完全一致。如美国习惯上认为不可抗力事故仅指由于自然力量所引起的事故而不包括由于社会力量所引起的意外事故，所以美国的买卖合同一般不使用“不可抗力”一词，而称为“意外事故条款”（Contingency Clause）。

在实际业务中，发生的事故是否属于不可抗力事故，一般要根据合同条款的规定，视发生事故的时间、地点、原因、规模、后果等，以及事先是否可以预见、事后是否可以采取必要的措施克服、事故是否使合同失去履行的基础等情况来确定。

8.3.2 不可抗力条款

国际贸易中，买卖双方洽商交易时，对成交后由于自然力量或社会原因而可能引起的不可抗力事件是无法预见、无法控制的，加之，国际上对不可抗力事件及其引起的法律后果并无统一的解释，为避免因发生不可抗力事件而引起不必要的纠纷，防止合同当事人对发生不可抗力事件的性质、范围作任意的解释，或提出不合理的要求，或无理拒绝对方的合理要求，故有必要在买卖合同中订立不可抗力条款，明确规定不可抗力事件的性质、范围、处理原则和处理办法，以利合同的履行。

不可抗力条款的内容，主要包括不可抗力事故的范围、不可抗力事故的处理原则和办法、事故发生后通知对方的期限和通知方式以及出具事故证明的机构等。

1. 不可抗力事件的范围

不可抗力的事件范围较广，通常可分为两种情况：一种是由于“自然力量”引起的，如水灾、火灾、暴风雨、大雪、地震等；另一种是由于“社会力量”引起的，如战争、罢工、政府禁令等。在国际贸易中，买卖双方洽谈交易时对成交后由于自然力量或社会原因而可能引起的不可抗力事件是无法预见、无法控制的。再加上，世界各国（地区）在对不可抗力事件及其引起的法律后果的解释上存在差异。为了避免因发生不可抗力事件而引起不必要的纠纷，防止合同当事人对发生不可抗力事件的性质、范围作任意的解释，所以有必要在合同的不可抗力条款中首先明确哪些事件可以作为不可抗力事件，即界定不可抗力事件的性质和范围。对于不可抗力事件的性质和范围，通常可以通过以下三种不同方法加以规定。

（1）概括规定。在合同中不具体规定哪些事件属于不可抗力事件，而只是笼统地规定，“由于公认的不可抗力原因，致使卖方不能交货或延期交货，卖方不负责任”，或

"由于不可抗力事件使合同不能履行，发生事件的一方可据此免除责任"。应当指出的是，采用概括规定的方法对不可抗力事件进行界定时，由于含义模糊、解释的伸缩性大，仍然容易引起争议，在实际业务中不宜采用。

（2）具体规定。在合同中详列不可抗力事件。采用这种一一列举的办法，虽然明确具体，但是文字烦琐，且可能出现遗漏的情况。如果发生未列入其中的不可抗力事件，则无法保护因该不可抗力事件而违约的交易方的合法权益。因此，具体规定法也不是最好的办法。

（3）综合规定。在合同条款中不仅列明经常发生的不可抗力事件（如战争、洪水、地震、火灾等），而且同时加上"以及双方同意的其他不可抗力事件"的文句。采用综合规定的办法界定不可抗力事件，既具体明确，又保持了一定灵活性，是一种可取的办法。在我国的进出口合同中，一般都采用这种规定办法。

2. 不可抗力事件的处理

发生不可抗力事件后，应按约定的处理原则和办法及时进行处理。不可抗力的后果有两种：一是结束合同；一是延期履行合同。究竟如何处理，应视事件的原因、性质、规模及其对履行合同所产生的实际影响程度而定。

3. 不可抗力事件的通知和证明

不可抗力事件发生后如影响合同履行时，发生事件的一方当事人应按约定的通知期限和通知方式，将事件情况如实通知对方，对方在接到通知后应及时答复，如有异议也应及时提出。此外，发生事故的一方还应按约定方法出具证明文件，作为发生不可抗力事件的证据。在国外，这种证明文件一般由当地的商会或法定公证机构出具。在我国，由中国国际贸易促进委员会出具。

条款示例1 In clause 8, "Force Majeure Event" means an event beyond the reasonable control of the Affected Party, including, without limitation, strike, lock-out, labour dispute, act of God, war, riot, civil commotion, malicious damage, compliance with a law or governmental order, rule, regulation or direction, accident, breakdown of plant or machinery, fire, flood or storm.

条款示例2 Force majeure Clause:

11. 1 If the two sides of any party due to the war, Floods, Typhoon, Fire. Strikes, Storm, Earthquakeor other that can not be foreseen or Can not be avoided can not overcome the impact of the objective situation of the implementation of the contract, the two sides in the agreement, the performance of the contract period The accident affected by the extension of the corresponding time. Neither

side can not comment on the resulting losses. If the parties can not reach agreement on the above issues through friendly consultations, either party can be submitted by 12 arbitration.

11.2 either side affected by the accident should immediately notify the other party by fax within 14 days after the accident so that the two sides through friendly consultations in a timely manner to resolve the issue of the implementation of this contract as soon as possible to reach an agreement. If no agreement is reached, either party can be submitted by 12 arbitration.

8.4 仲裁

国际货物买卖履约时间长、涉及面广、业务环节多，一旦在货物的生产、收购、运输、资金移动等任何一个环节发生意外或差错，都可能给合同的顺利履行带来影响。而且国家市场变幻莫测，一方当事人往往有可能在市场行情发生不利变化时，不履行合同义务或不完全履行合同义务，致使另一方当事人的权利受到损害。再加上当事人处于不同的国家，其所属国的法律制度、文化传统等因素的差异，争议的产生是不可避免。

8.4.1 国际贸易争议的解决方式

在长期的国际贸易实践中，形成了各种解决国际贸易争议的方法，主要包括协商、调解、诉讼和仲裁，此外还有世界贸易组织建立的解决国家之间贸易争端的机制。

1. 协商

协商是争议各方当事人在自愿的基础上，按照有关法律、政策及合同条款的规定，直接进行磋商或谈判，互谅互让达成解决争议的协议。这一争议解决方法的最大特点就是没有第三者介入，完全是依靠双方当事人自己解决，争议能否解决取决于当事人的意愿。

通过协商解决国际贸易争议具有很多优点。

（1）自愿。协商自始至终都是在双方自愿的基础上进行的，因此双方达成的协议一般也靠双方自愿遵守。

（2）程序简便、形式灵活。由于协商是双方意思自治的表示，因此形式非常灵活，既可以面对面地谈判，也可以通过电报、电传、电话、邮件等手段磋商，程序也由双方自己决定，没有固定的格式。

（3）省时、省力、省钱。因为协商完全靠双方当事人的自愿，不需要任何第三方的介入，因此相对于其他需要第三方介入的方式来说，所花费的时间、金钱都是最低的。

（4）法律适用灵活。在协商时，无须援引某个国家的冲突规则来确定适用哪个国家的实体法，这使得当事人对解决争议的后果有所预测，也可以在不违背有关国家法律基本原则的情况下，根据自己的实际需要和交易的具体情况灵活地解决争议。

相对于协商的优越性，它也有其无法克服的缺点。如果双方利益冲突较大、分歧严重的时候，往往不能通过协商达成妥协。而且在双方协商达成协议之后，若有一方不愿意履行，对另一方也没有请求强制执行的效力，还得通过其他方式保护自己的权益。

2. 调解

调解是在第三者主持下，通过其劝说诱导，促使国际贸易争议的当事人在自愿基础上互谅互让，达成协议以解决争议的一种方法。调解与协商的最大不同在于调解有第三方介入，但在调解中，调解人不能独立自主地作出具有约束力的决定，争议能否解决最终还是取决于双方当事人能否互相妥协达成协议。

国际贸易中的调解，依主持人的身份不同可以分为民间调解、仲裁机构调解和法庭调解三种。

（1）民间调解。指仲裁机构、法院或者国家专门指定负责调解的机构以外的第三者主持进行的调解，可以是组织，也可以是双方共同信任的第三人。

（2）仲裁机构调解。指在仲裁机构的支持下按照该机构所制定的调解规则进行的调解。经仲裁机构调解当事人达成协议的，一般应制作调解书，对此类调解书的效力各国有不同的规定。根据1994年6月1日起生效的《中国国际经济贸易仲裁委员会仲裁规则》第50条的规定，对调解成功的案件，仲裁庭根据当事人和解协议的内容制作裁决书。

（3）法庭调解。也称司法调解，是法院主持的调解。现今，许多国家的民事诉讼法都把调解作为法院在诉讼之外解决民商事争议的一种方法。法院主持的调解一旦达成协议，就制作调解书，调解书生效后，就具有与判决同样的效力。

3. 诉讼与仲裁

诉讼和仲裁这两种方法，都有第三者介入，且第三者都有权不受当事人解决争议之意见或看法的左右而独立自主地作出决定，且该决定对当事人具有法律上的约束力，这是诉讼和仲裁的共同点。两者还有以下几方面的区别。

（1）法院是国家机器的重要组成部分，具有法定管辖权，只要当事人一方向法院起诉，法院就可以不经对方当事人的同意受理案件，并可以对被告采取传唤等强制措施。而仲裁机构一般是民间组织，其管辖权的确立必须经过双方当事人达成仲裁协议，否则仲裁机构不能强迫另一方进行仲裁。

（2）法院受理案件的范围是由法律规定的，可以审判法定范围内的任何事项。仲裁机构只能仲裁双方当事人的事先约定的事项，不得对该范围以外的事项进行仲裁。

（3）法院审理某一案件的法官是由法院任命的，开庭的时间、地点、程序也都由法院规定。而仲裁员、仲裁程序、时间、地点等都是由双方协商决定或指派的。

（4）从保密性来看，诉讼一般都是公开审理的。而仲裁一般是秘密进行的，裁决也一般不对外公开。

（5）就时间和费用来看，仲裁程序不像司法诉讼程序那样严格，而且仲裁一般是“一局终审”，所以用仲裁解决争议一般比诉讼更节省时间和费用。

8.4.2 仲裁

国际贸易情况复杂多变，买卖双方签订合同后可能会由于种种原因致使合同没有履行，从而引起交易双方间的争议。解决争议的途径包括友好协商、调解仲裁和诉讼等方式。当国际贸易中的争议经友好协商、调解都未成功而当事人又不愿意诉诸法院解决时，则可采用仲裁办法。

同诉讼和调解解决方式比较，仲裁解决方式的主要特点在于：①仲裁机构是民间组织，没有法定的管辖权；②仲裁机构根据双方当事人的仲裁协议受理有关案件，双方当事人享有充分的自治权，可自由选择仲裁机构、仲裁员、仲裁地点、仲裁所使用的语言、仲裁规则以及仲裁所适用的法律；③仲裁程序简便，其裁决一般是终局性的，没有上诉或再审程序；④仲裁裁决具有可强制执行性，若一方当事人不自动执行裁决，另一方当事人有权申请法院予以强制执行；⑤仲裁方式的信息保密性好，仲裁实行不公开审理开庭制度，未经当事人的同意，第三人不可旁听案件审理，案件程序和实体的进行情况不公布于媒体。所以，仲裁已成为被普遍采用的解决争议的方式。

我国一向提倡并鼓励以仲裁的方式解决国际贸易中发生的争议。早在1956年中国的涉外商事仲裁机构——中国国际经济贸易仲裁委员会便已宣告成立，又称中国国际商会仲裁院，隶属于中国国际贸易促进委员会（中国国际商会）。40多年来，该机构在审理案件中，坚持根据事实、依照法律和合同规定，参照国际惯例，公平合理地处理争议和作出裁决，其裁决的公正性得到国内外的一致公认，中国已成为当今世界上主要的国际商事仲裁中心之一。在中国进出口合同中一般都订有仲裁条款，以便在发生争议时通过仲裁方式解决争端。

》资料卡

国际贸易仲裁的机构

仲裁解决方式包括临时仲裁和常设机构仲裁。相应的，仲裁机构也分为临时仲裁庭（特设仲裁庭）和常设仲裁机构。临时仲裁庭是根据当事人同意并按照一定程序组成的，案件审理完毕即自动解散；常设仲裁机构依照国际条约或国内法律而设立。

常设仲裁机构可分为世界性常设仲裁机构（如国际商会仲裁院）、区域性常设仲裁机构（如美洲国家商事仲裁委员会）和各国常设仲裁机构（如瑞典斯德哥尔摩商会仲裁院、美国仲裁协会、伦敦仲裁院、中国国际经济贸易仲裁委员会等）。国际贸易买卖合同双方一般可以选择任意一家仲裁机构。一般来说，常设仲裁机构由于具有条件、经验等方面的优势，故采用常设机构仲裁方式更有利于争端的解决。

目前国际上影响较大的几个常设商事仲裁机构是：国际商会仲裁院，成立于1923年，总部设在巴黎；瑞典斯德哥尔摩商事仲裁院，成立于1917年；英国伦敦仲裁院，成立于1892年；美国仲裁协会，成立于1926年，总部设在纽约；瑞士苏黎世商会仲裁院，成立于1911年。我国的国际商事仲裁机构主要是中国国际经济贸易仲裁委员会，成立于1956年，1980年、1988年两次调整，总部设在北京，在深圳、上海设有分会；中国海事仲裁委员会，成立于1959年，1988年调整，总部设在北京。

8.4.3 仲裁协议的形式和作用

仲裁协议有两种形式：一种是在争议发生之前订立的，它通常以合同的仲裁条款（Arbitration Clause）的形式出现；另一种是在争议发生之后订立的，当事人把已经发生的争议提交仲裁的协议（Submission agreement）。这两种形式的仲裁协议的法律效力是相同的。

通过订立仲裁协议，首先，明确了双方当事人在争议发生时解决争议的途径，约束双方当事人只能以仲裁方式解决争议，不得向法院起诉；其次，排除了法院对有关案件的管辖权；最后，保证仲裁机构取得对争议案件的管辖权。因此，如果双方当事人不愿将争议提交法院审理时，就应在争议发生前在合同中规定出仲裁条款，以免将来发生争议后由于达不成仲裁协议而不得不诉诸法院。

中国国际经济贸易仲裁委员会向中外当事人推荐如下示范仲裁条款：

“凡因本合同引起的或与本合同有关的任何争议，均应提交中国国际经济贸易仲裁委员会，按照申请仲裁时该会现行有效的仲裁规则进行仲裁。仲裁裁决是终局的，对双方均有约束力。”

此外，当事人还可以在仲裁条款（协议）中对仲裁员人数、国籍、开庭地点、普通程序或简易程序、适用法律及仲裁语言等事项作出约定，或者在仲裁条款（协议）达成之后，争议提交仲裁之前或者仲裁程序开始之前，以书面补充协议的形式进行补充约定。

8.4.4 仲裁条款

仲裁条款的规定应当明确合理，不能过于简单，其具体内容一般应包括仲裁地点、仲裁机构、仲裁程序、仲裁裁决的效力、仲裁费用的负担等。

1. 仲裁地点

除非仲裁协议另有规定，一般都适用审判地法律，即在哪个国家仲裁就往往适用哪个国家的仲裁法规。可见，仲裁地点不同，适用的法律可能不同，对买卖双方的权利、义务的解释就会有差别，其结果也会不同。因此，交易双方都力争在自己比较了解和信任的地方仲裁，尤其是力争在本国仲裁。在我国进出口合同中，关于仲裁地点往往规定：合同规定在中国仲裁，或规定在被申请人所在国仲裁，或规定在双方同意的第三国仲裁。

2. 仲裁机构

目前，世界上有许多国家和一些国际组织都设有专门从事处理商事纠纷、进行有关仲裁的管理与组织工作的常设仲裁机构。我国的常设仲裁机构是中国国际贸易仲裁委员会和海事仲裁委员会。仲裁机构有两种形式。

（1）由双方当事人在仲裁协议中规定一个常设的仲裁机构。我国常设的仲裁机构是设在北京的中国国际经济贸易仲裁委员会及其设在深圳和上海的分会。这些仲裁委员会不仅可以受理国内仲裁案件，也可以受理涉外仲裁案件。

（2）由双方当事人指定仲裁员所组成的临时仲裁庭，当争议案件处理完毕它立即自动解散。

3. 仲裁程序

仲裁程序主要是规定进行仲裁的手续、步骤和做法，各国仲裁机构一般都有自己的仲裁程序规则，但是如果当事人约定适用其他仲裁规则并征得仲裁委员会同意的，原则上也可以适用其他仲裁规则。（一般的仲裁程序，参看本章末参考资料。）

4. 仲裁裁决的效力

仲裁裁决是终局的，对双方当事人均有约束力。任何一方当事人不得向法院起诉，也不得向其他任何机构提出变更仲裁的请求。如败诉方不执行裁决，则胜诉方有权向法院起诉，请求法院强制执行。

5. 仲裁费用的负担

仲裁费用由谁负担，应在仲裁条款中订明。通常由败诉方承担，也有的规定由仲裁庭酌情决定。我国仲裁规则规定，败诉方所承担的费用不得超过胜诉方所得胜诉金额的10%。

条款示例　（1）规定由中国国际贸易促进委员会对外经济贸易仲裁委员会仲裁的条款。

"凡有关本合同所发生的一切争议，应通过友好协商解决，若通过协商达不成协议，则提交中国国际贸易促进委员会对外贸易仲裁委员会。仲裁在北京进行。该委员会的裁决为终局的，并对双方均有约束力，仲裁费由败诉方承担。"

All disputes in connection with this contract shall be settled through friendly negotiation. In case no settlement can be reached through negotiation, the case should then be submitted to the foreign trade arbitration commission of china council for the promotion of international trade for arbitration with its provisional rules of procedure. The arbitration shall be conducted in beijing and the decision made by the said commission shall be final and binding upon both praties. The arbitration fees shall be borne by the losing party.

（2）由被告人所在国或第三国仲裁的条款。

"有关合同的一切争议，应通过协商友好解决。如协商不能解决，应提交仲裁，仲裁应在被告所在国进行，或者在双方同意的第三国进行，仲裁裁决是终局的，对双方均有约束力。"

All disputes in connection with this contract shall be settled friendly through negotiation. In case no settlement can be reached through negotiation, the case should then be submitted for arbitration. The arbitration shall take place in the country where the defendant resides or in the third country mutually agreed upon by both praties. The decision of arbitration shall be final and binding upon both parties.

》资料卡

一般的仲裁程序

仲裁程序是指双方当事人自发生争议、订立仲裁协议、提交仲裁机构、按规定仲裁至争议裁决的过程。各国的仲裁法律、仲裁庭的仲裁程序并不一致。我国的《中国国际经济贸易仲裁委员会仲裁规则》规定其程序大致如下图所示。

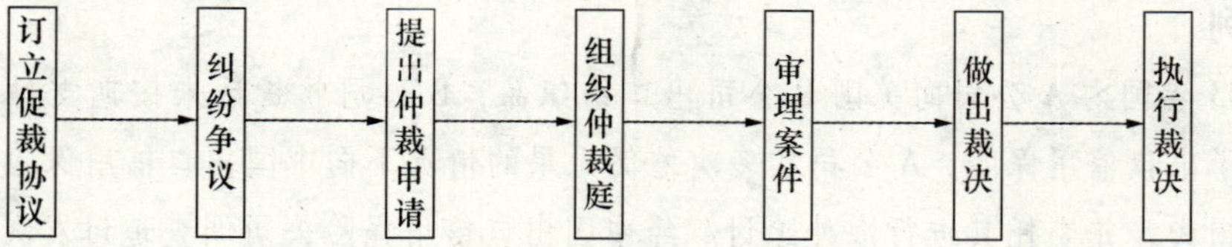

仲裁程序及内容示意

当事人一方申请仲裁时，应向仲裁委员会提交签名仲裁申请书。该申请书应包括：申诉人和被诉人的名称、地址；申诉人所依据的仲裁协议；申诉人的要求及所依据的事实和证据。申诉人向仲裁委员会提交仲裁申请书时，需预缴一定数额的仲裁费。仲裁费一般按争议价值的0.1%～1%收取，最终由败诉方承担。如果委托代理人办理仲裁事项或参与仲裁时，应提交书面委托书。仲裁机构对申请书进行审查，以确认仲裁手续是否符合要求，所需证件是否齐备，争议是否属于仲裁协议范围，该争议是否被处理过以及仲裁时效是否过期等。凡符合要求者，即可受理，否则不予受理。

仲裁员一般为三人，申诉人和被诉人各自在仲裁委员会和仲裁员名册中指定一名仲裁员，并由仲裁委员会主席指定第三名仲裁员为首席仲裁员，共同组成仲裁庭审理案件。双方当事人也可在仲裁员名册中共同指定或委托仲裁委员会主席指定一名仲裁员为独任仲裁员，成立仲裁庭，单独审理案件。仲裁员实行回避制度。被指定的仲裁员如果与案件有利害关系，应当自行向仲裁委员会提出回避申请，其决定由仲裁委员会主席作出。仲裁员因回避或其他原因不能履行其职责时，仲裁委员会应按照原程序，重新指定仲裁员。当事人所指定的仲裁员，并不代表当事人的利益，而是按照仲裁程序，独立公正地审理案件，当事人对仲裁员如有要求和意见时，须以书面形式通过仲裁委员会转递仲裁员。

仲裁庭审理案件，一般按照先调解、后审理的程序进行，包括开庭、调解、搜集证据和保全措施裁定、裁决等内容。保全措施裁定又称临时性保护措施，是指在仲裁开始后至作出裁决前的时期内，对当事人的财产进行临时性的强制保全措施。仲裁裁决应自仲裁庭组成之日起6个月内以书面形式做出。仲裁裁决应说明裁决所依据的理由，写明裁决是终局的、做出裁决书的日期与地点，并由仲裁员署名等。

由于仲裁是建立在双方当事人自愿基础上的，故一般情况下当事人承认其效力并能自动执行。如果一方当事人拒不执行仲裁裁决，另一方当事人可以向法院提出申请，请求法院强制执行。不过，各国对本国裁决和外国裁决是区别对待的。对本国裁决的承认与执行，几乎所有国家都规定了比较简易的程序。由于承认与执行外国裁决不但关系到双方当事人的切身利益，有时还涉及两个国家的国家利益，故各国多附加限制条件，如要求互惠，或外国仲裁裁决不得违背本国公共秩序等。

范例

2003年国内A公司向美国B公司出口纺织品，B公司收货后未按期支付货款。由于投保了出口信用保险，A公司在多次催促无果的情况下向中国出口信用保险公司报告了可能损失，并委托其进行海外追讨。经中国出口信用保险公司调查追讨发现，A公司与B公司存在贸易纠纷。由于双方在贸易合同中约定“本合同项下的一切争议，应提交中国国际贸易仲裁委员会仲裁”，A公司于2004年1月向中国国际贸易仲裁委员会（以下简称“仲裁委”）提起仲裁。

B公司在收到仲裁庭的开庭通知后提出了管辖异议，并派代表参加了仲裁庭审理管辖异议的开庭活动。值得注意的是，B公司向仲裁庭提供的贸易合同与A公司提供的合同为不同版本，该版本显示，仲裁条款中的“中国国际贸易仲裁委员会”字样被划去，而在原位置手写了“美国仲裁协会”字样。此外，卖方签字栏内增加了一个A公司授权代表的签字，并注明了时间，该时间晚于A公司提供的合同的签署时间。B公司据此主张双方已对合同进行了更改，重新选择美国仲裁协会为仲裁机构，仲裁委对争议没有管辖权。而A公司则坚决主张从未同意选择美国仲裁协会为仲裁机构，B公司提供的合同中的签字不实，仲裁委对案件有管辖权。

为查明事实，仲裁委将该证据提交某法院司法鉴定中心进行鉴定。鉴定结果确认B公司提供的合同签字栏中增加的A公司授权代表的签字与原签字为同一人所写。2006年1月，仲裁委最终认定其对该案没有管辖权，并作出了撤案决定。

案情分析

该仲裁管辖的争议审理时间长达两年，仲裁期间A公司曾多次派员赴北京出庭，并向仲裁庭支付了部分仲裁费以及仲裁员出庭费用。投入了大量的人力和物力，却没能使其债权通过仲裁得到确认，A公司对仲裁庭作出的决定感到难以接受，认为仲裁委作出撤案决定没有依据。那么仲裁庭作出撤案决定是否真的没有法律依据呢？要想解决这个问题，我们不妨从以下方面进行分析：

（一）仲裁机构管辖权如何确定？

仲裁作为一种非诉讼纠纷解决方式，与诉讼方式不同。仲裁是当事人自愿将诉争事由提交给中立的第三方裁判的争议解决方式，自愿原则是仲裁制度中的基本原则，也是仲裁制度赖以存在和发展的基石。因此，是否选择仲裁、由谁来进行仲裁都必须由当事人自行约定。当事人提交仲裁机构仲裁解决的意思表示，是授予仲裁机构对争议案件的管辖权，并排除法院司法管辖权的法律依据。我国《仲裁法》第四条及第六条分别对此规定如下："当事人采用仲裁方式解决纠纷应当双方自愿达成仲裁协议。没有仲裁协议，一方当事人申请仲裁的，仲裁机构不能受理"，"仲裁委员会应当由当事人协议选定"。《中国国际贸易仲裁委员会仲裁规则》也对仲裁管辖权问题有明确规定。该规则第三条规定："仲裁委员会根据当事人在争议发生之前或者在争议发生之后达成的将争议提交仲裁委员会仲裁的仲裁协议和一方当事人的书面申请，受理案件。"由此可见，纠纷是否可以通过仲裁解决以及谁享有仲裁管辖权取决于当事人之间达成的仲裁协议。

为证明当事人之间曾就仲裁作出约定，各仲裁机构一般都规定当事人申请仲裁时应提交书面仲裁协议，其形式可以是合同仲裁条款也可以是单独的仲裁协议。本案中A公司与B公司通过合同仲裁条款的方式对仲裁事项作出约定，但A公司和B公司出具了两份不同的合同，其仲裁条款的约定截然不同。既然两个合同中的仲裁条款有截然不同规定，该适用哪个合同中的仲裁条款呢？这就要看哪份合同的约定是有效的。

（二）仲裁协议是否已变更及变更的效力如何？

A公司出具的合同约定选择中国国际贸易仲裁委员会作为仲裁机构，而B公司出示的合同显示仲裁机构已改为美国仲裁协会。笔迹鉴定结果显示，修改后的版本上是A公司授权代表的签字。B公司将经修改的合同文本提交A公司签字确认应被认为是要求对合同中的仲裁条款进行变更，而A公司在修改后的文本上签字应被认为是对合同变更的确认。因此，应该说买卖双方就变更合同达成了一致。那么，对合同文本的上述变更，其效力又如何呢？

所谓合同的变更是指经双方当事人同意，依照法律规定的条件和程序，对原合同条款进行的修改或补充，是对合同内容的局部修改和调整，它是在保留原合同的实质内容的基础上，在变更的范围内使原权利、义务关系发生变化。如合同已变更，当事人应按变更后的权利、义务关系来履行。具体到本案，双方当事人仅就仲裁条款进行了修改，应被认为是在保留原合同的实质内容的基础上对仲裁条款进行的变更，因而应适用变更后的仲裁条款，即当事人最终选择了美国仲裁协会作为仲裁机构，而不是中国国际贸易仲裁委员会。仲裁委作出撤案决定无疑是有法律根据的。

本案启示

（一）慎重对待仲裁条款国际商事仲裁是在国际范围内普遍采用的纠纷解决方式，其程序相对灵活，便于执行，具有不少其他争议解决方式所不具备的优势，因而越来越多地被采纳。目前中国出口商普遍采用统一的格式合同，其中一般都有仲裁条款。然而，出口商对仲裁条款的作用往往不了解，对如何订立有利于自己的仲裁条款更是缺乏认识。还有些出口商在关于纠纷解决方式的约定上持轻率态度，认为一般情况下不会出现纠纷，出于急于成交的考虑，对买方提出的明显对自己不利的仲裁条款也不提出异议。如上所述，仲裁条款是仲裁的基石，它决定着纠纷是否能够通过仲裁方式解决，在什么地方、由哪个仲裁机构及适用什么法律来进行仲裁。仲裁机构、地点和法律适用等对当事人的利益会产生重大的影响。在综合权衡利弊的前提下就仲裁作出正确的约定可以减少费用支出，方便仲裁程序的进行，并有利于仲裁裁决的执行。举例而言，一个中国的出口商选择在北京仲裁和选择在日内瓦仲裁在费用支出和人力投入方面都会有较大的差别。出口商如果选择自己本国的法律或其他自己熟知的法律比选择某一鲜为人知的法律要有利得多。为此，作为出口商对仲裁条款规定应给予必要的重视。

（二）切忌管辖权问题上的投机心理。有的出口商为获得对自己有利的仲裁裁决，在未与贸易相对方就仲裁达成协议的情况下，即向仲裁机构申请仲裁，或明知某仲裁机构没有管辖权仍向其申请仲裁，认为相对人可能不会提出管辖异议或根本就不会出庭，希望借此获得缺席裁决。还有些人认为仲裁机构都希望自己能够获得案件的管辖权，一般不会认真审理管辖权问题。事实上，这种观点是十分错误的。在没有仲裁协议或仲裁庭没有管辖权的情况下，即使仲裁庭作出裁决也无法执行。

我国《仲裁法》第五十八条规定："当事人提出证据证明没有仲裁协议，可以向仲裁委员会所在地的中级人民法院申请撤销裁决。"此外，根据1958年《承认与执行外国仲裁裁决的纽约公约》的规定，各缔约国在执行外国仲裁裁决时一般对裁决作形式审查，即执行国不对仲裁裁决本身的正确性进行审查，但要对"仲裁是否是在正当程序下进行的"进行审查。《承认与执行外国仲裁裁决的纽约公约》第五条规定了拒绝承认和执行外国仲裁的理由，总结如下：①作出裁决的仲裁庭是否有管辖权；②仲裁庭的组成是否符合法律及当事人的约定；③当事人是否被适当送达；④裁决是否已被撤销或停止执行；⑤如果执行仲裁裁决的法院查明某一仲裁裁决存在以上问题，则可拒绝承认及执行。

为此，仲裁机构出于对自身威望和信誉的考虑，都不希望自己作出的裁决被撤销或拒绝执行，因而一般都不会忽视管辖权问题。即使相对方未出庭，侥幸获得胜诉的仲裁裁决，一旦相对方提出异议，也不可能得到执行。一个仲裁裁决的作出少则需要几个月的时间，多则需要几年时间，在仲裁过程中，当事人在人力、物力上都要有相应的投入，如果不能获得可执行的仲裁裁决，无疑将蒙受重大的损失。为此，在仲裁管辖问题上切忌存在投机和侥幸心理。

>> 本章小结

在国际贸易中对交易商品的检验是明确交易方、船方、保险人等多方当事人的责任归属的重要条件。在交易中因交易一方违约而造成另一方当事人的利益受到损害，受损的一方当事人可以向违约方提出索赔的要求，以补偿自己的损失。但是如果是由于不可抗力事件的发生而造成违约，可以免除违约方当事人的违约责任。对于国际贸易中发生的争议，双方当事人可以采取多种途径解决纠纷，其中以仲裁方式处理国际贸易争议的做法已经被普遍接受和采用。

>> 本章关键词

商品检验（Commodity Inspection）

索赔（Claim）

不可抗力（Force Majeure）

仲裁（Arbitration）

>> 复习与思考

【简答题】

1. 商品检验地点的选择对交易双方利益会产生什么样的影响？作为我国的出口商在与国外客户订立合同的检验条款时应如何规定商品检验地点？

2. 什么是索赔？根据造成受损方损失的原因不同，索赔有哪几种情况？

3. 什么是不可抗力？不可抗力事件的法律后果是什么？

4. 国际贸易中，交易双方处理争议的方法有哪些？为什么仲裁会成为解决争议的最主要方法？仲裁方式中的仲裁协议起到什么样的作用？

【案例分析题】

1. 某国公司以CIF鹿特丹出口食品1000箱，即期信用证付款，货物装运后，凭已装船清洁提单和已投保一切险及战争险的保险单，向银行收妥货款，货到目的港后经进口人复验发现下列情况：(1) 该批货物共有10个批号，抽查20箱，发现其中2个批号涉及200箱内含沙门氏细菌超过进口国的标准；(2) 因承运人短卸，收货人实收998箱；(3) 有15箱货物外表情况良好，但箱内货物共短少60公斤。请分析以上情况，进口人应分别向谁索赔。

2. 我A公司与美国B公司以CIF纽约的条件出口一批农产品，订约时，我A公司已知道该批货物要转销加拿大。该货物到纽约后，立即转运加拿大。其后纽约的买方B公司凭加拿大商检机构签发的在加拿大检验的证明书，向我方提出索赔。我方公司应如何对待加拿大的检验证书？

3. 有一份合同，印度A公司向美国B公司出口一批黄麻。在合同履行的过程中，印度政府宣布对黄麻实行出口许可证和配额制度。A公司因无法取得出口许可证而无法向美国B公司出口黄麻，遂以不可抗力为由主张解除合同。印度公司能否主张这种权利？为什么？

4. 甲方与乙方签订了出口某种货物的买卖合同一份，合同中的仲裁条款规定：“凡因执行本合同所发生的一切争议，双方同意提交仲裁，仲裁在被诉人所在国家进行。仲裁裁决是终局的，对双方具有约束力。”在履行合同的过程中，乙方提出甲方所交的货物品质与合同规定不符，于是双方将争议提交甲国仲裁。经仲裁庭调查审理，认为乙方的举证不实，裁决乙方败诉。事后，甲方因乙方不执行裁决向本国法院提出申请，要求法院强制执行，乙方不服。乙方可否向本国法院提请上诉？为什么？

5. 某年某月某日，中国某公司A和香港某公司B签订了醋酸纤维素板的来料加工和补偿贸易合同。合同的主要内容是中方A公司利用港方B公司和另外两家香港的金融机构共同提供的设备为港方B进行来料加工，每生产1吨板材的加工费为1600美元，港方B负责提供给中方A的来料即醋酸纤维素板的数量为：当年不少于80吨，次年不少于150吨，第三年不少于200吨，以后每年不少于200吨。中方A以来料加工费偿还设备的货款的本息。但在实际履行中，港方B仅在当年12月30日提供来料34吨，次年9月4日来料17吨，第三年2月16日来料1.1吨，合计来料52.1吨。第三年10月，双方签订补充协议，再次规定了港方B提供来料的义务和数量。结果该补充协议仍未履行，致使中方引进的设备无法得到充分利用，只偿还了设备贷款的本息的一小部分。中方提请仲裁，要求港方B赔偿包括设备货款在内的经济损失。港方B答辩称：B公司未能履行合同的全部义务，是因为国际市场发生重大变化，原料价格上涨，数量短缺，无法买到原料所致。最后生产该原料的工厂停产，B更是无法买到。这是不可抗力事故，港方不应承担责任。试分析本案中，港方应不应该承担责任。

6. 一德国商人向我某企业出口成套设备，合同中订有不可抗力条款。在临近装运期时，德国商人来电称：由于海湾战争，石油涨价，成套设备的成本增加28%，如能接受提价28%将按期履行合同，如不同意提价，则援引不可抗力条款解除合同。对德商的意见我方应如何处理？

7. 2000年1月20日，香港甲公司和中国乙公司签订合同，双方约定乙公司向甲公司购买韩国生产的手机零配件，并就价格问题达成一致意见。合同的总金额为8万美元，最迟不应晚于2月10日发运。甲公司对产品的质量保证期为货物到达目的地后12个月。2月7日，甲公司向乙公司提供合同规定的产品。2月20日，货到后乙公司请检验公司进行了检验，出具了检验证明。2001年3月25日，乙公司在使用过程中，发现部分产品有质量问题，致函甲公司，要求换货，如不能换货，则要求退货，并要求甲公司承担有关费用损失。甲公司回函称，乙公司在货物入库前已详细检查、核对，且已投入使用，因而拒绝赔偿。

由于乙公司对合同项下的货物的品质存有异议，2001年4月2日，即在收货13个月后，自行将合同项下的货物送交中国商品检验机构检验。检验机构出具的检验证书证明，该批货物有5项存在缺陷，发货前已存在，系制造不良所致。4月5日，乙公司据此提起仲裁，要求甲公司赔偿5万美元。甲公司认为，乙公司不能证明第二次送检的产品系交货时的产品，且第二次商检的时间已经超过索赔有效期，商检证书不能发挥效力。

你认为甲公司是否需要承担赔偿责任？

第9章 9 国际货物买卖合同的商订

学习目标

通过本章的教学，使学生了解交易磋商谈判的原则，掌握一般交易磋商的主要环节及合同的形式和内容，能够撰写贸易函电及起草合同。

案例导入

英国一家公司在2007年1月25日向我国一家外贸公司发出一个要约信函，以每台1000美元出售5台显微镜，要约规定我外贸公司有10天时间用来承诺。我外贸公司于2月5日才收到信，并在2月8日发出承诺的电报。英方公司拒绝出售这批显微镜，其理由是要约中所说的10天期限已过，要约因有效期已过而无效，超出要约有效期的承诺也不产生法律效力。而我外贸公司却认为合同已有效成立，对方应承担履行合同的责任，否则应赔偿损失。

以上争议如果诉诸法律谁会胜诉呢？

结论：承诺无效，合同未成立，英方的主张正确。

分析

根据《联合国国际货物买卖合同公约》：

第二十条

(1) 发价人在电报或信件内规定的接受期间，从电报交发时刻或信上载明的发信日期起算，如信上未载明发信日期，则从信封上所载日期起算。发价人以电话、电传或其他快速通信方法规定的接受期间，从发价送达被发价人时起算。

(2) 在计算接受期间时，接受期间内的正式假日或非营业日应计算在内。但是，如果接受通知在接受期间的最后一天未能送到发价人地址，因为那天在发价人营业地是正式假日或非营业日，则接受期间应顺延至下一个营业日。

第二十一条

(1) 逾期接受仍有接受的效力，如果发价人毫不迟延地用口头或书面将此种意见通知被发价人。

(2) 如果载有逾期接受的信件或其他书面文件表明，它是在传递正常、能及时送达发价人的情况下寄发的，则该项逾期接受具有接受的效力，除非发价人毫不迟延地用口头或书面通知被发价人，他认为他的发价已经失效。

英方的要约是以信件的方式发出的，根据条约从2007年1月25日即开始计算承诺期限，2月8日已经超过了承诺期限，中方做出了逾期承诺，英方在收到逾期承诺的通知后没有毫不迟延地用口头或书面形式将其同意逾期承诺的意见通知被要约人，那么，逾期承诺无效，合同没有成立。所以，英方主张成立。如果中方公司提起诉讼没有胜诉的机会。

在国际贸易中，交易双方通过反复磋商就各项交易条件取得一致协议后，交易即告达成，一般来说，就可以正式签订书面合同。交易磋商的过程是合同成立的过程，交易磋商是签订合同的依据，合同是交易磋商的结果。

9.1 交易磋商的方式与内容

交易磋商（Business Negotiation）又称合同磋商（ Contract Negotiation），是买卖双方就买卖某种货物的各项交易条件进行洽商，最后达成协议、签订合同的过程。一旦买卖双方就各项交易条件达成一致，合同即告成立，对双方都有约束力。因此交易磋商既是商务活动，又是法律行为，是一项政策性、策略性和技术性都很强的工作，要求从事此项工作的人员具有良好的专业素质和业务水平。

9.1.1 交易磋商的方式

商务合同的磋商有四种方式，即口头方式、书面磋商方式、无纸贸易方式和行为表示方式。

1. 口头磋商方式

口头磋商方式即面对面的洽谈方式，也包括通过国际长途进行的电话联系和磋商。在交易会、洽谈会、出国推销、采购及客户前来时，通常是当面洽谈，达成交易后订立书面合同。口头磋商方式由于是面对面直接交流，便于及时了解对方的诚意和态度，针锋相对地采取对策，并可根据进展情况及时调整谈判的策略，争取达到预期的目的。这对于谈判内容复杂、涉及问题多的交易尤为适合。

2. 书面磋商方式

书面磋商方式是通过信件、电报、电传和传真往来进行磋商。随着现代通信技术的发展，书面洽谈也越来越简便易行，而且费用比口头谈判要低廉得多，它是日常业务中的通常做法。目前，较多企业使用传真进行洽谈。由于传真会褪色，不能长久保存，所以如通过传真达成交易，必须补寄正本文件或另行签订销售合同和确认书。

3. 无纸贸易方式

无纸贸易（Paperless Trade）方式即通过电子数据交易（Electronic Data Interchange，EDI）系统的磋商，也就是按照协议，通过具有一定结构的标准信息在计算机网络中进行交易。根据需要它可以转变成书面形式。

4. 行为表示方式

行为表示方式即通过行为进行交易磋商，最典型的例子就是在拍卖市场的拍卖和购进。

9.1.2 交易磋商的内容

交易磋商的内容，即订立货物买卖合同条款的具体内容，也称为交易条件。根据贸易习惯中交易条件内容的变动性大小，又可以分为一般交易条件和个别交易条件。个别交易条件是重点磋商的交易条件，其变动性大，在每笔交易中都可能发生变化，如品质、数量、包装、价格、交货时间与地点以及货款的支付方式等。一般交易条件比较固定，在每笔交易中内容都基本一致，如商品的检验时间、地点与方法、索赔、仲裁和不可抗力等。在实际业务中，并非每次磋商都要对所有条款逐一商讨，洽谈的往往只是个别交易条件。

由于长期的贸易习惯，为了节约时间，交易双方一般使用固定格式的合同，一般交易条件都列在其中，只要对方没有提出异议，这些条款就不用重新协商，也就成为双方交易的基础。

但关于商品的质量、数量、价格、交货期和货款支付方式等个别交易条件是成立买卖合同所不可缺少的交易条件，是交易磋商的主要内容。

9.2 交易磋商的程序

从实践和法律两个角度看，磋商交易一般有四个环节：询盘——发盘——还盘——接受。其中发盘和接受是达成交易、合同成立的不可缺少的两个基本环节和必经的法律步骤。

9.2.1 询盘

询盘（Inquiry）也称询价，是准备购买或出售商品的人向潜在的供货人或买主探询该商品的成交条件或交易可能性的业务行为，它不具有法律上的约束力。内容可详可略，可以询问价格，也可询问某种商品的品质、规格、数量、包装、装运等成交条件，还可以索取样品。发出询盘的目的，除了探询价格或有关交易条件外，有时还表达了与对方进行交易的愿望。询盘不是每笔交易必经的程序。询盘多由买方作出，也可由卖方作出。

1. 买方询盘

买方询盘也称“邀请发盘”(Invitation to Offer)。

如：拟购东北大豆100公吨，请电告最低价格、最快交货期。

Interested In Northeast Soybean 100 M/T Please Cable Lowest Price Earliest Delivery.

2. 卖方询盘

卖方询盘也称“邀请递盘”（Invitation to Bid)。

如：可供美加净牙膏3月装如有兴趣请电告。

Can Supply Maxam Dental Cream March Shipment Cable If Interest.

询盘通常用下列词句：“请告”（please)、“请电告”（please cable advice)、“对……

有兴趣，请”（interest in……please）、“请报价”（please quote）、“请发盘”（please offer）等。

在询盘时应注意以下几点。

（1）询盘虽然同时可向一个或几个交易对象发出，但不应在同时期集中对外询盘，以防止暴露我销售或购买心切。

（2）在询盘中，不仅限于询问价格，也可以询问其他交易条件。

（3）询盘是交易洽商的第一步，在法律上对询价人和被询价人均无约束力，即：买方询价后，无购买货物的义务；卖方询价后，无出售货物的责任。

（4）被询价人可以及时发价回答询价，也可以拖延一段时间发价，还可以拒绝回答询价。不过在交易习惯上要尊重对方，无论是否出售或购买均应及时回答为宜。

（5）询价虽然对双方无约束力，但是，双方在询价的基础上经过多次洽商，最后达成交易，如履约时发生争议，那么原询价的内容也成为洽商成交文件的不可分割部分，同样作为处理争议的依据。

9.2.2 发盘

发盘（Offer）又称发价或报价（Quotation），在法律上称为要约。《公约》规定：“凡向一个或一个以上特定的人提出订立合同的建议，如果其内容十分确定并且表明发盘人有在其发盘一旦得到接受就受其约束的意思，即构成发盘。”

发盘可由卖方发出，也可由买方发出。卖方发盘，也称“售货发盘”（Selling Offer）。买方发盘也称“购货发盘”（Buying Offer），习称“递盘”（Bid）。

1. 发盘应具备的条件

（1）发盘应向一个或一个以上特定的人（Specific Persons）提出。向特定的人提出是指向有名有姓的公司或个人提出。提出此项要求的目的在于，把发盘同普通商业广告及向广大公众散发的商业价目单等行为区别开来。对广大公众发出的商业广告是否构成发盘的问题，各国法律规定不一，须慎重使用。

（2）发盘内容必须十分确定。根据《公约》规定，发盘应至少包括三项基本要素：①标明货物的名称与质量；②明示或默示地规定货物的数量或规定数量的方法；③明示或默示地规定货物的价格或规定价格的方法。

构成一项发盘应包括的内容，各国法律规定不尽相同。《公约》的规定只是构成发盘的起码要求。在实际业务中，如发盘的交易条件太少或过于简单，会给合同的履行带来困难，甚至容易引起争议。因此，最好将品名、品质、数量、包装、价格、交货时间、地点和支付方法等主要交易条件一一列明。

(3) 必须表明发盘人对其发盘一旦被接受即受约束的意思。发盘是订立合同的建议，这个意思应当体现在发盘之中。否则，不能认为是一项发盘。

(4) 发盘必须送达受盘人。发盘于送达受盘人时生效。在此之前，即使该受盘人已通过其他途径知道了发盘的内容，也不能主动对发盘表示接受。所谓"送达"对方，是指将发盘的内容通知对方或送交对方来人，或其营业地址或通信地址。

以上是构成有效发盘的四个条件，也是考查发盘是否具有法律效力的标准。若不能同时满足这四个条件，即使在发盘上注明"实盘"或类似字样，也不能使发盘具有法律约束力。

≫范例

香港某中间商A，就某商品以电传形式邀请我方发盘，我方于6月8日向A方发盘并限6月15日复到有效。12日我方收到美国B商人按我方发盘规定的各项交易条件开来的信用证，同时收到中间商A的来电称"你8日的发盘已转美国B商"。经查该商品的国际市场价格猛涨，于是我方将信用证退回开证银行，再按新价向美国B商发盘，而美国B商以信用证于发盘有效期内到达为由，拒绝接受新价，并要求我方按原价发货，否则将追究我方的责任。问：对方的要求是否合理？为什么？

分析

对方的要求不合理。根据《公约》规定，构成一项接受应具备的必要条件之一是：接受由特定的受盘人作出。本案中，我方发盘中特定的人是香港某中间商A，其发出的接受通知才具有接受的效力。12日我方收到美国B商人开来的信用证可视作一项发盘，该发盘必须得到我方的接受，合同才成立。在合同未成立的情况下，B方就要求我方发货是不合理的。

2. 发盘的有效期

发盘的有效期（Validity of Offer）表现形式如下。

(1) 明确规定发盘的有效期。可规定最迟的接受期限或规定一段接受的期限。

• 规定最迟的接受期限。如：发盘限10月5日复到（Offer subject reply here october 5th）；发盘有效期至6月10日下午4时（Offer valid till june four PM）。

• 规定一段接受的期限。如发盘有效期为8天（Offer valid 8 days）；发盘10天内复（Offer reply in 10 days）。这种规定方法，必须明确一段时间的起止问题。按《公约》的规定，从电报交发时刻或信上载明的发信日期起算。如未载明发信日期，则从邮戳的日期起算。采用电话、电传发盘时，则从发盘送达受盘人时起算。如果由于时限的最后一天在发盘人营业地是正式假日或非营业日，则应顺延至下一个营业日。

（2）合理时间。关于“合理时间”，各国法律都没有明确的规定或解释，一般需根据具体情况而定。这种对有效期的规定方法较笼统，极易使交易双方产生争议，因此在实际操作中应尽量不用或少用。如发盘即复（Offer reply promotely）。发盘电复（Offer cable reply）；发盘急复（Offer reply urgently），发盘速复（Offer reply immediately）。

根据《公约》的规定，采用口头发盘时，除发盘人发盘时另有声明外，受盘人只能当场接受，方为有效。

3. 发盘的撤回与撤销

（1）发盘的撤回（Withdrawal）。根据《公约》规定，一项发盘（包括注明不可撤消的发盘），只要在其尚未生效之前，都是可以修改和撤回的。发盘人只要用更快捷的通信方式，将撤回或修改的通知赶在受盘人收到该发盘之前或同时送达受盘人，则发盘即可撤回或修改。

（2）发盘的撤销（Revocation）。撤销不同于撤回，撤销是发盘生效后，发盘人再取消发盘，削除其效力的行为。对于发盘生效后能否撤销的问题，各国合同法的规定有很大的分歧。《公约》采取了折中的办法，规定在发盘已送达受盘人，即发盘已生效，但受盘人尚未表示接受之前这一段时间内，只要发盘人及时将撤销通知送达受盘人，可以将发盘撤销。但下列两种情况下的发盘，一旦生效，则不得撤销：在发盘中规定了有效期，或以其他方式表示该发盘是不可撤销的；受盘人有理由信赖该发盘是不可撤销的，并本着对该发盘的信赖采取了行动，如寻找客户、组织货源等，发盘不得撤销。

4. 发盘效力的终止

任何一项发盘，其效力均可在一定条件下终止（Termination）。其终止的原因，一般有以下几个方面。

（1）过期，指发盘在规定的有效期内未被接受，或虽未规定有效期，但在合理时间内未被接受，则发盘的效力即告终止。

（2）发盘被发盘人依法撤销。

（3）被受盘人拒绝或还盘后，即拒绝或还盘通知送达发盘人时，发盘的效力即告终止。

（4）发盘人发盘之后，发生了不可抗力事件，按出现不可抗力可免除责任的一般原则，发盘的效力即告终止。

（5）发盘人或受盘人在发盘被接受前丧失行为能力，则该发盘的效力也可终止。

发盘一般采用下列术语：发盘（Offer）、发实盘（Firm Offer）、报价（Quote）、订货

（Ordering）和递盘（Bid）等。

进行发盘应注意以下三个方面。

（1）要正确掌握和理解发盘的有效期，在规定发盘有效期时，要考虑和注意：一是要根据货物情况，市场情况和双方的距离以及通信方式等，慎重而合理地作出规定；二是要考虑国外法律的不同规定和所在国与我国处于的地理位置和时差，明确有效期限的起止日期和到期地点。

（2）发盘要慎重，不能盲目对外报价，在对外洽商时，究竟用发盘还是用询盘，一定要根据洽商交易的实际情况、市场变化和受盘人的特点来灵活运用。询盘与发盘的主要区别是两者的法律效力不同。发盘具有法律约束力，易引起受盘人的注意，有利于迅速达成交易，但缺乏灵活性，在发盘时一旦市场情况估计有误，发盘内容不当，容易陷于被动局面。特别是不宜千篇一律地对外不断发盘，这会暴露急于购买或销售的心理，对发盘人不利。

（3）要掌握发盘的技巧和策略，发盘人为了了解市场情况可以先对外发询盘，将市场情况摸清后，再根据情况对外发盘，争取以有利条件成交。

9.2.3 还盘

还盘（Counter-offer）又称还价，在法律上称为反要约，指受盘人不同意或不完全同意发盘提出的各项条件，并提出了修改意见，建议原发盘人考虑，即还盘是对原发盘条件进行添加、限制或其他更改的答复。还盘是对原发盘的拒绝（Rejection），也是受盘人作出的一项新的发盘。如你方10日电悉，还盘装运期5月D/P远期30天，请电复（Your cable 10th counter offer May shipment D/P 30days cable reply）。

根据《公约》规定，受盘人对货物的价格、付款、品质、数量、交货时间与地点、一方当事人对另一方当事人的赔偿责任范围或解决争端的办法等条件提出添加或更改，均作为实质性变更发盘条件。受盘人的答复如果在实质上变更了发盘的条件，就构成对原发盘的拒绝，其法律后果是否定了原发盘，原发盘即告失效，原发盘人就不再受其约束。

还盘不是交易磋商的必经阶段，但多数情况下，一笔交易的达成离不开还盘。

还盘应注意以下几点。

（1）要识别还盘的形式，有的明确使用“还价”字样，有的则不使用。

（2）接到还盘后，要与原发盘进行核对，找出还盘中提出的新内容，然后结合市场变化情况和我们的销售意图，认真予以对待。

（3）还盘是对发盘的拒绝，原发盘人可以就此停止洽商。如果原发盘人继续与受盘人进行还价或再还价，一旦达成协议，在交易洽商全过程的函电或谈判记录即为解决争议的依据。

（4）在表示还盘时，一般只针对原发盘提出不同意或需要修改的部分，已同意的内容在还盘中可以省略。

9.2.4 接受

接受（Acceptance）在法律上称为承诺，指受盘人在发盘规定的有效期内，以声明或行为表示同意发盘提出的各项条件。接受如同发盘一样，既属于商业行为，也属于法律行为。一般情况下，发盘一经接受，合同即告成立，对买卖双方都将产生约束力。

1. 有效接受应具备的条件

（1）接受必须由受盘人作出。这一条件与构成发盘的第一项条件是相互对应的。发盘必须向特定的人发出，接受只能由受盘人作出才具有效力。受盘人包括其本人或授权代理人。

（2）接受必须是完全同意发盘所提出的交易条件。根据《公约》规定，一项有效的接受必须完全同意发盘所提出的交易条件，只接受发盘中的部分内容，或对发盘条件提出实质性的修改，或提出有条件的接受，均不能构成接受，而只能视作还盘。但是，若受盘人在表示接受时，对发盘内容提出某些非实质性的添加、限制和更改（如要求增加重量单、装箱单、原产地证明或某些单据的份数等），除非发盘人在不过分延迟的时间内表示反对其间的差异外，仍可构成有效的接受，从而使合同得以成立。在此情况下，合同成立的条件就以该项发盘的条件以及接受中所提出的某些更改为准。

≫范例

1. 进口商甲收到出口商乙就某商品的发盘，其中写明："PACKING IN SOUND BAGS。"在发盘有效期内，甲复电称："REFER TO YOUR TELEX FIRST ACCEPTED PACKING IN NEW BAGS"。乙收到复电后，即着手备货。数日后该商品的国际市场价格猛跌。甲又来电称："我方对包装条件作了变更，你方未确认，合同并未成立。"而乙坚持认为合同已经成立。

分析

按照《公约》的规定，合同已经成立，甲所称对包装条件作了变更，并不属于实质性变更，而是因为价格猛跌会给其造成损失，才以此为由坚持合同并未成立。

2. 我某进出口公司向国外某商人询购某商品，不久，我方收到对方8月15日的发盘，发盘有效期至8月22日。我方于8月20日向对方复电："若价格能降至56美元/件，我方可以接受。"对方未作答复。8月21日我方得知国际市场行情有变，于当日又向对方去电表示完全接受对方8月15日的发盘。问：我方的接受能否使合同成立？为什么？

分析

我方的接受不能使合同成立。因为我方在8月20日曾向对方复电："若价格能降至56美元/件，我方可以接受"，属实质性变更发盘条件，该复电已构成了还盘。还盘一经作出，原发盘即告失效。所以，当我方8月21日得知国际市场行情有变，向对方表示的接受不具有法律效力。因此，我方的接受不能使合同成立。

资料来源：余世明，《国际贸易实务练习题及分析解答》，暨南大学出版社2004年版。

（3）接受必须在发盘规定的时限内作出。

（4）接受的传递方式应符合发盘的要求。如发盘没有规定传递方式，则受盘人可按发盘所采用的，或采用比其更快的传递方式将接受通知送达发盘人。

2. 接受生效的时间

接受是一种法律行为，何时生效，各国法律有不同的规定。英美法采用"投邮生效"的原则，即接受通知一经投邮或交给电报局发出，则立即生效。大陆法系采用"到达生效"的原则，即接受通知必须送达发盘人时才能生效。《公约》规定，接受通知送达发盘人时生效。此外，接受还可以在受盘人采取某种行为时生效。

3. 逾期接受

接受通知未在发盘规定的时限内送达发盘人，则该项接受称作逾期接受（Late Acceptance）或迟到的接受。它不是有效接受，只能视作一个新的发盘，但《公约》对此作了灵活的处理，迟到的接受在下列两种情况下仍具有效力：①如果发盘人毫不迟延地用口头或书面形式将此种意思通知受盘人；②如果载有逾期接受的信件或其他书面文件表明，它在传递正常的情况下是能及时送达发盘人，除非发盘人毫不迟延地用口头或书面方式通知受盘人，那么这项逾期接受仍具有接受的效力，不认为发盘已经失效。在第一种情况下，如发盘人不及时通知，接受就无效；在第二种情况下，如发盘人不及时表态，而受盘人又能证明接受迟到不属于他的责任，接受就有效。总之，决定逾期接受是否有效的主动权在发盘人手中。

≫ 范例

我出口企业对法国某商发盘限10日复到有效。9日法商用电报通知我方接受该发盘，由于电报局传递延误，我方于11日上午才收到对方的接受通知。而我方在收到接受通知前已获悉市场价格已上涨，对此，我方应如何处理？

分析

中国和法国均系《公约》的缔约国，双方当事人均受《公约》的约束。按《公约》规定，如果载有逾期接受的信件或其他书面文件表明，它是在传递正常能及时传送到发盘人的情况下寄发的，则该项逾期接受有效，除非发盘人毫不迟延地用口头或书面通知受盘人，他认为发盘已经失效。据此，我方于11日收到法商的接受电报属因传递延误造成的特殊的“逾期接受”。因此，我方可以有两种选择：第一，我方可以不同意这项接受，应即复电通知对方：“我方原发盘已经失效。”第二，如我方鉴于其他原因，愿意按原发盘达成交易，订立合同，可回电确认，也可不予答复，予以默认。

资料来源：乔荣贞，《国际贸易实务试题与参考答案》，对外经济贸易大学出版社，2001年版。

4. 接受的撤回或修改

《公约》规定：“如果撤回通知于接受原发盘应生效之前或同时送达发盘人，接受得予撤回。”根据这一规定，受盘人发出接受之后，如想反悔，可撤回其接受，但必须采取比接受更加快速的传递方式，将撤回通知赶在接受通知之前送达发盘人，或者最迟与接受通知同时送达发盘人，才能撤回。如果撤回通知迟于接受送达发盘人，就不能撤回了。因为接受通知一经到达发盘人，立即生效。而接受通知生效后，就不是撤回的问题了，而是撤销，但已生效的接受是不得撤销和修改的。因为接受一生效，合同就成立，对交易双方都产生约束力，撤销一项已生效的接受就等于撤销一项已生效的合同。

如采用函电方式表示同意发盘的内容，可在电文中使用“接受”（Accept，Accepted），“同意”（Agree，Agreed），“确认”（Confirm，Confirmed）等字样。

9.3 合同的订立

9.3.1 合同成立的时间

根据《公约》的规定，接受送达发盘人时生效。在实际业务中，有时双方当事人在洽商交易时约定，合同成立的时间以订约时合同上所写明的日期为准，或以收到对方确认合同的日期为准。此外，根据我国法律和行政法规规定，应当由国家批准的合同，在获得批准时方能成立。

9.3.2 合同有效成立的要件

买卖双方就各项交易条件达成协议后，并不意味着此项合同一定有效，还必须符合法律规范，方为有效。怎样才算符合法律规范和有效成立？各国民法一般都有规定。《中华人民共和国涉外经济合同法》对此也有所规定。《公约》更明确具体地规定了合同成立的规则。归纳起来，构成一项有效的国际货物买卖合同的必备条件包括以下几方面。

(1) 买卖双方当事人应具有法律行为的资格和能力。例如，若是“自然人”，则必须是公民。未成年人对达成的合同可不负合同的法律责任；精神病患者和醉汉，在发病期间和神志不清时达成的合同，也可免去合同的法律责任。若属“法人”，则行为人应是企业的全权代表。如非企业负责人代表企业达成合同时，一般应有授权证明书、委托书或类似的文件。在中国只有经政府允许和批准有外贸经营权的企业，才能从事对外贸易活动，才能就其有权经营的商品对外达成销售合同。世界上有许多国家也有类似规定。

(2) 国际货物买卖合同是买卖双方的法律行为，不是单方面的行为，所以，必须双方当事人表示意思一致，这种合同才能成立。而这种一致必须建立在双方自愿的基础上。所以，通常要通过一方的发盘和另一方对这个发盘的接受的程序，方能证明这是在双方自愿基础上的意见一致。这种自愿，又应以合法为前提，如发现一方用诈骗、威胁或暴力等行为使另一方接受而达成的合同，在法律上是无效的。

（3）国际货物买卖合同是商务合同，是有偿的交换。有偿的交换是国际货物买卖合同的性质所决定的，有的国家对此称作“对价”（Consideration），有的国家称作“约因”（Cause）。所谓“对价”或“约因”，一般就是说双方行为有偿，双方都拥有权利又都承担义务，不履行合同规定的义务时有向对方赔偿损失的责任。卖方交货，买方付款，是互为有偿。不按合同条款交货或付款，都负有赔偿对方损失的责任。

（4）合同的标的和内容必须合法。所谓“标的合法”，即货物和货款等必须合法。货物应是政府允许出口或进口的商品，若属政府管制的，则应有许可证或配额。外汇的收付必须符合国家规定。根据《中华人民共和国涉外经济合同法》第 4 条和第 9 条规定：“订立合同，必须遵守中华人民共和国法律，并不得损害中华人民共和国的社会公共利益。”“违反中华人民共和国法律或者社会公共利益的合同无效。”我国政府制定有一系列对外贸易的条例、法令和管制措施。一切对外销售合同都必须遵守而不得有任何违反。而有些国家的法律和行政法规，除规定合同的标的物必须合法外，还规定合同的目的、合同的内容必须合法。如规定违反公共政策的合同是无效的。限制价格、限制销售地区、限制竞争等的合同，如不符合反垄断法、竞争法等的规定，即属于违反公共政策的合同范围，是无效的。

（5）必须符合法律规定的形式和审批手续。国际货物买卖合同是基本经济合同。有的国家法律规定必须采用书面形式，或超过一定金额的合同必须采用书面形式，而不承认口头合同的有效性。有的国家的法律则允许使用口头形式，《公约》第 11 条规定销售合同无须以书面订立或书面证明，在形式方面也不受任何其他条件的限制。中国政府在核准《公约》时，如前所述，对该条及其他有关规定作了保留。中国的对外销售合同，根据《中华人民共和国涉外经济合同法》第 7 条规定，必须采用书面形式，否则无效。此外，世界各国除少数外都规定有不同程度的对外贸易管制措施。某些销售合同必须经过一定的审批手续方为有效。凡中国法律、行政法规规定应由国家批准的合同，获得批准时，方为合同成立。

凡符合以上条件或原则的合同，才具有法律效力，才能为法律所承认，受法律保护，又为法律所约束。法律保护双方的权利，又要求双方各自承担义务。当事人双方必须恪守合同规定，按规定条款履行合同，任何一方都无权片面变更或废止合同。履行合同过程中发生争议时，合同是解决争议的法律依据。司法机关或仲裁机构审理争议时，根据合同规定条款按照法律判定责任方履行义务，赔偿对方的损失，并在必要时强制执行。需要指出的是，凡违反法律、行政法规的合同不仅无效，当事人还可能受到法律制裁。

9.3.3 书面合同的签订

1. 签订书面合同的意义

根据国际贸易的习惯做法，交易双方通过口头或来往函电磋商达成协议后，还必须签订一定格式的正式书面合同。它具有以下四方面的意义。

（1）合同成立的证据。合同是否成立，必须要有证明，而书面合同能起到“立字为据”的证明。交易过程中也经常会出现关于口头合同是否有效的争议，处理这些争议时受到人为因素的干扰也较多，书面合同就可以避免此类事件的发生。

（2）合同生效的条件。交易双方在发盘或接受时，如声明以签订一定格式的正式书面合同为准，则在正式签订书面合同时，合同方为成立。

（3）合同履行的依据。交易双方通过口头谈判或函电磋商达成交易后，把彼此磋商一致的内容，集中订入一定格式的书面合同中，双方当事人可以此书面合同为准，作为合同履行的依据。

（4）解决双方争议的重要依据。在履行合同的过程中，双方当事人一旦发生争议，将争议提交仲裁或诉讼，仲裁员或法官首先要求提供证据，而书面合同就是重要的证据。

2. 书面合同的形式

在国际上，对书面合同的名称并无统一规定，其格式的繁简也不一致。繁式的称为正式的合同书（Contract）、简式的称为确认书（Confirmation）、此外还有协议书（Agreement）、订单（Order）和备忘录（Memorandum）等形式。在我国对外贸易中，书面合同主要采用前两种形式。

正式的合同书内容比较全面，对双方的权利、义务以及争议后的处理办法，一般都做详细的规定。大宗交易或成交金额较大的交易，多采用这种形式的合同。具体包括品名、品质、数量、包装、价格、装运、保险、支付、商检、索赔、仲裁和不可抗力等条款。

确认书是合同的简化形式。它包括的条款比合同简单，一般只就主要的交易条件作出规定，对买卖双方的义务描述不是很详细。它适合于金额不大、批数较多的商品，或者已订有代理、包销等长期协议的交易。

3. 合同的基本内容

在我国，不论采取哪种形式的买卖合同，都是调整交易双方经济关系和规定彼此权利与义务的法律文件。其内容包括约首、基本条款和约尾三部分。

（1）约首部分。一般包括合同名称、合同编号、缔约双方名称和地址、缔约时间、电报挂号、传真号码等内容。这部分内容应注意两点：一是要把缔约双方的全名称和详细地址列明，有些国家法律规定这是合同正式成立的条件；二是明确规定缔约地点，因为如果在合同中未对合同适用的法律作出规定，根据有些国家的法律规定和贸易习惯的解释，可适用合同缔约地国家的法律。

（2）基本条款。这是合同的主体，它包括品名、品质规格、数量（或重量）、包装、价格、交货条件、运输、保险、支付、检验、索赔、不可抗力和仲裁等内容。

（3）约尾部分。这是合同的结尾部分，包括合同的份数、使用的文字和效力以及双方当事人签字等内容。

为了提高履约率，在规定合同内容时应考虑周全，力求使合同中的条款明确、具体、严密和相互衔接，且与磋商的内容要一致，以利于合同的履行。

4. 合同的签订应注意的问题

（1）必须贯彻我国的对外贸易方针政策，特别要体现平等互利的原则，我们既反对对方把片面维护一方利益的条款订入合同，也决不把对方不愿意接受的某些条款强加于人。

（2）必须符合合同有效成立的要件，即双方当事人的意思表示必须一致和真实；当事人都有订约行为能力；合同标的、内容必须合法等。

（3）合同内容应与洽商达成的协议内容一致，同时在条款的规定上必须严密，要明确责任、权利义务对等。切记避免订立多种解释的任意性和不确定性的条文。特别是对可能引起合同性质改变的内容，尤应慎重。如果有些条款事先未商妥，要订入书面合同时，要进一步协商达成协议才可订入。

（4）合同各条款间必须协调一致，不能相互矛盾。例如，在数量条款规定溢短装时，支付方式为信用证，其保证金额就应规定有增减幅度；又如贸易术语为 CFR 或 FOB 成交，在保险条款里就应订明“保险由买方自理”。关于签约后发生的额外费用负担，如运费上涨，港口封冻的绕航费等，也可在合同中明确规定由何方负担。

下面是我国对外贸易活动中经常使用的两种合同的范本。

≫范例

正式合同书范本

正　　本	合　　同	No.
(ORIGNAL)	CONTRACT	Date:
卖　　方:	中国矿产进出口公司	

The Sellers CHINA NATIONAL MINERALS IMPORT & EXPORT CORPORATION

北京二里沟　　电报挂号:

Erh Li Kou, Beijing　Cable Address: MINMETALS BEIJING

22773 MIMET CN 22241 MIMET CN

Telex: 22774MIMET CN 22190 MINET CN

FAX: 8315079

买　方:　Cable Address:

Telex:　Telex:

双方同意按下列条款由卖方出售，买方购进下列货物：

The Sellers agree to sell and the Buyers agree to buy undermentioned goods on the terms and conditions stated below:

(1) 货物名称、规格、包装及唛头 Name of Commodity, Specifications, Packing Term and Shipping Marks	(2) 数量 Quantity	(3) 单价 Unit Price	(4) 总金额 Total Amount
检验：以中国商品检验局的品质质量证书作为付款依据。 Inspection: The certificates of Quality and Weight issued by the China commodity Inspection Bureau are to be taken as the basis for effecting payment.	卖方有权在____%内多装或少装 Shipment ____% more or less at Sellers' option		

(5) 装运期限：

Time of shipment:

(6) 装运口岸：

Port of Loading:

(7) 目的口岸：

Port of Destination:

(8) 保险：由卖方按发票金额110%投保。

Insurance: To effected by the Sellers for 110% of invoice value covering.

(9) 付款条件：凭保兑的、不可撤销的、可转让的、可分割的即期信用证在中国见单付款。信用证以卖方为受益人，并允许分批和转船，该信用证必须在装运月____天前开到卖方，并在装船后在上述装运港继续有效15天。否则卖方无须通知即可取消本销售合同，并向买方索赔因此而产生的一切损失。

Terms of Payment: By confirmed, irrevocable, transferable and divisible Letter of Credit in favor of the Sellers payable at sight against Presentation of shipment documents in China, with partial shipment and transshipment allowed. The covering Letter of Credit must reach the Sellers days before the contracted month of shipment and remain valid in the above loading port until the 15th day after shipment, failing which the Sellers reserve the right to cancel the contract without further notice and to claim against the Buyers for the loss resulting therefore.

(10) 单据：卖方应向议付银行提供已装船清洁提单、发票、中国商品检验局或工厂出具的品质证明、中国商品检验局出具的数量/质量鉴定书；如果本合同按CIF条件，应再提供可转让的保险单和保险凭证。

Document: The Sellers shall present to the negotiating bank, Clean on Board Bill of Loading, Invoice Quality Certificate issued by the China Commodity Inspection Bureau or the Manufactures, Survey Report on Quantity/Quality issued by the China Commodity Inspection Bureau, and Transferable Insurance Certificate when this Contract is made on CIF basis.

(11) 装运条件：

Terms of Shipment:

1. 装运船由卖方安排，允许分批装运并允许转船。

The carrying vessel shall be provided by the Sellers . Partial shipments and transshipment are allowed.

2. 卖方于货物装船后，应将合同号码、品名、数量、规格、船名、装船日期以电报通知买方。

After loading is completed, the Sellers shall notify the Buyers by cable of the contract number, name of commodity, quality, name of the carrying vessel and date of shipment .

(12) 品质与数量、重量的异议与索赔：货到目的口岸后，买方如发现货物品质及/或数/重量与合同规定不符，除属于保险公司及/或船公司的责任外，买方可以凭双方同意的检验机构出具的检验证书向卖方提出异议，品质异议须于货到目的口岸之日起30天内提出，数/重量异议须于货到目的口岸起15天内提出。卖方应于收到异议后30天内答复买方。

Quality/Quantity Discrepancy and Claim :

In case the quality and /or quality /weight are found by the Buyers to be not in conformity with Contract after arrival of the goods at the port of destination, the Buyers may the lodge claim with Sellers supported by survey report issued by an inspection orgnization agreed upon by both parties, with the exception, however, of those claims for which the insurance company and

/or the shipping company are to be held responsible . Claims for quality discrepancy should be filed by the Buyers within 30 days after arrival of the goods at the port of destination, while for quantity /weight discrepancy claim should be filed by the Buyers within 15 days after arrival of the port of destination . The Sellers shall, within 30 days after receipt of the notification of the claim, send reply to the Buyers.

(13) 人力不可抗拒：由于人力不可抗拒事故，使卖方不能在本合同规定期限内交货或者不能交货，卖方不负责任。但卖方必须立即电报通知买方。如买方提出要求，卖方应以挂号函向买方提供由中国国际贸易促进委员会或有关机构出具的发生事故的证明文件。

Force Majeure: In case of Force Majeure, the Sellers shall not be held responsible for late delivery or non – delivery of the goods, but shall notify the Buyers by cable. The Sellers shall deliver to the Buyers by registered mail, if so requested by the Buyers, a certificate issued by the China Council for the Promotion of Trade or and competent authorities.

(14) 仲裁：凡因执行本合同或与本合同有关事项所发生的一切争执，应由双方通过友好方式协商解决。如果不能取得协议时，则在被告国家根据被告仲裁机构的仲裁程序规则进行仲裁。仲裁决定是终局的，对双方具有同等的约束力。仲裁费用除非仲裁机构另有规定外，均由败诉方负担。

Arbitration: All disputes in connection with Contract or the execution thereof shall be settled by negotiation between two parties. If no settlement can be reached, the case in dispute shall then be submitted for arbitration in the country of defendant in accordance with the arbitration regulations of the arbitration Organization of the defendant country . The decision made by the arbitration organization shall be taken as final and binding upon both parties. The arbitration expenses shall be borne by the losing party unless otherwise awarded by arbitration organization.

(15) 备注：

Remarks:

卖方：	买方：
Sellers:	Buyers:
	中国矿产进出口公司
	CHINA NATIONALS MINERALS
	IMPORT & EXPORT CORPORATION

≫范例

确认书范本

销货确认 SALES CONFIRM ATION

卖　　方：	号　　码：
	No.
GUANGDONG TEXTILE IMP. &	销货确认日期：
EXP. GRANDTON TRADING SALES CONFIRMATION	签约地点：
CO.，LTD. 7/F，GUANGDONG	Signed at：
TEXTILES MANSION，168 XIAO BEI	电报挂号：
ROAD，GUANGZHOU，CHINA	cable address：
	Telex：
	Fax：
买　　方：	电报挂号：
Buyers：	cable address：
地　　址：	Telex：
Address：	Fax：

兹经双方同意按下列条款成交：

The undersigned Sellers and Buyers have agreed to close the following transaction according to terms and conditions stipulated below：

1.

货　号 Art No.	品名及规格 Description	数量 Quantity	单价 Unit price	金额 Amount

数量和总值均得有 ____% 的增减，由卖方决定。

With __% more or less both in amount and quantity allowed at Sellers' option.

2. 总值：

Total Value：

3. 包装：

Packing：

4. 装运期：

Time of Shipment:

5. 装运口岸和目的地:

Loading port & Destination:

6. 保险由卖方按发票全部金额110%投保至 ____为止的 ____险。

Insurance: To be effected by Sellers for 110% of full invoice value covering ____up to only.

7. 付款条件: 买方须于 ____年 __月 __日前不可撤销的, 即期信用证开到卖方。

Terms of payment:

信用证, 议付有效期延至上述装运期后15天在中国到期, 该信用证中必须注明允许分运及转运。

By Irrevocable, and Divisible Letter of Credit to be available by sight draft to reach the Sellers before

and to remain valid for negotiation in China until the 15th day after aforesaid Time of Shipment. The L/C must specify that transshipment and partial shipment are allowed.

8. 装船标记:

Shipping Mark:

9. 开立信用证时请注明我成交确认书的号码。

When opening L/C, Please mention our S/C number.

10. 备注:

Remarks:

卖方:	买方:
THE SELLER	THE BUYER
....	....

希望本确认书一份签署后寄回本公司。

Please sign and one copy of this sales confirmation to us at your earliest convenience

>> 本章小结

国际货物买卖合同的商订是一项十分重要的工作。要做好此项工作，洽商交易的人员必须具有良好的政治和业务素质。在事前应充分做好各项准备，要熟悉交易磋商各个环节的操作方法和法律意义，在磋商过程中要善于应变、多谋善断。争取在平等互利的基础上达成协议和签订书面合同，并使约定的合同条款既公平合理，又切实可行。

>> 本章关键词

交易磋商（Business Negotiation）

对价（Consideration）

约因（Cause）

发盘（Offer）

还盘（Counter-offer）

接受（Acceptance）

>> 复习与思考

【选择题】

1. 英国某买方向我轻工业出口公司来电："拟购美加净牙膏大号 1000 罗请电告最低价格最快交货期。"此来电属交易磋商的（　）环节。

   A. 发盘　　B. 询盘

   C. 还盘　　D. 接受

2. 根据我国法律，（　）不是一项具有法律约束力的合同。

   A. 通过欺骗对方签订的合同

   B. 采取胁迫手段订立的合同

   C. 我某公司与外商以口头形式订立的合同

   D. 走私物品的买卖合同

3. 国外某买主向我出口公司来电"接受你方 12 日发盘请降价 5%"，此来电属（　）环节。

   A. 发盘　　B. 询盘

   C. 还盘　　D. 接受

4. 在（　）情况属于发盘的失效。

A. 发盘有效期满　　B. 还盘

C. 受盘人拒绝发盘　　D. 撤回

5. 根据《公约》的规定，合同成立的时间是（　）。

A. 接受生效的时间　　B. 交易双方签订书面合同的时间

C. 在合同获得国家批准时　　D. 当发盘送达受盘人时

6. 某项发盘于某月12日送达受盘人，但在此前的11日，发盘人发传真通知受盘人，发盘无效，此行为属于（　）。

A. 发盘的撤回　　B. 发盘的修改

C. 一项新发盘　　D. 发盘的撤消

7. 根据《公约》规定，受盘人对（　）等内容提出添加或更改，均作为实质性变更发盘条件。

A. 价格　　B. 付款

C. 品质　　D. 数量

8. 根据我国《合同法》的规定，除非另有约定，当事人订立合同的形式可以采用（　）。

A. 口头形式　　B. 书面形式

C. 其他形式　　D. 沉默形式

9. 根据《公约》规定，发盘内容必须十分确定，所谓十分确定，指在发盘中应包括的要素有（　）。

A. 货物的名称

B. 货物数量或规定数量的方法

C. 货物的价格或规定确定价格的方法

D. 交货时间和地点

10. 根据《公约》规定，在（　）情况下发盘失效。

A. 受盘人作出还盘

B. 发盘人在发盘规定的有效期内撤销原发盘

C. 发盘有效期届满

D. 发盘被接受前，原发盘人破产

【判断题】

1. 还盘一经作出，原发盘即告失效。（　）

2. 根据《公约》的解释，一项发盘，在受盘人发出接受通知前可以撤销，但有两种

例外情况。 （ ）

3. 我国对外贸易合同要求必须采用书面合同。 （ ）

4. 买方来电表示接受发盘，但要求将D/P即期改为D/P远期，卖方缄默，此时合同成立。 （ ）

【简答题】

1. 交易磋商一般要经过哪些环节？要订立一项合同，哪些磋商环节是不可缺少的？为什么？

2. 何谓发盘？何谓接受？构成发盘和接受应分别具备哪些条件？

3. 一份具有法律效力的合同应具备哪些条件？

4. 合同成立的要件有哪些？

【案例分析题】

1. 我某外贸企业向国外询购某商品，不久接到外商3月20日发盘，有效期至3月26日。我方于3月22日复电："如能把单价降低5美元，可以接受。"对方没有反应。后因用货部门要货心切，又鉴于该商品行市看涨，我方随即于3月25日又去电表示，同意对方3月20日发盘所提的各项条件。试分析，此项交易是否达成？理由何在？

2. 我出口企业根据某法商询盘，发盘销售某货物，限对方5日复到有效。法商于4日发电报表示接受。由于电报局投递延误，该电报通知于6日上午才送达我公司。此时，我方鉴于市价上升，当即回电拒绝。但法商认为接受通知迟到不是他的责任，坚持合同有效成立，而我方则不同意达成交易，于是提交仲裁。你认为仲裁庭应如何裁决？如我方在接电后未予拒绝，应如何裁决？

【技能训练题】

卖方 SINOCHEM GUANGDONG IMPORT AND EXPORT CORPORATION，58，ZHAN QIAN ROAD，GUANGZHOU，CHINA 与买方 METCH THAI ELECTRICAL APPLANCES COMPANY，45 - 7 MAITRICHITR RD.，BANKKOK，THAILAND 经过多次磋商，于2003年4月22日达成一笔交易，内容主要有：空调机（AIR CONDITIONER KFR25 - GW）每台180.80美元 CIF BANGKOK，即期不可撤销保兑信用证付款，数量有5%的溢短装，纸箱装，信用证须于5月15日前开到中国，证开到30天后出运，不允许分批装运，投保水渍险。根据上面内容，卖方已草拟好下面的售货合同，请审核并修改合同。（提示：注意检查合同的主要条款内容和所给材料是否一致。）

售货合同

SALES CONTRACT

卖方：SINOCHEM GUANGDONG IMPORT AND EXPORT

Sellers：CORPORATION　　Contract No.：98SGQ468001

Date：ARP. 22，2003

地址：　　Signed at：GUANGZHOU

Address：58，ZHAN QIAN ROAD，GUANGZHOU，CHINA　　Telex：0835

Fax：83556688

Buyers：METCH THAI ELECTRICAL APPLANCES COMPANY，

Address：45 – 7 MAITRICHITR RD.，BANGKOK，THAILAND　　Telex：______

Fax：______

This Contract is made and between the Sellers and the Buyers，whereby the sellers agree to sell and the buyers agree to buy the under – mentioned goods according to the terms and conditions stipulated below：

（1）货号、品名及规格 Name of Commodity and Specifications	（2）数量 Quantity	（3）单位 Unit	（4）单价 Unit price	（5）金额 Amount
AIR CONDITIONER KFR25 – GW % more or less both in amount and quantity allowed	200	PC	USD180.00	USD36000.00
	Total Amount			USD36000.00

（6）Packing：CARTON（7）Delivery from GUANGZHOU to BANGKOK（8）Shipping Marks：N/M

（9）Time of shipment：Within 30days after receipt of L/C. allowing shipment and partial shipment.

（10）Term of Payment：By 100% Transferable Irrevocable Letter of Credit in favor of Sellers to be available by sight draft to be opened and to reach China before MAY 1，2003and to remain valid for negotiation in China until the 15th days after the foresaid Time of Shipment. L/C must mention this contract number L/C advised by BANK OF CHINA GUANGZHOU RANCH. TLX：444U4K GZBC. CN. ALL banking charges outside China（the mainland of China）are for account of the Drawee.

（11）Insurance：To be by Sellers for 110% of full invoice value covering FPAup to BANG-

KOKTo be effected by the buyers.

(12) Arbitration: All dispute arising from the execution of or in connection with this contract shall be settled amicably by negotiation. In case of settlement can be reached through negotiation, the case shall then be submitted to China International Economic & Trade Arbitration Commission . In Shenzhen (or in Beijing) for arbitration in act with its sure of procedures. The arbitration award is final and binding upon both parties for setting the Dispute . The fee, for of procedures. The arbitral shall be borne by the losing party unless otherwise awarded.

The Seller: 张三　　　　　　　　The buyer: ______

进出口交易的基本业务程序

10

第 10 章

>> 学习目标

要求学生通过本章的学习，掌握进出口业务程序各环节的内容和做法；通晓主要结汇单据的缮制和处理；协调好各个环节所涉及的相关部门的业务工作。

案例导入

申请人 A 公司与被申请人 B 公司签订了花生仁买卖合同，由申请人向被申请人提供每盎司标准粒数为 40/50 的中国产花生 5000 吨，价格为每吨 715 美元，FOB 天津，总金额 3575000 美元，支付方式为由买方在装船期前 15 日内开出不可撤销的、可转让的信用证，装运期为 1994 年 4 月至 5 月。

申请人诉称：合同签订后，申请人按规定积极备货，于 1994 年 3 月及 5 月间与被申请人共同看货，以便被申请人及早开出信用证。但被申请人没有开证。1994 年 5 月 31 日，被申请人以所剩时间来不及安排装船为由宣布解除其合同项下的义务。申请人仍希望继续履行合同，直至 1994 年 6 月 31 日双方谈判破裂。申请人遂提出索赔，并宣告合同解除。申请人认为，在 FOB 合同项下，申请人只有义务在货物上船时保证所交货物的质量、规格符合合同的规定，没有义务在卖方未开证、未派船的情况下履行上述义务。被申请人不履行其开证、派船的义务是根本违约。申请人因被申请人没有开立信用证，被迫将花生仁榨成油后变卖，造成巨大损失，因此被申请人应赔偿申请人全部 5000 吨花生仁的利润损失和其他损失。

被申请人答辩指出：合同签订后，被申请人一再催促申请人应在合同规定的装船期之前备妥货物以便检验，并由被申请人开证。申请人于1994年3月及5月间与被申请人共同验货。但检验结果不符合合同标准。直至5月30日申请人曾再次请求被申请人验货这一事实证明，被申请人在与申请人长期贸易关系中已确立被申请人开证时间应为双方共同验货合格后的合理时间的惯例。双方在订立合同时对此均有明确表示，并作为双方长期合作的惯例一直被双方作为默示条件而遵照执行。因此，被申请人没有开证完全是申请人没有备妥合同所规定的货物所致。被申请人没有违约。

分析

此案中，双方对于被申请人没有开证这一事实没有异议，其争议在于：申请人认为，在FOB合同项下，申请人只有义务在货物上船时保证所交货物的质量、规格符合合同的规定，没有义务在卖方未开证、未派船的情况下履行上述义务。因此，被申请人没有开证属严重违约。被申请人认为，被申请人在与申请人长期贸易关系中已确立被申请人开证时间应为双方共同验货合格后的合理时间这一惯例。双方在订立合同时均有明确表示，并作为双方长期合作的惯例一直被双方作为默示条件而遵照执行。因此，被申请人没有开证完全是申请人没有备妥合同所规定的货物所致。被申请人没有违约。

合同规定的价格条款是FOB天津，合同中没有关于被申请人开证时间应为双方共同验货合格后的合理时间的约定，相反却明文规定买方应在装运期15天之前开出信用证。无论双方在以往的长期合作中是否有先验货后开证的惯例，如果合同有明确的相反规定，即构成明示的约定，明示的约定自然取代对默示的推定。故被申请人应根据合同，在装运期15天之前开出信用证。被申请人没有依约履行义务，并于1994年5月31日传真申请人宣布解除合同，已构成对合同的根本违反，应承担违约责任。

在国际贸易中，国际货物买卖合同一旦依法有效成立，双方当事人必须各自履行合同规定的权利和义务。对出口贸易合同的签订和履行，有国际性的章程可循，如根据《联合国国际货物合同销售公约》的规定，卖方必须按合同和公约交付货物，移交一切与货物有关的单据并转移货物所有权。履行合同是一项极为严肃的工作，必须谨慎对待，因为任何一方违反了合同中的某一条款，违约方就要承担相应的经济责任和法律责任。与此同时，履行合同还是衡量企业资信状况的一个重要指标。如果依法订立了合同却不履约，势必带来信誉上的损失。此外，在履约过程中，还必须严格地贯彻我国的对外贸易方针政策，在平等互利的基础上，做到“重合同，守信用”，确保我国的对外贸易信誉。由此可见，严格履行合同具有十分重要的意义。

10.1 出口业务的准备工作

10.1.1 出口业务的调查研究

出口业务的调查研究，主要是对国别（地区）市场调研、客户情况调研、竞争对手调研。

1. 国别（地区）市场调研

当前世界上共有200多个国家和地区，一个企业不可能全都了解得很深入。国际市场调研是一件花钱多、费时间、难度大、变化复杂的工作。但是，一个企业可以选择3～5个国家进行典型调研。对一个国家来说，应该在可能条件下尽量多地、有计划地把世界多数国家和地区的市场情况调查清楚，以便为企业制订对外贸易的宏观决策以及制订与开发具体商品的进出口经营方案提供必要的准备。国别（地区）市场调研具体包括以下方面。

（1）基本经济情况。该国的国民生产总值（GNP）或国民收入总值是多少，按人口计算的平均收入数量（人均国民收入）是多少；消费者支出模式的变化；该国通货膨胀状况；该国同他国的经济关系，是否是某经济贸易集团成员，是否有经贸协定（如APEC成员）等。

（2）对外贸易情况与贸易政策。对外贸易的发展速度，出口商品构成，进口商品的构成，主要贸易伙伴；引进外资的主要形式，引进外资的数量以及来源国，引进外资的效益；对外投资的数量和国别地区；金融贸易的管理机构，实行何种外汇政策、有无外汇市场、在国际上的金融信誉级别（国际上分为9级，即AAA，AA，A，BBB，BB，B，CCC，CC，C级）以及外汇储备情况；关税情况；鼓励出口的主要措施；限制进口的主要措施等等。

（3）人口与社会文化环境。人口增长情况，人口出生率情况，人口年龄结构情况；家庭结构变化情况，家庭生活方式的变化情况；该国人口中民族构成情况等。

各国的风俗习惯、作风等都不一样。从事经贸调研工作的有关人员也应注意了解这些。如日本商人对他们所有的礼节非常重视，他们最忌讳拿礼节开玩笑。同日本商人谈生意，最好送些礼品，以表示友好。而美国人喜欢开玩笑，即使在很正式的场合，他们也喜欢讲笑话，使别人笑口常开。同阿拉伯的买主谈判时，绝不可问及对方的妻子，因为他们十分忌讳。同墨西哥人谈判，洽谈生意，问候一下他的夫人则是必须的礼貌。

此外，还有政治环境、宗教信仰、生活方式、国防开支、立法情况、工会组织和政府办事效率等，都应该尽可能详细地调查研究，这些都对开发市场有积极的作用。

（4）自然与技术环境的变化。自然环境的变化表现为以下四个方面：某些自然资源正日益短缺；国际市场石油价格波动剧烈；全球环境污染程度日益增加；许多国家对自然资源管理的干预日益加强。这些给企业提出了研究与开发新资源和原料或研制替代品的课题。

新技术是一种“创造性的毁灭力量”。由于电子技术的巨大进步，真空管的行业已经被晶体管淘汰。发达国家现在大量使用自动化装置，采用新技术，计算机和电子网络信息技术的大量运用，出现了许多新行业、新技术培训、新工具维修、电脑教育、信息处理等。所以，经贸人员必须注意技术的变化。在老企业受到冲击和威胁时，就应立即改弦易辙，采用新技术，转入新行业。当前技术贸易越来越显示出其重要性。

（5）商品市场情况。我们对商品市场情况的调研，一般应以企业为主进行，具体包括：一是购销地区，就是商品的可供产量、容纳量，以及商品流转方向；二是购销时机，就是商品市场行情趋势与季节性（天然的、人为的季节）；三是购销对象，就是要了解各项商品的销售和采购对象；四是购销方法，就是要了解各项商品的销售和采购方法；五是购销价格，就是要了解各项商品的销售和采购价格。

2. 客户情况调研

（1）对客户调研的具体内容有以下三方面。

一是调研客户的资金、信用、活动能力及其企业设立年代。

• 资金：包括注册资本，实际认购的股金以及公积金、资产和历年增资情况。资金大小与经营能力有一定关系。

• 信用：掌握客户的商业信用程度，看其是否诚实可靠。

• 活动能力：看其与银行、同业之间的关系及其在市场上的路子如何。

• 企业设立年代：一般说年代久的客户，其基础较稳。

二是调查客户的经营品种、业务地区、业务性质、及其与我关系如何。

三是调查客户的政治背景、组织机构及其负责人的政治态度。

（2）对客户调研的具体要求为以下四点。

一是了解客户的性质，加以区别对待。

二是了解客户的态度，进行分化策略。

三是了解客户的经营范围、业务专长，妥善加以利用，以发展与我对口的出口贸易。

四是了解客户的信用和经营作风，以利于合同签订和执行。

3. 竞争对手调研

（1）在全球或某区域有哪些同类型企业，企业实力大小如何。所谓企业实力，是指企业满足市场要求的能力，包括生产能力、技术能力和销售能力等因素。这些企业中，谁是最主要的竞争对手，谁是潜在的竞争者等。

（2）主要竞争对手的产品市场分布如何，市场占有率多大，它对本企业的产品销售有何影响等。所谓市场占有率，就是指本企业的某种产品在市场销售的同类产品中所占的比重。市场占有率反映一个企业的竞争能力和经营成果。

（3）主要竞争者采取了哪些市场营销组合策略，这些营销组合策略发生作用后对企业的生产经营产生何等程度的影响等。

10.1.2 制订出口商品经营方案

出口商品经营方案是对外洽商交易，推销商品和安排出口业务的依据。方案中应列明以下方面。

（1）商品及货源情况。包括：商品的特点、品质、规格、包装等；国内生产能力及可供出口的数量；当前库存状况以及需要解决的问题。

（2）国外市场情况。包括国外商品生产、消费、贸易基本情况的分析以及今后发展趋势的预测。此外，还应对国外主要经营该商品的基本做法和销售渠道加以说明。

（3）出口经营情况。根据前一个时期出口推销情况及存在的问题进行综合分析，提出经营的具体意见和安排。

（4）出口计划安排。按国别和地区、品种、数量、金额列明出口计划具体进度。

（5）出口措施。包括：做好客户工作，采取的贸易方式，收汇方式的运用；对价格、佣金和折扣的掌握以及出口销售中应掌握的原则和策略等。

对于重点推销的商品或大宗商品通常是逐个制订出口经营方案；对其他一般商品可以按商品大类制订经营方案；对中小商品，则仅制订内容较为简单的价格方案即可。值得一提的是，出口商品经营方案由于受国际市场情况复杂多变的影响，有时不可能完全符合市场实际情况，这就要求外贸企业结合市场变化及时修订经营方案，使之适用市场实际并有效地指导企业的经营活动。

10.1.3 商标注册与广告宣传工作

出口商在出口交易前，还应及时做好出口商品的商标注册和广告宣传工作。

1. 商标注册

商标作为一种工业产权，在国际贸易中有其特殊的作用，特别是名牌商品的商标更是企业的无形资产。外贸公司要注意加强商标管理，在进入某个市场前要及时将自己出口货物的商标按市场所在国的有关法规向有关部门申请注册。否则，耗费人、财、物力培养出的名牌被他人抢先注册，后果不堪设想。向国外办理商标注册，可以委托国外代理人代办，也可以委托中国国际贸易促进委员会商标代理处代办。商标注册的有效期一般为10年，如期满可续展注册的有效期。

2. 广告宣传

在交易前，为了扩大产品知名度、增加销量，对外广告宣传的重点应放在介绍出口商品的特点和用途方面。广告宣传的内容要生动、传神、说服力强，使消费者相信，你所宣传的商品正是他们所需。要想取得满意的广告效果，需要注意以下问题。

(1) 进行广告宣传的商品必须慎重选择，一般来说应是质量稳定、货源充足、能保证持续供应，并且是在国际市场有销路和有发展前途的商品。因为国际市场上广告宣传费很高，并且必须经过一段时间的持续不断的宣传才能奏效，如果商品质量时好时坏，货源时断时续，那就会使宣传效果前功尽弃。

(2) 针对不同的市场、不同的商品，采用不同的宣传媒介和方式，通过各种途径来达到促进销售的目的。

(3) 要合理使用代理商或广告商。我方不可能在所有的外销市场都做广告，另外，根据商品的销售情况，有的市场有独家经销或包销，而有的市场没有。因此，广告宣传的做法也不应一样。没有独家经销、包销户的市场，可以通过广告商进行广告宣传；而有独家经销、包销户的市场，最好由他们来做，让他们去进行广告宣传，他们会积极去做的。

关于宣传费和宣传方式的问题，可由双方研究决定。宣传费用可采取三种办法，即客户自己负担、双方各负担一半、全部由我方负担。宣传费的支付办法可在成交合同总金额中扣除或另付均可。但是，不论采取哪种办法，我方都应及时检查、及时改进，不能放任。一方面要检查客户是否把宣传费真正用在对我商品的宣传上；另一方面要随时了解宣传效果，以便不断改进。

10.2 出口合同的履行

出口合同的履行，是指出口人按照合同的规定履行交货的一系列义务，直至收回货款的整个过程。合同履行也是合同当事人实现合同内容的行为。依法成立的合同，具有法律约束力。买卖双方应当履行合同约定的义务，任何一方不得擅自变更或者解除合同。如果一方当事人不履行合同或者履行合同义务不符合约定条件，即构成违约，就应根据不同情况和后果承担一定的法律责任。

履约的全部过程，由于环节多、涉及的部门多、单据多，手续也较复杂，很容易产生这样那样的问题。这就要求出口方不仅要有强烈的责任心，也要加强同各有关部门的协作和配合，细微地处理每一个环节，尽量避免工作脱节、延误装运期限以及影响安全收汇等事件的发生，以保证履约过程的顺利进行。

目前，我国的出口交易大多采用 CIF 或 CFR 贸易术语，并且凭信用证支付方式付款。履行这类合同时的主要环节包括备货、报验、催证、审证、改证、办理货运、报关、投保（CFR 条件下省略此环节）、制单结汇等。概括起来就是货（备货、报验）、证（催证、审证和改证）、船（办理货运手续、报关、投保）、款（制单结汇）四个环节。在这一错综复杂的过程中，还要及时解决履约中所发生的各种问题，若处理不当，就会造成违约行为，从而造成经济上的重大损失。因此，卖方应做好出口合同的科学管理，力争各环节环环相扣，以提高履约率和经济效益。

10.2.1 出口合同履行程序

我国的出口贸易以往多数采用 CIF 或 CFR 术语下，信用证支付方式成交。但随着贸易竞争的激烈化，FOB 成交量大幅度增加，买方为控制运输成本、更好地掌握货物本身的成本，通常指定本国的航运公司或运输代理完成货物运输。

1. FOB 条件下，出口合同履行程序

此类出口合同履行，一般要经过备货、催证、审证、改证、报验、报关、装运、制单结汇等环节，其程序如图 10.1 所示。

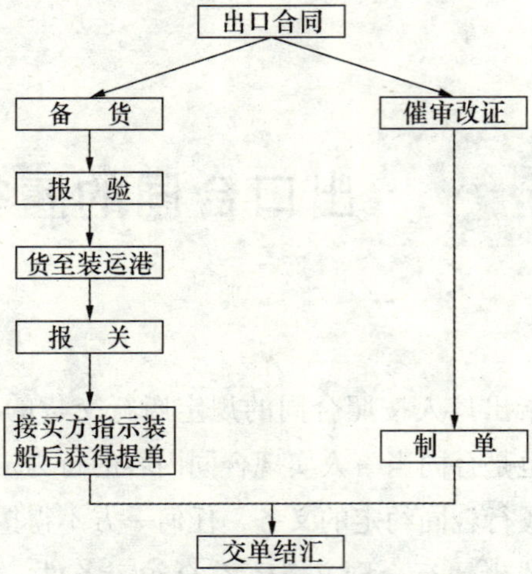

图 10.1　FOB 条件下出口合同履行程序

2. CFR 条件下，出口合同履行程序

此类出口合同增加了备货后租船订舱这项程序，其他不变。其程序如图 10.2 所示。

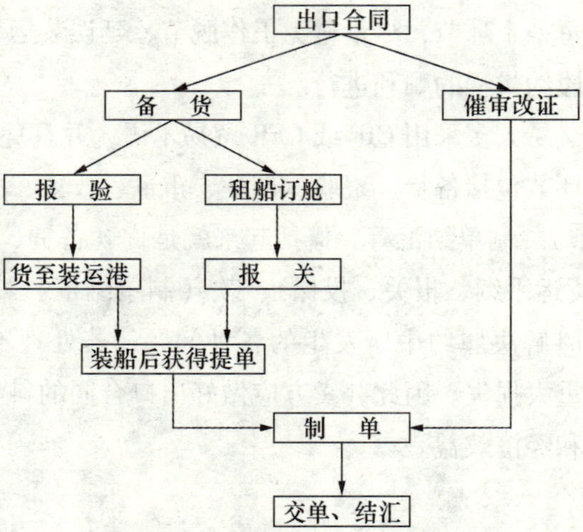

图 10.2　CFR 条件下出口合同履行程序

3. CIF 条件下，出口合同履行程序

此类出口合同增加了向保险公司投保这项程序，其他不变。其程序如图 10.3 所示。

10.2.2　出口合同履行涉及的各项业务

下面以按 CIF 成交、凭信用证方式付款的合同为例，从货、证、船、款四个环节，将出口合同履行所涉及的各项业务分述如下。

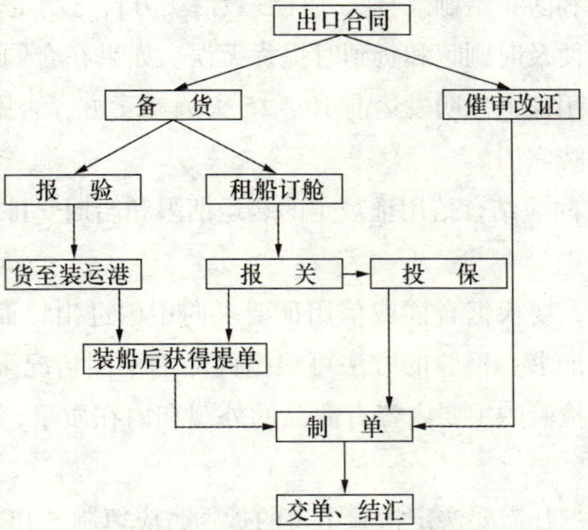

图 10.3 CIF 条件下出口合同履行程序

1. 备货

出口合同的履行，备货是关键。所谓备货，是指根据出口合同所规定的商品品质、规格、数量、重量、花色品种、包装等要求，按时保质保量准备好货物。其主要内容包括：及时向供货部门或生产企业进行逐一的交代、检查和督促，核实应交货物的品质、规格、数量和交运时间，并进行必要的包装以及刷制唛头等工作。为了使履约的各个环节有条不紊，在获得信用证之后，应立即根据出口贸易合同和来证的各项规定，向生产、加工、仓储等部门填发预先印制好的加工通知单（也称要货合同、工作联系单等），该通知单上的各栏目必须填写清楚，做到各栏内容与信用证和合同条款完全一致，作为确保各有关备货交运部门严格执行的共同依据。在备货交运过程中，应注意以下几点。

（1）对所备货物的品质、规格、花色品种要严格核对，使所交运的货物完全符合合同和信用证的规定。对于那些不符合要求的货物必须重新加工或调换。

（2）备货数量可适当有余，以备不测，在短缺时可以补足，避免短交。

（3）所备货物的包装必须符合出口合同规定，包括内外包装的方式方法、用料、重量等。由于运输公司按重量或体积计算运费，出口企业应尽量选择重量轻的小体积包装，以节省运输费用。随着技术进步，自动仓储环境处理的货物越来越多，货物在运输和仓储过程中，通常由传送带根据条形码自动扫描分拣。因此，应注意根据仓储要求，严格按统一尺寸对货物进行包装或将货物放置标准尺寸的牢固托盘上，并预先正确印制和贴放条形码。

（4）运输包装的刷唛，要按买卖双方约定的式样，要求图形和文字清晰、醒目，位置适当，涂料不易脱落和防止错刷。唛头式样一般由卖方自行制定，并及时通知买方，或在合同上加以说明，以便及时刷唛和货到时提货无误。如果在合同上仅规定由买方决定，则要求买方在开出的信用证上注明发运前10～15天通知卖方，否则卖方可自行决定，并在货物运往装运港前刷唛完毕。

（5）货物备妥的时间应结合信用证规定的装运期限和船期安排，做到船货相衔接。

2. 报验

在出口货物备齐后，要根据合同或信用证要求向中国进出口商品检验检疫局申请检验，领取出口商品检验证书。报验的方法可根据商品的不同情况采取送样检验和邀请到产地或仓库检验。商品检验的主要内容有商品的外观和内在质量，如包装、数量、重量、安全性能、卫生等检验。

申请报验的手续是：凡需要法定检验出口的货物，应填制“出口检验申请单”，向商检局办理申请报验手续。申请报验后，如出口公司发现申请单内容填写有误，或因国外进口人修改信用证以致货物规格有变动时，应提出更改申请，并发“更改申请单”，说明更改事项和更改原因。

货物经检验合格，即由商检局发给检验证书，进出口公司应在检验证书规定的有效期内将货物出运。如超过有效期装运出口，应向商检局申请展期，并由商检局进行复验，经复验合格货物才能出口。对于一个合同分批装运的商品，一般要分批报验。若商品品质均匀划一，可进行一次性报验，经检验合格后分批装运。在取得商检证书后，随同报关单送交海关，海关凭以放行。经检验不合格的货物，一般不得出口。

3. 催证

催证是指买方不按合同规定及时开立信用证，卖方以书面或口头形式向买方催促开证的情况。在通常情况下，国外客户能按时开证，但如果国外行市发生变化或进口商资金发生短缺，往往会拖延开证或不开证，甚至故意不开证。这对我方极为不利。鉴于此，我们应催促对方迅速办理开证手续。催证可在以下情况进行。

（1）在合同规定的开证期之前催证，以提醒客户注意开证时间即将来临。

（2）在客户未按时开证的情况下催证或连续催证，以示必须立即开证，否则将延误装运期。

（3）在装运期已到客户仍不开证的情况下催证。在这种情况下，如果经催证客户开来了信用证，则应在来证符合合同规定的条件下予以接受，但应注意装运期和信用证效期必须以我方能接受为条件。

4. 审证

审证是指收到国外客户开来的信用证之后，对来证的各项条款逐一核对和审查，这是信用证业务中极其重要的一个环节。从理论上讲，信用证是依据买卖合同开立的，其内容应与合同条款保持一致。但在实际业务中，由于种种原因，如工作的疏忽、电文传递的错误、贸易习惯的不同、市场行情的变化或买方有意利用开证的主动权加列对其有利的条款等，往往会出现合同条款与信用证不符。若在审证中发现“不符点”，应立即要求开证人进行修改，否则会影响到出口方收汇的安全。

在实际业务中，银行（指通知行）和出口企业共同承担审核信用证的任务，但其分工不同。就银行而言，侧重于政策性及信用证真实性的审核，如开证银行的政治背景、资信能力、付款责任和索汇路线等方面的内容。出口企业则侧重于信用证条款的审核。审证要点如下。

（1）来证性质。我国一般只接受“不可撤销的”信用证。如果加注限制性条款或保留条款者，我方不能立即受理，必须待解除后才能受理。如果是属于“可以撤销的”信用证，则不予接受。因为加注附加条款或可以撤销字样的信用证，开证行可以不承担付款的责任或随时可以撤销，若受理则货款无保障。

对于合同上规定“保兑的”信用证，信用证上必须有“保兑”字样，否则不能接受，因为之所以在合同上规定保兑，说明开证银行资信存在问题，需要有另一个银行进行保证付款。

（2）开证银行的付款责任。为了保证收汇安全，对于开来的不可撤销信用证，应注明开证行保证付款的责任文句。如果来证中对开证银行保证付款责任方面加列了限制或保留条件，如“以领到进口许可证后通知卖方方能生效”、“在付款人拒付货款时，不承担付款责任”类似加注，则不予接受。

（3）信用证条款。来证所列条款必须符合出口合同的各项条款，要特别注意品名、规格、数量、包装、计价货币、单价及价格术语、总金额、装运期、目的港、险别等必须与出口合同规定相符。在成交数量方面，有的商品有进出口“配额”，应注意配额使用情况。

（4）信用证金额和支付货币。来证中的金额和支付货币应与合同规定相一致。单价与总值要填写正确，大、小写并用。如合同订有溢短装条款，信用证中也应包括溢短装部分的金额。此外还必须注意信用证中所采用的支付货币与合同的规定是否相同。如果两者规定的不一致，则应按国家外汇管理部门公布的人民币外汇牌价，将来证中的支付货币折算成合同货币，在不低于或相当于合同货币金额时方可接受。

（5）信用证装运期、有效期、到期地点、交单期。信用证应注明装运期，且装运期必须与合同规定一致。如国外来证晚，无法按期装运，应及时电请国外买方延展装运期限。

信用证的有效期与装运期之间有一定的合理间隔，一般规定在装运期限后15天，以便在装运货物后有足够时间办理制单结汇工作，从而保证如期安全收汇。

关于信用证的到期地点，通常规定在中国境内到期，如信用证将到期地点规定在国外，一般不宜轻易接受。因为出口方到议付行提示单据议付货款后，银行寄单到开证行需要较长一段时间，若单据不能及时到达开证行，超过了信用证规定的时效，则被视为“逾期”，就会遭到拒付。同时，也很难知道开证行何时收到单据，故货款得不到保障。因此，信用证到期地点必须在中国，如：信用证付款……交货后15天内在中国议付为有效（Payment be effected by L/C…valid for negotiation in China until 15 days after shipment），以保证按时收汇。

通常情况下，信用证还须规定一个在装运日后若干天必须向银行提交单据的特定期限，即交单期。信用证的受益人应至少有21天的交单时间。如果信用证中未规定交单期，必须在不迟于提单签发日期的21天内，同时不超过信用证到期日，向银行提交单据，否则，银行有权拒付货款。如果信用证规定的交单期过短，以致无法在规定的期限内交单，必须及时提出修改。

（6）信用证规定的单据。对于来证中要求提供的单据种类、份数及填制方法等，要进行仔细审核，如发现有不正常规定，例如要求产地证书、检验证书或其他任何单据必须由国外第三者签证，则不能接受。在实际业务中，客户往往规定商品检验证书由买方出具，这就失去了检验商品和发运的主动权。对于这种要求，要力争摆脱，争取卖方的主动权。有的信用证还规定在提单上的目的港后面加上指定的卸货码头，这就难以控制能否卸货或及时卸货，故须慎重对待。

（7）当事人的名称。对于当事人的名称。如开证人、付款人、开证行、通知行、议付行、受益人等，必须逐一核查，不能有错，一字之差，名称就改变了，对货、款两个方面均会带来极大的影响或损失。

（8）特殊条款。国外来证往往受到开证行所在国的政策和法律的限制，规定了一些出口合同上未规定的条款，如指定船公司、船籍、船龄、船级等条款，或不准在某个港口转船等，对此我出口公司一般不应轻易接受。但若对我方无关紧要，而且也可办到，则也可酌情灵活掌握。

5. 改证

在对信用证进行了全面细致的审核以后，如果发现问题，应区别问题的性质，分别同银行、运输、保险、商检等有关部门联系，作出妥善处理。凡是不影响收汇的，可给予通融，不必修改信用证；凡是间接或直接影响交货和收汇的，应由受益人立即要求开证申请人，通过原开证行对已开出的信用证进行必要的书面修改，或解释或删除。如开证申请人同意修改，通常先直接通知受益人，然后由原开证行通过原通知行转递正式信用证修改书。当受益人接受修改内容以后，修改书即成为原信用证不可分割的组成部分，信用证就此生效，当事人必须坚决执行。

在办理改证工作中，凡需要修改的各项内容，应做到一次向国外客户提出，尽量避免由于我方考虑不周而多次提出修改要求，否则，不仅会增加双方的手续和费用，而且会导致拖延交货。如遇收到的信用证修改书中仍有不能接受之处，可以再次或多次要求修改，直到完全接受为止。但要注意，多次修改势必有多张修改书，这时要注意修改书的编号，不能出现漏号，凡是对修改书的再修改，必须将原修改书在三个工作日内退回银行，超过三个工作日则视为接受。退回修改书的意思是对整个修改书表示不接受，不能只要求再修改其中的某一个问题。

关于信用证和合同之间存在的“不符点”，必须修改的，坚决要求修改；可改可不改的或对我有利的，可不要求修改。例如，合同规定同意转船，而信用证规定禁止转船，如果可以订到直达船的舱位，则不要求修改。又如合同规定“不同意分批装运”，而信用证规定“同意分批装运”，这对我有利，可以不要求修改。但要防止望文生义。例如，信用证的金额为100000英镑，而合同金额只有10000英镑，明明是疏忽造成的错误，却认为对我有利，可以多出口，多收汇，即发运100000英镑的货物。曾有类似实例发生，结果造成被动，在经济上受到很大损失，信誉上也受到一些影响。

此外，对来证不符合合同规定的各种情况，还需要作出具体分析，只要来证内容不违反政策原则并能保证我方安全迅速收汇，我们也可灵活掌握，不一定坚持要求对方办理改证手续。

总之，对国外来证的审核和修改，是保证顺利履行合同和安全迅速收汇的重要前提，我们必须给予足够的重视，认真做好审证工作。

6. 办理货运

在实际业务中，出口企业往往在备齐货物并审核信用证无误后，即开始着手办理租船或订舱、报关和投保等事宜。下面我们仍以CIF为例，了解出口企业办理出口货物托运的程序。

出口企业在履行CIF出口合同时，对于数量大需要整船装运的货物，可办理租船手续；对于数量小的零散货物，则洽订班轮舱位。办理出口货物班轮的基本程序如下。

（1）查看船期表，填写出口货物托运单。

（2）船舶公司或其代理人签发装货单。

（3）在取得出口许可证后，提货装船，获取大副收据（见后文10.5.5）。

（4）缴纳运费，换取提单。

（5）向进口方发装运通知。

办理货物发运手续前，出口企业应了解和掌握装运港的情况，如港口是否拥挤等，密切注意国际运输的动向。在整个发运过程中，要与外运公司经常取得联系，密切配合，发现问题，共同研究解决，保证如期装船。外运公司定期编制的船期表上载有船名、航线、国籍、抵港日期、截止收单期（简称截单期）、受载日期、停挂港口等内容，是船、货衔接的依据，可以作为参考。如果出口货物具有自身的特点（如易腐、易燃、易爆），需要租用特种舱位或船舶，应在托运单上加以表明，以便使货物安全装运。

7. 报关

报关是指出口货物出运前，由发货人或其代理人在规定的期限内向海关交验有关单证，办理出口货物申报手续的法律行为。按照我国海关法规定：凡是进出国境的货物，必须通过设有海关的港口、车站、国际航空站进出，接受海关的监管，经过海关查验、放行后，货物才可提取或者装运出口。

目前，我国的出口企业在办理报关时，可以自行办理报关手续，也可以通过专业的报关经纪行或国际货运代理公司来办理。无论是自行报关，还是由报关行来办理，都必须填写出口货物报关单，必要时还需提供出口合同副本、发票、装箱单或重量单、商品检验证书及其他有关证件，向海关申报出口。办理出口货物报关一般需经过以下程序。

（1）申报。出口企业按照实际出口的货物，根据“外销出仓通知单”填写“出口货物报关单”，一式三份，其中两份连同出口许可证、出口合同副本、发票、装货单、装箱单、出口收汇核销单、商品检验证及其他有关证件，一并向装运口岸海关申报出口。

（2）查验。海关对各种申报单据进行核实，必要时要拆箱（包）查验货物种类、品质、数量、包装等项目。查验时货物所有人或其他代理人必须在场，以便及时处理发现的问题。经核查确定，出口货物符合国家有关法令，海关在有关货运单据上签署放行。

（3）纳税。这是指出口货物的发货人或其代理人在规定的期限内向海关缴纳税款。按照我国《海关法》的规定，发货人应在海关填发“税款缴纳证”次日起的14日内缴纳税款，逾期缴纳的由海关征收滞纳金。超过三个月未缴纳的，海关可以责令担保人缴纳税款，或者将货物变价抵缴，必要时通知银行在担保人或者发货人存款内扣缴。

（4）放行。这是指海关经审核单证和查验货物未发现问题，在应纳税货物完成出口纳税或提供担保后，由海关在有关报关单证和查验货物记录上签章，并在装货单加盖放行印章，准予货物出境。海关放行后，出口企业或其代理人即可提取和发运货物。

8. 投保

按CIF条件成交的出口合同，应由出口企业为货物办理保险。在货物装船前，须及时向保险公司办理投保手续，投保时要防止漏保和错保，以免遭受不必要的损失。投保的一般程序是：先由出口企业填写投保单，根据信用证规定，逐项如实地表明货物名称、数量、险别、保额、起讫地点、保险期限、投保人名称等，然后交由保险公司签发正式保险单。货物投保后，在运输途中遇到不测风险，投保人即可按照保险单规定的权利和义务向保险公司提出索赔。该保险单既是索赔的主要依据，也是向银行议付货款必不可少的单据。

9. 信用证项下制单结汇

出口企业在货物装运后，应立即按照信用证的要求，正确缮制各种单据，并在信用证规定的有效期和交单期内，将单据及有关证件送交银行，通过银行收取外汇，并将所得外汇出售给银行换取人民币的过程即为出口结汇。结汇在不同的支付方式下，其程序有所差异。信用证支付方式下的结汇，出口企业只需将符合信用证要求的所有单证交给议付行，后续工作均由银行负责。目前，我国银行采取的出口结汇方式有三种。

（1）收妥结汇。收妥结汇又称“先收后付”，是指议付行收到出口企业的出口单据后，经审查无误，将单据寄交国外付款行索取货款，待收到付款行将货款拨入议付行账户通知书时，即按当时外汇牌价，折成人民币拨给出口企业。

（2）定期结汇。定期结汇是指议付行根据向国外付款行索偿所需时间，预先确定一个固定的结汇期限（7～14 天不等），到期后主动将票款金额折成人民币付给出口企业。

（3）出口押汇。出口押汇也称“买单结汇”或“议付”，是指议付行在审单无误的情况下，按信用证条款买入受益人（出口企业）的汇票和单据，从票面金额中扣除从议付日到估计收到票款之日的利息，将余款按议付日牌价，折成人民币拨给出口公司。议付行向受益人垫付资金，买入跟单汇票后，即成为汇票持有人，可凭票向付款行索取票款。银行同意做出口押汇，是为了对出口公司提供资金融通，有利于出口公司的资金周转。

在出口押汇方式下，出口地银行买入跟单汇票后，面临开证行自身的原因或对单据的挑剔而拒付的风险。因此，目前我国银行只对符合以下条件的出口信用证业务作押汇：开证行资信良好；单证相符的单据；可由议付行执行议付、付款或承兑的信用证；开证行不属于外汇短缺或有严重政治经济危机的国家和地区。

10. 出口收汇核销与出口退税

出口企业在办理货物出口装运及议付结汇后，应及时办理出口收汇核销和出口退税手续。

（1）出口收汇核销单的基本操作流程如下。

• 出口企业申领核销单。出口企业凭有关单证，向其注册地外汇管理局上网申请领印有编号并加盖“国家外汇管理局监制章”的出口收汇核销单。

• 出口企业进行核销单口岸备案及报关。出口企业报关前在网上向报关地海关进行核销单的报关口岸备案，然后凭已填写的核销单、出口报关单和其他有关单据，向海关报关。

• 海关办理通关手续。海关核准无误后，在核销单“海关签注栏”加盖“验讫章”，并对电子口岸上的核销单电子底账进行已用的核注，同时将报关单电子底账和核销单核注情况通过“中国电子口岸”系统传送给外汇管理部门。结关后，海关将核销单退还给出口企业。

• 出口企业在报关后 90 天内，将出口报关单、出口收汇核销单存根、商业发票交外汇管理局备案。

• 出口企业制单结汇。这是指出口企业根据信用证或合同要求，制作全套结汇单据，向指定外汇银行交单议付或托收，进行收汇。

• 银行申报收汇情况。这是指银行办理结汇或直接入账出口企业原外汇后，制作结汇水单（注有核销单号码和国际收支申报号码），并通过“国际收支申报系统”进行电子数据传输，向外汇管理部门申报出口企业的收汇情况，同时将出口核销专用联交出口企业。

• 外汇管理局办理出口收汇核销。这是指出口企业收汇后，持收汇核销专业联及其他文件，到外汇管理局办理核销手续，外汇管理部门通过“出口收汇核报系统”及相关系统核对出口企业提供纸质单据和电子数据，审核无误后在核销单上加盖“已核销”章后，将报关单和核销单（出口退税专业联）给出口企业。

出口退税是指符合国家规定范围的出口货物在报关离境后，由出口企业（需有出口经营权）凭有关单证——“两单两票”，即盖有海关“验讫章”的出口货物报关单（出口退税专用联）、出口货物核销单（出口退税专用联）、增值税专用发票、出口发票，向主管退税业务的国家税务机关办理出口货物在生产、加工、出口销货等环节上的增值税、消费税免征或退还的手续。

（2）出口退税的方法如下。

• 办理出口退税登记。出口企业凭出口经营权批件（复印件）和工商营业执照（副本），于该批件批准日起 30 天内到当地主管退税业务的税务机关办理退税登记，经审核后领取“出口退（免）税登记证”。

• 出口退税申报。出口企业在收到海关退签的出口货物报关单（出口退税专业联）和盖有海关“验讫章”的核销单后，通过“中国电子口岸”核对报关信息，并将有关信息输入国税局的出口货物退（免）税电子申报系统，向税务机关办理预申报（出口之日 90 天内必须申报，逾期不予以申报退税）。

• 税务机关初审。税务机关接受出口申报，并及时对出口企业的电子数据进行初审，若预申报没通过，经同意可以改正补充资料，予以补报。

• 税务机关正式审核、审批出口退税。即税务机关在规定的时间，对出口企业出口退税的申报凭证、资料的合法性、准确性进行审查，并核实申报数据之间的逻辑对应关系，完成出口退税审核、审批，并出具相关证明，安排退税资金，根据审核结果将出口退税资金划转到出口企业。

正式审核、审批环节出口企业需提供的资料有：出口货物报关单（出口退税专业联）、盖有海关“验讫章”的核销单（可在出口180天内提供）、出口销售发票、采购出口货物的增值税发票、已载入税务软件的光盘资料（出口货物退税进货明细表、出口货物销售明细表、出口退税汇总申报表）。

10.3 进口业务的准备工作

10.3.1 进口业务的调查研究

进口业务的调查研究，主要是对进口商品的国际市场行情调研和出口商情况调研（与出口业务的调研内容大体相同），它是制订进口商品经营方案的前提。其市场行情的信息与出口商情况资料来源是多渠道（也适用于出口业务调研）的，主要通过以下两大类渠道获得。

1. 利用各种媒体渠道，搜集进口业务所需要的信息资料

（1）利用电子信息网搜寻有关商品行情和出口商的情况。许多商品的供求信息都会在网上发布，进出口企业可以根据自己需要搜寻相关的商业信息。

（2）国内外的有关报纸、杂志。中外商业报刊，种类繁多，信息传播快而及时。可从中了解商品市场的新变化，据此寻找合适的出口商。如国内出版的《国际贸易》、《国际贸易信息》、《国际商报》、《经济参考》等。国外有日本的《日本贸易日报》，美国的《现代商业概览》杂志、《商业日报》，英国的《金融时报》等，都有许多重要的商品市场行情信息。

（3）国内各研究机构及高等院校所搜集发表的各种情报资料和科学论文。这些机构和院校有：社科院、各大学有关研究所、对外经贸部研究所、中国人民银行金融研究所、外交部研究所、新华社、国际信托公司、香港各有关公司等。

2. 利用国外的各种机构，搜集进口业务所需要的信息资料

（1）国际经济组织、我国政府机构、外国政府机构的各种信息。联合国各经济组织搜集和发布的各种经济资料，也是国际市场调研的一个重要资料来源。如联合国经济委员会定期出版的《欧洲经济调查》、《拉丁美洲经济调查》、《联合国统计年鉴》以及国际货币基金组织发行的《国际金融统计》、世界贸易组织发表的世界贸易数据，都是这方面资料的重要来源。我国外贸公司和企业在外国的经销商、代理商，以及关系公司、广告公司、运输公司也能提供各种市场报告、情报等资料。

（2）行业组织的各种信息。向各种国际性商业组织或各国的商业团体索取有关资料。如“瑞士贸易发展署”就设有专门处理国外客户询函的机构，它可帮助进口方或出口方建立业务联系。日本各地都有商会做这方面的工作。

（3）专业咨询机构的信息。要了解某出口商的信用情况，专业性的商业信用调查机构也能给予合作。如美国纽约外国信用保险公司、纽约外国信用交换局等。

此外，还可利用我国各驻外机构及工作人员，搜集进口业务所需要的信息资料。

（1）外交部驻各国的大使馆、领事馆的商务机构。有专人负责系统搜集所在国的市场环境和市场情报资料，供国内各个企业部门使用。

（2）中国的银行及其在国外的分支机构。他们搜集当地各国市场的金融资料及市场行情资料。

（3）外贸部门、市场调研机构、各总公司、分公司派驻的国外机构或工作人员。他们所搜集的当地市场行情资料。

另外，还可利用外国各驻华机构及工作人员，利用外国来华参观访问的学者、友好人士和回国参观访问的华侨、随外交出访的贸易代表团成员等，搜集进口业务所需要的信息资料。

10.3.2 研究进口商品经营方案

对于大宗进口商品，进口商应拟订一个进口商品的经营方案。进口商品经营方案是进口交易磋商，安排进口业务和采购商品的依据。其内容概括如下。

（1）订货数量和时间安排。根据国内用户需要的轻重缓急和国外市场情况适当安排订货数量和进度，在保证需要的情况下，争取在有利的时机成交。

（2）国别的选择。在进口交易前，应了解国外市场行情，并进行分析比较，尽量安排在产品对路、货源充足、价格较低的地区采购。

（3）选择交易对象。在选择交易对象时，要对其资信、经营能力、政治态度等方面进行调查，择优选用，并尽可能地减少中间流通环节以降低进口成本。

（4）价格的掌握。根据国际市场近期价格，并结合采购意图，拟订出采购价格掌握幅度，在价格的掌握上，既要避免出价过低，达不成交易，又要避免出价过高，增加外汇支出的现象。

（5）贸易方式和交易条件的运用和掌握。运用何种贸易方式进口应根据采购商品的数量、品种、贸易习惯做法等酌情掌握，在经营方案中，对贸易方式的选择问题，一般只定出原则性意见，以利于安排进口。交易条件应根据商品的特点、品种、进口地区、成交对象和经营意图，在平等互利的基础上酌情确定和灵活掌握。

10.3.3 落实进口许可证和外汇

按照我国现行规定，进口业务在与国外洽商交易之前，应该事先办理一系列申报审批手续，许多进口商品需要先向主管部门领得准许进口的批文之后，才能向对外经济贸易部门申领进口许可证。

对各类外贸企业来说，进口业务分为自营进口和代理进口两类。在自营进口业务中，申领进口许可证的手续由外贸企业自办，外汇也由自己负责解决；在代理进口业务中，申领进口许可证的手续和所使用的外汇，原则上都由委托单位负责。具体办理进口业务的部门和人员，必须认真落实进口许可证件和外汇来源确无问题，才能着手办理进口洽商订货业务。

10.4 进口合同的履行

在我国的进口业务中，一般按 FOB 价格条件成交的情况较多，如果是采用即期信用证支付方式成交，履行这类进口合同的一般程序是：开立信用证、派船接运货物、投保货运险、审单和付汇、报关、纳税、验收和拨交。如果发现国外卖方有违约行为，要及时提出异议和索赔。这些环节的工作，是由进出口公司、运输部门、商检部门、银行、保险公司以及用货部门等各有关方面分工负责、紧密配合而共同完成的。现将履行进口合同的主要环节分别介绍和说明如下。

10.4.1 进口合同履行程序

进口合同履行程序如图10.4所示。

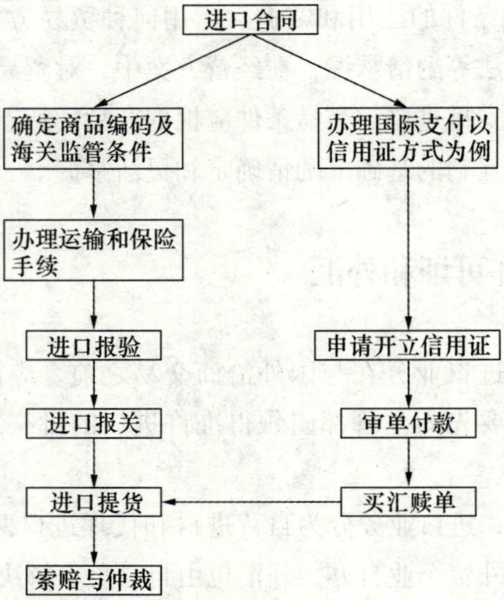

图10.4 进口合同履行程序

（以FOB条件成交、信用证付款为例）

10.4.2 进口合同履行业务

我国的进口合同通常是按FOB或FCA术语成交，以信用证方式结算的，在履行这一类进口合同时，进口商应主要做好以下工作。

1. 申请开立信用证

在我国的进口业务中，大部分采用信用证支付方式，有时也采用托收、预付定金加银行保函等支付方式。作为外贸经营单位，在合同生效之后，应立即按合同规定的支付方式办理对外付款保证手续。

凡是进口合同规定采用信用证支付，由外贸或经营进口业务的单位，按合同规定填写“开立不可撤销跟单信用证申请书”，向中国银行办理申请开立信用证手续。申请书的内容包括两部分：一部分是开证申请人（外贸经营单位）向中国银行承诺和保证付款，另一部分是开立信用证的内容。

开证申请与保证的内容：①开证申请人首先应明确要求中国银行开立信用证的种类和方式，例如，请中国银行按所列条款以航邮或简电或全电开立一份不可撤销的信用证；②申请人保证向中国银行提供偿付该证下货款、手续费、其他费用及利息等所需外汇；③还须向中国银行声明，该信用证如因邮电传递发生遗失、延误、差错，中国银行概不负责；④开证申请人向中国银行做出保证之后，还须附“外汇金额申请书”（在开证申请书上印就）。

申请开立信用证的内容：①信用证性质，不可撤销的跟单信用证；②信用证号码、有效期及信用证失效地点；③受益人，国外出口人；④转递银行，出口人当地银行；⑤开证申请人，外贸经营单位；⑥信用证总值；⑦单据要求；⑧装运说明和依据，支付费用的分项说明、合同号和运输标志；⑨装运港、目的港和装运期；⑩分批装运和转船，是否允许分批装运和转船；⑪机器设备制造工厂名称；⑫包装条件；⑬特殊要求与声明，如不能接受第三者为发货人等。

申请开立信用证的注意事项如下。

（1）有充足的、可使用的外汇是进口方向银行申请开立信用证的前提。

（2）申请开证的时间要符合合同规定。

信用证的开证时间，应按合同规定办理。如合同规定由卖方确定交货期，买方应在接到卖方交货期通知后开证。如合同规定卖方获得出口许可证或提交履约保证金后开证，则买方应在收到卖方已领到许可证的通知，或银行转知保证金已照收后开证。

由于信用证的开证时间会影响装运期（有时甚至直接影响出口方的加工生产），出口方只有在收到信用证后才可以放心地安排生产和装运。进口方一定要在规定的装运期前开出信用证，以便出口方有足够的时间安排货物出运。

（3）信用证的措辞和内容要与合同规定相符。

进口商在申请开立信用证时，一定要以买卖双方签订的进口合同为依据，减少和避免修改信用证。信用证的内容，例如品质、规格、数量、价格、交货期、装运条件及装运单据等，应与合同条款一致。有些信用证为了准确地表述合同的内容，在信用证上写明“参阅××合同”，这种做法是不科学的。因为这样容易造成合同和信用证的细微差别，从而使出口方无所适从。

（4）在我国，中国银行为进口企业开立信用证时还有以下规定和做法。

• 不开立可转让信用证。一般情况下，开证行无法对第二受益人的情况进行调查，尤其是对于跨地区或国家的转让活动更难了解和掌握。在这种情况下，一旦信用证被转让出去，开证行就很难控制。

在实际业务中，如果存在大额货物涉及多家出口商时，我国银行可以在所开立的信用证中表明“汇票和单据若由某厂商提供可以接受”或“第三者出具的装运单据可以接受”，以表明厂商可以作为本证的受益人。

• 接受由开证人或出口方指定通知行的信用证。信用证中的通知行是开证行在国外业务的延伸，两家银行合作是信用证安全运行的基础。因此，一般银行在其他国家都有其相对固定的合作银行。中国银行在为国内进口企业开立信用证时，就规定通知行由中国银行指定。如果国外出口方执意指定通知行，中国银行也接受进口企业在开证申请书上注明“该银行在中国银行选择通知行时供参考”。

• 不开立载有 T/T 偿付条款的信用证。T/T 偿付条款是指在该条款下，出口地的议付行在收到出口方提交的与信用证条款一致的单据后，即可直接向开证行发电索汇。在这种信用证中，出口方比一般信用证早十多天就可以取得货款，有利于其资金周转。但对于开证行来说，如果在议付后审单过程中发现不符再向议付行交涉、追讨货款时，就会面临许多困难。因此，我国银行不接受开立该条款的信用证。

2. 租船订舱和催装

按 FOB 交货条件成交的进口合同，应由我方负责租船或订舱。目前，我进口货物的租船或订舱工作统一委托外运公司办理。如合同规定，卖方在交货前一定时期内，应将预计装运日期通知我方，在接到上述通知后，应及时向外运公司办理租船或订舱手续。根据《2000 通则》对 FOB 术语的解释，进口方必须在合同规定的装运期内订妥船只，并派船接货。如果由于进口方租船订舱不及时或所订船只不适航、不适载等问题造成出口方在装货方面的损失，均由进口方承担。因此，进口方按合同规定租船订舱非常重要。在办妥租船或订舱手续后，应按规定的期限通知对方船名及船期，以便卖方备货装船。同时，还应随时了解和掌握卖方的备货和装船前的准备等情况，必要时催促对方按时装运。对成交数量大或重要进口物资，如有可能请我驻外机构就地了解和催促卖方按照履约，在特殊情况下，可派人到出口地点检验监督装运。

在装运过程中，进口方需要与船公司和出口方随时保持联系，以掌握装船的进度。当货物完成装货时，进口方可以及时向保险公司投保。因为有时会发生出口方在货物上船以后，没有及时发装运通知而造成货物漏保或迟保的现象。

3. 办理保险手续

按 FOB、FCA、CFR 或 CPT 术语进口，需要由进口商办理货运保险手续。办理进口货运保险手续一般有两种方式：预约保险和逐笔投保。

预约保险方式是进口商或收货人同保险公司签订预约保险合同，其中对各种货物应投保的险别作了具体规定，故投保手续比较简单。按照预约保险合同的规定，所有预约保险合同项下的按 FOB 及 CFR 条件进口货物的保险，都由该保险公司承保。因此，每批进口货物，在收到国外装船通知后，即直接将装船通知寄到保险公司或填制国际运输预约保险启运通知书，将船名、提单号、开船日期、商品名称、数量、装运港、目的港等项内容通知保险公司，即作为已办妥保险手续，保险公司则对该批货物负自动承保责任，一旦发生承保范围内的损失，由保险公司负责赔偿。

若采用逐笔投保方式，则外贸企业在办理进口保险时，应根据商品特性、航程情况、季节变化和其他有关因素，选择适当的险别投保。至于保险金额，可按 CIF 金额投保，也可按 CIF 金额适当加成投保。

4. 审单付款

出口方在完成出口义务之后缮制并提交的单据就是进口方需要审核的单据。在信用证项下，当中国银行收到国外受益人寄来的汇票和全套装运单据后，交给外贸经营单位。由外贸经营单位依据中国银行开出的信用证副本审查汇票和全套单据，经审查无误后，如果进出口合同包括技术使用费，由外贸经营单位按规定扣除受益人应向我国缴纳的预提所得税后，通知中国银行对外付款。开证银行或付款银行对外付款后即要求进口商付款赎单。

审单的内容主要包括：单据是否齐全；单据的名称、份数、内容等与信用证是否一致；各单据之间是否矛盾；各种单据签发的日期之间是否存在矛盾（比如装运期早于货物检验日期等）等。

如果经审查出现单据不符或单证不符时，应在三个工作日之内，将全套单据和汇票退回中国银行，并以书面形式说明拒付理由。如果中国银行审查认为拒付不成立，可向国外受益人付款，并以“进口付款通知书”的形式通知外贸经营单位按国家规定的外汇牌价折算为人民币向中国银行买汇赎单。外贸经营单位依据“进口付款通知书”同国内订货单位进行结算。如果外贸经营单位提出的拒付理由正确，由中国银行将全套单据和汇票退回国外银行，要求国外当事人更正不符点部分或拒付。

根据《UCP600》规定，开证行或保兑行（如有的话）或其他被指定银行决定拒绝接受单据，则必须在收到单据次日起 5 个银行工作日以内，以电信方式或其他快捷方式通知寄单银行或受益人（如单据直接由受益人向银行提交），并说明银行据以拒收单据的所有不符点，还须说明单据是否保留等待交单人处理，或退回交单人。

5. 进口报验

凡列入《商检机构实施检验的商品种类表》的进口商品和对外贸易合同规定由商检机构出证的进口商品到货后，收货单位（包括订舱单位）或者外运公司应当立即向到达口岸或者到达站的商检机构报验。

国家对涉及安全、卫生、环境保护、劳动保护和检疫（以下简称“安全”）的商品，实行进口商品质量许可制度，按《实施质量许可制度的进口商品目录》办理。在《实施质量许可制度的进口商品目录》内的商品到货后，由商检机构和有关监督、检验机构实行强制性检验。经检验不合格的，应当监督有关单位进行无害化处理，或责令其退货，或者销毁；经检验两批不合格的，吊销《安全标志》或者注销注册。

《商检机构实施检验的商品种类表》和《实施质量许可制度的进口商品目录》以外的进口商品到货后，收货单位应当向所在地区商检机构申报后自行检验，或者委托指定的单位检验。经检验合格的，凭检验结果向商检机构销案；检验发现问题的，应当保留现场，并及时申请商检机构复验。

6. 报关纳税

按照《中华人民共和国海关法》规定，进口货物的收货人或其代理人，必须向海关办理进口货物的报关完税手续。报关手续应当自运输工具申报进境之日起 14 日内向海关申报。完税手续应当自海关填发税款缴纳证的次日起 7 日内缴纳税款。向海关申报时，应提交“进口货物报关单”，交验进口许可证和有关单证，海关依法对单证和货物进行查验，并按章征、免税放行。

海关按照《中华人民共和国海关进口税则》的规定，对进口货物计征进口税。货物在进口环节由海关征收（包括代征）的税种有：关税、增值税、消费税、进口调节税等。它们的计算方法介绍如下。

（1）关税。进口关税是货物在进口环节由海关征收的一个基本税种。进口关税的计算是以 CIF 价为基数计算。如果是 FOB 价格进口，应加上国外运费和保险费。其公式为：

进口关税税额 = CIF 价格 × 关税税率

（2）增值税和消费税。增值税是指企业生产的产品中新增加的价值额或劳务中的增值额为课税对象征收的一种税。消费税是指以消费品或消费行为的流转额为课税对象的税种。消费税的计算公式为：

消费税 =（进口商品完税价格 + 关税）× 消费税税率/（1 - 消费税税率）

对于不征消费税的商品，增值税计算公式为：

增值税 =（进口商品完税价格 + 关税）× 增值税税率

对于征收消费税的商品，增值税计算公式为：

增值税 =（进口商品完税价格 + 关税 + 消费税）× 增值税税率

7. 接货、验收和拨交

进口货物到港后，由港方负责卸货。在卸货时港方应该对货物进行检查，如发现短缺，及时填写“短缺报告”交船方签字，并根据短缺情况向船方提出保留索赔权的书面声明。卸货发现残损，应将货物存放在海关指定仓库，待保险公司会同商检机构检验后做出处理。对于法定检验的进口货物，必须向卸货地或到达地的商检机构报验，未经检验的货物不准投产、销售和使用。如进口货物经商检机构检验，发现有残损短缺，应凭商检机构出具的证书对外索赔。对于合同规定的卸货港检验的货物，或已发现残损短缺有异状的货物，或合同规定的索赔期将届满的货物等，都需要在港口进行检验。

一旦发生索赔，有关的单证，如国外发票、装箱单、重量明细单、品质证明书、使用说明书、产品图纸等技术资料、理货残损单、溢短单、商务记录等都可以作为重要的参考依据。

货物经商检、报关后，由外贸经营单位委托外运公司提取货物并拨交给订货单位。外运公司以“进口物资代运发货通知书”通知订货单位在目的地办理收货手续。同时，通知外贸经营单位代运手续已办理完毕。如订货单位不在港口，所有关税及运往内地运费及其他费用由外运公司向外贸经营单位索取，再由外贸经营单位向订货单位结算。

8. 索赔

进口商品常因品质、规格、数量、包装等方面不符合合同规定或发生残损等情况，需要向有关责任方提出索赔。进口索赔的对象主要有卖方、承运人（船公司）和保险公司三个方面。

（1）向卖方索赔。凡属下列情况之一者，均应向卖方索赔：①原装数量不足；②货物品质、规格与合同规定不符；③包装不良致使货物受损；④未按期交货或拒不交货。

索赔时，应备齐索赔单证，包括索赔函件、商检证明书、发票、装箱单、提单副本等。在索赔函件中应提出充足的理由和索赔的具体要求，要做到有理有据，还必须在合同规定的索赔有效期内提出，过期无效。

（2）向承运人（船公司）索赔。凡属下列情况之一者，均应向承运人（船公司）索赔：①交货数量少于提单所载数量；②提单是清洁提单，但货物却有残损、破裂情况，并且是船方责任造成的；③货物所受损失，根据提单或租船合同的有关条款应由船方负责的。

向承运人（船公司）索赔时，收货人必须提交由港务局签发的理货报告及船长或大副签证的短缺或残损证明。按照《海牙规则》（Hague Rules）即《统一提单若干法律规定的国际公约》（International Convention for the Unification of Certain Rules of Law Relating to Bill of Lading）和中国远洋运输公司的规定，向船公司索赔的有效期，应在货物到达目的港交货后一年之内提出索赔，逾期无效。索赔金额要按特定的方法计算。

（3）向保险公司索赔。凡属下列情况之一者，均可向保险公司索赔：①由于自然灾害、意外事故或运输途中其他事故致货物受损并且属于承保险别范围以内者；②有关损失既在承保险别范围之内，又属于船公司的责任，但船公司赔偿金额不足抵偿损失者。

向保险公司提出索赔时，除了要提供索赔清单、发票、装箱单、提单副本外，还须提交保险单、保险公司或其代理人的检验报告等证件。

至于向保险公司提出索赔的期限，一般规定应在保险货物在卸货港全部卸离运输工具后两年内提出索赔。被保险人或保险单受益人在向保险公司索赔时，必须对受损货物享有保险权益者，保险公司才会给予赔偿。

10.5 主要进出口单据

凡是采用信用证支付的合同，结汇单据必须按照信用证规定的单据种类及份数严肃认真地进行缮制。对所有的议付单据，要求做到正确、完整、及时、简明和整洁。通常需要缮制的单据有报验单、报关单、投保单、货物托运单、大副收据、出口收汇核销单、汇票、发票、海运提单、保险单、产地证明书、普惠制单据、装箱单和重量单、检验证书等。现将各种单据的缮制要点介绍如下。

10.5.1 报验单

报验单也称检验申请单，是指根据我国《商检法》规定，针对法定检验的进出口货物向指定商检机关填制和申报货物检验的申请单，其内容一般包括品名、规格、数量（或重量）、包装、产地等项。如需有外文译文时，应注意使中、外文内容一致。

在填制和提交“出口检验申请单”时，要注意按一种商品，一次出运，一个收货人为一批，填写一张出口检验申请单。一般还应附上合同和信用证副本等有关凭据，供商检局检验和发证时参考。

在填写和提交“进口检验申请单”时，国内外贸企业一般应随附货物买卖合同、国外发票、提单、装箱单、重量明细单、质量保证书和国外检验证书等资料。

10.5.2 报关单

报关单是进出口企业在货物装运前向海关申报货物进出口的单据，是海关征收关税的主要凭证，由我国海关总署统一印制，经过进出口地海关审核、签发以后生效。根据货物进出口的情况，又分为“出口货物报关单”和“进口货物报关单”。其主要填写项目为经营单位、贸易性质、贸易国别（地区）、原产国别（地区）、货名、规格及货号、成交价格、数量等。

在提交进出口货物报关单时，一般还须按规定随附如下文件或单证：进出口许可证或批准文件，进出口货物提货单、装货单或运单，进出口货物发票，进出口货物装箱单，减税、免税或免验的证明文件，必要时还须附上货物买卖合同、产地证明等有关单证。

10.5.3 投保单

投保单是进出口企业向保险公司对运输货物进行投保的申请书，也是保险公司据以开立保险单的凭证，保险公司在收到投保单后缮制保险单。

投保单一般是在逐笔投保方式下采用的做法。进出口企业在投保单中要填制的内容包括货物名称、运输标志、包装及数量、保险金额、保险险别、运输工具、开航日期、提单号等。

10.5.4 货物托运单

货物托运单是指托运人根据买卖合同或信用证条款内容填写的向承运人办理货物托运的单证。不同运输方式或运输工具使用不同格式的托运单，现分别介绍如下。

1. 海运托运单

出口企业填写托运单（Booking Note），作为向船方申请租船订舱的依据。承运人根据托运单内容，并结合船舶的航线挂靠港、船期和舱位等条件考虑，认为合适后，即接受这一托运，并在托运单上签章。留存一份，退回托运人一份。至此，订舱手续即告完成，运输合同即告成立。货运服务机构、船公司或其代理人在接受托运人的托运单证后，即发给托运人装货单（Shipping Order）。

海洋运输按运输工具不同有两种运输方式：一种是传统的散货运输，另一种是现代化的集装箱运输，海运托运单又根据这两种不同运输方式分为以下两种。

（1）散货运输托运单。是在装货单和大副收据基础上发展而成的一种多功能单据，一套12联。其内容包括目的港、运输标志、件数和包装式样、货名、运费到付或运费预付、重量、尺码、可否转船、可否分批、装运期和有效期等。

（2）集装箱货物托运单。是指集装箱运输专用出口单证。标准格式一套12联，性质与散装运输托运单相同。此套单据的核心是装货单和场站收据（Dock Receipt），其内容与散装运输托运单基本相同。

2. 陆运托运单

陆运托运单指陆上火车运输，主要分沪港联运和国际联运。两者都纳入货运代理人，为外运公司的货运代理业务范围。为简化工作，各出口单位一般以发票代替托运单，但发票上必须加注必要的项目，如编号、装运期、有效期、可否分批等等，并随附出口报关单、出口收汇核销单、出仓（提货）单等报关的有关单证。

3. 空运托运单

中国民用航空局制定有统一的国际货物托运书（Shipper's Letter of Instruction），其内容与海运托运单大同小异，也与陆运托运单类似。

10.5.5 大副收据

大副收据（Mate's Receipt）指货物装船后，由船长或大副签发给托运人的，表示已收到货物并已装船的临时收据，又称为收货单。托运人凭收货单向外轮代理公司交付运费并换取正式提单。收货单上如有大副批注，则在换取提单时，将该项大副批注转注在提单上。

10.5.6 出口收汇核销单

从1991年1月1日起，我国实施出口收汇核销制度，即对出口货物实行“跟踪结汇”。出口收汇核销单是“跟踪结汇”的管理手段。进出口企业在货物出口前应事先向当地外汇管理局申请领取出口收汇核销单。出口企业在办理出口货物报关时，必须向海关出示填妥内容的核销单，凭填有核销单编号的报关单办理手续。经逐票核对并查验货物无误后，海关在核销单和有核销单编号的报关单上加盖“验讫章”并签注日期，然后将它们交还出口企业。由出口单位将核销单存根随附发票等单据送当地外汇管理部门备案。

出口企业在货物报关后，到银行办理货款的结算，将注有核销单编号的发票随同单据交受托行。若为信用证或托收项下的出口，出口企业在向受托行交单要求议付或托收时，必须提供一联注明核销单编号的发票交银行查存，盖有海关“验讫章”的核销单由出口企业保存。若为汇付方式出口，出口企业应事先向国外进口商告知该批出口货物的核销单编号。当货款汇至银行后，银行将款项解付给出口企业。对一票出口多笔收汇者或多票出口一笔收汇者，应将对应的核销单编号全部填上。如为自行寄单索汇的，由出口企业在结汇后将核销单编号填入结汇水单或收账通知。然后，向外汇管理部门办理核销。外汇管理部门按规定办理核销后，在核销单上加盖“已核销”章，并将其中的出口退税专用联交出口企业办理出口退税之用。

10.5.7 汇票

汇票（Draft /Bill of Exchange）是出口商凭以向进口商要求付款的收款工具，是各种结汇方式中都使用的主要单据之一。一般开具一式两份，两份具有同等效力，在使用中通常注明“付一不付二”或“付二不付一”字样，即其中一份付讫，另一份自动失效。

由于汇票是一种要式的有价证券，所以对其缮制要求不得有误和涂改，否则汇票将无效，从而会影响到安全收汇。

1. 跟单信用证项下汇票缮制的基本要点

（1）出票条款（Drawn under）。汇票上的出票条款也就是开具汇票的根据。跟单信用证项下汇票必须有出票条款，说明与某银行某日期开出的某号信用证的关系，包含三个内容：开证行完整名称、信用证号和开证日期。这三个内容应正确填入汇票相应的空格内：Drawn under（填开证行名称）、L/C No.（填信用证号）、dated（填开证日期）。当采用假远期信用证汇票时，出票条款除了填写上面三个内容外，还需要注明年息。

（2）号码（NO.）。此栏填写商业发票的号码，实际业务中一般留空不填。

（3）汇票金额。汇票金额小写，由货币符号和阿拉伯数字组成，例如，USD300.00。

除非信用证另有规定，汇票金额所使用的货币必须与信用证规定和发票所使用的货币一致。在正常情况下，汇票金额应为发票金额的100%，但以不超过信用证规定的最高金额为限。如信用证规定汇票金额为发票金额的百分之几，例如98%，那么发票金额应为100%，汇票金额为98%，其差额2%一般为应付的佣金。

（4）出票日期。汇票的出票日期一般填交单日，该日期不能早于提单单据的签发期，信用证项下同时不能迟于信用证有效期或《UCP600》规定的交单限期。我国《票据法》规定，汇票应当记载出票日期，否则汇票无效。实务中，汇票的出票日期一般由银行填写，出口企业不填。

（5）付款期限（Tenor）。付款期限是汇票的重要项目，凡没有列明付款期限的汇票，根据《票据法》应认为无效。在缮制汇票付款期限时，应按照信用证的规定填写。按照不同的付款期限，一般可采用下列方式缮制：即期付款，在汇票上的付款期限处，加打“*”或“-”，如AT * * * SIGHT，AT - - - SIGHT；远期付款，在汇票上的付款期限处，加打远期天数和起算期，如AT 30 DAYS AFTER SIGHT（见票后30天付款），90

DAYS AFTER B/L DATE（提单签发后 90 天付款），在汇票空白处应注明提单的具体日期；定期付款，则应填上将来具体的付款到期日，如 At 10 Dec. 2008 fixed，并将汇票上的“Sight”划去。

（6）受款人（Payee）。受款人又称收款人，是汇票的抬头人，是出票人所指定的接受票款的当事人。在国际票据市场上，汇票的抬头人通常有如下三种写法：①指示式抬头，即在受款人栏目中填写“付给×××人的指定人”（Pay to the order of ×××），这种类型是最普遍使用的一种；②限制性抬头，即在受款人栏目中填写“仅付给×××人”（Pay to ××× only）或“限付给×××人，不许转让”（Pay to ××× only not transferable）；③持票人抬头，即在受款人栏目中填写“付给持票人”（Pay to bearer）。

在外贸实务中，汇票的受款人一般都是以银行指示为抬头。信用证项下汇票的受款人，如信用证没有特别规定，汇票的受款人均应填写议付行。

（7）大写金额（The Sum of）。用文字表示并在文字金额后面加上“ONLY”（“整”），防止涂改。大写金额应与上面的小写金额以及所使用的货币一致。如果大写与小写不符，议付行不予接受。

（8）付款人及付款地点（To…）。汇票的付款人（Payer）即汇票的受票人（Drawee），在汇票中表示为“此致……”（to…）。凡是要求开立汇票的信用证，证内一般都指定了付款人，若信用证没有指定付款人，依惯例，制票时以开证行为付款人。如果出现了以信用证申请人为汇票付款人的汇票，银行则视其为附加单据，而不是汇票。

采用信用证支付方式时，汇票上的付款人应按信用证的规定填写。例如：信用证规定“Drawn on applicant”，则汇票是以开证申请人为付款人；如果信用证规定“Drawn on us”或“Drawn on ××× Bank”，则该汇票是以开证行或付款行等为付款人。

（9）出票人及出票地点。出票人（Drawer）即签发汇票的人，在进出口业务中，通常是卖方（信用证的受益人）。

必须注意，采用信用证支付方式时，汇票出票人应为信用证指定的受益人。

2. 跟单托收项下汇票缮制的基本要点

（1）付款期限（Tenor）。①即期付款交单（D/P at sight），在本栏填写“D/P at sight”，即在“At”和“Sight”之间连续打三个“*”然后在“At Sight”前加“D/P”；②远期付款交单（D/P after sight），在“D/P at”与“days after sight”之间填入付款的天数，例如“D/P at 90 days after sight”；③承兑交单（D/A），在“At”与“Sight”之间填入付款的天数，例如“D/A at 45 days after sight”。

（2）受款人。在实际业务中，托收项下汇票的受款人一般使用指示抬头，即以托收行指示方式为受款人，例如“Pay to the order of ××× Bank”。

（3）出票条款（Drawn under）。托收项下的出票条款一般要求列出为某某号合同项下装运多少数量的某商品办理托收，即“Drawn under Contract NO. …against shipment of…（quantity）of…（Commodity）for collection”。例如“Drawn under Contract No. MNS606 against shipment of class－ware for collection”。

（4）付款人（Drawee）。托收项下的付款人，即合同的买方，可根据合同的买方名称、地址填入，以备持票人查找、提示。根据《托收统一规则》规定：托收指示书应列明付款人或提示所在地的完整地址，代收行对于因所提供的地址不完整或不准确而引起的任何延误不承担责任。

10.5.8 发票

发票（Invoice）是进出口贸易结算中使用的最主要的单据之一。我国进出口贸易中使用的发票主要有商业发票、海关发票、形式发票、领事发票及厂商发票等。

商业发票（Commercial Invoice）是出口商对所装运货物的情况进行的详细描述，并凭以向买方收取货款的一种价目总清单，是全套进出口单据的核心。通过发票，进口商对货物的品名、规格、单价、数量、总价等能够有较全面的了解，并凭以对货物进行验收与核对。同时，商业发票也是出口商计账、收付汇、进出口报关及海关统计的依据。在不需要出具汇票时，它还可以作为买方支付货款的依据。

海关发票（Customs Invoice）是根据某些国家（地区）海关的规定，由出口商填制的供进口商凭以报关使用的特定格式的发票，同时也供进口国海关核定货物原产地国，以采取不同的国别政策。

形式发票（Proforma Invoice）是出口商向进口商发出的有关货物名称、规格、单价等内容的非正式的参考性发票，供进口商申请进口批汇用。它只能算是一种简式合同，不能用于托收和议付。

领事发票（Consular Invoice）是拉美、菲律宾等国为了解进口货物的原产地、有无倾销行为等情况而规定的，由进口国驻出口国领事签证的发票，作为征收进口关税的依据，同时签证费用也是领事馆的经费来源之一。

厂商发票（Manufacture's Invoice）是进口国为确定出口商有无倾销行为以及为了进行海关估价、核税和征收反倾销税，而由出口货物的制造厂商所出具的、以本国货币计算的、用来证明出口国国内市场出厂价的发票。

商业发票没有固定的格式，由出口企业自行拟制，但基本栏目大致相同，现就商业发票的基本内容及制单要点介绍如下。

1. 出票人名称

一般而言，出票人即为出口商。发票的出票人有两种表示方法：一是发票的信头直接显示受益人名称，二是由受益人在发票上进行签署。

出票人名称、地址等描述必须醒目、正确，注意一致性。如采用信用证方式收汇，出票人的名称、地址等必须与信用证上受益人的名称、地址等完全一致，同时要注意与其他单据上显示的出口商的名称和地址的一致性。

2. 发票名称

发票名称，即"商业发票"（Commercial Invoice）或"发票"（Invoice）字样。发票名称必须与信用证规定的一致。如果信用证要求是"certified invoice"或"detailed invoice"，则发票的名称也应这样显示。另外在发票的名称中不能有"临时发票（Provisional Invoice）"或"形式发票（Proforma Invoice）"等字样出现。

3. 发票抬头人名称与地址

发票上必须明确显示发票抬头人即付款人的名称、地址（Messrs）。通常情况下抬头人作为进口商，信用证方式下为开证申请人，当采用托收方式支付货款时，本栏应填写合同买方的名称与地址。

4. 出票日期及出票的基础信息

此栏包括发票号码、合同号、信用证号和发票出票日期等。

发票号码（Invoice NO.）由出口商根据本公司的实际情况自行编制。

发票日期（Invoice date）是发票的签发日期。一般而言，商业发票是全套单据中出具最早的，其日期可以早于开证日期，但不得迟于信用证的议付有效期（Expiry date）。

当采用信用证支付方式时，必须标明该笔交易中的信用证号码（L/C NO.）。若信用证没有要求在发票上标明信用证号码或采用其他支付方式时，信用证号码一栏不填。

当采用信用证支付方式时，合同号码（S/C NO.）应与信用证上列明的一致。若一笔交易涉及几个合同时，全部合同号码应在发票上表示出来。

5. 运输资料

运输资料（Transport details）栏填写货物实际的起运港（地）、目的港（地）以及运输方式，如果货物需经转运，应把转运港的名称表示出来。例如：FROM DALIAN TO LONDON W/T HONGKONG BY VELLEL。运输线路、起运地、目的地必须与其他单据上显示的相一致，并且要注明具体的地名。

6. 唛头

唛头（Marks & NOs.）是运输标志，便于货物的装卸、运输等工作。凡是来证有指定唛头的，必须逐字按照规定制唛。如无指定，出口商可自行设计唛头，或用"no mark"

或"N/M"来表示无唛头。按照联合国设计推荐使用的标准化代码，唛头内容由进口商名称的缩写、合同号（或发票号）、目的港、件号几部分组成。

7. 货物描述

货物描述（Description of goods）一般包括货物名称、规格、数量、单价、贸易术语、包装等项目。信用证结算方式项下，商业发票中对货物的描述应与信用证中的描述一致，当使用其他支付方式（如托收）时，货物描述内容应与合同内容一致。填写此栏时应注意以下三点。

（1）信用证只规定了货物的总称，发票应照样显示外，还可加列详细的货名，但不得与总称矛盾。例如：信用证规定"blue cotton wears"，而发票却显示"colored cotton wears"，这显然是错误的。

（2）信用证未规定货物的总称，但列举的货名很详细，则发票应照信用证规定列明。

（3）信用证规定了多种货名，应根据实际发货情况注明其中的一种或几种，不可盲目照抄。除了信用证规定的货物外，发票不能再显示其他货物或免费样品等。

例题 信用证规定货物名称为"Lady's shirts"（女衬衫），而商业发票上的货物名称却为"Garment"（衣服）交单时银行能否接受？为什么？

8. 货物的包装、件数和数量

本栏填写实际装运的包装、件数和数量，并与其他单据相一致。凡"约"、"大概"、"大约"或类似的词语，用于信用证数量时，应理解为交货时数量有不超过10%的增减幅度。

如果信用证规定的货物是以重量（吨、磅）、长度（米、码）、面积（平方米）或体积（立方米）等作为数量单位的，而不是按包装单位或个数记数的，在信用证对货物数量没有不得增减要求和所支取的金额未超过信用证金额的前提下，允许货物数量有5%的增减幅度。

例题 收到国外来证两份：棉布10万码，每码0.40美元，信用证总金额42000美元；服装1000套，每套20美元，信用证总金额21000美元。据此，两证出运的最高数量和金额可分别掌握为（　）。

A. 棉布100000码，40000美元；服装1000套，20000美元

B. 棉布105000码，42000美元；服装1050套，21000美元

C. 棉布105000码，42000美元；服装1000套，20000美元

D. 棉布100000码，40000美元；服装1050套，21000美元

9. 单价

完整的单价（Unit price）由计价货币、计量单位、单位金额、贸易术语四个部分组成。发票中显示的单价和币种必须与信用证的要求一致。凡"约"、"大概"、"大约"或

类似的词语，用于信用证金额时，应理解为有关金额可有不超过10%的增减幅度。填写此栏时应注意以下两点：本栏内容应与左边一栏的数量对应整齐；不要漏填贸易术语。

10. 总值

一般情况下，发票的总值（Amount）不应超过信用证规定的最高金额，以免开证行拒付。同时《UCP600》规定，开证行可以接受金额大于信用证允许金额的商业发票，其决定对有关各方均有约束力，只要该银行对超过信用证允许金额的部分未作承付或者议付。若信用证总值前有“约”、“大概”、“大约”或类似的词语，交货时允许总值有10%的增减幅度。若信用证的金额是扣除佣金后的净值，发票金额处应显示总额减佣金。

11. 声明文句

信用证要求在发票上特别加注船名、原产地、进口许可证号码等声明文句时，发票上必须一一详列。

12. 关于“错漏当查”

“错漏当查”即E & O. E.，是Errors and Omissions Excepted的简称。应该注意的是，当发票已经显示了证明真实、正确等文句时，就不能出现“E & O. E.”的字样。

13. 发票份数

发票提交的份数应与信用证规定的一致，如果信用证中没有特殊要求，其中一份必须是正本。例如信用证要求“in duplicate”或“in two copies”时，所提供的发票中必须有一张是正本。

14. 出单人签名或盖章

商业发票只能由信用证中规定的受益人出具。如果信用证没有规定，用于对外收汇的商业发票不需要签署（但用于报关、退税等国内管理环节的发票，必须签署）。当信用证要求“signed invoice”，这时发票就需要签署，而要求“manually signed invoice”时，该发票必须是手签。

10.5.9 海运提单

海运提单（Bill of Lading）是承运人确认已收到托运人的货物，已装船或待装船，从而签发给托运人的货物收据。由于它由承运人单方面签发，所以也是承运人与托运人之间的运输合同的证明，具有物权凭证的作用，卖方可以通过掌握海运提单来控制货物。

海运提单的制单要点如下。

1. 承运人

提单上必须表明以轮船公司身份注册的承运人（Carrier），以防欺诈，否则银行不予接受。

2. 托运人

托运人（Shipper）即发货人。除信用证另有规定外，托运人一般为受益人，托收方式下为托收的委托人。

3. 收货人

提单的种类较多，其收货人（Consignee）即抬头人的填制内容，必须根据信用证的规定。在实务中绝大多数制成指示性提单，即在收货人栏内制成“凭指定”和“凭托运人指定”。凡指示性提单需进行背书才能有效转让。

4. 被通知人

信用证方式下按规定填写。被通知人（Notify Party）栏必须要有详细的名称和地址。

5. 商品名称

商品名称（Description of goods）即提单上的货名，可以简单表明，不必表明其详细规格。例如，信用证或合同上规定为“Chinese mild steel I—Beams 10 or 12 meters length”，可以概括为“mild steel I—Beams”，但不能把“Chinese Leather Shoes”统称为“Shoes”，因为这样统称改变了商品的特性。

6. 提单签发份数

提单一般由船公司签发一式两份正本，如托运人请求，也可超过两份，具有同等效力。其中一份提货生效时，其他各份立即失效。信用证上要求的所谓“全套提单”是指要求的正本份数，需要多少副本，除按信用证规定外，托运人可根据需要而定。

7. 提单签发日期

提单的日期不得迟于信用证规定的装运期限，亦不得早于开证日期。

8. 提单形式

提单有全式提单和简式提单两种。应采用哪一种形式的提单，除信用证另有规定外，可自行选择。

9. 毛重和体积

毛重和体积（GW & Measurement）栏，若信用证无特别规定，则只填总毛重和总体积。若为集装箱货，毛重包括货物的毛重和集装箱的皮重，体积则按集装箱计。

10. 运费

提单上的运费（Freight & Charges）支付问题，要根据合同或信用证规定的价格条款而定。以 FOB 成交的运费，应注明“运费到付（Freight Collect）”；以 CFR、CIF 成交的运费，应注明“运费预付（Freight prepaid）”。

11. 修改或更正

凡是在需要修改或更正的地方，必须由船公司或其代理人在更改处签字。

12. 承运人签章

提单必须由船公司或其代理人签字才有效。若信用证要求手签，也须照办。

10.5.10 保险单

保险单（Insurance Policy）俗称大保单，是一种正规的保险合同。它如同指示性的海运提单一样，也可由投保人按照信用证规定或由被保险人背书后随物权的转移而转让。目前国内保险公司均出具保险单作为出口贸易的保险凭证。

保险单也是议付货款不可缺少的装运单据之一。在填制保险单时，应注意以下问题。

1. 发票号码

发票号码（Invoice No.）栏填写投保货物商业发票的号码。

2. 被保险人

被保险人（Insured）又称保险单的抬头人。填写此栏时应注意以下四点。

（1）采用信用证时，如信用证无特别规定，保险单的被保险人应是信用证上的受益人。按照习惯，被保险人一栏中填写出口商的名称，并加空白背书，便于保单办理过户转让。

（2）如果信用证要求保险单为 to order of ××× Bank 或 in favor of ××× Bank，可在被保险人处填写"出口商名称 + Held to order of ×××Bank（或 in favor of ××× Bank）"。

（3）如果信用证有特殊要求，所有单据以×××为抬头人，那么应在被保险人栏以×××为被保险人，这种保险单就不要背书。

（4）在 CIF 或 CIP 价格条件下，被保险人即为卖方（出口商），信用证方式下指的是受益人，托收方式下为委托人。但是实际发生货损时，索赔的权益是买方（进口商），所以保险单以卖方为保险人时，卖方要在保险单的背面进行背书，以示索赔权益转让给保险单的持有人，同时受让人则负担被保险人的义务。

3. 保险货物项目

保险货物项目（Description of Goods）栏应按发票品名填写，如品名繁多，可使用统称，即可与提单上名称相同。

4. 包装及数量

与提单相同，填写最大包装的总件数。裸装货物填写货物本身件数，散装货物填写货物净重，有包装但以重量计价的应同时填写总件数和计价总重量。

5. 保险金额

保险金额（Amount Insured）是指保险人承担赔偿或者给付保险金责任的最高限额（已包括贸易方利润），这是计收保险费的基础。保险金额按照合同和信用证上的要求填制，至少是货物的 CIF 或 CIP 价的 110%。如 CIF、CIP 价无法确定，则以发票金额加一成（即 110% 的发票金额）填写。

6. 承保险别

在实际工作中，出口商只需在副本上填写承保险别（Conditions）栏目的内容，当全套保险单填好交给保险公司审核确认时，才由保险公司把承保险别的详细内容加注在正本保险单上。填制时应注意以下方面的内容。

（1）此栏应严格根据信用证或合同中规定的保险条款要求填写，为了避免混乱和误解，最好按信用证规定的顺序填写。

（2）如果信用证没规定具体险别，或只规定“Marine Risk”、“Usual Risk”或“Transport Risk”等，则可投保一切险（All Risks）、水渍险（W. A. 或 W. P. A.）、平安险（F. P. A）三种基本险中的任何一种。

（3）如果信用证规定的承保险别超出了合同规定，或成交价格为 FOB 或 CFR，应由买方投险，但信用证规定由卖方投险，遇到这种情况应与买方交涉，在买方同意支付额外保险费的情况下，按信用证规定的险别投保。否则，应要求取消此条款。

（4）目前，在我国进出口货物运输保险业务中，通常采用中国人民保险公司（PICC）规定的《中国保险条款》（China Insurance Clause，简称 CIC），而国际上许多国家和地区的保险公司在国家货物运输保险业务中往往采用英国保险业协会制定的《英国伦敦协会货物保险条款》（Institute Cargo Clause，简称 ICC），因此在审核信用证时，要注意这一问题。

7. 标记

此栏填制装运唛头，与发票、提单上同一栏目内容相同或填上“as per invoice NO. ×××”。但如果信用证规定所有单据均要显示装运唛头，则此栏应按实际唛头缮制。

8. 总保险金额

总保险金额（Total Amount Insured）栏目只需将保险金额以大写的形式填入，计价货币也应以全称形式填入。注意：保险金额使用的货币单位应与信用证中的一致，保险总金额大写应与保险金额的阿拉伯数字一致，并在末尾加“ONLY”以防涂改。

9. 费率

费率（Rate）栏一般由保险公司填制或已印上“as arranged”字样，出口商在填写保险单时无须填写。

10. 保险费

保险费（Premium）栏一般由保险公司填制或已印好“as arranged”字样，出口商在填写保险单时无须填写。但如信用证上要求：“INSURANCE POLICY ENDORSED IN BLANK FULL INVOICE VALUE PLUS 10% MARKED PREMIUM PAID”时，此栏就填入“PAID”或把已印好的“AS ARRANGED”删去加盖校对章后打上“PAID”字样。

11. 装载运输工具

装载运输工具（Per Conveyance S. S）栏应按照实际情况填写，当运输由两段或两段以上运程完成时，应把各程运输的船只名填在上面，如提单上的一程船名是“Mayer”，二程船名为“Dongfeng”，本栏应这样填：“Mayer/Dongfeng”，以此类推。

12. 起讫地点

此栏填制货物实际装运的起运港口和目的港口名称，货物如转船，也应把转船地点填上，如：FROM SHANGHAI，CHINA TO NEW YORK，USA VIA HONGKONG（OR W/T HONGKONG）。如海运至目的港，保险承保到内陆城市，应在目的港后注明该内陆城市，例如：FROM SHANGHAI TO NEW YORK AND THENCE TO CHICAGO。

13. 开船日期

开船日期（Sailing On or About）栏填制提单的签发日期或签发日期前5天内的任何一天，或可简单填上AS PER B/L。

14. 赔款偿付地点

通常将运输目的地作为赔款偿付地点（Claim Payable at…），在此栏填写目的地名称。赔款货币为投保金额相同的货币。

15. 日期

此栏填制保险单的签发日期。由于保险公司提供仓至仓服务，所以保险手续应在货物离开出口方仓库前办理，保险单的签发日期应不早于货物离开仓库的日期和不晚于提单签发的日期。

16. 投保地点

此栏填写投保地点（Place）的名称，一般为装运港（地）名称。

17. 特殊条款

如信用证和合同中对保险单据有特殊要求就填在特殊条款（Special Conditions）栏中。如来证要求“L/C No. MUST BE INDICATED IN All DOCUMENTS”，即在此栏中填入信用证号码。

18. 保险单的份数和“ORIGINAL”字样

当信用证没有特别说明保险单份数时，出口商一般提交一套完整的保险单（一份正本 original，一份复联本 duplicate）。当信用证要求提供的保险单"in duplicate/in two folds/in 2 copies"时，出口商提交给议付行的是正本保险单和复联本保险单构成全套保险单。其中的正本保险单可经背书转让。

根据《跟单信用证统一惯例》规定，正本保险单必须有"ORIGINAL"字样。在实际工作中，可根据信用证或合同规定使用一份、两份或三份正本保单，每份正本上分别印有"第一正本"（the first original）、"第二正本"（the second original）及"第三正本"（the third original）以示区别。

10.5.11 产地证明书

产地证明书（Certificate of Origin）是因进口人的要求，由出口国有关政府部门——商检局、国际贸易促进委员会，或按信用证指定的部门签发的证明书，以证明出口货物的原产地。作为装运单据的一种，有的进口国把该证书作为海关按互惠约定征税的依据，有的进口国因国别政策或限制性政策的需要，规定进口人提供产地证明书。缮制时应注意以下问题。

（1）收货人的名称及地址，必须无误地按信用证记载填列。

（2）品名、品质、数量、价格等必须与其他有关单证完全一致。

（3）要以醒目的字样表示商品的原产地。

例如：兹证明该货的原产地为中华人民共和国（This is to certify that the origin of the goods is the People's Republic Of China）。

（4）签发日期不得迟于有关货物的提单日期。

（5）所需份数应与信用证规定相符。

10.5.12 普惠制单据

普遍优惠制（简称普惠制，Genernalized System of Preferences Documents），是发达国家对发展中国家出口的产品实行普遍的、非互惠的、非歧视性的一种优惠制度，即在给惠国进口商品时，减免进口关税，提高发展中国家的商品竞争能力，它比最惠国待遇更优惠。现有欧洲经济共同体、日本、新西兰、比利时、澳大利亚、加拿大等十多个国家给我国以普惠制待遇。美国尚未给我国以普惠制待遇。

凡是享受普惠制待遇的国家，在产品出口时要提供普惠制单证。现常用的普惠制单证如下。

（1）表格 A 产地证（GSP Certificate of Origin Form A），适用于一般商品，由出口公司填制，并经国家出入境检验检疫局签证出具。

（2）纺织品产地证（Certificate of Origin of Textile Products）。适用于纺织品类，由中国进出口商品检验局签发。

（3）纺织品出口许可证（Export Licence of Textile Products）。适用于配额纺织品，限额品种控制严格，由出口地外贸主管部门签发。

（4）手工制纺织品产地证（Certificate in regard to Handlooms, Textile Handcrafts and Traditional Textile Products of the Cottage Industry）。适用于手工制纺织品类，由国家出入境检验检疫局签发。

（5）纺织品装船证明（Shipment Certificate of Textile Products）。适用于无配额的毛呢产品，由出口地外贸主管部门签发。

对上述单据内容的填制，力求做到正确，并符合各个项目的要求，如一旦填错，就可能丧失享受普惠制待遇的机会。因此，在填制普惠制单证明时，应注意以下问题：①必须按表内容如实填写，不得弄虚作假；②各表内容与商业发票记载相符；③凡是属配额商品，要列明海关税则和配额年度；④凡是以 CFR、CIF 价成交的货物，应根据要求分解各种费用，以 FOB 价填列，并注意计价货币的换算；⑤普惠制各单证的签发日期不迟于提单日期；⑥单证应以手签为准；⑦凡是出口货物含进口成分的必须填明进口成分的百分比（如对加拿大出口的产品，进口成分不超过 40%），并提交“含进口成分受惠商品成本明细单”；⑧在签证或给惠国要求查询时，应提供合同、信用证、来往函电及有关单据。

10.5.13 装箱单和重量单

装箱单又称花色码单，列明每批货物的逐件花色搭配；重量单则列明每件货物的毛、净重。装箱单和重量单（Packing List and Weight Memo）又称包装单，用以证明装运货物的详细情况。它们与商业发票有密切的关系。商业发票上货物的数量和重量可以是笼统的，而装箱单和重量单上的数量和重量要详细具体。这两种单据是用来补充商业发票内容的不足，既是交接运输货物的凭证，又是计算运费、海关验货、商检、索赔的依据。

缮制包装单时应注意以下问题。

（1）编号。装箱单和重量单的编号可以与有关商业发票号一致，并注明“Relating to Invoice No.”字样。一般不再另行编号。

（2）日期。制单日期要与商业发票日期相符。

（3）商品说明。单内商品名称、规格、数量、包装等必须与出口合同和信用证规定相一致，不能从简。

（4）唛头和件数。唛头必须是买卖双方商量的，不能任意改变，更不能错刷或漏刷；发运货物的件数必须有连续编号。例如：“C/S Nos 1—50 ”。如果在发现漏装或刷唛后发现漏了编号，或其中有一件或数件发生问题，须经退关而不能装船时，应在本单和提单上的件数编号前同时注明“Ex”，以表示有缺号。

（5）包装类型。货物的包装必须根据合同和信用证规定如实填列，并与实际包装相符。

（6）签署。应由发货人签署。

10.5.14 检验证书

商品检验证书是由中国出入境检验检疫局以国家行政机构的身份，对进出口商品进行检验和鉴定后对外签发的、具有法律效力的证书。它是证明卖方所交货物与合同规定是否相符的依据，也是报关验放的有效凭证。

我国对进出口商品的检验有法定检验和鉴定业务两类。对于需要检验的商品，均要在出口报关前到商检机构申请商品检验。否则，凡属法定检验的商品，若报关单上没有“商品检验放行章”，海关将不接受申报，而非法定检验但必须要商品检验并出具证明的商品，若未经商检机构检验和发证的，有关银行将不予以结汇。

商检证书有品质检验证书、重量或数量检验证书、兽医检验证、卫生证、熏蒸消毒证等。是分别用以证明货物的品质、数量、重量和卫生条件等的，应注意证书的名称及所列项目或检验结果，应与合同及信用证规定相同。

10.5.15 制单结汇的基本原则

如前所述，开证行只有在审核单据与信用证表面完全相符后，才承担付款的责任。开证行如发现出口商所提交的单据与信用证有任何不符，均有可能出现拒付货款的情况。因此，结汇单据的缮制是否正确完备与安全迅速收汇有着十分重要的关系。对于结汇单据，一般都要本着“正确、完整、及时、简明、整洁”的原则来制作和审核。

（1）正确。制作单据只有做到内容正确，才能保证及时收汇，单据应做到两个一致，即“单证一致”（指单据与信用证一致）、“单单一致”（指单据与单据一致）。此外，还应注意单据对货物的描述与实际装运货物相一致。这样，单据才能真实地代表货物，以免发生错装错运事故。

（2）完整。单据的完整是指信用证规定的各项单据必须齐全，不能短缺，单据的份数和单据本身的项目等都必须完整。

（3）及时。制作单据必须及时，并应在信用证规定的交单期或《UCP500》规定的交单有效期内将各项单据送交指定的银行办理议付、付款或承兑手续。如有可能，最好在货物装运前，先将有关单据送交银行预审，以便有较充裕的时间来检查单据，及早发现其中的差错并进行改正。如有必要，也可及早联系国外买方办理修改信用证，以免在货物出运后不能收汇。

（4）简明。单据内容应按信用证规定和有关的国际惯例填写，力求简单明了，切勿加列不必要的内容，以免弄巧成拙。

（5）整洁。单据的布局要美观大方，缮写或打印的字迹要清楚，单据表面要整洁，更改的地方要加盖校对图章。有些单据，如提单、汇票以及其他一些重要单据的主要项目，如金额、件数、数量、重量等，不宜更改。

（以上有关单据见附录。）

>> 本章小结

国际货物买卖合同成立后，双方就各自享有合同所规定的权利和承担约定的义务。我国的出口交易多以 CIF 或 CFR 价格条件为主。在此条件下，出口合同的履行环节主要包括货（备货、报验）、证（催证、审证和改证）、船（办理货运手续、报关、投保）、款（制单结汇）四个环节。

我国的进口交易多以 FOB 价格术语，即期信用证支付方式成交为主，其履行程序是开立信用证、派船接运货物、投保货运险、办理保险、审单和付汇、报关、纳税、验收和拨交等。

凡是采用信用证支付的合同，结汇单据必须按照信用证规定的单据种类及份数严肃认真地进行缮制。对所有的议付单据，要求做到正确、完整、及时、简明和整洁。通常需要缮制的单据有报验单、报关单、投保单、货物托运单、大副收据、出口收汇核销单、汇票、发票、海运提单、保险单、产地证明书、普惠制单据、装箱单和重量单、检验证书等。

要重点学习和掌握进出口合同履行中所涉及的各项业务的内容及各类单据的缮制要点。

>> 本章关键词

开证申请书（Application for Letter of Credit）

托运单（Booking Note）

装货单（Shipping Order）

大副收据（Mate's Receipt）

场站收据（Dock Receipt）

汇票（Draft /Bill of Exchange）

发票（Invoice）

海运提单（Bill of Lading）

保险单（Insurance Policy）

产地证明书（Certificate of Origin）

普惠制单据（Generalized System of Preferences Documents）

装箱单和重量单（Packing List and Weight Memo）

>> 复习与思考

【选择题】

1. 在出口业务中，对信用证的审核单位是（　）。
   A. 银行　B. 出口商
   C. 出口商和银行　D. 保险公司
2. 出口企业在收到信用证后，应对照合同和（　）对信用证内容进行审核。
   A.《联合国国际货物买卖合同公约》B.《跟单信用证统一惯例》
   C.《2000 通则》　D. 我国的《合同法》
3. 出口方审证后有不能接受之处应向（　）提出进行修改。
   A. 开证行　B. 开证申请人
   C. 通知行　D. 付款行
4. 议付信用证的汇票的收款人通常为（　）。
   A. 受益人　B. 通知行
   C. 出口商　D. 议付行
5. 出口报关的时间应是（　）。
   A. 备货前　B. 装船前
   C. 装船后　D. 货到目的港后

6. 在贸易实践中，信用证的装运期和有效期的确定最好是（　）。

A. 不在同一日期　　B. 装运期应该早于有效期

C. 有效期应该早于装运期　　D. 同一日期

7. 海运提单收货人栏内显示“TO ORDER”，表示该提单（　）。

A. 不可转让　　B. 经背书后可以转让

C. 不经背书即可转让　　D. 可以由持有人提货

8. 班轮运输中的收货单由（　）签署。

A. 托运人　　B. 收货人

C. 船长　　D. 大副

9. 进口方有权拒绝付款赎单的理由为（　）。

A. 货物与合同不符　　B. 信用证与合同不符

C. 单据与信用证不符　　D. 单据与合同不符

【简答题】

1. 采用 CIF 条件和信用证支付方式的出口合同履行过程中一般包括哪些环节?
2. 出口企业在备货过程中应注意那些事项?
3. 当前我国出口结汇有哪几种方式?
4. 请写出进口交易的合同履行全过程，贸易条件为 FOB 条件和即期信用证付款。
5. 申请开立信用证时，应注意哪些问题?
6. 制单结汇过程中应做到哪几点?

【案例分析题】

我国北方某化工进出口公司和美国尼克公司以 CFR 青岛条件订立了进口化肥 5000 吨的合同，依合同规定我方公司开出以美国尼克公司为受益人的不可撤销的跟单信用证，总金额为 280 万美元。双方约定如发生争议则提交中国国际经济贸易仲裁委员会上海分会仲裁。2002 年 5 月货物装船后，美国尼克公司持包括提单在内的全套单据在银行议付了货款。货到青岛后，我方公司发现化肥有严重质量问题，立即请当地商检机构进行了检验，证实该批化肥是没有太大实用价值的饲料。于是，我方公司持商检证明要求银行追回已付款项，否则将拒绝向银行支付货款。根据上述情况，试问:

（1）银行是否应追回已付货款? 为什么?

（2）我方公司是否有权拒绝向银行付款? 为什么?

（3）中国国际经济贸易仲裁委员会是否有权受理此案? 依据是什么?

（4）我方公司应采取什么补救措施?

汇　票

BILL OF EXCHANGE

凭　　　　　　　　　　　　　　　　　　　　　　　　　　　信用证或购买证

Drawn under ______________________ L/C or A/P No. ______________________

日期　　　　　年　　月　　日　支取　按　　　　　年　息　　　　付　款

Dated ______________________ Payable with interest@ ______________ % Per annum

号码　　　　　　　　汇票金额　　　　　　　　中国，合肥　　　年　月　日

No. ______________ Exchange for ______________ Hefei, China ______________

见票　　　　　　　　　日后（本汇票之副本未付）付

At ______________ sight of this FIRST of Exchange (Second of the same tenor and date unpaid) pay to the order of ____

金额

the sum of ____

此致

To ____

安徽省包装进出口有限公司

ANHUI PROVINCE PACKING IMP. & EXP. CO., LTD.

发　　票

ZHENGCHANG TRADING CO. , LTD.

NO. 168 XUSHI ROAD HUZHOU ZHEJIANG

Commercial Invoice

Date:

To:　　　　　　　　　　　　　　　　Invoice No:

Contract No:

From:	to:	Letter of credit No:	
Issued by :			
Marks & Numbers	Quantities and Descriptions	Unit Price	Amount

ZHENGCHANG TRADING CO. , LTD.

海运提单

<table>
<tr><td colspan="6">BILL OF LADING</td></tr>
<tr><td colspan="3">SHIPPER</td><td colspan="3" rowspan="7">B/L NO：
CARRIER：
COSCO
中国远洋运输（集团）总公司
CHINA OCEAN SHIPPING（GROUP）CO.
ORIGINAL

COMBINED TRANSPORT
BILL OF LADING</td></tr>
<tr><td colspan="3">CONSIGNEE</td></tr>
<tr><td colspan="3">NOTIFY PARTY</td></tr>
<tr><td>PLACE OF RECEIPT</td><td colspan="2">OCEAN VESSEL</td></tr>
<tr><td>VOYAGE NO.</td><td colspan="2">PORT OF LOADING</td></tr>
<tr><td rowspan="2">PORY OF DISCHARGE</td><td colspan="2" rowspan="2">PLACE OF DELIVERY</td></tr>
<tr></tr>
<tr><td colspan="6">MARKS NOS. &KINGS OF PKGS. DESCRIPTION OF GOODS G. W. MEAS（M3）</td></tr>
<tr><td colspan="6"></td></tr>
<tr><td colspan="6">TOTAL NUMBER OF CONTAINERS OR PACKAGES（IN WORDS）</td></tr>
<tr><td>FREIGHT & CHARGES</td><td>REVENUE TONS</td><td>RATE</td><td>PER</td><td>PREPAID</td><td>COLLECT</td></tr>
<tr><td>PREPAID AT</td><td colspan="2">PAYABLE AT</td><td colspan="3" rowspan="2">PLACE AND DATE OF ISSUE</td></tr>
<tr><td>TOTAL PREPAID</td><td colspan="2">NUMBER OF ORIGINAL B（S）L</td></tr>
<tr><td colspan="3">LOADING ON BOARD THE VESSEL
DATE BY</td><td colspan="3"></td></tr>
</table>

保 险 单

中国人民保险公司

THE PEOPLE'S INSURANCE COMPANY OF CHINA

总公司设于北京　　　　1949 年创立

Head office: BEIJING　　　　Established in 1949

发票号码

保险单号次　　　　　　　　　　　　　　　　**保 险 单**

INVOICE NO.　　　　　　　　　　　　　　　**INSURANCE POLICY**

POLICY NO.

中国人民保险公司（以下简称本公司）根据 ＿＿＿＿＿＿（以下简称为被保险人）的要求由被保险人向本公司缴付约定的保险费，按照本保险单承保险别和背后所载条款与下列特款承保下述货物运输保险，特立本保险单。

THIS POLICY OF INSURANCE WITNESSES THAT THE PEOPLE'S INSURANCE COMPANY OF CHINA (HERINAFTER CALLED "THE COMPANY") AT THE REQUEST OF (HEREINAFTER CALLED "THE INSURED") AND IN CONSIDERATION OF THE AGREED PREMIUM BEING TO THE COMPANY BY THE INSURED, UNDERTAKES TO INSURE THE UNDERMENTIONED GOODS IN TRANSPORTATION SUBJECT TO THE CONDITIONS OF THE POLICY AS PER THE CLAUSES PRINTED OVERLEAF AND OTHER SPECIAL CLAUSES ATTACHED HEREON.

标 记 MARKS & NOS.	包装及数量 QUANTITY	保险货物项目 DESCRIPTION	保 险 金 额 AMOUNT INSURED

总保险金额

TOTAL AMOUNT INSURED

保费　　　　　　　　　　费率　　　　　　　　　　装载工具

PREMIUM AS ARRANGED　　RATE AS ARRANGED　　PER CONVEYANCE S. S.

开航日期　　　　　　　　自　　　　　　　至

SLG. ON OR ABT. ＿＿＿＿＿＿ FROM ＿＿＿＿＿＿ TO ＿＿＿＿＿＿

承保险别

CONDITIONS

所保货物，如遇风险，本公司凭本保险单及其有关证件给付赔款。所保货物，如发生保险单项下负责赔偿的损失或事故，应立即通知本公司下述代理人查勘。

CLAIMS, IF ANY PAYABLE OF SURRENDER OF THIS POLICY TOGETHER WITH OTHER RELEVANT DOCUMENTS. IN THE EVENT OF ACCIDENT WHEREBY LOSS OR DAMAGE MAY RESSULT IN A CLAIM UNDER THIS POLICY IMMEDIATE NOTICE APPLYING FOR SURVEY MUST BE GIVEN TO THE COMPANY'S AGENT AS MENTIONED HEREUNDER:

中国人民保险公司

THE PIOPLE'S INSURANCE CO. OF CHINA

赔款偿付地点

CLAIM PAYABLE AT/IN ________ GENERAL MANAGER

出单公司地址

ADDRESS OF ISSUING OFFICE ________

日期

DATE ________

产地证明书

<table>
<tr><td colspan="5">ORIGINAL</td></tr>
<tr><td colspan="2">Exporter (full name and address)</td><td colspan="3" rowspan="2">Certificate No:

CERTIFICATE OF ORIGIN
OF
THE PEOPLE'S REPUBLIC OF CHINA</td></tr>
<tr><td colspan="2">Consignee (full name, address, country)</td></tr>
<tr><td colspan="2">Means of transport and route</td><td colspan="3" rowspan="2">For certifying authority use only</td></tr>
<tr><td colspan="2">Destination port</td></tr>
<tr><td>Marks and Numbers of package</td><td>Description of goods: number and kind of package</td><td>H. S. Code</td><td>Quantity or weight</td><td>Number and date of invoice</td></tr>
<tr><td colspan="2">Declaration by the exporter
The undersigned hereby declares that the above details and statements are correct; that all the goods were produced in China and that they comply with the Rules of Origin of the People's of China.

Place and date. Signature and stamp of authorized signatory</td><td colspan="3">Certification
It is hereby certified that the declaration by the exporter is correct.

Place and date, signature and stamp of certifying authority</td></tr>
</table>

普惠制产地证明书

GSP FORM A

<table>
<tr><td colspan="3">Goods consigned from (Exporter's business name, address, country)</td><td colspan="3">Reference No.

GENERALIZED SYSTEM OF PREFERENCES
CERTIFICATE OF ORIGIN
(Combined declaration and certificate)
FORM A</td></tr>
<tr><td colspan="3">Goods consigned to (Consignee's name, address, country)</td><td colspan="3">Issued in THE PEOPLE'S REPUBLIC OF CHINA
(country)

See Notes overleaf</td></tr>
<tr><td colspan="3">Means of transport and route (as far as known)</td><td colspan="3">For official use</td></tr>
<tr><td>Item number</td><td>Marks and numbers of packages</td><td>Number and kind of packages; description of goods</td><td>Origin criterion (see Notes overleaf)</td><td>Gross weight or other quantity</td><td>Number and date of invoices</td></tr>
<tr><td></td><td></td><td></td><td></td><td></td><td></td></tr>
</table>

Certification It is hereby certified, on the basis of control carried out, that the declaration by the exporter is correct	Declaration by the exporter The undersigned hereby declares that the above details and statements are correct; that all the goods were produced in ---------------(country)--------------- and that they comply with origin requirements specified for those goods in the Generalized System of Preferences for goods exported to ---------------(importing country)---------------
Place and date. signature and stamp of certifying authority	Place and date. Signature of authorized signatory.

装 箱 单

GSP FORM A

YITIAN TRADING CO., LTD.

NO. 233 DANGSHAN ROAD HEFEI ANHUI

PACKING LIST

Date:

Invoice No.:

Contract No.:

Marks & Numbers	Descriptions	Quantity	Weight		Measurement
			Net	Gross	

YITIAN TRADING CO., LTD.

检验证书

中华人民共和国上海出入境检验检疫局

SHANGHAI IMPORT & EXPORT COMMODITY INSPECTION BUREAU 正本

OF THE PEOPLE'S REPUBLIC OF CHINA ORIGINAL

No. (13051)

日期 Date：

地址：上海市中山东一路13号

Address：13. Zhongshan Road

(E. I.)，Shanghai

电报：上海 2914

Cable：2914，SHANGHAI

电话：Tel：63211285

检 验 证 书

INSPECTTON CERTIFICATE

OF QUALITY

发货人：

Consignor：--------------------

受货人：

Consignee：--------------------

品名：

Commodity --------------------

标记及号码：

Marks & No.

报验数量/重量：

Quantity/Weight

Declared：--------------------

检验结果：

RESULTS OF INSPECTION：

主任检验员：

Chief Inspector

国际贸易方式

11

第11章

>> 学习目标

要求学生了解和掌握国际货物买卖中除常用的逐笔销售以外的其他贸易方式的概念、特点，以及各种贸易方式的内容、运行过程及其适用条件，及使用各种贸易方式应注意的问题。

案例导入

某公司研制出一种产品，为打开产品的销路，公司决定将产品运往俄罗斯，采用寄售方式出售商品。在代售方出售商品后，我方收到对方的结算清单，其中包括商品在寄售前所花费有关费用的收据。问：寄售方式下，商品寄售前有关费用由谁承担？为什么？

国际贸易方式是国际贸易中所采用的各种具体交易方法的总称，即通过什么渠道、途径、方法和形式，迅速有效地将商品销售出去，或买进合适的商品。目前进行交易的方式多种多样，除逐笔销售外，还有经销、代理、寄售、展卖、招标和投标、拍卖、对销贸易及加工贸易等。本章就是对这些灵活多样的贸易方式的重点阐述。

11.1 经销

11.1.1 经销的概念和性质

经销（Distribution）是指出口商（Supplier）就某一种商品的售价、数量、销售地区、期限和其他主要事项与国外经销商（Distributor）达成书面协议，利用国外经销商推销商品的一种做法。

经销商利用自己的信誉和资金进行买卖业务，与出口商的关系是买卖关系。经销商自付资金购买出口人的货物，自行销售，自负盈亏，自担风险。

11.1.2 经销的种类

经销的具体做法有两种。一种是一般经销，也称定销，指经销商不享受独家经营权，供货商可在同一时间、同一区域内确定几个商家经销同类商品。另一种是独家经销（Sole Distribution），也称包销（Exclusive Sales），指出口商就指定商品，授予经销商在一定期限内，在指定区域范围内独家经营的权利。出口商承诺在协议有效期内不向包销地区内的其他客户出售包销商品。

定销与包销方式的相同点是：出口人与定销人之间同出口人与包销人之间一样，都是售定性质的买卖关系，因而协议的内容基本相同。

定销与包销方式的不同之处在于：包销人享有独家专营权，而定销人无此权利，可能同一种商品在同一时间同一地区有多个定销人。

包销方式的优点如下。

（1）通过专营权的给予，有利于调动包销商经营的积极性，利用包销商的销售渠道，巩固和扩大市场。因为在包销协议的约束下，出口商和经销商有着共同的目标和利益，出口商通常要在价格、支付条件等方面给予经销商一定程度的优惠，从而能促使对方专心销售指定的商品，也能在广告促销和售后服务中作较多的投入。

(2) 可减少多头经营产生的自相竞争的弊端，更有效地实现一定的价格管理和销售目标。

(3) 有利于有计划地组织生产和供货。双方有着稳定的利益关系，出口商就能够对市场销售作全面、系统和长期的规划和安排，制订近期和远期的销售策略。

包销方式的缺点如下。

(1) 包销商可能利用其垄断地位操纵价格和控制市场。有的包销商利用自己多年来独家专营所形成的特殊地位，反过来制约出口商，如故意压低价格、在其他方面讨价还价等，使对方蒙受损失。

(2) 包销商可能还经营其他出口企业的商品，使其不能专心经营约定的商品。

(3) 若包销商经营能力差，会出现“包而不销”的情况，出口商又不能向其他商人销售，从而减少了销量，失掉了客户。由于包销是包销商买断商品后再自行销售，所以包销商要有一定的资金投入和承担销售风险，若包销商资金不足或销售能力差，则有可能形成“包而不销”的局面。因此，对出口商来说，选择一个合适的包销商是成功采用这一贸易方式的关键所在。

11.1.3 经销协议的基本内容

经销协议（Distributorship Agreement）是经销商和供货商规定双方权利与义务、确定双方关系的法律性文件。一般来说，经销协议主要包括以下内容：①经销商品的范围；②经销数量和金额；③经销的区域；④作价的方法；⑤经销期限和终止条款；⑥经销商的其他义务，如广告宣传、市场调研和维护供货商的合法权益等。

11.1.4 采用经销方式出口应注意的问题

(1) 慎重选择独家经销商。选择独家经销商时，既要考虑其政治态度，又要注意资信情况、经营能力及其在该地区的商业地位。

(2) 包销地区要根据包销商的经营规模和经营能力来确定，一般来说包销范围不宜过大。

(3) 首次合作时，可订立一定时间段的试销期。一般规定为三个月，期满后视情况再续约。

(4) 明确规定经销人承购的最低限额。规定独家经销数量或金额的大小，应参照我货源的可能和市场的容纳量以及我们的经营意图来决定。为了扩大推销某类商品，还可允许独家经销商超额承购，并对超额完成部分给予对方一定比例的奖金。

（5）在规定专卖权的同时，一定要明确专买权。即包销商承诺只向协议出口方购买该项商品，不得向第三者购买同类商品或有竞争性的替代品。

11.2 代理

11.2.1 代理的种类

所谓代理（Agency），是指代理人按照委托人（Principal）的授权（Authorization），代表委托人与第三人订立合同或从事其他法律行为，由此产生的权利和义务由委托人直接负责。

代理的种类很多，按照委托人授权的大小，可以分为总代理、独家代理和一般代理；按照代理业务的性质，可以分为销售代理、采购代理、运输代理、保险代理、广告代理、投标代理和诉讼代理等。国际贸易中的代理主要指的是销售代理。

1. 总代理

总代理（General Agent），是在指定地区委托人的全权代表。他除了能代表委托人签订买卖合同、处理货物外，还有权代表委托人指派分代理，并可分享分代理的佣金。

2. 一般代理或佣金代理

一般代理（Agent），又称佣金代理（Commission Agent），是指在同一地区和期限内，委托人可以同时委托几家为代理人，委托人自己也可以直接向该地区发货销售。委托人按代理协议规定或以实际推销商品额的百分比向代理人计付佣金。委托人向该地区直接发货销售，代理人不能计取酬金。

3. 独家代理

独家代理（Solo Agent or Exclusive Agent）是指在约定地区和时期内，由他独家代表委托人从事营销活动，享有指定商品的专营权。按协议委托人在该地区不得再找第二代理人。代理人也不应再作其他委托人的代理人。为保证独家代理的利益，一般协议规定委托人向指定代理地区的买主达成协议，直接供货，不论是否经过代理人居间活动，都应向独家代理人计付佣金。

11.2.2 代理的性质与特点

委托人与代理商之间是一种委托代理关系，双方的权利义务均由代理协议规定。代理商只能在委托人给予的权限范围内以委托人名义进行贸易活动并不承担贸易风险，取得以佣金为形式的报酬。

独家代理方式与包销的相同点在于：二者都具有垄断性质，都有在指定地区和期限内对某种商品专营的权利；二者都能调动包销商和独家代理商经营商品的积极性。

二者的区别如下。

（1）当事人之间的关系不同。包销商与出口商之间是买卖关系，而代理人与委托人之间是委托代理关系。独家经销商从供货商那里购进货物再转手卖给当地客户，完全是为了自己的利益，要自负盈亏。代理人是作为委托人的代表，是为委托人在当地推销货物而提供服务的。代理人的行为不能超过授权范围。当代理人根据授权，代表委托人与当地客户签订合同后，应由委托人履行合同中规定的义务。

（2）承担风险不同。包销商承担经营风险；代理商不承担经营风险。

（3）取得的报酬不同。包销商赚取利润，独家代理商赚取的是佣金。

11.2.3 销售代理协议

代理协议是明确协议双方委托人与代理人之间权利与义务的法律文件。其主要内容包括下列几项。

1. 协议双方当事人的基本关系

通常代理协议的双方为委托人及代理人，代理人以货主的名义从事业务活动。协议双方当事人是独立的、自主的法人或自然人，协议中要明确每一方的全称、地址、法律地位、业务种类以及注册日期和地点等。

2. 指定的代理商品

在协议中应明确说明代理商品的品名、种类、规格、牌号和型号等。

3. 指定的代理地区

代理地区是指代理人有权开展代理业务的地区。独家代理同独家经销一样，代理的范围不宜过大。

4. 授予代理的权利

该条款的内容差异程度较大，取决于不同性质的代理人。独家代理拥有专营权。是否授予专营权是独家代理和一般代理的主要区别。

5. 协议有效期及中止条款

按照国际市场的一般习惯做法，代理协议既可以定期，也可以是不定期的。定期的有1～5年。如不规定期限的话，双方当事人在协议中规定，其中一方不履行协议，另一方有权中止协议。

6. 代理人佣金条款

关于代理人的佣金条款，是代理协议的重要条款之一。其中包括下列内容：

（1）代理人有权索取佣金的时间。实际上，该内容明确了代理人在完成何种代理业务活动时，委托人收取佣金。一般做法是，只要代理人履行了其代理职责，即有权收取佣金。

（2）佣金率。佣金率的大小，直接关系协议双方的利益。因此，在协议中必须明确约定佣金率，通常为1%～5%，高者可达10%。

（3）计算佣金的基础。计算佣金的基础，可以有不同的做法。例如，在销售代理协议中，有些则以实际出口的数量为准，有些则以发票总金额作为计算佣金的基础，也有的以FOB总值为基础计算佣金，不论采取何种办法，都应率先在协议中订明。

例题 某香港客商愿为上海某生产玩具的合资公司代理一批熊猫玩具出口到沙特。代理费为销售额的5%。问：上海公司能否接受这批业务？

（4）支付佣金方法。支付佣金的方法，有不同的做法。有些可按约定时间根据累计的销售数量或金额，按累计的佣金汇总支付，有些则在委托人收汇后逐笔结算或从货价中直接扣除。

7. 非竞争条款

所谓非竞争条款是指代理人在协议有效期内无权提供、购买与委托人的商品相竞争的商品，也无权为该商品组织广告。代理人也无权代表协议地区内的其他相竞争的公司。

8. 关于最低成交额条款

所谓最低成交额条款是指代理人要承担签订不低于规定数额的（最低成交额）买卖合同。如果代理人未能达到或超过最低成交额时，委托人对代理人的报酬可作相应的调整。

9. 关于向委托人提供市场情报、广告宣传和保护商标等条款

代理人在代理协议有效期内，有义务定期向委托人提供市场趋势、外汇、海关规定以及本国有关进口的规定的资料，还应在委托人的指令下组织广告和宣传工作，与委托人磋商广告内容及广告形式。在代理协议中，委托人一般要明确货主保留对通过代理人销售的商品的商标注册权。

代理协议是规定委托人和代理人间权利和义务的法律文件，包括多方面的内容，其中最重要的是明确规定代理人的权利和义务及佣金条款。

在我国进出口业务中，尽管也习惯采用代理方式，但我国实际业务中对代理的运用与某些国家有关代理法律的规定和商业惯例的解释并不完全一致。因此，签订代理协议时，必须注意某些国家的有关法律和商业惯例以及国际上有关代理商方面的公认的准则。

出口商委托代理人销售商品，主要是利用代理商熟悉销售地市场，有广泛的销售渠道。特别需要指出的是，代理人的商誉对商品的销售乃至出口企业的形象有举足轻重的作用。选择一个代理商，不仅要着眼于他的销售能力，也应重视代理商已有的商誉。当前国际市场上，有不少跨国公司进入了销售代理的领域，如何借助跨国公司的信誉去开拓市场，是一个值得研究的课题。

11.3 寄售

11.3.1 寄售的概念和性质

寄售（Consignment）是一种委托代销的形式，是寄售人（Consignor）把货物运往国外，委托事先约定的代销人（Consignee），按照寄售协议规定的条件，在国外当地市场代为出售，货物出售后，由代销人向委托人结算货款的一种做法。

在寄售业务中，寄售人就是委托人，也就是出口人，代销人作为受托人，即指接受委托从事寄售业务的商号或公司。

在我国进出口业务中，寄售方式运用并不普遍，但在某些商品的交易中，为促进成交，扩大出口的需要，也可以灵活运用这种方式。

寄售协议属于信托合同性质。寄售业务是按寄售人和代销人签订的寄售协议进行的。寄售协议与买卖合同有区别，买卖合同中的双方当事人是买卖关系，但寄售协议中的双方当事人却不是卖断或买断的买卖关系，而是委托和受托的关系。寄售业务的代销人介于委托人与实际买主之间。代销人有权以自己的名义与当地购货人签订购销合同，合同双方当事人之间的关系不涉及寄售人，如当地购货人不履行合同，代销人有权以自己的名义起诉。因此寄售方式中代售人的权限往往大于代理方式中代理人的权限。关于委托人与代销人的权利和义务，由寄售协议作出具体规定。

11.3.2 寄售的特点

在国际贸易中采用的寄售方式，与一般的出口业务比较，它具有下列几个特点。

（1）一般出口是先成交，后交货，而寄售则是先交货，后成交。寄售人先将货物运至目的地市场（寄售地），然后经代销人在寄售地向当地买主销售，它是凭实物进行买卖的现货交易。

（2）风险及费用的划分也不同于一般出口。在寄售方式下，只有当货物在寄售地卖出时，风险才由寄售人转移给买方，风险转移前的各种费用一般都由寄售人负担。

（3）寄售人与代销人之间是委托代售关系，而非买卖关系。代销人只能根据寄售人的指示处理货物，除非另有规定，他对货物具有控制权而不享有所有权。在货物卖出之前，所有权一直属于寄售人。

（4）寄售货物装运出口后，在到达寄售地前也可采用出售路货的办法，先行销售，即当货物尚在运输途中，即由代销人寻找买主出售。

11.3.3 寄售协议及其主要内容

寄售协议（Agreement of Consignment）是规定委托人和代售人之间权利、义务的法律文件。一般应包括以下内容。

（1）明确寄售人与代售人之间的委托关系。

（2）寄售人有权监督代售人执行协议中各项条款。

（3）寄售商品的作价办法有三种：第一，委托人规定随行就市；第二，协议中规定最低限价（不低于或等于当地市场价）；第三，代售人在销售前要征得委托人的同意。最后一种做法较为普遍。

（4）明确双方当事人的义务。代售人提供仓储和进口许可证，保证在仓储期间货物质量，代垫付售出前保管、仓储和保险费用，进行广告宣传并及时向寄售人进行市场情况通报和提供售后服务；寄售人应保证按协议规定按时、按质、按量，提供寄售商品和偿付代售人的一切费用。

（5）协议中要明确佣金提取方法。佣金既可以根据累计的数量和金额汇总支付，也可逐笔结算或从货价中直接扣除。

11.3.4 寄售的利弊

1. 寄售的优点

（1）寄售货物出售前，寄售人持有货物的所有权。因此，尽管货物已经运往寄售地，但对货物的销售处理和价格确定等大权，仍操在寄售人手中，有利于随行就市。

（2）寄售方式是凭实物买卖，货物与买主直接见面，有利于促进成交。

（3）代销人不负担风险与费用，一般由寄售人垫资，代销人不占用资金，可以调动其经营的积极性。

2. 寄售的缺点

（1）寄售方式要占用寄售人的资金，不利于其资金周转。

（2）出口方承担的风险较大，寄售货物的货款回收较缓慢，一旦代销人不遵守协议，可能遭到货、款两空的危险。

11.3.5 采取寄售方式应注意的问题

（1）在调查研究的基础上选好寄售地点；

（2）审慎选择合适的代销人；

（3）要选择适销对路的商品作为寄售的商品；

（4）适当掌握寄售商品的数量；

（5）要注意收汇的安全。

11.4 展卖

11.4.1 展卖的含义与做法

展卖（Fairs）又称展销，是利用展览会与博览会及其他交易会形式，对商品实行展销结合的一种贸易方式。展卖是进出口贸易的重要方式之一。

展卖的做法主要有两种。一是种将货物通过签约的方式卖断给国外客户，双方是一种买卖关系，由客户在国外举办或参加展览会，货价有所优惠，货款可在展览会后或定期结算。另一种是由双方合作，展卖的货物所有权不变，展品出售的价格，由货主决定。国外客户承担运输、保险、劳务及其他费用，货物出售后收取一定手续费作为补偿。

无论采取哪一种方式，展卖作为商品推销的主要手段之一，其基本特点是：把出口商品的展览和推销有机地结合起来，边展边销，以销为主。其优越性主要表现在下列几个方面。

（1）有利于宣传出口商品，扩大影响，招揽潜在买主，促进交易。

（2）有利于建立和发展客户关系，扩大销售地区和范围。

（3）有利于开展市场调研，听取消费者意见，改进产品销售，增强出口竞争能力。

（4）能够起到技术交流的作用。

11.4.2 我国开展展卖的方式

在我国的进出口贸易中也采用各种展卖方式，一方面参加国际博览会，每年出国展览的项目有300多个，展出面积达8万平方米，现场交易金额达15亿美元，这对协助企业走出国门，宣传和促进外交和外贸起着举足轻重的作用。另一方面在国内举办各种形式的交易会，这大大促进了我国商品的出口。

1. 国际博览会

国际博览会（International Fair）也称国际集市，是指在一定地点定期举办的，由一国或多国联合组办，邀请各国商人参加展出的贸易形式。被邀请到会的各国，除了同主办国进行交易外，相互之间也可以进行交易。

国际博览会大致可以分为综合性和专业性两种类型。各类商品均可展出和交易的博览会被称为综合性的，又称“水平型博览会”，比较著名的有智利的圣地亚哥和叙利亚的大马士革的国际博览会，其展出时间长、规模大，对普通公众也开放。只限于某类专业性产品参加交易的博览会被称为是专业性的，又称“垂直型博览会”，如德国的科隆国际博览会每年举行两次，一次为纺织品博览会，一次为五金制品博览会。

世界上定期举办国际博览会的城市主要有：米兰、维也纳、莱比锡、里昂、波兹南、赫尔辛基、布鲁塞尔、汉诺威、科隆、萨格勒布、蒙特利尔、悉尼和大马士革等。

我国曾多次参加各国举办的国际博览会，并于1985年1月在北京建成了自己的博览会，即中国国际展览中心。近年来，我国出口商频繁的参加各种形式的博览会，这对提高我国产品的知名度、促进招商引资和对外经济贸易的发展起到了重要的作用。

2. 中国出口商品交易会

中国出口商品交易会（Chinese Export Commodities Fair）由中国各进出口公司联合创办于1957年，它是我国开展对外贸易的一种特殊形式，采用展览和交易相结合的办法，当面洽谈，看样成交，一方面出售我国的商品，另一方面也购买我国需要的物资。因为举办地点在广州，简称为“广交会”。实践证明，中国出口商品交易会越来越受到世界各国的重视，极大地促进了我国的对外经济联系。

3. 小型出口交易会

小型出口交易会（Minifairy），简称为“小交会”，是我国各地进出口公司在各大口岸城市和商品产地举办的专业性小型展销会，一般在“广交会”闭幕期间举办。如服装交易会、药品交易会、工艺品交易会和地毯交易会等。“小交会”具有专业性强、成交集中、时间短、规模小和灵活性大等特点，对于推销小商品和新产品起到了积极作用。

11.4.3 我国开展展卖业务应注意的事项

展卖作为我国对外交易的一种重要方式，为我国扩大产品销路和发展贸易关系起到了重要的作用。展卖所带来的经济效益不能单纯地从一次展卖会的销售额来看，还要综合考虑通过它所建立起来的宝贵的客户资源以及所起到的广告宣传效应。为有效地开展展卖业务，应注意以下问题。

（1）选择合适的合作伙伴，合作伙伴应该在当地有良好的商业信誉和地位，有一定的业务联系网络和销售渠道，具有较强的经营能力。

（2）选择适当的展卖商品。确定展卖商品时应选择具有世界先进水平和竞争优势的产品，要能反映出现代科技发展的新趋势。

（3）做好宣传组织工作。展卖是一种将宣传、推销和市场调研结合在一起的贸易方式。要利用博览会和交易会充分发挥广告宣传的效果，在期间除散发和张贴各种宣传图片外，还可以放映广告性影片、安装灯光广告、分发和出售小包装的商品样品，以扩大所经营商品的品牌影响力和知名度。

（4）选择适当的展销时机。这对于一些季节性商品尤为重要，应选择旺季展销，每次展出时间不宜太长。

11.5 招标与投标

11.5.1 招标投标的含义

招标（Invitation to Tender）是指招标人（买方）在规定时间、地点、发出招标公告或招标单，提出准备买进商品的品种、数量和有关买卖条件，邀请卖方投标的行为。

投标（Submission of Tender）是指投标人（卖方）应招标人的邀请，根据招标公告或招标单的规定条件，在规定投标的时间内向招标人递盘的行为。

可见招标、投标是一种竞卖的方式，是一种贸易方式的两个方面。一般大型的政府采购、利用国际金融组织贷款采购的物资等，大部分采用竞争性的公开招标办法。

11.5.2 招标与投标的特点

招标与投标方式与一般进出口贸易不同，其特点主要表现如下。

（1）招标与投标不经过交易磋商环节，招标人在招标公告中规定各种交易条件，由多家卖主投标，最后由招标人从中选择出对他最有利的供货商，这无形中就缩短了交易时间。

（2）招标与投标是由招标人邀请递价，投标人应邀递价，中标与否、是否具有竞争性、能否被招标人所接受，取决于投标人所报的条件，一般没有讨价还价的余地。

（3）招标与投标一般是在规定的时间和地点公开进行的，由于国内外多家卖主同时参加投标，投标人竞争激烈，往往都报出最优惠的条件以争取中标，招标人可以争取到比较有利的条件。

11.5.3 招标投标的基本做法

世界各国由于法令和习惯的差异，招标的条件不同，但基本程序相似。包括招标、投标、开标和评标、中标签约四个环节。

1. 招标

一项理想的国际招标，其成败的关键往往在此环节。招标主要包括发布招标公告、资格预审、编制招标文件三项基本工作。

（1）刊发招标通告。国际公开招标通常均在权威性的报刊或有关专业刊物上公布招标通告，比如我国对外发行的《人民日报》，世界银行出版的援助项目的招标月刊等。

（2）资格预审。投标人应填写招标人编制的“资格预审表”，包括投标人的经营规模、人员设施概况、财务状况、经营能力和信誉等，并提供有关证明文件和资料。招标人凭此判断其是否具有投标能力。资格预审是保证招标工作成败的关键步骤。

（3）编制招标文件（Bidding Documents）。招标人要组织有关人员制定招标书，列明采购商品的各项交易条件和具体要求。

2. 投标

参加投标要做好以下工作。

（1）投标的准备工作。投标人取得标书后，应严格按照招标条件对商品所要求的质量、技术标准和交货期限等进行核算，客观估计自己能否完全满足招标要求，又能在保持一定利润空间的前提下，提出有竞争性的报价。

（2）编制投标书和落实担保。投标书对招标文件中的贸易条件和技术要求都不得更改和修正，无论是独家还是联合投标，投标名义人只能是一个。招标人为防止投标人中标后拒不签约，通常要求投标人提交投标保证金，一般为总价的3%～10%。也可以银行保函（L/G）或备用信用证代替现金作保，未中标的可以在评标后全部退回。故投标人应在投标前落实担保人。

（3）递送投标文件。投标文件包括投标书、投标保函或备用信用证、关于投标书中单项说明的附件，以及其他必要文件。投标文件应密封后在规定期限内送达招标人规定的地点。

3. 开标和评标

（1）开标指招标人在指定日期、时间和地点将寄来的投标书进行综合比较，择优选定中标人的做法。开标日期、时间和地点通常在招标文件中予以规定。根据投标人是否监视开标，可分为公开开标和不公开开标两种方式。国际招标一般采用公开开标的方式。招标人当众开启密封的投标文件，宣读内容，允许在场的投标人作记录或录音，但并不当场确定中标人。

（2）评标是指招标人组织人员从不同角度对投标人进行评审和比较最后择优的过程。评标的主要内容为：第一，审查投标文件。其内容是否符合招标文件的要求，计算是否正确，技术是否可行等；第二，比较投标人的交易条件，可逐项打分或集体评议或投票表决，以确定中标人选（初步确定的中标人选，可以是一个或若干个替补人选）；第三，对中标人选进行资格复审，审查候选人的生产能力和信贷能力，进而判断其履约能力。

凡出现下列情况之一者，招标人可宣布招标失败，重新组织第二轮招标：参加投标人太少，缺乏竞争性；所有投标书和招标要求不符；投标价格均明显超过国际市场平均价格。

4. 中标签约

确定中标人后，招标人以书面通知中标人在规定的期限内到招标人所在地签订合同，并缴纳履约保证金或以银行保函作履约担保。如中标人没有在规定的时间内签约又未事先提出延期请求，可视其违约，招标人有权没收其投标保证金，并决定重新招标或将标授予其他合适的投标人。

11.6 拍卖

11.6.1 拍卖的概念及做法

拍卖（Auction）是由经营拍卖业务的拍卖行接受货主的委托，在规定的时间和场所，按照一定的章程和规则，以公开叫价的方法，把货物卖给出价最高的买主的一种现货交易方式。拍卖是一种竞买的方式。

通过拍卖成交的商品通常是品质难以标准化、或难以久存、或有拍卖传统的商品，如裘皮、茶叶、烟草、羊毛、木材、鱼类、蔬菜、水果以及古玩和艺术品等。

拍卖一般是由从事拍卖业务的专门组织，在一定的拍卖中心市场，在一定的时间内按照当地特有法律和规章程序进行的。

11.6.2 拍卖的出价方法

拍卖的出价方法有以下三种。

1. 增价拍卖

增价拍卖也称买方叫价拍卖。这是最常用的一种拍卖方式。拍卖时，由拍卖人（Auctioneer）宣布拍卖货物的预定最低价格，然后由竞买者（Bidder）相继加价，有时规定每次加价的金额额度，直到无人再出更高的价格时，拍卖人用击槌动作表示竞买结束，将这批商品卖给最后出价最高的人。

2. 减价拍卖

减价拍卖也称卖方叫价拍卖或荷兰式拍卖（Dutch Auction），这种方法先由拍卖人喊出最高价格，然后逐渐减低叫价，直到有某一竞买者表示接受为止。这种方式成交迅速，经常用于拍卖鲜活商品和水果、蔬菜等。

以上两种方法都是公开叫价并当时成交。

3. 密封递价拍卖

密封递价拍卖（Sealed Bids）也称招标式拍卖。采用这种方法时，先由拍卖人公布拍卖商品的具体情况和拍卖条件，然后由竞买者在规定时间内将自己的出价密封递交拍卖人，拍卖人进行审查比较，将该货物卖给最合适的买者。这种方法不是公开竞买，拍卖人往往要考虑除价格以外的其他因素。有些国家的海关在处理没收货物时采用这种方法。

11.6.3 拍卖的一般程序

拍卖业务进行的程序，一般可分为三个阶段。

1. 准备阶段

参加拍卖的货主先要把货物运到拍卖地点，存入仓库，然后委托拍卖行进行挑选、分类、分级和分批，编制目录并招揽买主。买主在规定的时间内可以到仓库查看货物，有些还可抽取样品，使其提前了解货物的品质状况，确定自己的出价标准。

2. 正式拍卖

拍卖会在规定的时间和地点开始，并按照拍卖目录规定的先后顺序进行。拍卖主持人作为货主的代理人掌握拍卖业务的进程。拍卖一般多采用由低到高的增价拍卖方式。从法律上讲，拍卖过程中也包含有发盘和接受两个环节。买方喊价相当于发盘，当另一买主喊出更高价格时，该发盘即失效。主持人落槌则属于接受，交易达成。

3. 成交与交货

拍卖以其特有的方式成交后，买方要在成交确认书上签字，表明交易正式达成。拍卖商品的货款，通常都以现汇支付。货款付清后，货物的所有权随之转移。买方凭拍卖行开出的栈单（Warrant）或提货单（Delivery Order）到指定的仓库提货。提货也必须在规定的期限内进行。

11.6.4 拍卖的相关规范

1980年《联合国国际货物买卖合同公约》第二条规定，本公约不适用于以下的销售，其中包括经由拍卖的销售。

自2005年1月1日起施行的《中华人民共和国拍卖法》（简称拍卖法）对中华人民共和国境内拍卖企业和外商投资拍卖企业的设立、变更和终止等分别作了详细的规定，境内设立拍卖企业应当具备下列条件：有100万元人民币以上的注册资本；有自己的名称、组织机构和章程；有固定的办公场所；有三名以上取得拍卖业从业资格的人员，其中至少有一名是拍卖师，并有与主营业务密切联系的行业从业资格的专职或兼职人员。

设立外商投资拍卖企业除应符合本办法第七条的规定外，还应当符合下列条件：符合外商投资企业注册资本和投资总额的有关规定；外商投资拍卖企业的经营期限一般不超过30年，在中西部设立外商投资拍卖企业的经营期限一般不超过40年。

商务部是拍卖行业的主管部门，对全国拍卖业实施监督管理。拍卖经营批准证书由商务部统一印制。

《拍卖法》第二十九条规定，下列物品或者财产权利禁止拍卖：法律、法规禁止买卖的；所有权或者处分权有争议，未经司法、行政机关确权的；尚未办结海关手续的海关监管货物。

另外，《拍卖法》还规定，拍卖企业应当在拍卖会前展示拍卖标的，为竞买人提供查看拍卖标的的条件并向竞买人提供有关资料，展示时间应不少于两日，鲜活物品或其他不易保存的物品除外。拍卖企业有权查明或者要求委托人书面说明拍卖标的的来源和瑕疵，拍卖企业应当向竞买人说明其知道或者应当知道的拍卖标的的瑕疵。

11.7 对销贸易

11.7.1 对销贸易的含义和基本特征

对销贸易（Counter Trade），又称对等贸易、抵偿贸易或反向贸易，是指在互惠的前提下，由两个或两个以上的贸易方达成协议，规定一方的进口产品可以部分或者全部以相对的出口产品来支付。

对销贸易不同于单边的进口和出口，实质上是进口与出口相结合的方式，一方商品或劳务的出口必须以进口为条件，体现了互惠的特点，即相互提供出口机会。另外，在对销贸易方式下，一方从国外进口货物不是用现汇支付，而是用相对的出口产品来支付，有利于保持国际收支平衡。

对销贸易的优点如下。

（1）它是一种可以不动用外汇或少动用外汇就可以发展一国对外贸易的有力手段。

（2）在贸易保护主义盛行的当代，通过对销贸易，能够打破西方国家的贸易壁垒，为本国产品，尤其是发展中国家的工业制成品打开市场，且在不增加外债的情况下，换取急需的技术、设备和物资。

（3）有些方式，如产品回购（补偿贸易）或抵消贸易，除了具有一般对销贸易所具有的平衡国际收支的作用外，还具有融通资金和吸收外国资本流入的功能。

（4）由于对销贸易采用的是进出结合的做法，故核算其经济效益，可从进出口两方面结合起来通盘考虑，例如进口盈利、出口亏损，但只要前者大于后者，还是有利可图的。加之，对销贸易是由交易双方私下进行的，这就更增加了决定价格时的灵活性和隐蔽性，而不易被他人所察觉，从而起到补贴出口而不遭报复的作用。

（5）从发达国家角度看，通过对销贸易，承诺一定的回购，提供信贷或投资，不仅可以增强其市场竞争能力，而且有助于推销一些用现汇难以销售的产品、技术，争取到一些廉价的原材料或零部件供应。

对销贸易的不足如下。

（1）对销贸易带有浓厚的双边性，选择交易对象和达成交易都比较困难。

（2）对销贸易具有很强的封闭性，这种以限制性措施来反对保护主义的做法，其结果是增加了贸易保护主义的气氛。

（3）决定交易的主要因素不是商品的价格和质量，而是取决于回购的承诺。市场机制的作用受到了限制，价格往往偏离正常市场价格。

对销贸易的最主要的做法有三种：易货贸易（Barter Trade）、互购（Counter Purchase）和补偿贸易（Compensation Trade）。

互购，也称平行贸易（Parallel Trade），是指出口商在出售货物给进口商时，承诺在规定期限内向进口商购买一定数量或金额的商品。互购涉及两个既独立又互相联系的合同，每个合同都以货币支付，金额不要求等值。

下面主要介绍易货贸易与补偿贸易。

11.7.2 易货贸易

1. 易货贸易的形式

易货贸易是一种古老的贸易方式，有狭义和广义之分。狭义的易货贸易是指纯粹的以货换货的方式，不用货币支付，也不涉及第三者，所交换商品的价值相等或相近，并且是一次性交易，履约期往往较短。但这种方式操作起来具有很大的局限性，在现代国际贸易中很少使用。

广义的易货贸易方式比较灵活，已改为货款支付清算的方式，也被称为一揽子易货，在现代易货贸易中常见。具体有以下两种主要做法。

（1）记账易货贸易，即交易双方都将货值记账互相抵冲，既可笔笔平衡，也可定期结算，综合平衡，无需用现汇支付（若出现逆差，再以现汇或商品支付）。采用这种方式时，进出口可同时进行，也可有先有后，但相隔并不长。

（2）对开信用证方式，这是指进口与出口同时成交，金额大致相等，双方都采用信用证方式支付货款。开立的信用证都以对方为受益人。由于分别结算，开证又有先后，往往规定一方的信用证在收到另一方的信用证时才生效。

2. 易货贸易的优缺点

易货贸易有利于外汇支付能力差的国家和企业开展对外贸易，调剂余缺，实现以出带进和以进带出。但弊端是易货贸易的开展情况取决于两国经济的互补性。由于所交换的商品无论在品种、数量、规格和交货期上都必须尊重对方的需要，所以达成交易非常困难和烦琐。比如我国同苏联和东欧国家采取这种交易方式来解决双方的外汇紧缺问题，在采取记账方式下，我货物先出口，而对方的货物供不上或所供非所求，势必造成我方外汇积压，经济上蒙受损失。

11.7.3 补偿贸易

1. 补偿贸易的含义

补偿贸易，是指交易的一方在对方提供信贷的基础上进口机械设备、技术或原材料，不用现汇支付，而用向对方回销产品或劳务所得，分期全额或部分偿还价款及利息的一种贸易做法。

2. 补偿贸易的种类

在当前我国开展的补偿贸易中，按照用来偿付的标的物的不同，大体上可分为三类。

（1）直接产品补偿（Direct Compensation）。即双方在协议中约定，由设备供应方向设备进口方承诺购买一定数量或金额的由该设备直接生产出来的产品。这是补偿贸易最基本的做法，设备进口方大多愿意采用这种方式。这种补偿形式一般适用于购买机器设备和技术贸易。比如苏联曾经从日本引进价值8.6亿美元的采矿设备，以1亿吨煤偿还。

（2）间接产品补偿（Indirect Compensation）。如果交易的设备本身不生产有形产品，或设备所生产的直接产品非对方所需或在国际市场上不好销时，双方可以约定，进口方用其他一种或几种非直接产品来分期进行偿付。比如苏联曾经从意大利购进一批大口径钢管，65%的货款用废金属、煤和铁矿石分期偿还。

（3）劳务补偿（Labour Compensation）。这种做法常见于同来料加工或来件装配相结合的中小型补偿贸易中。双方根据协议，一方提供技术和设备的同时，提供原材料，委托另一方加工装配，对方用所得工缴费收入来分期偿还设备款。

在实践中，上述三种做法可根据需要结合使用，即进行综合补偿。既可以用部分直接产品、部分其他产品或劳务补偿，也可以用部分产品、部分劳务、部分现汇支付等。

3. 补偿贸易的特征

（1）信贷是进行补偿贸易的前提条件。这里的信贷主要指商品信贷，即设备的赊销。

（2）设备供应方必须同时承诺回购设备进口方的产品或劳务，为进口方提供偿还能力。

（3）补偿贸易客观上可以起到通过商品交换利用外资的作用。

（4）补偿贸易是一些跨国公司采用多种经营、获取双重利润的重要手段。跨国公司在国内外有着广泛的销售代理或者已经建立了自己的销售公司，使生产企业有能力销售相关的返销产品，从而把补偿贸易作为一种扩大销售资本货物的手段，以此来获取双重的利润。

4. 补偿贸易的作用

（1）补偿贸易对设备技术进口方的作用。

- 企业通过补偿贸易引进设备技术，可解决其缺少资金进行设备更新和技术改造的难题，从而使产品得以升级换代增强市场竞争能力（包括国际市场和国内市场）。
- 设备技术进口方将产品返销，在抵偿设备技术价款的同时，也利用了设备出口方在国外的销售渠道，使产品进入国外市场，以进口设备技术来带动产品的出口，称之为“以进带出”，是当代中小型补偿贸易的一大特点。20世纪80年代波兰向西方出口的电子和机械产品中，属于补偿贸易返还的占40%～50%。

（2）补偿贸易对技术出口方的作用。

- 出口方在提供信贷的基础上，扩大设备和技术的出口。

• 补偿贸易也是出口方产业转移的需要。通过补偿贸易方式出口方将部分技术和资本密集型产业向发展中国家转移，既获得了转让设备和技术的价款，又从返销商品的销售中获取利润，可谓是一举两得。

5. 补偿贸易合同的主要内容

补偿贸易既涉及设备和技术的进口，又涉及补偿产品的出口，而且是一种为期较长的贸易方式。在双方协商一致后，一般要签订正式的补偿贸易合同。补偿贸易合同和协议涉及内容较多，既要对引进的设备和技术作出具体的规定（质量、交货期、价款、技术规格、检验等），又要对返销产品作出具体规定。

6. 采用补偿贸易方式应注意的事项

（1）选择合适的项目。补偿贸易项目要选择生产型的项目，要保证返销数量，企业要达到自身的外汇平衡。在签约前要对每个经济效益指标进行论证和评估。

（2）尽量利用设备出口国的出口信贷。补偿贸易的显著特点就是利用外资，必须先使用外国的机器设备，如果在规定支付方式时违背了这个原则，就脱离了补偿贸易的内涵，有可能导致外商先使用我国外汇资金的现象。

（3）选择合适的客户对象。应当选择信用好、融资能力强、有稳定的销售渠道的客户对象。

（4）选择合适的补偿产品。补偿产品应兼顾双方利益，畅销产品和滞销产品搭配，防止补偿产品冲击本国同类产品的正常出口。

（5）认真核算贷款成本，合理安排偿还期。

（6）草拟补偿贸易协议或合同时应注意：文件的合法性、有无对自己不利的限制条款以及是否与其他协议相违背。例如，在产品返销方面，如对方只接受直接产品的一部分而非全部，而在补偿贸易协议中却规定，该设备生产的全部产品出口必须用对方的商标牌号，并且只能通过对方出售等，则使自己在剩余产品的出口上处于完全无能为力的境地。再如，某种产品，我方与某一商号早已签有独家代理或包销协议，在进行补偿贸易时，如果又与该国别的商号签订该种产品的返销或互购合同，这样就与原代理包销协议相抵触。

对销贸易这种以进养出的做法是用来弥补贸易逆差和克服外汇困难的一种较好的贸易方式，由于它对西方发达国家和外汇和技术都短缺的发展中国家都有益处，越来越受到世界各国的重视。

11.8 加工贸易

11.8.1 加工贸易的含义

从广义上讲，加工贸易是外国的企业（通常是工业发达国家和新兴工业化国家或地区的企业）以投资的方式把某些生产能力转移到东道国或者利用东道国已有的生产能力为自己加工装配产品，然后运出东道国境外销售。这种跨越国界的生产加工和销售，成为加工贸易的显著特征。加工贸易同国际投资及国际贸易紧密相连，体现了商品和资本交换的国际化。根据加工地点的不同，可分为境内加工和境外加工。

从狭义上讲，加工贸易就指境内加工，是从境外保税进口全部或部分原辅材料、零部件、元器件、包装物料，经境内企业加工或装配后，制成品复出口的经营活动。包括来料加工和进料加工。来料加工和进料加工的共同点是“两头在外”，即原材料来自国外，成品又销往国外。

近几年，我国加工贸易发展很快。自1996年加工贸易进出口总额在我国进出口总额中的比重超过50%后，一直呈增长态势，占据我国对外贸易的半壁江山。

11.8.2 加工贸易的特点

加工贸易的特点主要体现在与一般贸易的区别上。

第一，从参与贸易的货物来看，一般贸易货物主要是来自本国的要素资源，符合本国的原产地规则。而加工贸易的货物主要来自国外的要素资源，不符合东道国的原产地规则，而只是在其国内进行了加工或装配。

第二，从参与贸易的企业收益来源来看，从事一般贸易的企业获得的收益主要来自生产成本或收购成本与国际市场价格之间的差价。而从事加工贸易的企业实质上只收取了加工费。

第三，从纳税方面看，一般贸易的进口要缴纳进口环节税，出口时在征收增值税后退还部分税款。加工贸易进口料件不征收进口环节税，而实行海关监管保税，出口时也不再征收增值税。

11.8.3 来料加工

1. 来料加工的含义

来料加工（Processing With Customer's Material），在我国又称为对外加工装配业务，是指由外商提供一定的原材料、零部件、元器件，由我方按照对方的要求进行加工装配，我方按约定收取一定的加工费作为报酬。

2. 来料加工的性质

这种业务虽有物的移动，但不论是原材料或零部件的"进口"，还是成品的"出口"，都没有发生所有权的转移问题，原料、零部件和成品始终属委托方所有。因此就来料加工的性质而言，属劳务贸易范围，它是以商品为载体的劳务出口，不属货物买卖范围。

3. 我国开展对外加工装配业务的意义

对外加工装配业务，是一种较受欢迎的国际经济合作方式，对我方的积极作用主要体现在以下几方面。

（1）有利于发挥我国劳动力资源优势，增加就业机会，稳定和繁荣地方经济。

（2）在引进国外先进技术和设备的同时，可以促进我国企业生产技术和管理水平的提高。

（3）通过对外加工装配业务可及时掌握出口商品在国际市场上的信息，从而改进我国出口商品的质量、设计和款式，提高出口商品的竞争力。

（4）有利于发挥我国的生产潜力，并带动相关产业的发展，增加外汇收入。如理光公司复印机的装配，目前本地化的程度较高，国内为其配套的工厂达 80 家，配套厂配件产品占其复印机的 68%。

4. 来料加工合同的主要内容

来料加工在性质上不同于国际货物销售，因此，两者在贸易合同上也有诸多不同之处，一般来说，来料加工合同应包含以下主要内容。

（1）对来料来件和成品的规定。在合同中必须明确规定来料、来件的质量要求、具体数量以及到货时间。为保证成品的销路，外商对成品的质量要求很严格，对成品的品质规格、数量和交货期也要在合同中明确规定，有特殊要求的产品还要订立详细的技术条款。

（2）对耗料率和残次品率的规定。耗料率又称原材料消耗定额，指每个单位成品消耗原材料的数额。残次品率是指不合格产品占全部产品的比率，同加工成本成正比关系。这两个指标订得太高，委托方势必会增加成本，降低效益，订得太低，承接方达不到要求，影响合作。因此，要根据具体情况，合理规定。

（3）对工缴费的规定。工缴费直接关系到双方当事人的经济利益，确定工缴费标准是加工装配业务的核心问题之一。工缴费的规定应以国际劳务价格作为参照标准。对我国来说，则以东南亚地区的工资水平为计算标准，参照加工企业所提供的劳务质量和生产效率，这样计收的工缴费既有利可图，又有竞争力。

（4）对运输和保险的规定。在来料加工过程中，料件和成品的所有权始终为委托方所有。因此，原则上运输和保险的责任由委托方承担。在具体业务中，对出口成品的运输和保险，以及料件进口和存仓的保险，可由承接方代办，费用由委托方另行支付或加入工缴费内。

此外，来料加工合同还应对违约和赔偿、不可抗力以及工业产权保证等条款作出明确规定。

11.8.4 进料加工

1. 进料加工的含义

进料加工（Processing With Imported Material），又称为“以进养出”，是指从国外购进原料和辅料，利用本国的技术、设备和劳动力，加工出成品后再销往国外市场的做法。我国开展进料加工业务涉及的行业很多，包括轻工、纺织、机械、电子和农、牧、渔等。

进料加工的主要做法有以下三种。

（1）先签进口原料的合同，加工出成品后，再寻找市场和买主。

（2）先签订出口成品合同，根据国外买方的订货要求，再从国外购进原料，加工生产。

（3）对口合同方式，即与对方签订原料进口合同的同时签订出口成品的合同。两个合同相互独立，分别结算。

2. 开展进料加工的意义

（1）可有效利用国外资源，弥补国内资源的不足，发展出口创汇性生产，增加就业机会。我国一些沿海省市，进料加工出口占当年出口的比例已达30%~60%。

（2）进口国外较优质的原材料和半成品进行生产加工，可促进加工企业产品的升级换代，增强产品的国际竞争力。

（3）开展进料加工是我国企业参与国际分工的一种形式，可以充分发挥我国劳动力资源的比较优势，促进我国外向型经济的发展。

（4）可带动相关企业生产的发展，产生较大的社会综合效益。以家电、办公设备加工贸易项目为例，其所用零部件有70%～80%属于境内加工贸易配套产品。

3. 进料加工和来料加工业务的区别

（1）交易双方的关系不同。进料加工业务的双方是一种买卖关系，而来料加工业务的双方是一种委托与被委托的关系。

（2）产品的所有权不同。进料加工的产品所有权归原料进口方即产品的出口方所有，来料加工的产品归原料提供方所有。

（3）原料的来源不同。进料加工是加工方自行进口原料进行生产加工，而来料加工是委托方提供原料。

（4）所得利润不同。进料加工的利润是成品销售收入减去原料外汇成本的差额，而来料加工的利润是工缴费的净收入。

（5）产品质量和技术标准的确定者不同。进料加工由原料进口方根据市场需求自行确定，来料加工由委托方确定。

11.8.5 境外加工

1. 境外加工贸易的含义

境外加工贸易是指我国企业以现有设备及成熟技术投资为主，在境外以加工装配的形式，带动和扩大国内设备、技术、原材料、零配件出口的国际经贸合作方式。境外加工贸易的实质是境外投资。

境外加工贸易是我国经济发展、生产力水平提高的标志，是企业经济实力增强的表现，是我国参与国际分工的积极举措，也是我国积极扩大出口的具体方式。

我国境外加工贸易比较成功的是家电业和纺织业。家电行业是我国改革开放以来发展最迅速的行业，家电产品属于典型的加工组装产品，在劳动密集型行业中技术含量较高，家电行业境外生产对零部件的出口带动作用较大。我国的海尔、小天鹅、春兰、康佳等，都在海外投资设厂，并取得了良好的经济效益；纺织服装行业是我国传统的劳动密集型产业和具有国际比较优势的产业，目前境外加工贸易的区域分布比较分散，发展中国家和发达国家，都有我国的海外企业。进一步加强该行业的境外投资，可以突破我国纺织品出口的壁垒问题，减少贸易摩擦。

2. 我国境外加工贸易的特点

境外加工贸易是我国经济领域的新生事物，是我国参与经济全球化最有代表性的方式。目前处在初期发展阶段，归纳起来具有以下特点。

（1）与我国境内的加工贸易比较，境外加工贸易是我国充分发挥自身比较优势、自己走出去利用国际市场和资源的经济活动，其产生和发展的根本原因在于我国生产力水平的提高和国际市场的需求。境内加工贸易主要是外商到中国来从事加工贸易，通过利用我国劳动力成本优势和一定的工业基础优势获得产品的竞争优势。

（2）与我国的一般贸易相比较，境外加工贸易的社会效益更大。它不仅真正实现了扩大商品出口的目的，而且还带动了技术、劳务以及服务贸易的出口。通过境外加工贸易，可以绕过国外贸易壁垒，增强我国产品的竞争能力，扩大销售。

（3）同世界大型跨国公司的国际直接投资相比较，境外加工贸易适合我国企业的发展水平，有利于我国企业的国际化经营，通过境外加工贸易逐步适应国际市场的竞争，从而发展我国自己的跨国公司。

3. 我国境外加工贸易的发展趋势

现阶段，我国从技术力量和资金运作上还存在着不足，不可能像西方发达国家那样，大规模地进行境外加工贸易。我国境外加工贸易的发展将是循序渐进的，贸易对象也主要是以发展中国家为主。但是，从长远来看，我国境外加工贸易有很强的生命力和巨大的发展前景，是我国“走出去”战略的重要组成部分，而战略的实现要依靠国家宏观政策的支持和企业自身实力的增强。

>> 本章小结

国际贸易方式是国际商品流通的做法和形式，了解各种交易方式的特点和操作方法以及相关规范是外贸业务人员必须具备的技能。寄售是一种委托代售方式，货物先出口，后成交，寄售协议属信托合同性质；经销商利用自己的信誉和资金进行买卖业务，与出口商的关系是买卖关系；委托人与代理商之间是一种委托代理关系，双方的权利义务均由代理协议规定。展卖是利用展览会和博览会及其他交易形式，对商品实行展、销结合的一种贸易方式。招标与投标属于竞卖方式，是一种贸易方式的两个方面，多用于政府机构或公用事业单位的物资或设备的采购和国家承包工程中。拍卖是用于某些商品现货买卖的一种传统的交易方法，拍卖的出价方法有增价拍卖、减价拍卖和密封递价拍卖三种，其中以增价拍卖方式使用最广泛。对销贸易充分体现了交易双方的对等性，操作起来比较复杂，但能起到以进养出的作用，越来越受到世界各国的普遍重视。来料加工、进料加工和境外加工都属于加工贸易范畴，但有着本质的区别，开展加工贸易有助于促进国际分工的深化，加强国与国之间在经济上相互渗透。

>> 本章关键词

经销（Distribution）

独家代理（Sole Agent）

投标（Submission）

寄售（Consignment）

补偿贸易（Compensation）

>> 复习与思考

【选择题】

1. 经销协议与代理协议的主要区别之一是在经销协议中不规定（　）。

   A. 经销区域　　B. 经营商品范围

   C. 佣金条款　　D. 不可抗力和仲裁条款

2. 下列有关国际竞争性招标投标的说明中，正确的是（　）。

   A. 招标投标是一种竞卖方式，对买方比较有利

   B. 招标投标是一种竞卖方式，对卖方比较有利

   C. 招标投标是一种竞买方式，对买方比较有利

   D. 招标投标是一种竞买方式，对卖方比较有利

3. A 公司在国外物色了 B 公司作为其代售人，并签订了寄售协议。货物在运往寄售地销售途中，遭遇洪水，使 30% 的货物被洪水冲走。因遇洪水后道路路基需要维修，货物存仓发生了 6000 美元的仓储费，以上损失的费用应由（　）承担。

   A. A 公司　　B. B 公司

   C. 运输公司　　D. B 公司所在国家的保险公司

4. 按国际惯例，出现（　）的情况，招标人可拒绝全部投标。

   A. 投标人未发出标书

   B. 最低标价大大超过国际市场价格水平

   C. 所有投标书内容与招标要求不符

   D. 在国际竞争性招标时投标人数太少

5. 对销贸易的种类分为（ ）。

A. 易货贸易　　　　B. 反购或互购

C. 补偿贸易　　　　D. 转手贸易

【判断题】

（1）在寄售业务中，货物售出前，其所有权属寄售人。（ ）

（2）在对外加工装配业务中，虽然发生了原材料的“进口”和成品的“出口”，但在一进一出中，并没有发生所有权的转移。（ ）

（3）招标人在招标过程中，认为不能选定中标人，可以宣布招标失败而拒绝全部投标，这种行为称为拒绝投标。（ ）

（4）展卖是利用展览会和博览会的形式出售商品，将展览与销售结合起来的一种贸易方式。（ ）

【简答题】

（1）出口业务中独家代理和独家经销的区别是什么？

（2）来料加工和进料加工的异同点是什么？

（3）对销贸易和正常进出口贸易的差别是什么？

（4）招标的程序是怎样的？

（5）我国出口企业在进行补偿贸易时应注意什么事项？

（6）我国境外加工贸易的特点是什么？

【案例分析题】

1. 我国某省实业有限公司拟向南亚某国出口一批轻工产品。由于该批货物在其仓库搁置很久，属于积压物资，因此双方当事人通过多次协商，决定以寄售方式在国外销售。货物经由我公司运到目的地后，由于同类商品在当地市场竞争激烈，虽经代销商多方努力，货物销售情况非常不理想，最后只得再装运运回国内。试分析该案的经验教训。

2. 香港A公司与日本B公司签订一份独家代理协议，指定由香港A公司为独家代理。订立协议时，日本B公司正试验改进现有产品。不久，日本B公司试验成功，并把这项改进后的同类产品，指定香港另一家公司作独家代理。问：日本B公司有无这种权利？为什么？（分析提示：代理协议中应明确代理商品的改进对协议是否适用，若未明确，易引起纠纷。）

3. 招标机构接受委托，以国际公开招标形式采购一批机电产品。招标文件要求投标人制作规格和价格两份投标文件，开标时，先开规格标，对符合条件者，再定期开价格标，确定中标者。共有15家企业投标。到了开标期先开规格标，经慎重筛选，初步选定9家，通知他们对规格标进行澄清，并要求将投标有效期延长两个月。在这9家中，有5家送来澄清函并同意延长有效期。另4家提出若延长有效期，将提高报价10%或更多，否则将撤销投标。招标机构拒绝了后4家的要求。到了价格标的开标日期，对仅有的5家开标后，却发现5家报价均过高，超过招标机构预订标底30%以上。无奈，招标机构只得依法宣布此次招标作废，重新招标。试分析此次招标失败的原因以及应吸取的教训。

参考文献

[1] 吴百福主编. 进出口贸易实务教程. 上海：上海人民出版社，2003
[2] 张建华主编. 国际贸易实务模拟. 北京：高等教育出版社，2002
[3] 张彦欣. 国际贸易操作实务. 北京：中国纺织出版社. 2005
[4] 张卿. 国际贸易实务. 北京：对外经济贸易大学出版社. 2002
[5] 郑书媛. 实用进口单证. 北京：电子工业出版社. 2005
[6] 安徽主编. 国际贸易实务教程案例与习题集. 北京：北京大学出版社，2005
[7] 祝卫编著. 出口贸易模拟操作教程. 上海：上海人民出版社，2002
[8] 徐景霖. 国际贸易实务. 大连：东北财经大学出版社，2002
[9] 黎孝先主编. 国际贸易实务（第三版）. 北京：对外经济贸易大学出版社，2000
[10] 宋承业. 进出口单证实务. 北京：中国对外经济贸易出版社，2001
[11] 吕红军. 国际货物贸易实务. 北京：中国对外经济贸易出版社，2002
[12] 罗亮. 进出口贸易操作实务. 北京：中国商务出版社，2004
[13] 胡涵钧. 国际经贸实务. 上海：复旦大学出版社，2002
[14] 董俊英. 国际贸易单证. 北京：经济科学出版社，2003
[15] 潘忠主编. 国际贸易实务. 北京：中国劳动社会保障出版社，2004